教育部人文社科基金项目(14YJCZH230)研究成果
南京市江宁区科技局软科学项目(723200003)研究成果

苏南国家自主创新示范区创新指数分析及其产业发展研究

周 勇 葛沪飞 等著

东南大学出版社
·南京·

图书在版编目(CIP)数据

苏南国家自主创新示范区创新指数分析及其产业发展研究 / 周勇，葛沪飞等著．—南京：东南大学出版社，2015.12

ISBN 978-7-5641-6248-1

Ⅰ．①苏…　Ⅱ．①周…　②葛…　Ⅲ．①高技术开发区—产业发展—研究—江苏省　Ⅳ．①F127.53

中国版本图书馆 CIP 数据核字(2015)第 316805 号

苏南国家自主创新示范区创新指数分析及其产业发展研究

出版发行　东南大学出版社
社　　址　南京市四牌楼 2 号
网　　址　http://www.seupress.com
出 版 人　江建中
责任编辑　姜晓乐(joy_supe@126.com)

经　　销　全国各地新华书店
印　　刷　虎彩印艺股份有限公司
开　　本　700mm×1000mm　1/16
印　　张　18
字　　数　378 千
版　　次　2015 年 12 月第 1 版　2015 年 12 月第 1 次印刷
书　　号　ISBN　978-7-5641-6248-1
定　　价　59.00 元

教育部人文社科基金项目(14YJCZH230)研究成果
南京市江宁区科技局软科学项目(723200003)研究成果

主要编著人员

周　勇　葛沪飞　潘勇涛　凤启龙
杨文燮　马　强　陈　抗　刘修岩
刘　翔　刘晶晶　冯　伟　张冠楠
贾苗苗　梁修玉　何　蓓　朱　璋
秦　蒙　孔培培

前　言

2015年《中共中央国务院关于深化体制机制改革加快实施创新驱动发展战略的若干意见》中指出:“面对全球新一轮科技革命与产业变革的重大机遇和挑战,面对经济发展新常态下的趋势变化和特点,面对实现‘两个一百年’奋斗目标的历史任务和要求,必须深化体制机制改革,加快实施创新驱动发展战略”。在我国全面创新过程中,面临创新能力和动力低下的瓶颈、市场机制缺失或缺位的约束、科技成果转化体制机制的障碍等,迫切需要寻找一条区域与产业创新驱动发展的路径与模式。国家自主创新示范区是在推进自主创新和高技术产业发展方面先行先试、探索经验、作出示范的区域,旨在进一步完善科技创新的体制机制,加快发展战略性新兴产业,推进创新驱动发展,加快转变经济发展方式等方面发挥重要的引领、辐射、带动作用。

苏南地区经济体量大,综合实力强,正处于经济转型升级的关键期,但也面临资源环境约束突出、深层次矛盾凸显等问题,发展动力机制需要加快转换,增强创新驱动力比以往任何时候都更加迫切。2013年5月,国家发改委正式发布了《苏南现代化建设示范区规划》,这标志着苏南地区将在全国率先实现区域现代化,成为全国现代化建设示范区。2014年10月20日,国务院正式批复支持南京、苏州、无锡、常州、昆山、江阴、武进、镇江等8个高新技术产业开发区和苏州工业园区建设苏南国家自主创新示范区。苏南成为继北京中关村、武汉东湖、上海张江、深圳之后第五个国家自主创新示范区,是中国首个以城市群为基本单元的国家自主创新示范区。国家从顶层战略上要求努力把苏南国家自主创新示范区建设成为创新驱动发展引领区、深化科技体制改革试验区、区域创新一体化先行区和具有国际竞争力的创新型经济发展高地。苏南国家自主创新示范区是推进科学发展、转型发展的重大载体,对苏南乃至江苏省适应经济发展新常态,深入实施创新驱动发展战略,实现经济提质增效、行稳致远,具有重大而深远的意义。以创新驱动为内核、以一体化发展为特色的“新苏南模式”正式开启。

本书在系统梳理自主创新示范区建设的经济、创新以及区域发展相关理论的基础上,总结归纳美国硅谷、日本筑波、印度班加罗尔、中国台湾新竹等地的区域发展特征,反思我国区域创新驱动发展的相关问题。对我国自主创新示范区的定位、功能以及当前8个国家自主创新示范区的现状进行比较分析,尤其是对苏南国家自主创新示范区内的“8＋1”行政区的区位、资源禀赋、产业基础等进行了分析。本书引入创新指数来衡量区域创新能力，包括国际上享有盛誉的欧盟创新指数、全球创新指数、硅谷指数、全球竞争力指数等，以及国内的国家创新指数、国家高新区创新指数、中关村指数、张江创新指数和杭州创新指数等，并介绍指数测度的指标体系构成。在各类指数应用比较的基础上，本书从创新环境、创新资源、创新绩效三个角度出发，构建测算苏南自主创新示范区创新能力的评价指标体系。依据2012—2014年苏南国家自主创新示范区内9个区域的相关数据，计算各个地区的创新指数，并从总体、横向和纵向三个层面对其创新能力进行比较分析，探讨各地区创新发展能力以及产业发展定位等相关问题，并对南京江宁地区的产业发展提出相应的建议。

习近平总书记在江苏视察时强调的“四个对接”为苏南国家自主创新示范区推进科技体制改革指明了方向，也提出了苏南地区能否率先探索、作出示范的新使命。本书从创新驱动角度探索苏南国家自主创新示范区的发展定位、战略、能力构建路径及相关政策等，将有益于推动国家自主创新示范区相关理论的系统化研究。立足苏南，着眼全国，按照中央“可复制、可推广”的基本要求，本书力图以新苏南模式为范例，拓展实施创新驱动发展战略的新路径，推广全面深化改革的新经验，努力为创新型国家建设作出新贡献！

目　　录

第一章 绪 论

1.1 研究背景和研究意义

1.1.1 研究背景

创新是民族进步的灵魂，是国家兴旺发达的不竭动力。改革开放以来，我国经济发展从原来的要素驱动、投资驱动，到现在的创新驱动，其发展历程是从制度创新、制造创新、技术创新到现在的全面创新。党的十八大明确提出要坚持走中国特色自主创新道路、实施创新驱动发展战略。随着《国家中长期科学和技术发展规划纲要(2006—2020年)》的颁布和创新驱动发展战略的实施，中国科技发展不断取得新的重大成就，自主创新能力大幅提升，科技竞争力和国际影响力显著增强。《国家创新指数报告2014》显示，中国主要指标已达到世界领先水平，但自主创新能力的提升仍面临着严峻的形势。

国家自主创新示范区是在推进自主创新和高技术产业发展方面先行先试、探索经验、作出示范的区域，旨在进一步完善科技创新的体制机制，加快发展战略性新兴产业，推进创新驱动发展，加快转变经济发展方式等方面发挥重要的引领、辐射和带动作用。

2009年3月，国务院批复同意中关村建设国家自主创新示范区。中关村作为中国第一个国家级高新技术产业开发区，第一个国家自主创新示范区，第一个"国家级"人才特区，是我国体制机制创新的试验田。2014年，中关村已实现总收入超3.5万亿元，综合排名居全国第一，并形成了下一代互联网、移动互联网和新一代移动通信、卫星应用、生物和健康、节能环保以及轨道交通六大优势产业集群，集成电路、新材料、高端装备与通用航空、新能源和新能源汽车等高新技术潜力产业集群和现代高端服务业。此后，武汉东湖国家自主创新示范区、上海张江国家自主创新示范区、深圳国家自主创新示范区等相继获批，中关村当年试点的6项政策推向了全国，同时，"6＋4"政策也复制到了所有示范区和高新区。实现现代化作为国家的战略目标，要求在更大区域范围内寻求现代化的新动力和新示范。第一波改革开放的红利已经基本消耗殆尽，我国改革阻力日益增大，亟须通过改革试点产生示范效应，进而由点到面，这也是我国渐进式改革的重要模式和成功经验。

2014 年 10 月 20 日，国务院正式批复，同意支持南京、苏州、无锡、常州、昆山、江阴、武进、镇江等 8 个高新技术产业开发区和苏州工业园区，建设苏南国家自主创新示范区，并要求努力把苏南国家自主创新示范区建设成为创新驱动发展引领区、深化科技体制改革试验区、区域创新一体化先行区和具有国际竞争力的创新型经济发展高地。

2014 年，习近平总书记在江苏视察时，发出了“迈上新台阶、建设新江苏”的动员令，并把探索“下一步发展路子如何走”这一个重大时代命题交给了江苏。建设苏南国家自主创新示范区是党中央、国务院着眼实施创新驱动发展战略而作出的一项重要决策，是建设创新型国家重大战略部署的关键步骤，也是国家赋予它的最大政策红利，充分体现了中央对江苏工作的高度重视和对苏南发展的殷切期望，对破解苏南发展瓶颈、促进江苏经济转型升级、探索实现区域现代化的路径具有重大而深远的意义。2015 年 2 月，《中共江苏省委江苏省人民政府关于建设苏南国家自主创新示范区的实施意见》中明确指出苏南国家自主创新示范区在国家顶层设计层面的重要战略意义。

无论从发展历史，还是从现有产业基础与优势看，苏南都肩负着为全国发展探路的光荣使命。苏南地区的发展特色和先发优势对江苏省乃至全国基本实现现代化起到了率先示范作用。早在 20 世纪八九十年代，江苏就在全国率先提出了科技兴省、科教兴省战略；进入 21 世纪以来，江苏又提出率先建成创新型省份目标；“十二五”期间，江苏把创新驱动战略确定为经济社会发展的核心战略，把科教与人才强省战略确定为基础战略，建设创新型省份之路扎实而清晰。相比北京中关村、上海张江、武汉东湖、广东深圳等国家自主创新示范区，苏南因为产业发达，转型升级意愿强烈，对自主创新的渴求更加强烈。江苏申请建设苏南国家自主创新示范区之前，也有其实践层面的深层次诉求。

江苏尤其是苏南地区有着优越的基础产业结构，但近年来，在经济新常态下，苏南地区的发展也遇到了诸多瓶颈，面临着资源环境约束加剧、传统发展模式难以为继的挑战。统计显示，2013 年，苏南 5 市以占全国 0.29％的土地面积创造了全国 6.4％的经济总量，人均地区生产总值超过 1.7 万美元。这一数值，正处于经济学界公认的“中等发达国家陷阱”的边缘。在全球产业格局和分工中，从承接中低端到切入高端产业跟别人竞争，是苏南在率先发展中必须承担的责任。在产业结构方面，根据江苏省统计局 2010 年年末的数据分析显示，苏南板块产业层次系数尽管较 2005 年提高了 0.33，达到 5.09，但与发达国家产业结构层次系数 5.89 仍有距离。而根据南京海关提供的数据显示，江苏现有的出口结构和比较优势格局仍侧重于劳动密集型产业，多数资本密集型和知识密集型产业在国际市场上还处于劣势。在固定资产投资方面，苏南投资报酬呈现递减趋势，尽管 2010 年苏南城镇固定资产投资为 9 532.5亿元，但 5 年来的平均增速已远落后于苏中和苏北 8 个、12 个百分点，其中很重要的原因是诸如办公用机械制造业、电气机械及器材制造业等产业正被附加值较高的新兴产业挤出苏南，逐步向苏中转移，但新兴产业的总量占比并不强，实际上苏南单位增量投资效率已低于苏中和苏北，而若以城镇固定资产投资占国内生产总值(GDP)的比重为衡量指标，2010 年苏南的这一比重仅为全省平均水平的 91%。由此，苏南应该减少对生产要素投入的依赖，由投资驱动转向创新驱动型增长。

江苏省的人才发展统计情况如表 1-1 所示。

表 1-1 江苏省人才发展统计公报汇总(2009—2013 年)

项目		2009 年	2010 年	2011 年	2012 年	2013 年
人才贡献率(%)		26.2	31.4	33.5	34.2	34.8
人才资源总量(万人)		760.00	810.00	987.00	908.18	950.90
高层次人才	全省高层次人才(万人)	35.31	40.00	55.39	60.65	66.55
	高层次人才占人才资源总量(%)	4.65	4.90	5.60	6.70	7.00
	院士(人)	91	87	91	91	91
	“973 计划”首席科学家(人)	34	48	53	69	85
	“杰出青年基金”(人)	162	173	189	207	220
	“长江学者奖励计划”特聘教授(人)	109	120	120	143	147
	“百千万人才工程”培养对象(人)	53	208	208	210	233
	国家级有突出贡献中青年专家(人)	100	201	201	201	238
人才投入	人力资本投资(亿元)	4 359.00	5 605.00	6 590.00	7 614.00	8 387.22
	人力资本投资占 GDP 比重(%)	12.8	13.2	13.6	14.1	14.2
	R&D 投入(亿元)	700.00	858.00	1 071.96	1 288.00	1 450.00
	R&D 投入占 GDP 比重(%)	2.00	2.10	2.20	2.30	2.45
	人才发展专项资金(亿元)	9.06	10.60	15.00	17.20	18.10
	人才发展专项资金占省级一般预算收入(%)	2.91	3.38	4.06	3.30	3.30
	创投机构管理资金规模(亿元)	320.00	323.09	385.00	540.00	664.28
人才引进	累计引进高层次人才(人)	—	5 350	6 724	10 752	15 444
	海外留学人员(人)	2 384				6 166
	累计“千人计划”(人)	62	124	246	385	480
	省“双创计划”(人)	557	916	1 318	1 793	2 296
	企业博士集聚计划(人)		395	777	1 077	
	创新团队(人)	—	8	30	49	53
	博士到企业创新创业(人)		395	382	300	400
	高层次创新创业人才(人)	—	359	402	475	
	选聘“江苏特聘教授”(人)	—	20	50	49	158(累计)

续表

项　目		2009 年	2010 年	2011 年	2012 年	2013 年
人才培养	新增“333 工程”第一层次(人)	38	38	37	35	30
	新增“333 工程”第二层次(人)	388	388	292	292	300
	新增“333 工程”第三层次(人)	3 466	3 436	2 955	2 955	2 842
	行业拔尖人才(人)	1 325	1 989	3 646	4 549	4 887
	新增“六大人才高峰行动计划”(人)	265	273	403	467	577
	新增“科技企业家培育工程”(人)	—		349	215	1 395
人才使用	选调应届优秀大学毕业生(人)	300	345	346	300	299
	省选聘大学生“村官”(人)	5 010	3 969	3 827	3 195	3 104
	“科技镇长团”(人)	84	260	350	466	698
	产业教授(人)	—		111	155	266
	教授、博士企业柔性挂职服务(人)			1 210	2 808	
	企业实施科技成果转化项目(项)	134	158	138	135	144
人才载体	国家级高层次人才创新创业基地(个)	3	3	9	9	9
	国家级高新技术产业园区(个)	6	7	8	10	11
	国家级留学人员创业园(个)	7	7	7	7	8
	建有企业院士工作站(个)	142	264	310	326	328
	建有博士后科研工作站(个)	411	241	241	241	302
	建有企业研究生工作站(个)	32	263	481	1 012	1 606
	校企联盟(家)	4 112	5 068	6 026	7 216	8 478
	国家重点实验室(个)	27	29	32	34	34
	省级以上重大研发机构(家)	24	34	44	45	
	省级以上科技公共服务平台(个)	230	245	286	296	302
人才效能	国家科技奖(项)	51	46	55	53	48
	高新技术产业产值占规模以上工业企业总产值的比例(%)	30.11	32.97	35.29	37.50	38.54
	专利申请(万件)	17.40	23.59	34.84	47.27	50.45
	授权专利(万件)	8.70	13.80	19.98	26.99	23.96
	发明专利(件)	5 322	7 210	11 043	16 242	16 790
	新认定国家重点新产品(项)	247	201	201	144	190
	新认定省级高新技术产品(项)	3 487	4 923	6 938	7 671	8 827

2013 年，江苏省全社会研究与开发(R&D)投入 1 450 亿元，占 GDP 的2.45%。

省级财政性人才发展专项资金 18.1 亿元，占省级公共财政收入的 3.3%。人才引领创新驱动发展能力显著增强，2013 年江苏的人才贡献率已达 34.8%，2014 年科技进步贡献率达 59%。《区域人才蓝皮书：中国区域人才竞争力报告(2013)》研究结果显示，2011 年省域最具人才综合竞争力江苏列全国第二，仅次于北京①。苏州获选 2014 年"魅力中国——外籍人才眼中最具吸引力的十大城市"。

目前，江苏大中型工业企业研发机构数量是全国平均水平的 3 倍，全省专利申请数占全国的 1/5，全社会研发投入占全国的 1/8，高新技术企业数量占全国的 1/9；依据《中国区域创新能力报告 2014》，江苏区域创新能力再次综合排名第一②，实现"六连冠"，苏南地区则是区域发展的关键。目前，苏南五市均为国家创新型试点城市，研发投入占 GDP 比例达 2.65%，接近发达国家水平；苏南高新区著名高校和科研院所设立的研发载体达 200 多家，这为苏南的创新发展赢得了机遇，激发了活力，使其具备了先行先试、率先突破的深厚基础。

建设国家自主创新示范区是要通过深入实施创新驱动发展战略，大力推进科技创新工程，充分发挥苏南地区科教人才优势和开发开放优势，加强创新驱动发展顶层设计和整体谋划，全面提升自主创新能力，着力强化企业创新主体地位，优化创新创业生态，增强创新核心载体功能，推动产业结构转型升级，加快建设创新驱动发展引领区；全面深化科技体制改革，着力破除体制机制障碍，开展激励创新政策先行先试，充分发挥市场在资源配置中的决定性作用和更好地发挥政府作用，最大限度激发科技第一生产力的巨大潜能，加快建设深化科技体制改革试验区；全面推进区域协同创新，着力优化创新布局，强化协同效应，提升区域创新体系整体效能，加快建设区域创新一体化先行区，为建设经济强、百姓富、环境美、社会文明程度高的新江苏提供保障，为创新型国家建设作出积极贡献。

而在现有基础上，尽管目前苏南地区研发投入占地区生产总值的比重已提高到 3%左右，高新技术产业产值占规模以上工业总产值的比重也提高到 45%以上，但苏南示范区发展战略性新兴产业的进一步转型升级还有赖于关键领域和核心技术的创新突破。当然，从发展现实看，苏南已经为转型准备了比国内其他地方更为坚实的市场与产业基础。作为我国首个以城市群为基本单元的国家自主创新示范区，苏南国家自主创新示范区也是继"一带一路"、长江经济带建设、长三角发展一体化、苏南现代化建设示范区、江苏沿海发展战略之后，江苏省获得的又一国家战略机遇。在中央、江苏省委关于实施创新驱动发展的战略决策下，以自主创新为动力源，苏南乃至整个江苏的经济发展正迎来一场革命性的升级。

---

① 《区域人才蓝皮书：中国区域人才竞争力报告(2013)》研究结果显示，2011 年省域最具人才综合竞争力前十名分别为：北京、江苏、上海、广东、浙江、山东、天津、辽宁、福建、重庆。

② 《中国区域创新能力报告 2014》研究结果显示，2014 年区域创新能力综合排名依次是江苏、广东、北京、上海、浙江、山东、天津、重庆和安徽。

由此，苏南国家自主创新示范区建设具备三大意义：首创了跨区域管理的、大范围的、有利于深度一体化的国家自主创新示范区；突破了过去把创新驱动战略实施中独立于区域率先基本实现现代化总目标的做法；开创了国家自主创新示范区即国家率先基本实现现代化示范区的先河，而从中国整体小康的实践看，苏南国家自主创新示范区建设也突破了过去通过各类开发区创造局部优化政策推动产业创新的通常做法，率先实施依靠长三角城市群支持国家自主创新示范区功能建设的实践。

“大众创业、万众创新”正被打造成推动中国经济继续前行的“双引擎”之一。《国务院办公厅关于发展众创空间推进大众创新创业的指导意见》和《中共中央国务院关于深化体制机制改革加快实施创新驱动发展战略的若干意见》的出台，对下阶段全国深化体制机制改革、加快实施创新驱动发展战略作出了新的部署安排，要在全国构建更加高效的科技创新创业工作体系。江苏省委、省政府也出台相关文件对苏南国家自主创新示范区建设工作进行了全面部署，明确提出要把江苏从知识产权大省建设成知识产权强省，把江苏建设成有全球影响力的产业科技创新中心，苏南国家自主创新示范区建设驶入快车道。

1.1.2 研究意义

习近平总书记在江苏视察时强调“四个对接”，即切实把创新抓出成效，强化科技同经济对接、创新成果同产业对接、创新项目同现实生产力对接、研发人员创新劳动同其利益收入对接，形成有利于出创新成果、有利于创新成果产业化的新机制。这为苏南国家自主创新示范区推进科技体制改革指明了方向，也提出了苏南地区能否率先探索、作出示范的新使命。

理论上，从创新驱动角度探索苏南国家自主创新示范区的发展定位、战略、能力构建路径及相关政策等，将有益于推动国家自主创新示范区相关理论的系统化研究。这主要体现在两个方面：其一，虽然在苏南自主创新示范区之后又批准设立了长株潭国家自主创新示范区，以及其他以高新技术开发区和综合改革试验区为基础的行政区域，但是苏南国家自主创新示范区在经济社会影响范围与产业方面涉及范围更广、层次更高，具有区位和资源整合优势。把一体化发展的苏南经济板块建设成国家自主创新示范区，这有别于以往在小范围区域空间内的尝试。其二，苏南地区不仅具备产业基础和优势，而且集聚了大量优质的科教和人才资源。苏南五市地处长江三角区域的核心，是我国科教资源最丰富地区之一，也是极具创新潜力的区域之一。例如，南京高校科研院所数量位居全国第三，每万人研究生数量全国第二，全市拥有大学以上学历常住人口比重高达 26.1%，仅次于北京，这奠定了江苏区域创新能力“六连冠”的基础。因此，如何通过实施空间布局战略，执行科技集聚战略、中心城市带动战略和基层科技提升战略，切实打破行政区划壁垒、整合区域创新要素是苏南国家自主创新示范区的重要任务。

实践上，推进自主创新需要解决好创新资源碎片化、政策效应平面化、产业发展同质化等问题，加快创新资源的流动与高效组合，努力形成要素集聚、功能集成、创新集群的局面。本研究对于破解苏南发展瓶颈、引领新常态、探索实现区域现代化及经济转型升级的路径具有两方面意义：一方面，本研究可为苏南探索稳健的创新驱动发展路径，特别是在实施创新驱动发展战略，深化体制机制改革创新，突破瓶颈制约，加快结构调整和产业转型升级，以科技创新为核心带动全面创新方面着力，为江苏经济提质增效升级、行稳致远提供新动源，加快提升其创新要素集聚和辐射能力，充分发挥其示范引领、辐射带动作用，进而形成创新驱动发展的“新苏南模式”；另一方面，本研究立足苏南，着眼全国，按照中央“可复制、可推广”的基本要求，以新苏南模式为范例，拓展实施创新驱动发展战略的新路径，推广全面深化改革的新经验，努力为创新型国家建设作出新贡献。

1.2 研究对象及综述

1.2.1 研究对象

本研究以创新能力和产业发展为视角，在相关理论与国际发展经验的基础上，着重创新能力评价机制和产业相关理论及发展建议，力图对苏南国家自主创新示范区所包含的南京、无锡、常州、苏州、镇江、昆山、江阴、武进等 8 个高新技术产业开发区和苏州工业园区的建设和发展提供相应的理论与政策支持。

需要说明的是，南京国家高新技术开发区是一区三园格局，包括了浦口、新港、江宁三个园区，考虑到横向可比性及本文的主要目的在于“发展”而非“比较”，因此，文中除了南京高新区的整体介绍外，分析部分均以江宁为单位。

1.2.2 研究综述

目前，针对苏南自主创新示范区建设的内在逻辑、路径选择、国际视角，包括创新指数等的研究，已有相应的研究成果，但是基于创新能力评价及其产业化等还缺乏系统的研究。

在苏南国家自主创新示范区的整体研究中，江苏省社科院的刘志彪、吴先满合作撰写了研究报告《关于建设苏南国家自主创新示范区的几点战略考虑》；2011 年度江苏省软科学重点委托课题《苏南自主创新示范区建设的可行性与规划思路研究》(BR2011109)分析、评价了苏南地区自主创新取得的成就和现有能力、存在的问题及制约因素，按照国内一流、国际有竞争力的要求，研究提出到 2020 年与现代化相适应的苏南自主创新示范区建设的具体定位和主要目标、发展重点和具体举措，研究提出需要国家层面给予支持的政策；蒋珠燕在《苏南地区自主创新与国际竞争力研究》中研究了国际竞争力的来源、国际竞争力评价方法及其应用、自主创新能力——提升国际竞争力的源泉、企业是自主创新的主体等；方建中、黄斌、战炤磊等学者探讨了苏南国家自主创新示范区的建设基础、内在逻辑、面临问题及发展路径等。

在苏南各地的相关研究中也有部分是从苏南自主创新示范区视角探讨本地化发展问题的，如耕夫等的《南京高新区：争当苏南自主创新示范区排头兵》；费玮的《苏南自主创新示范区视角下苏州自主创新发展研究》；张继国等的《常州：苏南自主创新示范区的重要板块》；黄春年等的《镇江在推进苏南国家自主创新示范区建设中实施商标战略应该注意的问题》。

在创新能力评价方面，当前主要以创新指数的研究为重要向度。国家创新指数是反映国家综合创新能力的重要指标。为客观监测和评价国家创新能力，中国科学技术发展战略研究院于2006年开始国家创新指数研究工作。前4部《国家创新指数报告》已先后于2011年、2012年、2013年和2014年发布。比如《国家创新指数报告2013》借鉴了国内外关于“国家竞争力”和“创新评价”等方面的最新研究成果，参考世界经济论坛、瑞士洛桑国际管理发展学院等国际权威机构的评价报告，建立了包括“创新资源”“知识创造”“企业创新”“创新绩效”和“创新环境”5个一级指标、30个二级指标的评价指标体系，选取了占世界R&D经费总量98%、占全球GDP总量88%的40个国家作为评价对象，采用国际通用的标杆分析法，基于2011—2012年相关统计数据，测算了40个国家的创新指数。根据《国家创新指数报告2014》显示，在世界40个主要国家中，中国国家创新指数得分与创新型国家的差距进一步缩小。近年来，中国创新资源投入持续增加，企业创新能力显著增强，创新环境日益改善，科技服务经济社会发展的能力不断提高，“十二五”科技发展规划关键指标进展良好。崔维军、李廉水在《欧盟创新指数演化分析》和《欧盟创新指数研究进展》中，从分析欧盟创新指数的产生入手，探讨欧盟创新指数指标体系与研究内容的演化过程，总结欧盟创新活动的成功经验，为我国创新型国家建设提供政策建议。合肥市委党校课题组《长三角部分城市创新指数比较研究》一文，以合肥市、南京市、宁波市、嘉兴市、上海市杨浦区等“四市一区”2008—2012年的统计和调查数据为基础，构建了长三角部分城市创新指数评价体系。华南理工大学李海基的硕士论文《区域科技创新指数及其算法研究》依托广东省软科学研究项目——“珠江三角洲科技创新指数研究”，尝试构建了区域科技创新指数，在对指数检验理论进行系统考察的基础上，构建了区域科技创新指数的检验指标体系，然后从检验指标出发，运用严谨的数学方法推导出“优质”的区域科技创新指数公式，最后，以广东为研究对象，通过德尔菲法确定各指标权重，利用所构建的区域科技创新指数，计算了2002—2008年广东科技创新指数，其中包括了企业、大学、科研机构、科技服务机构等四个构成主体的科技创新指数和政府支持科技创新指数，为苏南自主创新示范区创新能力评价提供了研究样本。

1.3 研究方法

本研究从创新规律的客观实际出发，结合苏南国家自主创新示范区的建设基础和国内外相关实践经验，从中作出科学的理论概括，并在实践运用中不断修正、完善和发展该理论概括。

除此之外，本研究还应用了以下研究方法：

（一）多学科交叉比较研究法

苏南国家自主创新示范区的建设涉及政治学、管理学、社会学、经济学等领域，要把经济学、管理学的基本原理和数学工具与苏南国家自主创新示范区的建设实践相结合。

（二）逻辑归纳方法

创新能力的研究是一个复杂的问题，必须依靠科学的抽象方法才能揭示其本质与规律性。归纳法是一种从若干个别事实概括出一般结论的推理方法，苏南国家自主创新示范区的创新能力提升要在一定的理论观点的指导下，进行科学的判断，由此分析和总结出苏南国家自主创新示范区的产业化建议。

（三）系统与控制论方法

“系统”是指相互联系、相互制约的若干要素，按一定的结构方式组成的具有特定功能的整体。从系统论的角度来看，世界上的任何事物，都可以看作带有自身独立规定性的系统。整个社会就是由生产力、生产关系和上层建筑所构成的大系统，苏南国家自主创新示范区也是一个大系统。从系统方法论出发去研究，可以更清楚地把握苏南国家自主创新示范区协同创新的难题，并进行反馈、修正、完善。

1.4 研究思路

本研究共分为三大部分，共十章。

第一部分为国家自主创新示范区的建设基础及发展现状研究。该部分主要从经济增长理论、贸易理论、创新理论、区域经济发展理论等方面为国家自主创新示范区建设提供可能的理论基础，并基于国家自主创新示范区建设的国际经验和国家自主创新示范区的建设现状，包括中关村国家自主创新示范区、武汉东湖国家自主创新示范区、上海张江国家自主创新示范区、深圳国家自主创新示范区、长株潭国家自主创新示范区、天津国家自主创新示范区、成都国家自主创新示范区等现有国家自主创新示范区的概况、产业布局和创新活动现状，从而以自然地理、经济基础、战略定位、发展目标等四个方面的概况和苏南“8＋1”行政区现状对比来定位苏南国家自主创新示范区的发展基础与方向。

第二部分为苏南国家自主创新示范区的创新能力及评价体系研究。根据国内外创新指数分析的理论基础和研究成果及构建创新指数指标体系，包括创新指数指标体系构建的原则，知识创造、企业创新、创新绩效、创新环境、创新资源等维度，从而着重研究苏南国家自主创新示范区（“8＋1”）的创新指数，包括创新指数总体分析、横向分析、纵向分析、创新能力与产业定位。

第三部分为苏南国家自主创新示范区的产业发展研究。从比较优势理论、区位理论、产业集群理论、区域经济空间结构理论等方面提出产业发展研究的理论基础，进而基于经济发展概况、产业发展概况、创新资源概况、产业发展启示等四个维度，分别对“8＋1”苏南国家自主创新示范区进行产业发展的具体研究，其中以江宁产业发展比较研究为重点，在江宁产业发展现状的基础上，对江宁的汽车、电子信息等支柱产业，智能电网、装备制造业等战略性新兴产业，生命科学、通信与未来网络等未来优势产业进行比较优势分析，从而确定江宁在苏南国家自主创新示范区中的产业定位，并给出产业发展建议。

参考文献

[1] 中国江苏省委、江苏省人民政府. 中共江苏省委江苏省人民政府关于建设苏南国家自主创新示范区的实施意见[Z]. 2015-02-02.

[2] 柳卸林，高太山. 中国区域创新能力报告2014[R]. 北京：知识产权出版社，2015：1-344.

[3] 付丽丽.《国家创新指数报告2014》发布，中国全球排名居19位[N]. 科技日报，2015-07-09(1).

[4] 肖桂华.《国家创新指数报告2013》解读[J]. 中国科技产业，2014(4)：38-41.

[5] 储周，马燕.打造具有国际影响力的产业科技创新中心和创新型经济发展高地 苏南国家自主创新示范区建设开局良好[N]. 新华日报，2015-07-05(4).

第二章　国家自主创新示范区建设的理论基础

建设国家自主创新示范区就是要实现创新驱动经济发展。因此，本章从经济发展理论、贸易理论、创新理论和区域经济发展理论出发，揭示建设国家自主创新示范区背后的理论源泉，为后文的分析奠定扎实的理论基础。

2.1　经济发展理论

2.1.1　古典经济增长理论

（一）古典经济增长理论

有关技术进步与经济增长理论的思想渊源可以追溯到18世纪中叶英国古典经济学派的理论。以亚当·斯密、卡尔多、帕西内蒂为代表的古典经济增长学家，他们的研究兴趣主要集中在积累及其与劳动分工、人口增长、收入分配等关系的问题上，并认为个人的正当动机是启动和维持经济增长过程最重要的因素，让人们追求自身利益有利于促进经济增长。

大卫·李嘉图提出报酬递减规律，同意对资本积累的强调，论证得出：在边际报酬递减规律的作用下，人口增长和资源消耗、资本积累和市场扩大之间的竞争，最终会使资本积累停止，人口保持稳定，经济进入稳定状态，经济增长过程最终停止。以凯恩斯经济理论为基础而建立起来的哈罗德—多马模型，是古典增长理论的代表。这一时期，由于否认了技术进步，古典经济学家认为经济增长过程不具有连续性，终将停滞于一种静态循环状态。从结论可以看出，他们对经济发展前景持悲观态度。

古典经济增长理论仍存在一些缺陷。到20世纪初，美籍奥地利经济学家熊彼特在其著作《经济发展理论》中，首先提出技术创新的概念以及技术创新理论，对古典经济增长理论中的悲观论点提出了挑战，并且提出静态均衡和动态均衡两种经济发展模式，而实现动态发展的基本动力就是技术创新。

（二）技术进步外生化的新古典经济增长理论

新古典经济增长理论通过引入外生技术进步因素来修正总量生产函数，以解释经济持续增长的动力问题。自此，西方经济增长理论日益关注有关技术进步的理论研究，并沿着新古典主义方向发展。其中有代表性的是索洛、库兹涅茨和丹尼森对经济增长因素的分析。

20 世纪 50 年代初期，包括索洛、丹尼森在内的一些经济学家发现，实际产出增长率中存在无法用资金、劳动投入等因素解释的部分，这个"余值"是由经济组织的改善、资本存货(机器、设备)性能的改善和劳动力素质的提高带来的。1957 年，索洛率先将技术进步变量加入总量生产函数，将技术进步作为除劳动、资本投入之外的一个经济增长的因素。库兹涅茨对经济增长因素的分析则更为深入，他认为，现代经济增长受到时代革新的推动，迅速增加了世界上技术知识和社会知识的存量，当这种存量被利用的时候，它就成为现代经济高比率增长和结构迅速变化的源泉。生产率的提高是现代经济增长的第二个因素。丹尼森通过他观察到的国民收入增长，将其分解成多种构成元素，以便说明现代经济增长的原因。

以索洛、库兹涅茨、丹尼森为代表的新古典经济增长理论，把影响经济增长的诸多因素具体化、数量化，使人们能够认识总体经济增长中各个因素的不同作用(其中很重要的是技术进步的作用)，也使测算技术进步在经济增长中的贡献成为可行。

2.1.2 新经济增长理论

(一) 内生技术进步理论

20 世纪 80 年代中期以来，新经济增长理论随之而生。新经济增长理论，指的是用规模收益递增和内生技术进步来说明一国长期经济增长和各国增长率差异而展开的研究成果的总称。因其最重要的特征是试图将增长率内生化，故又被称为内生增长理论。新经济增长理论进一步弥补了新古典增长理论的缺陷，将技术进步内生化，论证了由知识积累和人力资本积累引起的内生技术进步是经济增长的源泉和决定因素。该理论最显著的特点是将知识作为经济活动的特殊生产要素，并且能够使边际收益递增，实现经济可持续发展。这一分支标志着技术进步理论开始了新一轮的深化，也构筑了近年来广泛讨论的"新经济"的理论框架。

内生技术进步理论作为"新经济"的核心理论，不仅延展了舒尔茨、贝克尔等人的人力资本理论，也深化了以索洛、丹尼森为代表的新古典技术进步理论。内生技术进步理论认为，内生技术进步源于人力资本积累。人力资本是凝聚在人身上的知识和技能的存量，相对于生产资源等物质资本而言，它依附于人体，为劳动者自身所有，并通过教育培训、保健等投资来形成和增长。个人的知识和技能一般以文化水平、职业能力和健康状况等表示。贝克尔就曾阐述人力资本对现代经济增长的重要性。但内生技术进步理论发展至今，还没有像新古典增长理论中的技术进步理论那样，完全形成受同时期众多经济学家认同的基本模型。尽管它们的共同特点是显然的，但由于考察内生技术进步实现机制的角度不同，形成的模型体系相对松散，诸如知识积累模型、人力资本积累模型、产品品种增加模型、产品质量升级模型等，这些不足严重影响了此理论在实证中的应用。

（二）消费者行为与经济增长

消费者作为经济中一个重要的微观个体，自索罗模型中的储蓄率可由模型内生决定后，现代经济增长理论对其的研究就几乎停滞。通常假设消费者是在满足预算约束的条件下，最大化其终身效用总和，且消费者的瞬时效用函数仅仅受当期消费支出流的影响。直到近些年，相关学者才逐渐认识到消费者行为的复杂性对经济增长路径的影响。其中最具有代表性的是关于消费者习惯形成的研究。

目前，关于消费者习惯形成的文献研究主要集中在理论模型的建立和对模型的效率评价两个方面。理论模型的主流研究是延续现代经济增长理论的方法，即采用拉姆齐（Ramsey）模型刻画消费者最优行为，但此时影响消费者的效用既包括当期消费流的大小，也包括当期习惯存量的大小。而生产者行为则可采用新古典生产函数①、AK形式②③、两部门内生增长模型④及技术型内生增长模型，得到在市场均衡条件下的总量经济行为。以上研究结果发现无论是采用新古典生产函数，还是内生增长函数形式，引入习惯形成均不会改变原来模型的均衡性质，却使得经济的均衡转移路径发生变化。即对于新古典经济增长，经济达到均衡时各人均变量均为常数。而当存在技术进步时，各自的稳态增长率仍是一个非零常数。但当存在习惯形成时，经济的转移动态路径便同时受习惯形成和递减的边际替代率影响，并且无论是外部还是内部习惯形成的引入，都使得AK模型出现转移动态。不同于之前分析的方法，国内学者陈明朗等（Chen B L et al，2010）⑤认为习惯形成并不是直接作用于瞬时效用函数，而是通过改变贴现率，从而间接改变消费者的终身效用，并提出当且仅当经济的收敛速度是无穷大时，经济才存在局部稳态。

（三）新制度经济学

任何一个国家或地区的经济增长状况都受到当地政府宏观政策的影响，反过

---

① Harl R，Geoffrey H. Optimal growth with intertemporarily dependent preferences[J]. The Review of Economic Studies，1973，40(1).

② Christopher C，Jody O，David N W. Saving and growth with habit formation[J]. The American Economic Review，2000，90(3).

③ Gómez M A. Convergence speed in the AK endogenous growth model with habit formation[J]. Economics Letters，2008，100(1).

④ Hiraguchi R. A two sector endogenous growth model with habit formation[J]. Journal of Economic Dynamics and Control，2011，35(4).

⑤ Chen B L，et al. A one-sector growth model with consumption standard：indeterminate or determinate? [J]. Japanese Economic Review，2010，61(1).

来，政府的经济政策也会影响到经济增长状况。也就是说，经济增长情况与政府的经济政策是相互影响、相互决定的，但可惜的是，该观点总是假设制度是外生的且固定不变的。新制度经济学派通过将制度因素作为一个重要的内生变量，从而对主流经济增长理论进行修正。在对其他方面研究的过程中，经济学家并没有放弃对生产行为的进一步研究。阿西莫格鲁（Acemoglu，2002）[①]不再将技术进步视为中性，而是通过将其细分为劳动增强型与技术增强型，构建出技术偏向型的内生经济增长模型，以便更深入地了解技术进步刺激经济增长的作用机制，为探究技术进步的贡献率提供更为详细的理论基础。

在现有经济增长的分析框架下，生产函数无论是新古典增长形式还是内生增长模型，无论假设技术进步是中性的还是非中性的，甚至无论消费者的行为是否受习惯存量的影响，所有模型均表明不同国家或地区间会出现收敛趋势——人均资本越低的地区经济增长率越高。新制度经济学派发现，若将制度因素引入到经济增长模型中而非外生给定的固定变量，那么即使各经济体具有相同的参数和生产函数，经济的收敛到底是绝对的还是有条件的，则由制度尤其是经济制度的收敛性决定。

虽然目前关于制度对经济增长有着重大影响的观点已被普遍接受，但人们在制度是否是经济增长的决定因素上却各执己见。新制度经济学派代表人物诺斯和托马斯（1988）[②]认为，一个有效的产权制度是促进经济增长的决定性因素，而资本积累和技术变化只不过是经济实现增长的手段，是经济增长的结果。目前对这方面的研究主要采用实证分析法，然而不同学者所采用的时期、国家不同，因此得出的结论不尽相同，需要进一步的验证[③④⑤]。

2.1.3 区域经济理论

区域经济理论的产生有着复杂的社会背景与历史渊源，其发展基础是空间经济学、发展经济学和经济地理学。回顾区域经济理论的发展历程，大致可分为四个历史阶段：区位理论、传统区域发展理论、近代区域发展理论、区域经济理论的新进展。区域经济理论的发展始终贯穿两条主线：一是区位理论，二是区域经济发展理论。微观层面，经济主体理性的区位选择表现为产业集聚、城市中心带形成，等等；宏观层面，经济主体理性的区位选择使得区域经济非均衡发展，集聚与扩散效应影

① Acemoglu D. Directed technical change[J]. The Review of Economic Studies，2002，69(4).

② 诺斯，托马斯. 西方世界的兴起[M]. 北京：华夏出版社，1988.

③ Tornell A. Economic growth and decline with endogenous property rights [J]. Journal of Economic Growth，1997(2).

④ 郭路. 经济增长的制度分析与实证研究[J]. 经济经纬，2006(1).

⑤ 郭明星，董直庆，王林辉. 经济增长制度决定论的前沿文献综述[J]. 经济学动态，2008(8).

响了区域经济增长。

区域经济理论最早可追溯到19世纪的区位理论。区域经济理论学科的基础由德国经济学家杜能的著作《孤立国》奠定，文中阐述了农业区位论；李嘉图提出基于相对肥力的农业地理理论；德国经济学家韦伯(Webber, 1909)①建立了工业区位论；德国地理学家克里斯塔勒(1998)②提出中心地理论，主要用于分析第三产业部门。空间经济理论的基础是由萨缪尔森与柏克曼奠定的，他们的研究涉及空间市场均衡模式和一定地域空间中从生产消费活动出发的连续流模式。现代区位论开始关注整个国民经济，实现了从单个厂商区位抉择到经济综合体的扩展，从理论分析向数理模型量化研究的转变。但是由于受到新古典经济学中完全竞争和规模报酬不变假设的限制，其与现实经济越发脱离。

20世纪40年代末到70年代初，区域发展理论强调国民生产总值增长、资本积累和工业化，相关理论被称为传统区域发展理论。其代表性研究观点集中在区域经济均衡增长理论和非均衡增长理论。其中，西方区域均衡增长理论包括新古典主义区域均衡增长理论和发展经济学均衡增长理论两部分，前者的主要成果是索罗—斯旺增长模型；后者的重要代表人物有罗森斯坦·罗丹、纳克斯等。20世纪60年代，威廉姆森提出了“倒U形”假说，指出在国家发展早期阶段区域差距会不断扩大，但是达到发展过程某一点后，区域差异会逐渐缩小，区域收入水平随经济增长最终可以趋同。纳克斯提出了“贫困恶性循环”理论，他通过研究发现发展中国家面临需求与供给不足恶性循环的困境，要摆脱这种局面应该实施平衡增长战略。

20世纪50年代以来，发展中国家在力图缩小与发达国家经济发展的巨大差距时，发现现实情况是差距不断拉大并逐步发展。在发达国家内部，将大量要素与资源投入到高增长部门或区域，也导致了国内发达与欠发达地区极化。新古典主义理论的均衡发展和收敛趋势并未得到现实的验证，由此，众多经济学家研究并提出了区域经济非均衡增长理论。尽管研究的侧重点不同，但都认为现实中的区域经济增长是非均衡的。弗农等人提出“梯度转移”理论，认为经济发展过程的区域表现是“发达—次发达—落后地区”逐级梯度推进。

20世纪70年代中期以来，区域经济发展理论更加强调人力资本的重要性，重视乡村经济发展，以消除贫困、实现公平、增加就业为国民经济发展的目的，以乡村地区、贫困地区为对象的区域理论取代了以城市化、工业化为中心的分析。农业中心与二元结构理论，以二元经济模型为代表。区域发展的制度理论观点，主要受到新制度主义和新结构主义影响，强调区域发展过程中正式制度与非正式制度的重

---

① Webber A. Theory of the Location of Industries[M]. University of Chicago Press, 1929:26－47.

② 沃尔特·克里斯塔勒. 德国南部中心地原理[M]. 北京:商务印书馆,1998:59－81.

要性。选择性空间封闭理论，最早由施特尔与托德林提出，该理论主张放权，将权力分散到各个地区，使各地区能够根据发展实情进行资源调配与安排，而且能够有效隔离外界的风险传递与消极影响。弗里德曼与韦弗在前两位学者研究的基础上进一步拓展，对功能式与地域式区域发展模式进行了划分和论证。

2.2 贸易理论

比较优势理论是贸易理论的核心与基石，竞争优势理论是产业经济理论的重要组成部分。随着知识经济和经济全球化的深入发展，发达国家期望获得更大的竞争优势以提升本国福利水平，发展中国家也不断寻找本国的比较优势，力争缩小与发达国家的经济差距，以实现从比较优势到竞争优势的跃迁。比较优势或者表现为劳动生产率的差异、某一要素禀赋相对丰富以及规模经济的差异，它是竞争优势发展的初级阶段，是潜在的竞争优势。但如果这种潜在的优质性没有发挥出来，即使拥有了该要素的比较优势也不等于拥有竞争优势，只有将这种隐形的优势展现出来并持续提升才有可能转化为竞争优势。

2.2.1 比较优势

比较优势是一种相对优势，伴随着国际贸易理论的发展，比较优势的内涵也在逐渐丰富，经历了从传统比较优势理论（强调的是自然资源、成本等方面的比较优势，在产业发展初期具有重要的作用），到现代比较优势理论的转变（以高素质的人力资本为核心的高级生产要素，通过创新降低成本，发展出可以替代日益短缺的初级生产要素的材料和能力）。

（一）生产技术差异形成的比较优势

亚当·斯密使用劳动生产率来衡量绝对优势与比较优势，即以劳动时间为成本的唯一依据，生产同一种商品所花费的劳动时间低于其他国家，称为绝对优势。大卫·李嘉图(David Ricardo)[①]指出，即使一国在两种产品生产上与另一国相比，都处于绝对劣势，但只要它在两种产品生产上所处的绝对劣势的程度不相同，则它在劣势较小的产品生产方面具有比较优势，另一个国家则在另一种产品生产上具有比较优势。即相对比较优势是指两国之间生产技术存在相对差别以及由此产生的相对成本的不同。不论是绝对比较优势还是相对比较优势，比较优势是由不同国家生产同一种产品时的劳动生产率不同（由技术上的差别引起）而造成的不同国家生产该产品的机会成本差异。

（二）资源禀赋差异形成的比较优势

一方面，国际分工理论从交换领域纳入到生产领域，两国生产要素（资源、资

① 大卫·李嘉图(David Ricardo，1772—1823)，英国经济学家，古典经济学的杰出代表。

本、劳动力）的禀赋不同，即丰裕和稀缺的程度不同；另一方面，不同产品在生产过程中使用生产要素的比例不同，例如劳动密集型产品、资本密集型产品与知识密集型产品。每个国家都按生产要素丰富与稀缺进行分工，生产并出口该国相对丰裕和便宜的要素密集型产品，进口该国相对稀缺和昂贵的要素密集型产品。通过自由贸易重新分配各国生产要素，就可以提高劳动生产率，增加生产，降低价格，使双方从贸易中获利。

（三）规模经济差异形成的比较优势

即双方在不同领域的规模经济差异性不对称的优势。规模经济包括内部经济、外部规模经济和动态外部规模经济。规模经济有助于提升比较优势。

（四）交易成本差异形成的比较优势

通过专业化分工而获得较高的技术水平和能力，提高了劳动生产率，这种内生的比较优势会随着分工的发展而不断地创造和增进。

（五）技术差距形成的动态比较优势

不同国家间的技术差距是比较优势的重要构成要素，是产生国际贸易的重要原因之一。不同国家和区域的技术发展水平很不一致，在世界范围内形成一个由高到低、具有一定顺序的技术梯级差距，技术创新领先的国家在研发出他国尚未掌握的新产品或者新工艺时，就产生了国际间的技术差距，这将使本国获得出口技术密集型产品的比较优势。但是随着新技术向国外的转移，受技术外溢、外部性等影响，国际间的技术差距将逐步消失，该技术密集型产品的贸易将会由于各国自给能力的增加而逐渐趋于消失。一个技术要素丰富的创新国家或区域总是最先进行技术革新和新技术产业化，在不同国家或区域间形成技术差距并拥有生产优势和垄断新产品生产，当其他国家或区域学习模仿后，创新国家或区域的动态技术优势逐步消失并会利用其相对丰裕的技术要素转向开发另一种新产品，形成新的出口优势。

在国际分工与专业化生产中，不同国家之间在比较优势上的差异性不是一成不变的，而是一个动态发展的过程。在这一过程中，包括生产要素禀赋在内的一切经济因素都会发生变化，这种变化体现在物质资本和人力资本的相对密集使用程度不断提高的动态过程中。发达国家和新兴工业化国家分别发展各自的新兴产业，同时把失去优势的产业转移给较低发展阶段的国家。实施出口导向战略的落后国家通过承接发达国家转移的产业，利用自己的比较优势，进入更高的经济和贸易发展阶梯，从而呈现出阶梯比较优势的动态演变过程。

只有准确把握自身的比较优势，并不失时机地将比较优势转化为市场需求，才能够在市场竞争中取得一定的成功。自改革开放以来，我国一些地区的成功实践也证实了比较优势的基本逻辑：浙江民营企业在起始阶段选择的大多是技术含量不高、资金需求不多、滚动发展能力较强的产业。而劳动密集型产业在我国的广泛存在，更是体现了我国经济在特定阶段的比较优势，尤其是成本优势。但是传统比较优势战略在技术进步、创新方面存在着明显不足，未能弥补在绝对优势方面的差距，甚至绝对差距在不断扩大，最终地区发展有可能陷入"比较优势陷阱"。因此，在应用比较优势理论制定区域经济发展战略时，需要特别注意"比较优势陷阱"。

"比较优势陷阱"是指一国(尤其是落后地区)完全按照比较优势，生产并出口初级产品和劳动密集型产品，却在与技术和资本密集型产品出口为主的经济发达国家的国际贸易中，陷入或者聚焦于自然资源、成本或既有能力的比较优势，始终在产业低端与低端产业间徘徊，而不能缩小技术差距，过度依赖技术引进，使自主创新能力长期得不到提高，无法发挥后发优势，只能依赖发达国家的技术进步，从而陷入落后局面不断扩大、比较优势不断被新兴的地区所侵蚀的局面，并且越来越难以摆脱这种依赖资源消耗、廉价劳动力、环境破坏的发展模式，随着国际贸易竞争的恶化与经济波动再次陷入发展困境。

2.2.2 竞争优势

竞争优势是指一个企业或国家在某些方面比其他企业或国家更能带来利润或效益的优势。竞争优势既属于战略管理学领域，也属于产业经济学的研究对象。竞争优势可分为产品竞争优势、企业竞争优势、产业竞争优势和国家竞争优势四个层次。传统战略管理研究包括宏观和微观两个层次、静态与动态两个视角，即内生增长理论、产业结构理论、静态资源基础理论、动态能力理论，企业能力观。

(一) 内生增长理论

在知识经济背景下，产业通过获取新"知识"，刺激新知识运用于生产，提供运用新知识的资源，来推动经济发展，其核心思想是认为经济能够不依赖外力推动实现持续增长，内生的技术进步是保证经济持续增长的决定因素，也是持续竞争优势的来源。

(二)"钻石模型"

著名战略管理大师迈克尔·波特在国家竞争优势论述中指出，地区兴衰的根本在于能否在竞争中赢得优势，而取得优势的关键在于是否有合适的创新机制和充分的创新能力。国家竞争优势主要取决于四组基本因素：要素条件，国内需求条件，相关产业与支撑产业，公司的战略、结构和竞争。这四组因素的每一组都可单独发生作用，但又同时对其他因素产生作用。四组因素结合成一个体系，共同作用并决定国家竞争优势。除此之外，机遇和政府两个变量也可能对国家竞争优势产生重要影响(图 2-1)。

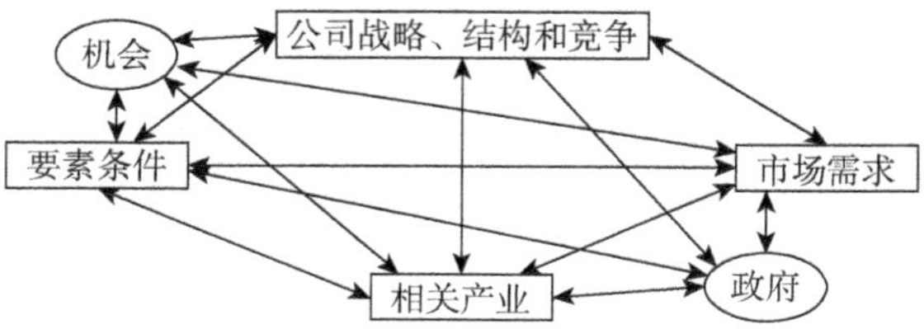

图 2－1 区域竞争优势的来源

（三）产业结构理论与资源基础观

产业结构理论认为企业竞争优势来源于企业外部，即企业在产业结构中所处的位置，也就是企业与竞争者、潜在竞争者、供应商、客户之间的关系。资源基础理论认为企业竞争优势来源于企业内部有价值、稀缺、不可模仿和不可替代的资源，即企业资源的异质性与不可移动性。产业组织理论与资源基础理论分别从产业组织结构与企业层次来考查企业的竞争优势。

（四）动态能力理论

资源基础观是静态的，并不能使企业应对环境的动态变化。而持续竞争优势来源于企业整合、延展以及重新配置企业内外部资源以应对快速的环境变化，反映企业在给定路径依赖以及市场地位后获取新竞争优势的能力。

2.2.3 比较优势向竞争优势转化机制

比较优势是一种潜在的竞争优势，或者表现为某一要素禀赋相对丰富，或者表现为劳动生产率的差异。如果这种潜在的优质性没有发挥出来，即使拥有了该要素的比较优势，也并不等于拥有竞争优势。只有将这种隐形的优势展现出来并持续提升，才有可能转化为竞争优势。因此，比较优势与竞争优势的关联机理及转化机制对于实现产业结构升级和提升产业竞争优势具有重要的战略意义。

改革开放以来，我国国内生产总值高速增长，综合经济实力不断提高。但是随着劳动力成本上升、资源价格的上涨、环境发展承载能力下降，一味地发展“世界工厂”无疑是不符合国家的创新型发展战略以及建设资源节约型与环境友好型社会的需求的。因此，如何识别并发挥我国产业的比较优势，如何在此过程中缩小与发达国家的差距，最终实现从短期的比较优势向可持续竞争优势的转化成为核心问题。比较优势战略本质上着眼于在国际经济分工中找到自己的位置，充分利用该经济相对丰富的生产要素，建立起与自身资源匹配的、有竞争优势的产业。竞争优势本质上关注优势的可持续性，围绕“创新”，对要素的要求更高，因为“高级生产要素是创造出来的生产要素”，比如高级的人力资本、大学和研究机构等，其创造的途径则是政府、企业和个人在创造高级生产要素方面进行持续的投入。

与比较优势相比，竞争优势是战略性与干预性的协调统一，强调政府政策对本国产业经济运行的重要调控作用，分别从国家、产业和企业的角度出发，分析生产要素、需求因素、市场竞争、政府作用等各方面的内容。从国家竞争优势发展的四个阶段的渐进演变可知，动态性是竞争优势的一个重要特征，要素发展推动投资发展，投资推动创新发展，创新发展推动财富积累发展，这个过程是一个动态变化与延续发展的过程。

虽然比较优势是不在同一平台的优势比较，而竞争优势是在同一平台下竞争的优势比较，但两者之间又存在转化关系，从比较优势到竞争优势，是一个循序渐进的过程。比较优势是竞争优势发展的初级阶段，是竞争优势发展的必要条件。在竞争优势发展的第一阶段，廉价的劳动力、丰富的自然资源、充裕的资本投入是决定具有竞争优势的关键，而这些要素正是比较优势形成的源泉。遵循比较优势，充分利用现有要素禀赋所决定的比较优势来选择产业、技术、生产活动，是本地区创造产业竞争优势的前提，也是不断积累更"高级"的生产要素的必要条件。赶超战略很难在短时间内培育出在战略节点上具有竞争优势的要素。比较优势是推动竞争优势形成与发展的手段，竞争优势也可促使人们进一步发现或拓宽比较优势。

循序渐进地发挥比较优势并不必然会引导竞争优势的提升，甚至会使区域发展沉迷于比较优势而忽视了竞争优势构成要素的发展，这在我国很多产业发展中已经被证实。比较优势的发挥，能促使资源的有效利用和合理配置，为国民收入短期优化与社会福利水平提高创造空间，加快资本的积累和投资的增长，从而为创新提供更丰富的资源，进而推动产业结构调整，促进技术的创新，增强产业的竞争优势。在这个过程中，由于短期政绩导向以及缺乏长期战略眼光，比较优势所形成的短暂竞争优势被认为是可复制与可持续的优势，从而陷入"比较优势陷阱"，不能够加大对基础技术研发、人才资源、创新平台、能力积累等方面的投入建设，企业缺乏企业家精神。

因此，从比较优势向竞争优势转化的过程中，需要政府克服短期政绩导向，立足于区域发展竞争力与竞争优势的高度，制定持续稳定的政策，加大对竞争优势要素的投入，激励企业的战略调整与竞争行为，最终能够真正把握比较优势所带来的追赶机会，实现从具有比较优势的落后地区向富有竞争力与竞争优势的创新型地区转型。

2.3 创新理论

2.3.1 创新与竞争力

创新的历史和人类的历史一样悠久，它激励人类探寻解决问题的新方法并努力去实现。创新在经济和社会变迁中起着重要作用。国际上对创新问题的研究始于美籍奥地利经济学家约瑟夫·熊彼特。1912年，他在《经济发展理论》一书中首次提出创新理论，1939年和1942年又分别在《经济周期》、《资本主义、社会主义和民主主义》两部专著中对其进行了完善，形成了独特的创新理论体系。熊彼特认为，创新是经济发展的本质，创新的过程实际上是一种不断打破经济均衡的过程。熊彼特的主要贡献在于，他不仅是创新理论的开创者，而且提出了技术创新和制度创新，还强调企业研发活动和信用制度的重要性。

熊彼特①指出，经济发展是一个质变的过程，经济发展在某个历史时期会被创新推动而产生质变，包括新产品、新的生产方法、新的供应源、开辟新市场以及新的企业组织形式。自从熊彼特提出以创新作为经济增长的源泉后，不论在发达地区还是发展中地区，推动创新便成为全社会的共识。

竞争力指的是在国际竞争环境下主体所拥有的，使经济持续增长的能力，人民生活水准由此得到了持续提高。这里的竞争力是指长期的技术竞争力，而非短期的价格竞争力。短期的价格竞争力可以通过本国货币的贬值，本国生产的商品或服务价格的降低使“竞争力”上升，这种类型的竞争力并不是可持续的，尤其是当进口价格上涨引发国内输入型通货膨胀时，或者是外来净投资额的降低对国内生产率的增长产生不利影响时。竞争力的提升并不等于通过货币贬值来使净出口增加，获取比较优势或者贸易顺差只是竞争力提升的一个暂时效应，并不是提升竞争力的根本目的之所在。长期的技术竞争力是“非价格比较优势”的竞争力，比通常所说的竞争力的传统影响因素更为重要。对创新非常成功的国家而言，因为创造了更多的新价值，而不是在固定的世界贸易量或给定的国际市场中的相互替代，技术竞争力的增强会带来国际贸易中的份额持续增长，如东亚“四小龙”经济体的特点在于，他们有更强的创新能力、更强的提升和重组本土产业的能力，以及更强的学习和吸收国外技术的能力。

领先国家为适应新环境，在调整的过程中可能会遇到特殊困难，因为他们已深陷于前一范式所推崇的创新类型中难以自拔，而其他原先处于落后地位的国家会发现，他们与领先国家在制度和社会组织方式上有着很大的差异，可能更易于通过调整实现结构变革，从而获得最多的创新机会。创新提升了主体的盈利能力，使工资在产出中的比重不断下降，这样就反过来提高了投资在产出中的比重，从而带来更高的资本积累以及更多的技术积累。这里的基本思路是，对于快速增长的国家而言，如同进口增长往往要滞后于出口增长一段时间，工资上升与生产力提高往往也会存在时滞，使得创新能够创造利润，成为经济增长的新来源。因此，当机会窗口存在时，后发国家和地区在机会窗口内实现追赶的机会特别大②。

---

① 熊彼特(Joseph Alois Schumpeter，1883—1950)，著名美籍奥地利经济学家，创新理论奠基人。

② 詹·法格博格，等.牛津创新手册[M]. 柳卸林，等译.北京：知识产权出版社，2009.

我国增长模式创造的成果令人瞩目，但我国需要更高的、可持续的经济增长，以实现一种更加平衡的发展模式，转变经济增长方式，降低对资源的消耗，减少对环境的破坏，加强科技创新对经济增长的贡献，推动资源节约型、环境友好型社会的建设。由于创新在现代知识经济中的重要性不断上升，通过创新来提升竞争力成为国家和地区政策越来越重要的目标，尤其是起步较晚但希望实现追赶的国家和地区。

《2006—2010 建设创新型国家白皮书》中指出，目前世界上公认的创新型国家有 20 个左右，包括美国、日本、芬兰、韩国等。所谓创新型国家，是指把科技创新作为基本战略，大幅度提高科技创新能力，形成日益强大的竞争优势，这一类国家称为创新型国家。这些国家的共同特征是：创新综合指数明显高于其他国家，科技进步贡献率在 70%以上，研发投入占 GDP 的比例一般在 2%以上，对外技术依存度指标一般在 30%以下，这些国家所获得的三方专利（美国、欧洲和日本授权的专利）数占世界数量的绝大多数。

在全面建设小康社会的关键阶段，根据特定的国情和需求，我国提出要把科技进步和创新作为经济社会发展的首要推动力量，把提高自主创新能力作为调整经济结构、转变增长方式、提高国家竞争力的中心环节，把建设创新型国家作为面向未来的重大战略。人力资本的培养以及对科学、技术和创新能力的激励，将作为我国未来发展的潜在引擎发挥核心作用。因此，我国开始通过加速人力资本形成和加大科技、创新投入来对其目前的比较优势进行延展。

2.3.2 自主创新理论

（一）自主创新的概念界定

在“自主创新”的概念明确提出之前，相关的概念主要有“本土创新”和“发展自主知识产权”等。自主创新是非常具有中国特色的一个技术创新的概念，其主要反映了一个技术后进国在综合内生性的自主创新和外部资源影响下的二次创新所带来的技术创新能力的提高。在国外文献中还找不到与之完全对应的英文，较为接近的有 indigenous innovation，technique innovation 等。

弗里曼（Freeman）从国家创新体系角度探讨了“二战”后日本迅速崛起的成因；福尔曼（Furman）和海斯（Hayes）分析了 1975 年—1999 年为什么有的国家能够持续技术领先，有的技术后发国家（technology followers）能够实现技术追赶（catch-up），而有的国家的技术却停滞不前（stand-still）的内在原因。这些研究为自主创新理论来源提供了线索。

国内对自主创新也未形成一个鲜明的权威定义。国家“十二五”科技发展规划将自主创新定义为通过拥有自主知识产权的独特核心技术以及在此基础上实现新产品价值的过程，强调了自主知识的产权问题和新产品产生超额利益的所有权归属。

在我国，自主创新的提出是在2005年的十六届五中全会上，这次会议将“自主”与“创新”联系起来，把提高自主创新能力提升到国家战略的高度。《2008科学发展报告》将自主创新定义为：“能够独立控制和把握创新目标、创新方式与创新进程的技术创新”①，强调创新是一个集成的过程及创新的自主性。自主创新是技术创新活动的一种，区别于一般技术创新活动的关键点在于“自主性”，对于“自主性”的理解，目前国内学者主要有三种不同的观点。有的学者认为“自主性”是指企业在技术商品化过程中获得超额利润的多少；有的学者认为“自主性”主要体现在知识产权的归属、技术突破由本土企业实现等方面；还有部分学者认为“自主性”体现在技术学习和轨道上，是指企业积累和提高技术能力的过程、行为及其轨道选择自主权。

（二）自主创新的观点

从国内对自主创新的研究来看，目前大体有以下三种观点。

第一种观点认为，自主创新等同于技术创新或科技创新。早期持有这种观点的学者有陈劲、柳御林等。陈劲(1994)②是20世纪90年代国内学术界较早提出这一概念的学者，他在《从技术引进到自主创新的学习模式》一文中指出，“引进、消化与改进国外技术的过程中存在着许多活动，这些活动可按照其特征分为若干个阶段，这里我们将这种特定的技术发展分为技术吸收、技术改进与自主技术创新”。刘凤朝等(2005)③指出，自主创新是指创新主体依靠自身的力量实现科技突破，进而支撑和引领经济社会发展，保障国家安全的活动。国家或区域层面的自主创新是指能自主解决本国或本区域经济社会发展和国家安全面临的重大关键技术问题，并以对全球科技发展产生重大影响为标志，以原始创新、集成创新以及引进基础上的再创新为主要实现形式，以推动产业结构升级、实现增长方式转化、提升国家竞争力为目的的活动。

第二种观点认为，自主创新不仅包括科技创新，还包括非科技创新。谢燮正(1995)④认为，我国在科学技术大会上强调的自主创新，不仅涉及技术领域，而且包括组织管理方面的创新。后来，学者郭九成、朱孔来(2008)⑤指出，自主创新主要是指科技创新，同时也包括制度创新、管理创新、文化创新等方面。

第三种观点认为，应从广义和狭义两个角度来认识自主创新。李具恒(2007)⑥认为，从广义上来说，自主创新是创新主体受其意志支配，依托创新能力，

---

① 中国社会科学院．2008科学发展报告[M]．北京：科学出版社，2008.

② 陈劲．从技术引进到自主创新的学习模式[J]．科研管理，1994(2).

③ 刘凤朝，等．基于对分析法的区域自主创新能力评价研究[J]．中国软科学，2005(11).

④ 谢燮正．科技进步、自主创新与经济增长[J]．中国工程师，1995(5).

⑤ 郭九成，朱孔来．论自主创新能力的概念、内涵及构成要素[J]．生产力研究，2008(21).

⑥ 李具恒．自主创新新解：“概念硬核”视角的集成[J]．科学学与科学技术管理，2007(7).

将新的事物成功实现于市场,创造出新的社会经济价值的创新过程。从狭义上来说,自主创新是创新主体受其意志支配,依托创新能力,将其具有技术先进性或可获得全部或部分自主知识产权的技术成果成功实现于市场,创造出新的社会价值的创新过程。夏志勇、袁建华(2007)①认为,企业自主创新能力系统由内部运行系统与外部支持系统两部分组成。其中,内部运行系统主要包括决策、开发、实现和扩散四个子系统。外部支持系统主要有金融、财政、税收、法律、市场和文化六个子系统。沈太基等(2008)②从企业信息能力、知识、组织、技术、外部环境和制度环境、教育培训和国家创新因素等方面对企业自主创新能力做了研究,并建立了驱动企业自主创新能力的模型。李剑力(2009)③则认为,制约我国企业自主创新的障碍主要来自于企业内部和外部两个方面。

从企业竞争优势角度出发,企业通过自主创新利用一切可利用资源,形成机制、体制、产品和技术上的竞争力,并形成持续创新能力,突破"技术垄断"、减少"路径依赖"、开辟新"创新轨道"。因此,自主创新不一定是单纯技术(新产品、工艺等)层面的,管理、制度、战略、市场、文化乃至商业模式等各非技术层面也是自主创新的有机组成部分。

清华大学高旭东教授认为,我国的自主技术创新可以分为初级阶段和高级阶段。所谓自主创新的初级阶段,就是以相对独立的单项核心技术或单一产品的开发为目的的自主技术创新阶段。在这一阶段,自主技术创新活动还带有很大的脆弱性,创新的可持续性比较差,对提高本土企业的竞争力的作用也是有限的。所谓自主技术创新的高级阶段,就是以建立基于本土完整的产业支持体系和产业链为目的的自主技术创新阶段。在这一阶段,多个企业、多个产品和多项技术已经形成了相互支持、相互依赖的关系,创新活动具有很大的稳定性和方向性,对提高本土企业的竞争力的作用是巨大的。我国的自主技术创新要真正取得成功,必须实现自主创新从初级阶段向高级阶段的转变。

2.3.3 创新系统理论

创新活动主体很少孤立地进行创新活动,而是与其他组织合作并相互依赖。这些组织可能是其他企业(供应商、客户、竞争者等),也可能是非企业组织,例如大学、科研院所和政府部门。组织的创新行为也受制度,例如法律、法规、规范和常规等的影响,这些组织和制度是知识的创造和商业化系统的构成部分。创新就是从这种"创新系统"中涌现的,这种系统包括所有重要的经济、社会、政治、组织、制度

① 夏志勇,袁建华. 企业自主创新能力的系统构建与构成要素分析[J]. 工业技术经济,2007(10).

② 沈太基,等. 我国企业自主创新能力影响因素分析与模型构建研究[J]. 哈尔滨商业大学学报,2008(2).

③ 李剑力. 我国企业自主创新的障碍与对策[J]. 学习论坛,2009(2).

以及其他影响创新的开发、扩散和使用等因素[①]。关于创新系统的思想，最早可追溯到马歇尔[②]的产业区理论。早在1890年，马歇尔就指出，在一个小企业聚集区域，存在着浓郁的创新气氛，新工艺、新思想能很快被接受、传播。马歇尔所描述的产业区形成了一个创新环境，各个中小企业通过这个网络进行有效竞争与合作交流，促进新技术、新思想的产生和传播。可见，创新系统是由创新主体、创新网络和创新文化共同构成的体系。

不同的创新系统间存在显著的差异，表现在制度建立、组织建立、R&D投资以及绩效等方面，关注创新系统的另一个原因是，大多数影响创新过程或整个经济的公共政策都是在国家或地区层面设计和实施的，创新系统方法对政策制定者来说尤其具有吸引力，可以了解不同经济体之间的创新绩效差异，并采取措施以支持技术及其他类型的创新。

创新系统应用通常可以划分为三个层次："国家创新系统""区域创新系统"和"产业创新系统"。

（一）国家创新系统

弗里曼(Freeman, 1987)[③]在《技术和经济运行：来自日本的经验》中，首次提出了国家创新体系的概念。他认为，国家创新体系是由公共部门和私营部门中各种机构组成的网络，这些机构的活动和相互影响促进了新技术的创造、引入、改进和扩散。伦德瓦尔(Lundrall, 1992)[④]在此基础上进一步指出，国家创新体系是由一些要素及其相互联系作用构成的复合体，这些要素在生产、扩散和使用新的、经济上有用的知识的过程中相互作用，形成一个网络系统。此后，纳尔逊(Nelson, 1993)[⑤]对15个国家的国家创新系统进行分析比较后认为，国家创新体系是由大学、企业等有关机构形成的复合体制，制度设计的任务是在技术的私有和公有两方面建立一个适当的平衡。帕特尔、帕维特(Patel & Pavitt, 1994)[⑥]研究了国家创新系统与经济增长的关系，认为国家创新体系是一个国家制度安排、组织效率和国家能力的体现，用以测度一国技术和知识流动的效率和方向。经济合作与发展组织(OECD)发表的《国家创新系统》研究报告认为，国家创新体系是公共和私人部门中的组织结构网络，这些部门的活动和相互作用决定着一个国家扩散

---

① 参见《牛津创新手册》第183页相关内容。

② 马歇尔(Alfred Marshall, 1842—1924)，英国著名的经济学家，新古典经济学派的集大成者。

③ Freeman C. Technology Policy and Economic Performance: Lessons from Japan [M]. London: Printer Publishers, 1987: 12 - 18.

④ Lundvall B A. National Systems of Innovation: To-wards a Theory of Innovation and Interactive Learning [M]. London: Pinter Publishers, 1992.

⑤ Richurd N. National Innovation System[M]. Oxford: Oxford University Press, 1993.

⑥ Pari P, Keith P. The continuing, widespread (and neglected) importance of improvements inmechanical technologies[J]. Research Policy, 1994, 23(5): 533 - 545.

知识和技术的能力，并影响着国家的创新业绩。

国内学者自 1992 年引入国家创新体系这一概念之后，分别从不同角度进一步描述了国家创新体系的含义。冯之浚(1999)①认为，国家创新体系是一个国家内有关部门和机构间相互作用而形成的推动创新的网络，是由经济和科技的组织机构组成的创新推动网络。国家创新体系应主要由企业、大学、科研机构、中介机构和政府部门组成。此外，国家创新体系的制度安排和网络结构也是创新活动的重要决定因素，通过影响知识的产生，进而影响经济的发展。国务院 2006 年初颁布的《国家中长期科学和技术发展规划纲要(2006—2020 年)》②指出："国家创新体系是以政府为主导、充分发挥市场配置资源的基础性作用、各类科技创新主体紧密联系和有效互动的社会系统"。王春法、游光荣(2007)③指出，国家创新体系就是一种有关科学技术植入经济增长过程之中的制度安排。

关于国家创新体系的构成要素，目前尚无统一认识。国外学者一般认为，国家创新系统由政府、企业、科研机构、中介机构等组成。路甬祥(2002)④指出，从创新单元看，国家创新体系由国家科研院所、大学、企业、社会研发机构等单元组成。从创新过程看，国家创新体系由知识生产、知识流动、知识应用等部分组成。吴贵生、谢伟(1997)⑤认为，国家创新系统的构成要素包括：企业、科研机构、教育培训机构、政府等；以各行业为主体的内部运行机制；行为主体之间的联系；创新政策；市场环境；国际联系等。吴琼(2005)⑥认为，国家创新体系包括五个方面，即理念创新、制度创新、科技创新、产业创新和管理创新，这五大要素是相互联系，缺一不可的。其中，理念创新是灵魂，制度创新是基础，科技创新是核心，产业创新是归宿，管理创新是保障。

因此，国家创新系统是一组独特的机构，它们分别地或联合地推进新技术的发展和扩散，提供政府形成和执行关于创新政策的框架，是创造、储存和转移知识、技能和新技术的相互联系的机构系统，包括六个主要要素：(1) 创新活动的行为主体，主要是企业、研究机构、教育培训机构、政府部门等；(2) 行为主体的内部运行机制，由构成系统的要素及各要素间的相互关系所组成；(3) 行为主体间有效的联系与合作，创新资源在行为主体间高效的流动，有助于分担创新风险、减少创新成本、加快创新速度、提高创新效益，各行为主体之间的密切联系有助于提高国家创新系统的整体效率；(4) 创新政策，指能对创新活动产生影响的法律、法规和政策，

---

① 冯之浚. 完善和发展中国国家创新系统[J]. 中国软科学，1999(1).

② 国务院.国家中长期科学和技术发展规划纲要(2006—2020 年)[Z]，2006.

③ 王春法，游光荣. 国家创新体系理论的基本内涵[J]. 国防科技，2007(4).

④ 路甬祥. 对国家创新体系的再思考[J]. 求是，2002(20).

⑤ 吴贵生，谢伟. 国家创新系统的要素、作用与影响[C]. 第二届中韩产业技术政策研讨会——面向 21 世纪的国家技术创新系统，1997.

⑥ 吴琼. 国家创新体系的内涵、构成要素及关联性分析[J]. 理论建设，2005(2).

创新政策与国家的科技政策、经济政策、产业政策、财政政策、税收政策、教育政策等有密切的关系;(5) 市场作为一种资源配置的方式,对企业及其他行为主体的创新活动具有重要影响;(6) 国际联系是每个国家的创新系统与国际大环境进行资源交流的重要环节,也是每个国家创新活动的行为主体进行国际竞争与合作的途径和方式。

(二) 区域创新系统

当今的全球经济呈现两种自相矛盾的特征:(1) 创新活动并非均衡或随机地分布在全球各地。越是知识密集型的经济,越是呈现出创新集群的趋势,最典型的例子是生物技术产业和金融服务业,尽管其他地区也试图吸引或营造生物或金融服务产业集群,但其现在正越来越密集地集中于少数中心地区。(2) 地理空间集中化的趋势随着时间的推移变得越来越明显。这一变化与信息通信技术的发展似乎背道而驰,但这正表明知识生产过程呈现出独特的地理空间特征。创新活动空间上的集聚已经成为一种客观规律,它不仅是创造优势和保持优势的重要手段,而且也是参与全球产业分工的重要载体。因此,建设区域创新系统和发展区域创新能力,具有极其重要的意义。

区域创新系统的概念最早是由英国学者库克(Cooke, 1992)①提出的,他认为区域创新系统主要是由在地理上相互分工与关联的生产企业、研究机构和高等教育机构等构成的区域性组织体系,且这种体系支持并产生创新。阿什海姆(Asheim)和安约森(Isaksen)认为,区域创新体系是由支持组织围绕两类主要行动者及其相互作用组成的区域集群。第一类主要行动者是域内产业集群及其支持产业的公司;第二类主要行动者是制度基础结构,包括科技机构、高等院校、技术中介机构、职业培训组织、产业协会、金融机构等,它们具有支持区域创新的重要能力。德洛丽丝(Doloreux)认为,区域创新体系是相互作用的私人与公共利益体、正规机构和其他组织的集合,其功能是按照组织和制度的安排以及人际关系来促进知识的生产、利用和传播。阿什海姆、格特勒(Asheim & Gertler, 2004)②指出,当今世界,区域创新体系依靠自身保持竞争力是不够的,需要借力经济一体化和全球化。德洛丽丝等(Doloreux et al, 2005)③强调,成功的创新体系需要利用内部产生的知识以及外部可利用的知识来增强创新能力和保持竞争力。

区域创新系统得到重视的一个重要原因是美国硅谷的崛起。硅谷的神奇使人

---

① Cooke P. Regional innovation systems: competitive regulation in the new europe[J]. Geoforum, 1992, 23: 365-382.

② Asheim B, Gertler M. Understanding regional innovation systems[M]// Handbook of Innovation. Oxford: Oxford University Press, 2004.

③ Doloreux D, Bita P, Hommen L. Identifying Regional Innovation Systems in a Globalising Economy: A Plead for an Integrated View[C]. 2005.

们认识到区域在创新系统中扮演的重要角色，对比美国硅谷与麻省 128 公路的发展，可以发现硅谷是一个区域网络化的产业体系，这一体系促进了专业化厂商集体学习能力以及相互适应能力的提升。区域内密集的社会网络、开放的劳动力市场，促进了各种新探索和创业的产生。公司间既互相竞争，又不断在新技术方面相互学习，正式与非正式的沟通非常多①。

区域创新系统是开放系统，是国家创新体系中的子系统，其重点是培育技术开发、转移、应用、扩散能力和相应的区域社会支撑体系。区域创新体系将比国家创新体系呈现更多的独具特色的制度安排，产业、技术专业化程度更强，企业的创新性也更明显。同时，区域创新系统也是国家创新体系研究的一个延伸和发展。区域创新体系的高效运转需要面向市场经济的科技资源、不断衍生和壮大的经营机制、灵活的新型企业、新的经济政策与政府管理办法。区域创新体系作为一个网络系统，其直接目的是提高区域科技创新能力，最终增强区域竞争力，加快区域经济发展。

关于区域创新体系的基本架构。库克(Cooke)指出，任何起作用的区域创新体系都有两个子系统：一是知识应用与开采子系统，主要由具有垂直供应链网络的公司组成；二是知识生产与扩散子系统，主要由公共组织组成。阿什海姆(Asheim)和安约森(Isaksen)则将区域创新体系概括为三个组成部分：一是区域产业集群及其支持产业的公司；二是支持的知识组织；三是这些行动者的相互作用。

关于区域创新体系的运行机制。库克等(Cooke et al, 1998)②认为，区域创新体系是企业及其他机构经由以根植性为特征的制度环境系统地从事交互学习的地方。这里，他引入了三个重要的概念：交互学习、根植性和制度环境。德洛丽丝(Doloreux, 2002)③给出了四个相互有关的“内部动力学”：互动学习、知识生产、邻近性和社会根植性。理查德(Richard , 2004)④根据对新西兰创新体系的分析，归纳了系统的功能和相互作用的形式。

关于区域创新体系与产业集群的关系。波特(Porter, 1998)⑤认为，产业集群是竞争且合作的相互关联的公司、专业供应商、服务提供者、相关产业的公司以及有关机构在地理上的集聚。产业集群是形成区域创新体系的重要模式。库克

---

① 参见美国萨克森宁(Saxenian)教授 1994 年的研究.

② Cooke P, et al. Regional systems of innovation: an evolutionary perspective[J]. Environment and Planning A, 1998, 30: 1521-1714.

③ Doloreux D. What we should know about regional systems of innovation[J]. Technology in Society, 2002, 24(3): 243-263.

④ Richard J. Understanding New Zealand's Innovation System[C], 2004.

⑤ Porter M E. On Competition[M]. Boston: Harvard Business School Press, 1998.

(Cooke)则将区域创新系统看作一个产生区域产业集群的系统。安约森(Isaksen, 2001)[①]认为,产业集群是区域创新体系发展中的一个层次,产业集群主要表现为一种自发的现象,一种企业在地理上的集中,通常是通过当地的衍生公司和企业家活动而发展的,而区域创新体系具有更多计划的和系统的特点。阿什海姆等(Asheim et al, 2004)[②]指出,产业集群与区域创新体系在一个地域可以共存,事实上一个区域创新体系可以包含若干产业集群,而一个产业集群并不必然是区域创新系统的一部分。

在实证研究层面,对区域自主创新能力影响因素的研究分为整体和具体单个变量两个层面。李海波研究了科技投入水平、科技人力资源、创新基础设施、国外直接投资、进出口贸易这五个因素对区域自主创新能力的影响,实证结果表明,科技人力资源和创新基础设施有较强的影响,其余三个变量的影响不显著。范柏乃对全国178个县市区的政府官员、企业家、科研人员和专家学者进行了问卷调查,通过因子分析和回归分析,实证结果表明创新服务、创新人才、创业投资、创新法规政策和知识产权保护是影响区域自主创新能力的关键因素。另一个层面是研究某一具体变量对区域自主创新能力的影响。唐勇运用面板数据模型,探讨了利用外商直接投资(FDI)对我国自主创新能力提升产生技术外溢正效应的条件及效果。分析结果显示,人力资本在FDI技术外溢过程中起着核心作用,在人力资本配合下,FDI技术溢出对我国自主创新能力的提升有积极的促进作用。刘乃全通过采用我国31个省市区2006—2010年间的面板数据,并引入空间溢出效应,分析了区域金融产业实力对区域自主创新的影响。结果表明,扩大落后区域的金融规模、优化金融机构、吸引金融人才成为当地政府的当务之急。

综上所述,区域创新系统是指在一国内的一定地域范围内,将新的区域经济发展要素或这些要素的新组合引入区域经济系统,创造一种新的更为有效的资源配置方式,实现新的系统功能,使区域内经济资源得到更有效的利用,从而提高区域创新能力,推动产业结构升级,形成区域竞争优势,促进区域经济跨越式发展。区域创新体系是在特定的经济区域内和特定的社会经济文化背景下,各种与创新相关联的主体要素(实施创新的机构和组织)和非主体要素(创新所需要的物质条件)以及协调各要素之间关系的制度和政策所构成的网络。该体系通常是由创新主体、创新环境和行为主体之间的联系、运行机制这三个部分构成,其目的是推动区域内新技术或新知识的产生、流动、更新和转化。

与国家创新系统相比,区域创新系统的建设可以形成一种区域创新文化。尽管创新系统是创新中涉及的一群实体或节点间的关系,这种关系涉及某种程度的

---

① Isaksen A. Building Regional Innovation Systems: Is Endogenous Industrial Development Possible in the Global Economy? [C], 2001.

② Asheim T, et al. The Role of Regional Innovation System in a Globalising Economy[C], 2004.

相互依赖性。随着创新互动模式重要性的提高，这些关系被包含在区域中的可能性越来越大，尤其是对拥有专有技术和知识基础的专业化供应商来说。这样的供应商通常依赖于隐性知识、面对面互动和基于信任的关系，并由此在与区域集群中客户的合作中获益。这一整套态度、价值观、规范、惯例和期望代表着一种“区域创新文化”，它的存在进一步强化了区域创新系统的系统特征，影响区域内企业的行为和事件，塑造了区域内企业相互之间互动的方式。

（三）产业创新系统

在不同的产业中，创新的特性、来源、参与者、过程和创新活动的组织方面存在巨大的差异。传统创新理论对产业差异分析具有局限性，只揭示了产业创新活动中的部分规律，并且只能识别部分对创新及其绩效有重要影响的关键变量。

对不同产业部门中创新的参与者、创新源、制度和政策进行比较（比如制药业和生物技术、化工业、软件业等），会发现这些部门的创新具有显著差异①。创新在这些产业的动态发展和变化过程中扮演的角色也有很大的差异。另外，跨越多个产业的新集群的出现，如互联网—软件—移动通信、生物技术—芯片技术—医药、新材料等，已成为目前产业创新系统的典型代表。

《牛津创新手册》将创新的产业差异概括为以下几个方面：

（1）创新涉及的R&D强度差异，高R&D强度的产业有电子业、生物医药，低R&D强度的产业有纺织业、低端制造业等。

（2）“熊彼特Ⅰ型”产业，是那些具有创造性毁灭特性的产业，企业家作为创新主体，其作用在于创造性地破坏市场的均衡。这些产业的特征包括：具有较低的技术进入门槛，企业家和新企业在创新活动中扮演着重要角色。“熊彼特Ⅱ型”产业，是那些具有创造性积累特性的产业，其中大型企业占据了主导地位，进入门槛较高。这类产业的特征是少数大企业作为核心占据了主导地位。机械和生物技术是“熊彼特Ⅰ型”的典型产业，半导体业是“熊彼特Ⅱ型”的典型产业。

（3）产业技术范式的差异，指的是企业运作所处的学习和知识环境。一个特定的技术轨道定义了企业在创新活动中所必须解决的问题的本质，它影响了技术学习模式，形成了对特定行为和组织的激励和抑制。技术范式由机会和专有性条件、技术知识的积累程度、相关知识基础的特性等组成。例如，技术机会高低影响了创新活动的机理水平，专有性水平意味着成功保护创新的能力，技术积累性高低

---

① 产业创新体系框架聚焦于知识与技术领域、参与主体及网络、制度。通过沟通、交换、合作、命令等过程，参与主体之间不断的互动，通过内部各要素的共同演进，产业创新系统也经历着变化和转型。产业创新系统框架有助于识别“系统失灵”和确定政策的目标指向。由于不同产业之间产业创新系统存在很大差异，一般性政策对不同产业的影响会有重大差别，所以在政策制定中应考虑部门间的差异；为了促进创新及其扩散，技术和创新政策需要科学政策、产业政策、知识产权和标准政策、竞争政策等作为补充；政策制定者本身也是部门创新系统的组成部分，应提升自身的能力，创造更好的制度环境；相关的政策需考虑部门系统不同维度间的匹配、共存。

决定了先行企业形成优势的程度，知识基础则对形成创新活动的知识性质具有重要影响。这些特性在不同产业和技术间存在很大的差异。技术范式的差异在产业层次上影响了对创新活动的组织，并可能导致“熊彼特Ⅰ型”和“熊彼特Ⅱ型”模式间的根本差异。高的技术机会、低的专有性要求以及低的技术积累性条件将会导致“熊彼特Ⅰ型”模式的出现，反之，将会导致“熊彼特Ⅱ型”模式的出现。

技术范式和熊彼特创新模式随时间发生演化。根据产业生命周期理论的观点，创新活动的“熊彼特Ⅰ型”模式会演变为“熊彼特Ⅱ型”模式。在产业发展的早期，知识快速变化，不确定性很高，进入门槛很低，新企业是主要的创新者，并且是产业发展的重要动力。当产业发展成熟后，技术变化遵循技术轨道，规模经济、学习曲线、进入障碍、财务资源等在竞争中越来越重要，拥有垄断势力的大型企业将处于创新过程的前端。当出现重大的知识、技术和市场不连续性时，创新活动的“熊彼特Ⅱ型”模式会被“熊彼特Ⅰ型”模式所代替。在这种情况下，拥有垄断势力的稳定组织将被一种运用新技术并聚焦于新需求、具有较强流动性的组织所替代。

(4) 技术网络供应商和技术使用者之间的差异，主要是创新来源和专有性机制中的差异。“供应商主导的产业”中，新技术嵌入新的要素和设备中，新技术的扩散和学习主要通过“干中学”和“干中用”实现；“规模密集型产业”中，过程创新占据主导，创新来源包括内部来源(R&D 和“干中学”)和外部来源(设备生产商)，专有性主要通过专利和“技术诀窍”加以获取；“专业化供应商产业”中(如设备生产商)，创新主要针对绩效改进、可靠性和“定制化”，创新来源包括内部来源和外部来源(客户与生产者的交互作用)，专有性主要来自知识的本地化和在相互作用中产生的特性。

产业创新系统中，“产业”是一组为了满足给定需求或者正在出现的新需求，由某些相关联的产品群组成，并拥有共同知识的活动集合体。产业系统关注：① 知识和技术领域，任何产业都有自身特定的知识基础、技术和相关投入。运用一种动态观点进行分析，对知识和技术领域的关注将产业边界置于中心位置，而产业边界通常是不固定的，它随时间呈现动态变化。② 行动者和网络，一个产业由包含各类组织和个人在内的异质性的行为者所组成，产业中的行动者具有特定的学习过程、能力、信仰、目标、组织结构和行为，并通过沟通、交换、合作、竞争等过程进行互动。③ 制度，产业中行动者的认知、行为和交互作用受到制度的影响，制度包括规范、惯例、共同习惯、已有做法、法规、法律和标准等。随着时间的推移，一个产业系统通过不同组成要素的共同演化而发生变化，产业系统的发展动力与变革是系统中各种因素在共同演化的过程中相互作用的结果。

产业创新系统方法为创新政策和技术政策的制定提供了有价值的参考。在产业创新系统的框架中，对一个系统功能的不足和缺陷进行识别，其本质是对缺失或不恰当的系统维度进行分析，识别“系统性失灵”，这些系统的不足将直接导致创新绩效间的差异。政策在不同产业间发挥作用的渠道和方式也是存在显著差异的，并且在一个产业中培育创新和扩散，仅仅凭借技术和创新政策是不够的，还需要科学政策、产业政策、标准和知识产权保护政策、市场竞争政策，不同政策之间具有相互依赖性、关联与反馈作用，对产业动力和升级具有整合性影响。

产业创新系统方法强调了政策制定在不同的网络和水平上都是产业系统内部的积极影响因素。事实上，政策制定者对知识创造、知识产群、企业治理规则、技术转移、金融制度、公共标准等方面产生了积极的影响。政策制定者必须建立一种恰当的制度环境，以确保各个层次水平上政策的有效性和一致性。

2.4 区域经济发展理论

2.4.1 产业区位理论

（一）产业区位理论

德国经济学家韦伯更多地从微观的层面来分析企业集聚的动因。韦伯认为，企业成本的节约才是促使企业集聚在某个区域内的最大动因，理想的工业区位位置，应该是生产和分配过程中所需的运输距离最短、货物运输量最低的地方。而假如区域内某个企业或某些企业规模增大，会为企业带来收益的增加和成本的节约，则若干个这样的企业聚集在区域内同样会给区域内的每个企业带来更多的收益和更多的成本节约。产业区位理论认为，促使更多的企业集聚在产业区内的原因是公共基础设施，如自来水、煤气、交通等重复性、经常性成本的减少，以及因劳动力市场在产业区附近的集聚而减少劳动力搜寻的成本，加上专业化的技术设备、交易成本的降低、原材料购买的便利等因素，使得企业在顺利实现产品交易的同时，最大限度地降低了企业成本、提高了生产效率。

（二）新产业区位理论

新产业区理论认为创新过程有着产业的地理空间，即技术创新往往局限于特定的区域。在高科技部门内部，企业之间的联系渠道是技术创新扩散（溢出）所必需的知识，知识以专业化的技术进步为基础，表现为高度的空间聚集。国外新产业区位理论的研究最早由巴尼亚斯科（Bagnasco）提出，他通过对意大利东北部与中部地区的发展研究，提出“第三意大利”的概念。乔科莫·贝卡蒂尼（Giacomo Becattini）认为在本地劳动分工基础上实现的经济外部性在当地社会文化背景支持下，产业区企业之间的相互协作促进了这些产业区的发展。皮埃尔（Piore）和萨贝尔（Sabe）在《第二次产业分工》一书中提出，柔性专业化的中小企业集聚区，由于区内企业高度的专业化和灵活的运行机制，增强了企业之间的协同作用，可以更容易地生产和适应个性化的市场需求，进而也可以与以大企业为核心的区域进行竞争。

1985年成立的欧洲创新研究小组认为产业区的发展以及集聚在产业区内企业的技术进步，与其所在区域内的社会人文环境密切相关。换句话说，技术的进步很大程度上依赖区域创新环境的改善。

2.4.2 产业集群理论

20世纪80年代中期以后，在全球产业分工和信息技术革命条件下，出现一组在地理上靠近、具有本地社会关系网络，并且具有共性和互补性，同处或相关于一个特定的产业领域的公司和关联的机构，称为产业集群。产业集群是一种新的经济地理现象或实践经验，又可看作一类新的产业空间组织，可以把它用作新的区域经济发展战略，也可以作为认识区域经济的新方法，即产业集群把区域经济视为相互依赖（尤其是非贸易的相互依赖）的企业和机构的地理集聚。

（一）传统产业集群理论

传统区域经济发展理论主要有梯度推移理论、增长极理论和地域生产综合体理论等。其中，梯度推移理论把工业的生命循环周期理论引用到区域经济开发中，认为产业结构、新技术与生产力等遵循由高到低梯度转移的规律，并认为大城市是高区位区，可以依靠集聚经济来推动与加速发明创造、研究与开发工作的进程，节约所需投资。

一直以来，传统区域发展理论存在着较大的局限性，一是过分简单地强调区际流动的两个要素——劳动力和资金，以此对区域或城市的空间增长进行分析，却忽视了影响区域发展的重要因素——技术和知识；二是单纯依靠外力可能造成脆弱的国民经济。因此，许多国家都在探寻和实践依靠内力发展地方经济的道路，寻求以技术和知识为本的区域发展战略。迈克尔·波特把产业集群理论推向了新的高峰，他从组织变革、价值链、经济效益和柔性方面所创造的竞争优势角度，重新审视产业集群的形成机理和价值。波特的产业集群研究是结合其对国家竞争优势研究而展开的。他在1990年完成的《国家竞争优势》一书中，针对不同国家和地区之间的产业集群竞争特点，对国家竞争优势做了具体的比较分析。他认为，国家只是企业的外在环境，政府的目标是为国内企业创造一个适宜的环境。因此，评价一个国家产业竞争力的关键是该国能否有效地形成竞争性环境和创新。

（二）新的产业集群理论

波特（Porter，1998）在《集群与新竞争经济学》（*Clusters and New Economics of Competition*）一文中，系统地提出了新竞争经济学的产业集群理论，并解释了产业集群的含义，提出集群是特定产业中互有联系的公司或机构聚集在特定地理位置的一种现象。集群包括一连串上、中、下游产业以及其他企业或机构，这些产业、企业或是机构对于竞争都很重要，它们包括了零件、设备、服务等特殊原料的供应商以及特殊基础建设的提供者。集群通常会向下延伸到下游的通路和顾客上，也会延伸到互补性产品的制造商以及和本产业有关的技能、科技或是共同原料等方面的公司上。最后，集群还包括了政府和其他机构——像大学、制定标准的机构、职业训练中心以及贸易组织等，以提供专业的训练、教育、资讯、研究以及技术支援。波特认为，集群通常发生在特定的地理区域，产业的地理集中发生的原因是地理因素，集群由地理接近，可以提高生产率，增加创新利益，降低交易费用。一个国家在国际上具有竞争优势的产业，其企业在地理上呈现集中的趋势，通常聚集在某些城市或某些地区。集群化是指产业呈现区域集聚发展的态势，产业集群是集中于一定区域内特定产业的、众多具有分工合作关系的、不同规模等级的企业和与其发展有关的各种机构、组织等行为主体通过纵横交错的网络关系紧密联系在一起的空间集聚体，代表着介于市场和等级制之间的一种新的空间经济组织形式。它是当今世界经济发展的新亮点，不仅可以成为区域经济发展的主导，也可以成为提高一国产业国际竞争力的新力量。

产业集群的行为主体包括两大部分：一是企业，包括生产商和生产者服务商。生产商又包括上下游配套关系的供应商、制造商和客商等；生产者服务商包括金融、法律、咨询、广告等方面的服务供应商。二是机构，包括两大类：一类是提供知识的机构（这里称为知识机构），即与本地优势产业密切相关的专业性科研机构和大学、职业学校、技术创新中心、咨询机构、技术标准机构、质量检测中心等；另一类是为行为主体提供服务的机构，即服务机构，包括促进企业之间互动、企业和科教机构之间互动及合作的政府机构、中介服务机构、技术转移中心等。

按照集群的产业性质，可以将产业集群分为三种类型：一是传统产业集群。它以传统的手工业或劳动密集型的工业部门为主，如纺织、服装、制鞋、家具、五金制品等行业，大量的中小企业在空间上相当集中，形成一个有机联系的市场组织网络。在这种产业集群内，劳动分工比较精细，专业化程度较高，市场组织网络发达。典型的例子是意大利的特色产业区。二是高新技术产业集群。它主要依托当地的科研力量，如著名大学和科研机构，发展高新技术产业，企业间相互密切合作，具有强烈的创新氛围。美国的硅谷和印度的班加罗尔软件产业集群是这方面的典型代表。三是资本与技术结合型产业集群。如日本的大田、德国南部的巴登—符腾堡等。一般说来，由于存在着不确定性以及研发与生产的日益分离，高新技术企业比传统产业企业更倾向于集聚。据研究表明，在美国，像计算机、制药等高新技术产业的创新活动明显多于传统产业，与此相对应，高新技术产业的企业更加倾向于以集群的形式存在（Audertsch & Feldman，1996）。目前，世界各地的高新技术产业集群如雨后春笋般涌现，各国政府也对这种基于知识或创新的高新技术产业集群给予大力支持。

产业集群的最重要特点之一就是地理集中性，即大量的相关产业相互集中在特定的地域范围内。由于地理位置接近，产业集群内部的竞争自强化机制将在集群内形成"优胜劣汰"的自然选择机制，刺激企业创新和企业衍生。在产业集群内，大量企业相互集中在一起，既展开激烈的市场竞争，又进行多种形式的合作。如联合开发新产品、开拓新市场、建立生产供应链，由此形成一种既有竞争又有合作的合作竞争机制。这种合作机制的根本特征是互动互助、集体行动。在产业集群内部，许多单个的、与大企业相比毫无竞争力的小企业一旦用发达的区域网络联系起来，其表现出来的竞争能力就不再是单个企业的竞争力，而是一种比所有单个企业竞争力简单叠加起来更加具有优势的全新的集群竞争力。

（三）产业集群理论与企业创新

产业集群具有三个方面的特征：① 行为主体在空间上的地理邻近，地理邻近和集聚对于有上下游产业关系的企业或工厂来说，可以减少物流成本（包括车载运输和管道运输、仓储等）、能源成本、时间成本等。这种外部经济效应和报酬递增的效果比较容易得到充分的认识，在制造业发展迅速的工业化阶段更是如此。邻近效应可以促进知识的流动和溢出，能为企业的技术创新和知识学习创造有利的条件。行为主体地理邻近可以促进技术创新，然而并不是必然的，还需要组织上的邻近和关系上的邻近。地理邻近只是为企业之间信息交流提供了一个可能条件，集群内部的信息交流可能因为缺乏某些必要条件而受到阻碍。本地企业集体学习和吸收技术以达到自主创新的必要条件，包括完善的知识产权保护制度和企业的诚信等，而社会资本的积累需要一个长期的历史过程。② 行为主体的产业联系。③ 行为主体的互动和合作。在产业集群里，行为主体的互动包括企业之间的互动以及产学研之间的互动，很多互动都需要借助于中介组织或政府的推动。

产品创新和过程创新，以及灵敏地应对迅速变化的消费需求是新竞争力的基础。由于产品生命周期迅速缩短而研究开发周期加长，以及市场不确定等原因，促使创新需要很多行为主体的相互协同作用。尽管信息通信技术使远距离通信传输加快，但仍然需要人们在集群中近距离的互动，促使商业知识、金融知识和技术知识更快流通，以刺激创新。

产业创新往往存在于产业集聚的区域，集群具有促进创新的能力。产业集聚的正效应有两个主要观点：其一，获得外部规模经济和范围经济；其二，促进学习型经济。后者强调集群创新的社会维度，及技术创新的过程是行为主体互动的社会过程，企业是根植在更广的制度环境中的学习型组织。

高技术产业集群中，企业之间及其与科教机构之间有非常频繁的分工和互动。重大原创性科研成果的产生，大多是多学科交叉融合的结果。一些复杂技术，如通信、生物工程等的开发更需要大量公司之间长期的相互作用。很多合作不是通过正式的合同，而是通过默契的技术转移和知识交流来完成的。

产业集群有利于促进企业的创新，这种创新具体体现在观念、管理、技术、制度和环境等许多方面。概括起来，集群对创新的影响主要集中在三个方面。

(1) 集群能够为企业提供一种良好的创新氛围。集群是培育企业学习与创新能力的温床。企业彼此接近，会受到竞争的隐形压力，迫使企业不断进行技术创新和组织管理创新。由于存在着竞争压力和挑战，集群内企业需要在产品设计、开发、包装、技术和管理等方面不断创新和改进，以适应迅速变化的市场需要。在产业集群中，由于地理接近，企业间可以密切合作，可以面对面打交道，这样将有利于各种新思想、新观念、新技术和新知识的传播，由此形成知识的溢出效应，获取“学习经济”，增强企业的研究和创新能力。

(2) 集群有利于促进知识和技术的转移扩散。产业集群与知识和技术扩散之间存在着相互促进的自增强关系。在新经济时代，产业布局不再像工业经济时代那样各行各业简单地聚集在一起，而是相互关联、高度专业化的产业有规律地聚集在一个区域，形成各具特色的产业集群。集群内由于空间接近性和共同的产业文化背景，不仅可以加强显性知识的传播与扩散，而且更重要的是可以加强隐性知识的传播与扩散，并通过隐性知识的快速流动进一步促进显性知识的流动与扩散。集群内领先的企业会主导产业技术发展方向，一旦某项核心技术获得创新性突破，集群区内各专业细分的企业会协同创新，相互支持，共同参与这种网络化的创新模式。事实证明，产业集群内的知识和技术的扩散明显比非集群化的企业更迅速、更明显。

(3) 集群可以降低企业创新的成本。由于地理位置接近，相互之间进行频繁的交流就成为可能，为企业创新提供了较多的学习机会。尤其是隐性知识的交流，更能激发新思维、新方法的产生。由于存在着“学习曲线”，使集群内专业化小企业学习新技术变得容易。同时，建立在相互信任基础上的竞争合作机制，也有助于加强企业间进行技术创新的合作，从而降低新产品开发和技术创新的成本。

需要指出的是，产业集聚的区域不一定能培育产业创新。产业集群是一群在地理上邻近而且相互联系的企业和机构，它们具有产业联系而且相互影响。通过联系和互动，在区域中产生外部经济，从而降低成本，并在相互信任和合作的学习氛围中促进技术创新。然而，集群中相互学习和促进创新的效应可能产生，也可能不产生。有利于产业创新的环境是地方行为主体(大学、科研院所、企业、地方政府等机构及其个人)之间在长期正式或非正式的合作与交流的基础上所形成的相对稳定的环境。传统的产业集聚理论一般只是把企业集聚区域作为企业的经营地点；而新的集群概念是把企业聚集区域作为企业的互动地点，通过互动，特别是知识的互动来实现创新。

2.4.3 区域经济空间结构

区域经济空间结构理论是区域经济发展理论的另一个重要研究领域。它是在一定地域范围内经济要素的相对区位关系和分布形式，是在长期区域经济发展过程中人类经济活动和区位选择的累积结果，空间结构是否合理，对区域经济增长和发展有着显著的促进或制约作用。

美国区域发展与规划专家弗里德曼提出"核心—边缘"理论，并加以修改和提炼。该理论是他对委内瑞拉区域发展演变特征的研究，是根据缪达尔和赫希曼等人有关区域间经济增长和相互传递的理论而提出的。他试图解释一个区域如何由互不关联、孤立发展，变成彼此联系、发展不平衡，又由极不平衡发展为相互关联的平衡发展的区域系统。

点—轴渐进扩散理论(社会经济客体大都在点上聚集)。其核心是通过线状基础设施连成一个有机的空间结构体系。空间结构的变化可划分为均匀分布状态、点线形成状态、轴线形成状态、中心和轴线系统形成状态。

圈层结构理论。德国经济学家杜能在《孤立国》一书中提出农业布局呈圈层式分布，从中心向外围分别为自由农作区、林业区、轮作农业区、谷草农作区、三圃农作区和畜牧业区。美国社会学教授伯吉斯提出城市五大功能圈，自城市中心向外围有序配置的城市土地利用结构，由中心向外分别是中心商业区、过渡性地区、工人阶级住宅区、中产阶级住宅区、高级或通勤人士住宅区。20 世纪 50 年代后期，狄更斯和木内信藏提出近似的城市地域分异三地带学说，认为大城市圈层是由中心地域，周边地域和城市郊外的广阔腹地三大部分组成，它们从中心向外有序排列。中国的城市地理学者在大量的区域规划实践基础上，用圈层结构来描述由城市到乡村的空间变化形态。

增长极理论。"增长极"这一概念首先由法国经济学家普劳克提出，并由法国地理学家布代维尔引入地理空间。他们认为区域发展不是均匀地在各个地方同时发生，而是以不同的强度在空间的一些区位得到优先发展，增长极通过聚集效应吸引周边地区的各要素和资源不断壮大经济，形成区域中心，实现快速发展，最后通过扩散效应带动和促进整个区域发展。增长极理论认为，经济增长在空间上并非均匀分布，而是以不同强度首先出现在一些增长点或增长极上，然后通过不同渠道向外扩散，并对整个经济空间产生不同的影响，当然，增长极可以由大至小逐级传递。它强调在经济总量有差异化的同时，还必须关注结构性的差异化：并不是所有产业都具有相同的发展速度，在不同时期，快速增长往往相对集中在主导产业和创新企业，然后波及其他产业和企业，集中快速增长的工业中心就是区域的增长极。总之，增长极理论强调城市体系中城市等级结构的差异，即城市集聚经济能力。

新经济地理学。迪克斯特与斯蒂格利茨构建了垄断竞争模型，为将空间因素引入西方主流经济学分析框架奠定了基础，标志着新经济地理学的产生。这一学派的主要代表有克鲁格曼、阿明、藤田、博格曼、莫瑞、马丁、沃纳伯尔斯等。其中，克鲁格曼在他的多篇研究论文与专著中对"新经济地理学"有系统深入的阐述。克鲁格曼将区域发展理论、区位理论、贸易理论有效结合，认为区域发展是区域空间中的自我强化过程，而各种预见性和非预见性因素会影响区域格局变动，这种区域发展模式的形成是遵循报酬递增、垄断竞争市场的假设，产业的空间集聚和区域专业化是支持报酬递增、技术和其他外部性因素最主要的理由。

2.5 本章小结

本章重点在于为研究和建设国家自主创新示范区提供理论依据，从经济发展理论、贸易理论、创新理论以及区域经济发展理论四个层面，分别讲述建设国家自主创新示范区理论上的可行性。首先，本章通过对古典经济学、新古典经济学以及新经济增长经济学理论进行回顾，并联系区域经济理论，认为建设国家自主创新示范区的前提就是该区域的经济发展水平与科学技术水平。其次，本章着重分析了贸易理论中的比较优势理论和竞争优势理论，认为技术创新之所以能够驱动经济发展，是因为技术创新成功地将一个地区的比较优势转化为竞争优势，从而获得优于其他区域的经济发展。再次，本章对创新理论进行了研究述评，从有我国特色的自主创新理论出发，分析了国家创新体系和区域创新体系，明确了建设自主创新示范区的核心在于创新，以形成区域价值网络系统，提高区域科技创新能力，最终增强区域竞争力，加快自主创新区所在区域的经济发展。最后，本章依据区域经济发展理论，探讨了自主创新区域的发展方式，明细产业定位，选择正确的产业区位，寻求自己的核心产业和支柱产业，凝聚成产业集群，通过聚集效应吸引周边地区的各要素和资源，不断壮大经济，形成示范区的核心竞争力，推动自主创新示范区的循环、健康发展。

参考文献

[1] 苗长虹. 区域发展理论：回顾与展望[J]. 地理科学进展，1999(12)：296－305.
[2] 崔功豪，魏清泉. 区域分析与规划[M]. 北京：高等教育出版社，1999.
[3] 吴克烈. 区域经济学[M]. 杭州：浙江人民出版社，2005.
[4] 安虎森. 新区域经济学[M]. 大连：东北财经大学出版社，2008.
[5] 丁焕峰. 区域发展理论回顾[J]. 生产力研究，2005(1)：226－228.
[6] 李小建. 新产业区与经济活动全球化的地理研究[J]. 地理科学进展，1997(3)：16－23.
[7] 杨开忠. 区域发展研究的兴起与演变[J]. 经济地理，1990(3)：7－14.
[8] 王缉慈.创新的空间企业集群与区域发展[M].北京：北京大学出版社，2001.
[9] Porter M E. Clusters and new economics of competition[J]. Harvard Business Review，1998(11)：77－90.
[10] Audertsch D B，Feldman M P. Innovative clusters and the industry life-cycle[J]. The Review of Industrial Organization，1996(11)：253－273.

[11] Cooke P, Hans J B H J, Heidenreich M. Regional Innovation Systems: The Role of Governance in the Globalized World[M]. London: UCL Press, 1996.
[12] Cooke P, Boekholt P. The Governance of Innovation in Europe [M]. London: Pinter, 2000.
[13] Wiig H, Wood M. What comprises a regional innovation system? An empirical study[C]// Regional Association Conference. Regional Futures: Past and Present, East and West. Gothenburg, Sweden, 1995.
[14] Linton R. The Individual and His Society [M]. New York: Columbia University, 1939: 237.
[15] 黄鲁成. 宏观区域创新体系的理论模式研究[J]. 中国软科学, 2002(1): 95-98.
[16] 盖文启. 创新网络——区域经济发展新思维[M]. 北京: 北京大学出版社, 2002.
[17] 聂鸣, 蔡铂. 学习、集群化与区域创新体系[J]. 研究与发展管理, 2002(5): 16-20.
[18] 吕文栋, 张辉. 全球价值链下的地方产业集群战略研究[J]. 中国软科学, 2005(2): 119-124.
[19] 林迎星. 中国区域创新系统研究综述[J]. 科技管理研究, 2002(5): 1-4.
[20] 钱平凡. 基于产业集群的我国科技创新的战略研究[J]. 中国科技论坛, 2004(2): 33-38.
[21] 李虹. 区域创新体系的构成及其动力机制分析与政策[J]. 科学学与科学技术管理, 2004(2): 34-36.
[22] 陈柳钦. 产业集聚与产业竞争力[J]. 南京社会科学, 2005(5): 15-23.
[23] 朱英明. 论产业集群的创新优势[J]. 中国软科学, 2003(7): 107-112.
[24] 李立辉, 等. 区域产业集群与工业化反梯度推移[M]. 北京: 经济科学出版社, 2005.
[25] 魏守华, 王缉慈, 赵雅沁. 产业集群: 新型区域经济发展理论[J]. 经济经纬, 2002(2): 18-21.
[26] 约瑟夫·熊彼特. 经济发展理论[M]. 何畏, 易家详, 等译. 北京: 商务印书馆, 1990.
[27] 张景安. 建设我国国家创新体系总体框架的思考[J]. 理论参考, 2005(9): 9-13.
[28] 周培栋, 连漪, 田巧莉. 西方技术创新理论发展综述[J]. 商场现代化(上旬刊), 2007(6): 228-229.
[29] 陶良虎, 李惠. 不同市场结构下的技术创新[J]. 理论月刊, 2006(12): 82-84.

第三章　世界著名高新技术产业开发区的发展经验与思考

高科技园区(我国称为高新技术产业开发区)是一种以智力资源为依托,以开发高技术和开拓新产业为目标,促进科研、教育与生产相结合,推动科学技术与经济、社会协调发展的区域(刘卫东,2001)①。高科技园区起源于美国,从 20 世纪 50 年代硅谷成立,迄今已有近 70 年的历史,之后,世界上诞生了成百上千个高科技园区,作为发展高新技术的基地,有力地推动了科技创新、科技成果的转化和高新技术产业的发展。图 3-1 所示为世界著名科技园区分布图。

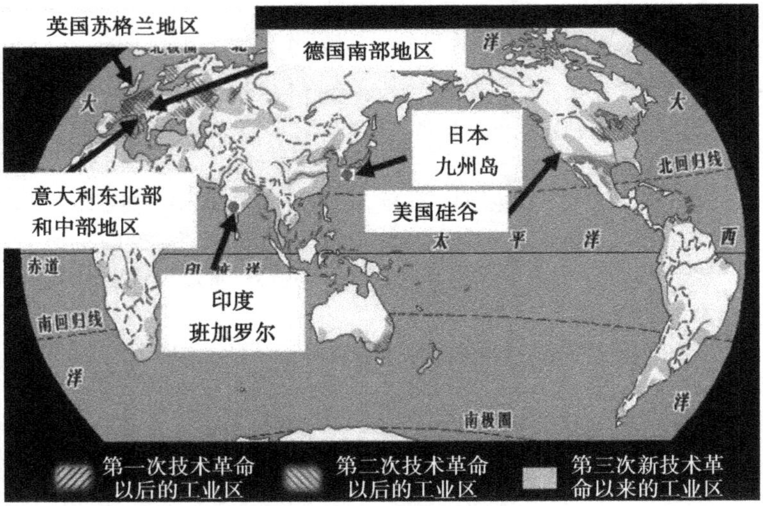

图 3-1　世界著名科技园区分布图

本章主要以美国硅谷、日本筑波、印度班加罗尔和中国台湾新竹 4 个世界著名的高科技园区为例,其中,以前三个为主要研究对象,探讨我国在建设国家自主创新示范区中可以学到的国际性经验和实践应用成果。

---

① 刘卫东. 世界高科技园区建设和发展的趋势[J]. 世界地理研究, 2001(3).

3.1 美国硅谷

3.1.1 硅谷的形成与发展

被誉为"硅谷之父"的弗里德里克·特曼，是斯坦福大学的一名教授，曾任工程学院院长，斯坦福大学副校长。20世纪50年代初的斯坦福大学只是一所边缘大学，教授工资很低，学校面临着严重的财政困难。1951年，弗里德里克·特曼教授倡导创办了世界上第一个高新技术园区——斯坦福工业园，将学校1 000英亩的土地租赁给高科技公司建立工业园，在工业园内，大学可与企业紧密合作研发各种项目，使教学、研究和应用一体化，快速产生经济和社会效益，这可以说是硅谷的原型。

硅谷是世界上最具活力的经济区域之一，硅谷的很多产品本身就是创新的体现。作为创新基地，虽然目前硅谷的发展放缓，但并不能因此对硅谷的长远前景表示怀疑。首先，我们需要了解硅谷的形成与发展历史。如前文提到，20世纪50年代初，美国斯坦福大学建立了"斯坦福工业园区"(SIP)，吸引了大批公司，如通用电气、柯达、旗舰、惠普、IBM等。1954年，体利待·帕卡德公司的入驻使该区成了硅谷的中心地带。斯坦福工业园区的建立，奠定了硅谷高科技中心的基石，是硅谷历史的重要转折点，现代意义上的硅谷从斯坦福工业园区的建立起步，经历了曲折的发展过程。

从生产不同产品和服务的角度来看，硅谷的发展可以分为四个阶段：第一个阶段(20世纪50年代初到60年代末)，是国防产品的研发与生产阶段；第二个阶段(20世纪50年代末到70年代后期)，是集成电路的研发和生产阶段；第三个阶段(20世纪70年代中期到90年代初)，是个人电脑(PC)的研发和生产阶段；第四个阶段(20世纪80年代末至今)，是因特网的开发与服务阶段。

目前的硅谷是技术多元化的经济体，其计算机硬件和存储设备、生物制药、信息服务业、多媒体、网络、商业服务等行业处于世界领先地位。随着经济全球化的进一步推进，硅谷已突破了自我驱动的发展模式，通过吸引全球的资金和人才以及出口技术产品，形成了同全球经济高度互动的经济模式。从硅谷的发展历程可以看到，它是随着20世纪60年代中期以来微电子技术高速发展而逐步形成的。它的发展以附近一些具有雄厚科研力量的世界知名大学，如斯坦福大学、加州大学伯克利分校等为依托，以高技术的中小公司群为基础，融科学、技术、生产为一体，形成了高科技发展的独特的硅谷模式。

(一)"三位一体，政府中介"模式

从机制上讲，硅谷首创了一种科、技、产三位一体的发展模式，其中政府发挥了重要的中介作用。这种“硅谷现象”是科技发展的一种新的社会形态，也是整个高科技产业发展的最大特色。三位一体的发展模式，是硅谷发展的内在动力，它促使硅谷产生了四大划时代的变化：

第一，硅谷生产力构成要素的结构变化。知识是高科技迅速成为生产力的首要因素。知识成为第一位的生产力，同时也改变了生产力中劳动者的结构以及生产工具的性质和功能。硅谷人获取财富的方式也发生了改变，知识即脑力劳动成为获取财富的主要手段，而且这一手段比体力劳动能更快地创造更多的财富。早在 1969 年，硅谷地区个人和家庭收入就已超过了州和国家平均水平，中等家庭收入比整个美国高出 30%。那时，美国员工年均收入一般在 3 万美元左右，而硅谷人均年收入高达 8 万美元，为全美最高；英特尔公司首席执政官年薪为 1.42 亿美元，比华尔街上市公司的行政官人均 700 多万美元的年收入高出 20 倍。

第二，硅谷的经济结构变化。硅谷直接从农业社会过渡到后工业社会，即以高科技为主导的知识社会，第一次使非物质生产在硅谷经济中远远超过了物质生产，硅谷渐渐变成一个高水准的研究和控制中心，即硅谷成为建立微电子公司的总部和复杂研究、产品设计以及以技术为基础的创新公司的主要场所，而不是生产和制造中心。

第三，硅谷的社会结构变化。硅谷产生了一种新的中产阶级，即包括科学家、工程师以及其他技术人员在内的技术专家阶层，这一阶层已经代替了农场主成为硅谷劳动力中比例最大的阶层。硅谷有 70%的劳动力是直接在高科技部门工作的，其余的大部分也是在高科技综合体的服务性和支持性部门中工作。早在 1972 年，硅谷半导体业中即有 40%的劳动力是非生产性雇员。

除此之外，三位一体的发展模式本身就是一种创新的社会技术，是一种有机的、浑然一体的网络式合作组织。这种合作是多层次、多渠道的，不仅有横向的，还有纵向的；不仅是宏观的，也是微观的，是一种渗透性网络式合作。横向的、宏观的指不同机构之间的合作，即政府、创新企业、风险资本投资公司、学校和公共机构（基金会、非营利组织等）之间的合作。尼克松总统曾在 1972 年 3 月提交给国会的科学技术咨文中说：“科学与技术的一体化，将使我们的联邦政府、私人企业、州和地方政府以及大学和研究中心为了国家利益而密切合作。”

（二）裂变模式

1954 年，诺贝尔物理学奖获得者，半导体晶体管发明者肖克理教授离开了贝尔实验室，带着 8 名年轻的工程师回硅谷共同创办了肖克理晶体管实验室，并成立了肖克理晶体管公司，但遗憾的是，几年下来公司并没有太大的起色。于是，充满了创新精神和冒险精神的 8 名年轻人集体辞职，他们随后合作创办了现在家喻户晓的仙童公司，这是一次裂变式的发展。他们对肖克理的背叛开创了硅谷核裂变式的高科技产业的发展道路。1961 年，他们 8 人中的 4 人又离开了仙童公司，创办了安纳克尔公司，这创造了第二次裂变。1964年，他们中的兰赫尼又创办了联合碳化物公司。1968年，仙童公司行销经理桑德斯建立了超微科技(AMD)公司。同年7月，诺宜斯、摩尔、葛洛夫离开仙童成立了英特尔公司。此外，两位同名的好友史蒂夫·乔布斯和史蒂夫·沃兹尼亚克创立了苹果公司……这些公司后来又分裂出一系列新的公司。这种类似核裂变式的公司衍生模式是硅谷地区推动高科技发展的典型模式，也称为硅谷裂变模式，是造就硅谷辉煌之旅的主要因素之一，也是硅谷区别于任何其他工业园的显著特点之一。

(三) 以中小企业为核心的发展模式

中小企业是硅谷最有活力的力量，也是知识经济中一支重要力量。因为在知识经济中，企业不是依靠自然资源而是依靠智力资源即科学和知识来发展，所以企业不需要大规模，需要的是小批量生产以及弹性的、开放式的经营模式。美国小企业局的统计资料表明，小企业的人均劳动生产率约为大企业的2.4倍。小企业更灵活，更能调动人的积极性，激发人的创新本能。乔治·基德尔认为硅谷的发展证实了他的"微观世界法则"，指出小创新公司在高技术时代新的"微"技术发展中，比大企业更具有天然的优势，高技术产业的未来属于小型和灵活的企业。

迈克尔·皮奥里和查尔斯·萨贝尔则指出硅谷的发展形成了他们小企业理论的高技术版，他们认为小公司网络作为经济和技术组织的一种形式，比大公司更加有效。硅谷组成了有机合作的高技术工业区，高技术小公司在新产品的生产过程中互相合作，既能保持小规模，又具有全球竞争力。在公司规模变大时，硅谷则选择裂变的形式，将高技术工业中标准化产品的制造部门移往南部或西部地区，而硅谷只保留研究和开发的功能，硅谷的成功在很大程度上缘于这种发展模式。

高技术小企业这种发展趋向也使硅谷形成一种松散的、多样化的工业结构和生产结构，同时改变了硅谷的空间布局。高技术公司在硅谷都各自形成自己独立的园区，而不是聚集在一起；这种分散化和专业化导致了高科技业分工的超细化，如半导体工业，独立生产者在生产芯片时分设计、制作、封装、测试以及材料生产和装备等不同部门；缘于此，硅谷中的城市地区分布也不同于传统模式那样有明显的市中心和郊区的概念，硅谷的城市都是分散型发展的，"作为美国最大的人口中心之一的硅谷不存在真正这种分散化自由式的城市布局在某种程度上的中心地区，也不是任何一个大城市的郊区"，表现出的反常规、反潮流、不忠诚、变化快等影响了硅谷人的思维方式和职业观。

3.1.2 硅谷的现状

(一) 发展现状

硅谷是美国旧金山向南到圣何塞大约100千米的平坦谷地，斯坦福大学位于其中心，它由于发展计算机及半导体而一举成为世界著名的高科技园区，拥有大小上万家技术公司，著名的有惠普、网景、英特尔等。它的成功发展被喻为“硅谷奇迹”，从20世纪60年代崛起开始，硅谷已成为其后每十年一次的技术革命的发源地和成功的高科技园区象征，成为许多国家纷纷效仿的对象。

美国旧金山以南的1 854平方英里（约4 800平方千米）的半岛上聚集了20多万家企业，世界上最大的100家电子公司和软件公司有20%在此设立总部。自20世纪60年代以来，这个密布高等学府的地区已成为美国乃至全世界的电子工业中心，其半导体集成电路、计算机、军事电子设备等的制造与研究均居于世界领先地位，电子工业产值差不多占世界的1/4。

硅谷网络组织和硅谷社区基金会发布的硅谷指数报告对硅谷地区经济发展状况进行了最新概述（表3-1）和评估。报告指出，从硅谷的历史看，高科技产业的发展从来就不是一帆风顺的，硅谷多次经历经济衰退的考验，如20世纪90年代美国精简国防工业、21世纪初互联网泡沫破碎等，几乎每个十年间，都会遇到一次危机，但每次硅谷都采取措施从挫折中奋起。不过，硅谷的发展历程表明，硅谷最重要的竞争力就是它的创造性。依据创新浪潮的生命周期特征，可以预测硅谷未来的发展前景依然光明，发展方向主要集中在经济社会中信息和通讯技术的深入发展、生物技术和信息技术的融合、纳米技术和微型机器的商业化三个领域。

表3-1　硅谷2010—2013年的发展概况

总体指标	2013年	2012年	2011年	2010年
面积	1 854平方英里（约4 800平方千米）			
人口/万人	292	290	289	288
从业人员数/万人	142.3	138.5	136.8	131.2
人均年收入（美元）	107 395	88 981	86 540	78 978
受教育程度（大学及大学以上）/%	71	68	59	47
地区生产总值（以报告年度上半年为基期平减，消除通胀因素）/美元	—	2 148亿	1 970亿	1 965亿
专利授权占加州的比重/%	—	46.9	48.0	48.7
首次公开募股（IPO）企业数量/家	224	128	125	154

数据来源：《硅谷指数2014》。

（二）硅谷的竞争优势分析

硅谷地区的竞争优势就是基于它的工程、科学和管理技能之上的创造新观念、新方法、新产品设计、服务以及新的商业模式的能力。硅谷公司一直关注诸如“创造性”的产品设计、创新服务、商务管理等此类的任务。以硅谷现今的四大优势产业为例，所有的强势产业都已经开始适应经济发展全球化的现实，在全球范围内建立跨地区互利合作关系，形成了独特的价值链半导体工业。在 20 世纪七八十年代，硅谷凭借其实力继续发展久经考验的半导体设备制造、高速微处理器和独特设计，同时创建了与世界各区域芯片制造相关的合作，半导体工业的逻辑和记忆芯片的商品片段正越来越多地分布于全球各区域之间。

计算机工业。择址硅谷的计算机企业已经发展到大约 1 500 家，因此，硅谷也被称为当今世界电子工业和计算机业的王国。20 世纪 90 年代，这些企业开始向世界各区域外包 PC 和其他用品的生产，而硅谷则集中精力开发新产品，包括无线系统与服务、电信设施以及数据储存。

软件工业。硅谷在继续为电子商务和以因特网为依托的服务开发新的应用软件的同时，越来越多地将软件向世界各区域外包生产，已成为全球供应链条的一个组成部分，这个链条连接着硅谷中涉及设计、工程和营销的企业。

生物医学工业。这是一个凭借强劲研发要素而正在崛起的工业。跨地区的合伙企业已开始得到发展，最初是在美国国内，因为大的药物企业需要获得较小的生物企业的协作。硅谷企业的兼并活动已经进入到旧金山海湾地区、波士顿和圣地亚哥的生物制药企业。

3.1.3　硅谷的成功经验

硅谷的成功，使我们有许多经验可以学习，如关于怎么去获得集群竞争力，特别是网络资本，使区域和位置成为全球经济增长中起重要作用的因素。国内外学者从不同的角度研究了硅谷的成功经验。拉尔森和罗杰斯(Larson & Rogers, 1998)①认为硅谷成功的主要因素是技术诀窍、风险资本、工作流动性、信息交换网络、学习性企业和基础设施等，其中风险资本和基础设施是核心因素。梅西等(Massey et al, 1992)②发现，许多国家的科学园不是很成功，原因在于其政策导向忽视了企业共处一地可能激励有目的的相互作用和合作的这个过程。钱颖一(1999)③认为，如果要找到制度的原因，分散的决策、个人的积极性和创造力是经济发展的主导力量，政府只起一种辅助作用。徐康宁(2000)④认为，中国硅谷的产生需要借助地理区位条件、智力密集条件、信息资源条件、产业支持条件、资金融通条件、生活设施条件和规划政策条件。中国硅谷最有可能产生的地区是：北京、上海、深圳以及京津带和沪宁带。本文认为，以上观点均从不同的角度说明了硅谷的

① Larsen K, Rogers M. Silicon Valley: The Rise and Falling off of Entrepreneurial Fever, Creating the Technopoles [M]. Massachusetts: Ballinger, 1988.

② Massey D, Quintas P, Wield D. High-tech Fantasies: Science Parks in Society Science and Space [M]. London: Routledge, 1992.

③ 钱颖一. 硅谷不是计划出来的[J]. 开放导报, 1999(10):7－10.

④ 徐康宁. 中国硅谷产生的条件与途径[J]. 中国软科学, 2000(6):101－106.

成功和拷贝硅谷应重点发展的要素、资源。本文基于上述学者对硅谷的研究，依据上一章提到的产业区位理论和产业集群理论，从两个角度来分析硅谷的成功经验。

（一）外部因素

（1）具有一定的计划性

钱颖一认为，硅谷不是计划出来的，它不可能产生于僵化的体制，只有自由的创业体制和非常分散的决策过程才能创造出硅谷这样的奇迹。总的来说，硅谷的形成与发展是市场化行为，没有政府的指令性计划，但政府或行业协会的指导性规划是有的，只不过政府对园区的各个企业不加干预。例如，美国硅谷的（Vision Leadership Team，VLT）就制定了硅谷2010年发展远景指导性规划。再说，现代意义上的硅谷开始于“斯坦福工业园”的建立，这个科技园区的创建也应该是有计划而不是随意的。

（2）与研究型大学紧密联系

硅谷有多所研究型大学，如斯坦福大学和加州理工学院，其中，斯坦福大学对硅谷的形成与崛起起到举足轻重的作用。硅谷非常重视区域经济与大学等研究机构的协同发展，它与以斯坦福大学为中心的大批高水平的大学和科研机构联系密切。硅谷与斯坦福大学不仅在地理上相邻，而且业务联系也非常密切，学校里的课题大多来自园区，许多大学教员还担任着企业的咨询顾问，甚至也在硅谷中直接投资开办公司。硅谷内60%～70%的企业是斯坦福大学的教师与学生创办的。多年来，硅谷毫不动摇地坚持大学、科研机构与企业之间相互依赖、高度结合的道路，已被实践证明是开发高技术与发展高科技产业的一条康庄大道。

（3）硬件和软件配套设施完善

硅谷不仅道路、通信、城市建设等硬件设施完备，其软件设施如人才、信息网络、技术支持、风险投资等也很完善，为区内企业的发展和新企业的创立提供了较好的生产环境和外部支持。尤其是成熟的风险资本市场为美国科技成果的转化、技术创新的实现及新经济增长点的培育都起到了不可替代的作用，也为失败者重新创业提供了技术支持和资金支持。以成熟的二板市场（纳斯达克股票市场）为特征的多层次的资本市场制度又为风险资金成功退出提供了道路。硅谷中还有许多创新的制度安排，如以无形资产参与分配的股票期权制度、成熟的中介服务机构、开放的劳动力市场等一系列制度，这些也为企业创新提供了可靠的制度保证。从20世纪60年代末开始，风险投资在硅谷的发展中逐渐起了主要作用，著名的苹果公司、英特尔公司等都是靠风险投资发展起来的。

（4）气候与生活质量

硅谷的大多数公司都位于美国的阳光地带，这里宜人的气候、空旷的地域不断吸引技术人员以及新公司的到来，良好的气候条件还有助于吸引已经站稳脚跟的公司前来设点营业。1963年对硅谷地区53家公司做的一项调查表明，“气候和生活设施好”是高达70%的公司认为适宜在此设厂经营的原因之一。阳光并不是人们愿意来此居住的唯一原因,更重要的是生活质量,这体现在海滩、滑雪场、剧院以及其他文化社交活动条件的优越上。

(5) 政府宽松的管理方式

硅谷基本上都是在市场力量的作用下形成的,没有政府的事先计划和规划,没有事先的宏大规划和设想,也没有政府的财政投资和行政管理,就是在这种自由宽松的环境下,硅谷兴旺发展起来。但这并不是说美国政府对硅谷无所作为,它通过营造创业和创新的制度建设和文化氛围,调动了创业者的积极性,保护了他们的合法权利,为创新企业的成长提供了适宜的产业发展环境,为硅谷的发展提供了适宜的外部环境。

(二) 核心竞争力

硅谷的核心竞争力,是指其在漫长的发展过程中所形成的,融于硅谷地区及其企业,能使整个地区及其企业获得长期竞争优势的能力。这一核心竞争力是硅谷特有的,不易被其他的科技园区所复制和模仿。硅谷的核心竞争力主要体现在四个方面。

(1) 小企业集群

硅谷虽然有惠普、网景、英特尔、苹果、太阳微系统等世界领先的大公司,但主要由小企业组成。例如,20世纪80年代,硅谷约有3 000家电子公司,而员工人数超过1 000名的公司只占2%,85%的公司的员工少于50名。截至2013年,硅谷企业数近20万家,而中小企业占科技公司的80%。硅谷的企业集群是以网络为基础的,它支持分散的学习过程,相关企业在园区内形成集群和网络将带来可观的外部收益。集群中的企业能够获得范围经济收益并能更方便地获得专业化的要素。互动的增加可以使创新更加容易,技术的不断溢出也给别的企业带来利益。例如,在单个企业不能单独投标完成大项目时,可以从其他企业汲取互补性的技能,利用群体的力量达到目的。通过每个企业的专业化生产,通过联合采购共同的原材料以及共同开展市场营销等合作,可以使企业充分利用规模经济的优势。

(2) 扁平的网络型组织结构

硅谷是一种分权式、扁平的网络结构,硅谷的企业与同业公会、大学的边界模糊,鼓励与竞争者结成联盟或合作伙伴,硅谷的企业组织遵循自然界适者生存的规律,随时形成一个新的组织以迎接最新的挑战。与传统的企业相比,硅谷企业是用工作来确定组织结构,而不是以组织结构确定工作,硅谷最具特色的地方是人们不是在为某一个实体公司如英特尔公司、惠普公司工作,而是为一个虚拟的总公司——硅谷公司服务。

(3) 以地区网络为基础的产业体系

硅谷的产业体系是以分散的地区网络为基础的体系。硅谷的网络体系是开放型的，该网络弘扬不断试验和开拓进取的创业精神，能促进区域内各企业进行集体学习。在这里，公司内各部门职能界限相互融合，公司与贸易协会和大学等机构之间的界限也被打破。尽管各公司之间依然存在激烈竞争，但同时它们又通过非正式交流与合作共同创新，这一体系中的典型企业有惠普公司、英特尔、太阳微系统公司等。

(4) 独特的硅谷文化

硅谷文化是一种地区文化，是在高科技产业发展的特殊环境中逐步形成的，而且一旦形成，就对高科技产业的发展产生巨大的影响。硅谷文化的内涵可以概括为四个方面：一是勇于创业，鼓励冒险，宽容失败。硅谷文化中对失败的宽容，激发了员工大胆尝试、勇于探索的创新热情。二是崇尚竞争，平等开放。在硅谷，每个公司乃至每个人无时无刻不在感受着竞争的压力。硅谷的高度开放也促成了人才的高流动性，这种高开放性和高流动性，对吸引和凝聚高素质的人才，充分发挥他们的创造潜力是至关重要的。三是知识共享，讲究合作。硅谷人不仅具有强烈的个体创新精神和竞争意识，而且十分注重团队精神。四是容忍跳槽，鼓励裂变(spin off)。由于技术创新层出不穷，创新小公司的成功机会也会增多。

3.2 日本筑波

3.2.1 筑波的形成与发展

"二战"后，日本凭借多样化的产业政策，借助于倾斜生产方式，迅速从经济恢复期过渡到高速增长期。20 世纪 60 年代初，出于振兴科学技术，充实高等教育，实现"技术立国"，以及缓解东京都市圈生态和社会发展压力的考虑，日本政府于 1963 年做出了在距离东京市中心约 60 千米处的筑波建设一个国家级科学城的决议。此后，历经 40 余年的发展，筑波科学城成为聚集了 40 多个国家级教育和研究机构，使用了 40%的政府财政预算研究经费的日本科学研究和技术创新的"高地"。截至 1985 年底，国家建设投资已达 1.5 万亿日元。筑波城是日本的一个重要研究中心，集中了众多科研机构，除筑波大学和图书馆情报大学外，还有 40 多个研究所，涉及物理、电子材料、农业技术、海洋环境、气象、微生物等诸多领域。回顾筑波科学城的发展历程，其从 20 世纪 90 年代开始进入再创发展阶段。筑波科学城的再创起始于 1989 年 5 月制订的新筑波计划，而新筑波计划的产生源于日本政府和筑波科学城的管理机构对筑波科学城运行效果的反思，因为当时筑波科学城经过 20 余年的发展，从聚集科学研究、技术开发、教育机构的数量来看，成效颇为显著。

日本的高技术产业深受日本科技发展特点的影响。长期以来，日本主要依赖于引进吸收欧美各国技术，施行"快速模仿者策略"。这一策略为日本工业赶超世界水平争取了时间，节省了资金，奇迹般地实现经济成倍增长。然而，这种引进策略也产生了一些不良后果，引发一系列问题和思考。第一，大量购买科技专利成果，在一定程度上放松了本国的科研和试制，忽视基础研究，导致受外国工艺控制。不断购买专利不仅费用日益增加，甚至出现要让出部分股份或联营等不利于经济发展的态势。第二，随着技术竞争的加剧和各国加强知识产权的保护，日本已经不可能像以前那样大规模引进技术，其开始认识到不扩大本国基础科学研究，可能会严重阻碍工业进一步发展。第三，国内产业结构已由钢铁、汽车、机械、化工等传统产业逐步转向以电子信息产业为主的新型结构，应发展自己的科学技术以适应新潮流。第四，为实现日本在经济上的领先地位，保持高度竞争能力，也必须强化科学技术作用，建立科技力量的长期储备。①

20 世纪 60 年代，以情报精神著称于世的日本就已意识到技术竞争趋势，开始从战后"贸易立国"逐步转向"技术立国"的轨道，从强调应用研究逐步转向注重基础研究的方向。要从"最佳模仿者"的道路转向创造性开拓的道路，为此，日本政府首先从政策、计划、财政、金融等方面着手，对发展应用技术、基础研究，尤其是对高科技大力加以引导和支持。在这一背景下，以基础科学研究为主要导向的技术城构想就应运而生了。"技术城"(Technopolis)是日本人创造出来的词语。日本"90年代技术城建设设想研究委员会"委员长石井威望先生提出，技术城是产(集成电路及电子计算机等尖端技术产业)、学(工科大学及民间中央研究所等研究设施)、住(建设舒适的城镇)各功能有机结合起来的；是丰富的地区传统和绮丽的大自然与现代文明融合为一体的；是扎根于技术和文化的、崭新的"城镇建设"。② 筑波科学城的设想是一种扎根于科学技术和文化的新城市建设战略，具有产、学、住三种功能，拥有规模大、以研究为主的特点。

3.2.2 筑波的发展概况

(一) 发展现状

日本筑波科技园始建于 1963 年 9 月，距离日本东京东北约 60 千米和成田国际机场西北约 40 千米处，以其雄厚的科研实力、优美的居住环境闻名于世。筑波科学城位于筑波市中心，总面积约为 28 400 公顷，包括研究学园区和周边开发区两大部分，其中研究学园区南北延伸 18 千米，东西 6 千米，占地面积 2 732 平方千米。筑波发展采用的是集中式布局，其内有筑波大学(原东京教育大学)、产业技术

① 卡斯特尔，霍尔. 世界的高技术园区[M]. 李鹏飞，范琼英，等译. 北京：北京理工大学出版社，1998.

② 魏心镇. 新的产业空间：高技术产业开发区的发展与布局[M]. 北京：北京大学出版社，1993.

综合研究所（日本经产省直属科研机构）、高能物理研究所、筑波宇宙中心和国立公害研究所等在内的国立科研及教育机构 46 家，私营科研机构 300 多家，研究人员 13 000 人，其中外籍研究人员 4 105 人，5 684人拥有博士学位。2003 年筑波科学城全部科研机构共申请专利 3 069 项，获得注册专利 1 007 项，总产值约为 65 亿美元。截至 2005 年 10 月，筑波共有大约 20 万人口。筑波是日本政府第一个尝试建立的科学城，其完全由中央政府资助，以基础科研为主，属于国家级研究中心。筑波科技园区的目标是促进科技，在筑波大学和国家机构的基础上，发展成为先进研究和高层次教育中心。日本建立筑波科学城是形成日本国家级科研和教育基地的重要战略举措。

虽然筑波与硅谷都被称为高科技基地，而且筑波也曾像硅谷一样声名显赫，但是两者目前的情况却迥然不同：硅谷的发展依旧引领着世界潮流，而筑波的发展逐步放缓。这与两者的机制制度也有着密不可分的联系（表 3－2）。筑波是在政府的行政指令下形成的，其科学技术研发项目大多由政府主导，资金来源在很大程度上依赖政府拨款，因此，这种模式的活力较差，导致了目前缓慢发展的现状。而硅谷模式与此截然相反，硅谷的形成和发展完全是在市场的支配下进行的，而且其内部形成了完善的金融支持体系和相对宽松的创业环境，这种模式具有十分强大的活力，能够使硅谷始终引领世界科技发展的潮流。

表 3－2　日本筑波模式与美国硅谷模式的比较

项　目	筑波——政府主导	硅谷——市场主导
形成机制	完全靠政府指令	内在的创新环境
组织结构机制	隶属于各个部门，相互独立	以市场为连接点，相互依赖
动力机制	个人意志受政府计划束缚	鼓励和提倡个人精神
科研开发机制	基础科研为主，信息技术开发较慢	快、新、尖、优
投融资机制	主要依赖于政府拨款和大公司投资	风险投资体系完善
人才培养机制	封闭式	宽松的创业环境

（二）筑波的竞争优势分析

（1）文化机制

日本社会的文化是企业的终身雇佣制，强调权威、等级制度和一致性，避免正面冲突，强调下级对上级的服从和个人对企业的忠诚。因此，筑波的科技人员跳槽以及彼此之间的交流较少，各类研究机构和教育设施以及其他产业和公司都有相应的主管部门，有关机构各自与下属单位都是垂直领导，减少了彼此间的沟通互动。

（2）产学研机制

日本筑波高科技园区多从事的是基础研究而不是工业应用，政府有意通过吸引私人公司入驻来加强产学研的结合。科技人员通常在一家国立研究机构或大公司工作到退休，独特的企业文化导致科研从立项、审批、研究、论证到出成果的时间较长，科研体系存在过分垂直化的倾向，成果的产业化和商业化程度比较弱，科技转化为产业的产值并不高，科研机构和企业之间的联系较弱。

(3) 创新机制

日本筑波科学城由日本科技局、计划局主管，并设置"筑波研究机构联络协议会"协调各方工作。日本神奈川科技工业园由日本通产省、神奈县、川崎市、企业共同组成的管理机构(社委会)管理。筑波科学城集中了日本国立科教机构46所，占全国总数的30%，其专业人员约占全国总数的40%，年度科研经费约占全国总数的50%。筑波本地科技和工业基础较好，同时大力引进西方先进技术，进行综合集成，优势互补，因而起点很高。

(4) 风险投资机制

在日本筑波科技园区以往的发展过程中，政府的资金投入占主导地位，为基础研究提供了很好的资金支持。此外，为减轻政府负担，充分调动企业和社会的财力，发挥民间企业的积极性，日本筑波也在探索多种投资渠道，目前资金来源主要靠地方公开团体、财团和企业、财团与政府合建，投资渠道的多元化为筑波的发展注入了长久的发展动力。

(5) 政策机制

实践证明，政府在高科技园区发展过程中的作用比较重要，政府应该提供良好的基础设施，不能过多干预其发展，许多国家在建设高科技园区的时候都十分重视制定有关的法律法规，并且常提供启动资金。筑波科学城建设的法规相当健全，大体上分为两类：一是专门针对高新技术园区制定的法律，二是与高新技术园区相关的国家科技、经济乃至社会方面的法律法规。第一类法律更集中有力。日本政府在资金与政策方面都采取了相应措施，如"筑波研究学园都市建设法""筑波研究学园都市建设计划大纲""高技术工业聚集地区开发促进法""技术城促进税则""增加试验研究费税额扣除制度"等税收政策。此外，还有一些其他优惠措施，如减免税、发补助金、低息长期贷款等，有力保障和促进了科学城区的发展。为了支持技术密集型企业的发展，凡是新增设备均提供特别利息贷款制度，在新技术开发区的投资企业可使用长期贷款。

(6) 人才机制

日本筑波最初的科研人员都是从东京迁移过来的，政府设法吸引科技人员和科研机构的迁入，城区规模发展较大、人员涌入较多时，又注意控制人口，由此为科技园区人才提供了良好的生活和发展环境。然而，研究人员一般由政府配备，流动率比较低，各部门的大学培养人才的目的主要是为了本部门和机构补充人力，和社会、企业、产业实践有些距离。

3.2.3 筑波的成功经验

（一）以政府为主导的管理模式

在世界高新技术开发区设计及发展中存在不同的主导因素或力量，有政府或其代表机构、以经济活动为主体行为的企业或民间组织、教育科研机构三大主体。[①] 这三大活动主体在开发区管理中以谁为主，直接对开发区的管理模式选择和效率发挥产生影响。按这个标准进行划分，高新技术开发区的管理模式可以分为三类：学校或民间非营利机构管理型，政府部门管理型和政府、大学、企业组成联合机构管理型。日本筑波科学城由中央政府进行专项建设，实行财政金融政策倾斜。

日本的开发区对外界的吸引力取决于其环境，如生活环境、投资环境、智力环境等因素，这往往需要政府的参与才能营造。尤其是在开发区发展初级阶段的生活服务环境方面，没有政府的话，很难说服私利机构对建筑、住房、交通运输等基础建设项目进行投资以刺激当地的需求。其次，没有政府机构强有力的支持，没有风险投资基金和良好的体制环境，公司在许多领域是很难做出高风险的投资举措的。政府营造的政策软环境更是开发区运行中至关重要的一环。

（二）政府政策的大力支持

政府通过制定税收、金融、土地、规划、人才等方面的优惠政策，可以更好地吸引国内外的资金、技术、人才来推动开发区的发展。另外，在建立驱动开发区的研究机构上，没有政府机构的集合作用是行不通的，同时政府也是加强企业界与科研教育机构合作强有力的力量。这种协同作用无论是对二者本身还是对开发区的发展，都是相当重要的。

（三）官产学协作研发

日本筑波科学城中的大学及研究院所都是从其他地方搬迁而来或新建的，投资巨大，周期漫长，导致很长一段时间内筑波的发展缓慢。在政府的宏观和微观指导及参与下，国立研究机构、大学、民办研究机构、国有及私营企业，通过科研、开发项目的合作与交流，促进了科研成果的商品化和产业化。筑波科学城的经验表明，仅仅强调研究与开发活动的计划是先天不足的，除非有明确的具体计划，把政府研究机构、大学的研究与开发活动和地方工业基础相结合，否则大学的研究活动对创立新的创业中心所起的作用是很小的。重点建设研究与开发设施并不能自然导致经济增长。

（四）特色化的城市建设

在世界主要高新技术开发区中，筑波科学城为人所称道的一个方面是其自然、

---

① Aglietta M. A Theory of Capitalist Regulation[M]. London: New Left Books, 1976.

舒适、现代的城市风貌。筑波科学城起步于一片荒芜的土地，因此，它的城市建设有一个最大的有利条件是可以充分保留和利用自然风貌，打造城市的魅力因素。当然，巧妙运用自然条件让城市融于自然，使自然遍布在城市当中是对城市规划设计者智慧的考验。同时，城市的风格可以是古朴自然的，但城市的基础设施和服务设施建设必须体现现代化、以人为本等理念，甚至要在信息化、智能化等方面具有适度超前的城市化水平。

3.3 印度班加罗尔

3.3.1 班加罗尔软件科技园的形成与发展

20 世纪 50 年代初，印度刚刚独立之际，尼赫鲁政府为选定印度的高科技发展基地煞费苦心。经过反复比较，决定将海拔 90 多米、四季气候宜人、干净整洁美丽的班加罗尔作为首选城市，其主要理由是，班加罗尔的空气质量很好，符合精密制造业研究发展的要求。当时，新成立的印度政府选中它作为武器和航天实验室的所在地。自 1947 年印度独立以来，一系列的科研机构在班加罗尔落户，如印度太空研究机构、国家航空实验室、国家软件科技中心等，数以千计的工程师、科学家来这里工作，形成了以空间技术、电器和通信设备、飞机制造、机床、汽车等产业为龙头的一批重量级产业，逐步奠定了雄厚的科研基础，使班加罗尔成为印度有名的“科学城”。

20 世纪 70 年代，由于印度政府对外国投资设置限制及高关税，并用官僚的规则封闭国内公司，使西方在研制更快、更新的计算机时，印度仍沿用着落后的旧机器。1977 年，印度严厉的外资利用政策迫使可口可乐、IBM 等跨国公司撤离印度。因此，在技术隔离时期，印度计算机公司只好凭借自身的技术人才优势和印度人与生俱来的语言优势，被迫致力于软件设计与开发。

据了解，印度政府的科技教育政策，以大力扶持“产业导向”的科技学院成立为主要方向，倾全力为其提供土地、资金、协助募款等服务。卡纳塔克邦从 20 世纪 70 年代开始进行教育改革，目前是印度平均受教育程度最高的城邦之一。现在，卡纳塔克邦云集了包括印度科学研究所、班加罗尔大学、农业科学大学、印度理工学院、印度管理学院、国家高级研究学院、印度信息技术学院在内的各种工程学院 125 所，在数量上居印度首位，是美国工程学院数量的一半。每年，这些学院则可输出 1.8 万名高级电脑工程师。据最新统计，班加罗尔的软件工程师已经超过 15 万人，堪与美国硅谷比肩，也因此吸引了 GE、IBM、惠普、微软、英特尔、思科等一大批世界顶尖高科技公司竞相前来“猎取”最聪明的创新头脑。

20 世纪 80 年代中期，印度已出现个人电脑，但对硬件元件征收 100%以上的关税，使得硬件生产停滞不前，软件编写便一枝独秀。这时，美国的公司纷纷到班加罗尔寻找人才，他们发现了“巨大的精通英语的人才库”，印度的程序员几乎都是“编写精确、完美代码的专家”，印度人开始大量进入美国硅谷。同时，那些立足本土的印度人常常在结束美国硅谷的工作后，向少数印度公司出售软件和提供服务，由此走上了创业之路。印度对美英的软件业出口来说，具有得天独厚的语言优势。由于历史原因，英语在印度相当普及，被印度政府定为官方语言，印度全国约有5 000万人能熟练运用英语，是世界上讲英语人口第二多的国家。

印度属发展中国家，经济较为贫困，人口众多，劳动力成本相对低廉。最初，美国公司偶然发现在公司工作的印度留学生的软件开发能力较强，尤其是印度班加罗尔的留学生表现突出。后来最终发现，印度本地的软件人才资源丰富，他们英语熟练，而且劳动成本大大低于美国。为了获得更大的经济利益，美国公司就开始放手使用印度软件人才。所以说，处于萌芽期的印度外向型软件产业，面对世界范围内的众多潜在竞争对手，能够抓住发展的机遇，很大程度上得益于印度独特的发展路径和文化积淀。

此外，编写计算机软件程序，要求软件工程师有较好的数学逻辑思维能力，而印度人和中国人一样，在这方面有一定的天赋。印度软件专业学生大多熟悉开放式软件开发环境及最新的编程技术，对软件国际质量标准也能熟练运用。

20 世纪 90 年代，印度政策发生了重大的变化，开始降低外国商品的关税，放松投资限制，吸引外国公司进入。这一时期，Texas Instruments、IBM、Sony 等世界著名跨国公司纷纷落户班加罗尔，建立分支机构。印度政府根据信息技术发展的潮流，特别是美国信息高速公路发展的趋势，制定了重点发展计算机软件的长远战略，并在班加罗尔建立了全国第一个计算机软件科技园。

1991 年，印度在班加罗尔正式建立了全国第一个计算机软件技术园区——班加罗尔软件产业科技园，园区耗资 60 亿卢比，由邦政府、印度塔塔集团与来自新加坡的资金合建，邦政府占 20%股份，其他两家各占 40%。1992 年，班加罗尔成为印度第一个设有卫星地面站的城市，以专门的卫星通信渠道为软件出口提供高速信息交流服务。2000 年 8 月，班加罗尔又率先建立了印度第一个科技孵化中心。到 2003 年，班加罗尔 IT 企业总数达 1 154 家，软件出口达 25.69 亿美元，占全印度软件出口额的 1/3 以上，已经成为印度和亚洲最大的软件中心，并跻身世界软件科技园的前 4 名。

从发展历程看，1985 年—1995 年，园区以软件组件与维修服务为主要业务；1995 年—2000 年，园区以电子商务、企业资源计划(ERP)为主要业务；2001 年—2004 年，园区转以系统整合、软件外包、商务流程外包(BPO)为主要业务；近年来，园区转向以 IT 顾问、IT 委外服务为主，业务范围和客户数量不断扩大。目前，班加罗尔已有高科技企业 5 000 多家(1 000 多家由外资参与经营)。全球软件开发评级的最高等级是五级，印度拥有 58 家，其中 33 家就在班加罗尔。

在以上资源优势的基础上，班加罗尔以外包服务业为核心的发展模式，充分利用了本土软件人力资源的优势，以软件服务、软件出口为主，以低成本、高质量使印度成为世界的软件加工基地。印度政府为了获取更多的国际订单，采取了现场开发和离岸开发两种运行模式。一方面，将班加罗尔建设成为具有世界水平的软件开发配套环境，让国外跨国公司与本国软件企业合作在班加罗尔建立软件开发中心，推进软件企业的国际化进程；另一方面，鼓励本国软件企业在海外，尤其在硅谷设立分支机构，把许多开发人员派送到用户身边以提供开发和服务，在班加罗尔和硅谷之间建立起“桥梁”或“网络”，并通过卫星使美国和印度两地的开发人员 24 小时连续协同工作，增强企业在国际市场的竞争能力。

3.3.2　班加罗尔软件科技园发展概况

（一）发展现状

班加罗尔(Bangalore)位于印度南部的卡纳塔克邦，面积 368 平方千米，人口 600 万。班加罗尔是南印度工业城市、商业中心和整个印度的教育中心。班加罗尔自然环境优美，气候适宜，绿地覆盖率为 40%，被誉为“花园城市”，交通便利，有航线、铁路、高速公路与印度其他城市乃至世界主要城市相联系。

1991 年，印度政府在这里正式设立了该国历史上第一个软件科技园——班加罗尔软件科技园。1991—1992 年，班加罗尔的计算机软件出口仅为 150 万美元；2000—2001 年，班加罗尔的计算机软件出口猛增至 16.3 亿美元，10 年内飙升了 108 倍，占印度全国软件出口总额 62 亿美元的 26.3%。在班加罗尔周围，有印度理工大学、班加罗尔大学、农业科学大学、航空学院等 10 所综合大学和 70 家技术学院的“输血滋养”，每年产出 1.8 万名电脑工程师，使班加罗尔的软件业发展有了技术和人才的依托和支撑。另外，政府的全力支持，更使该市如虎添翼，企业纷至沓来。在班加罗尔放眼望去，高科技公司的店牌鳞次栉比。目前在班加罗尔经营高科技行业的企业共 4 500 多家，其中有外资参与经营的企业就有 1 000 多家。如今的班加罗尔被称为全球第五大信息科技中心，甚至被认为已经具备了向美国硅谷挑战的实力，因此班加罗尔科技园拥有“亚洲硅谷”的美誉。值得一提的是，在班加罗尔有一大批原来投资于信息技术产业的风险基金，现在纷纷加盟医药生物技术领域，较大的项目投资额已达 300 万～500 万美元。在为世界各地的生物学者提供研究服务和利用计算机处理生物技术数据方面，班加罗尔的软件公司具有独特的优势。

截至 2012 年，在该园区注册运营的企业超过 130 家，其中 65%以上为跨国公司，微软、英特尔、IBM、GE、朗讯科技等多家世界 500 强企业均在园区设有离岸软件研发中心。软件开发成本中 70%是人力资源成本，低廉而优质的人力资源是班加罗尔成功的一个重要因素。印度在近 3 000 所中学、1 000 多所大专院校开设不同层次的信息技术专业课程,并依靠民办和私营机构以及软件企业实行人才的整体培训。如今,“班加罗尔化”不仅描述了印度服务外包产业的发展轨迹,也带动了一种学习效应。除了班加罗尔,印度全国有 40 多个主要城市开展服务外包业务,业务收入占据了印度产业规模的 90%以上。随着产业规模的扩大,印度服务外包产业逐渐培育出许多梯队城市,形成产业链与产业集群。目前,产业开始向二线城市转移,预计到 2018 年,二线城市服务外包产业从业人员占印度整个产业从业人员的比重将由 2008 年的不足 10%增长到 40%。全球外包产业按照业务层级由低到高,可以分为信息技术外包(ITO)、业务流程外包(BPO)、知识流程外包(KPO)等外包形式。其中 KPO 就是源于印度公司对软件外包业务的开拓性创新。[①]

(二) 班加罗尔的竞争优势分析

(1) 合理的园区选址。班加罗尔有 7 所以理工科特别是计算机专业为主的大学,如班加罗尔大学、印度管理学院、农业科技大学、拉吉夫·甘地医科大学等,有 292 所高等专科学校和高等职业学校,有 28 所印度国家和邦一级的科研机构,还有 100 多家企业内部和其他政府认可的科研机构。较高的教育水平和大量的人才聚集使班加罗尔具备发展以信息产业为核心、以出口为导向的高科技城市的条件。其次,就大的地理位置来看,班加罗尔科技园与周边的其他科技园,尤其是布巴内斯凡尔和浦那构成全印的“IT 金三角”,很好地形成了立体的社会关系网络,如资金流、信息流、技术流、人力流等,即所谓的“产业价值链”。

(2) 完善的内部规范体系。在班加罗尔科技园内部,除了各项硬性的和强制性的规范制度外,诚信守约是各个软件企业间互相合作、共同开发软件项目所共同遵守的游戏规则,“追求卓越”的职业精神也成为一个基本的工作原则,这些非强制性的规范被班加罗尔的软件工程师奉若神明,在无形之中激励或者约束着人们的行为方式和人际关系,使之趋向合作和信任,提高了区域竞争力。

(3) 政府的正确定位。政府确定了优先发展软件的战略,明确了软件立市的发展目标,并制定了一系列优惠政策与措施。除以上所举因素之外,班加罗尔软件科技园的成功离不开其优越的投融资环境以及与之相适应的投融资模式。1986 年印度政府颁布的《计算机软件出口、发展和培训政策》和 1999 年颁布的《IT 行动计划》等政策都带动和保证了班加罗尔科技园的巨大发展。此外,政府为了鼓励社会与科研机构合作,还以优惠价格提供厂房、办公楼、水、电、气和通信等基础设施。

(4) 产学研合作紧密。印度的高校都设有董事会,董事会里有很多大公司的成员,教师队伍中也有不少来自第一线的专家,教学内容与企业的需求和实践联系十分密切。与此同时,班加罗尔地区的大学也积极鼓励和支持高校师生到该科技

---

① 参见 http://www.twwtn.com/Innovation/96_108634.html.相关内容。

园中从事创新、创业活动。这种双向互动的模式，不仅实现了人才合理流动，也逐步形成了班加罗尔科技园良好的自我发展能力和良性循环机制，从而使产学研的合作更加密切。

(5) 注重内外部交流与合作。首先，这体现在与“IT 金三角”中其他两个科技园的合作，这对印度软件业的发展起到了滚雪球的效应，不仅带动了周边经济园区和其他科技园区的发展，还对整个印度经济的发展起到拉动作用。其次，是与全球知名企业或软件强国合作。班加罗尔分别与美、中、日、以色列等国签署大量合作开发计划，如班加罗尔科技园中最著名的软件企业 Infosys 与微软、IBM、英特尔等企业建立了多个合作项目。

3.3.3 班加罗尔的成功经验

（一）高效运作的管理体制

按照印度政府颁布的法令，班加罗尔软件科技园注册为独立的自治机构，直属于印度电子部管辖，反映出电子部希望避免政府对产业的直接干预。软件科技园的主管拥有广泛权力，为产业提供服务，主要体现在严格的产品质量管理上。班加罗尔软件园内的公司，不论大小都非常重视软件产品的质量管理，他们将用户要求、软件设计思路、所用编程技术、工作进度计划、最终产品检测结果、总体质量评估以及用户反馈意见等不厌其烦地详细记录下来，作为公司珍贵的档案资料，保证了产品的高质量和稳定性。

（二）创造合适的法律环境，保护软件知识产权

为了保护和促进软件业发展，印度制定和修改了一系列的法律法规，出台和修改了《版权法》和《信息技术法》，对《印度证据法》《印度储蓄银行法》《银行背书证据法》和《印度刑法》中的有关条文进行了修订，对非法入侵计算机网络和数据库，传播计算机病毒等违法行为规定了惩罚措施，为电子合同、电子文书和数字签名提供了法律依据。2000 年，印度正式颁布实施的《信息技术法》，对非法入侵计算机网络和数据库、传播计算机病毒等违法行为及其惩罚作出了规定，为电子文书和电子合同提供了法律依据。另外，班加罗尔共有 928 家软件公司，其中 100 多家为跨国公司，共有 40 家通过了能力成熟度模型(CMM)五级认证。

（三）完善的基础设施

在班加罗尔建立全国第一个软件科技园以后，班加罗尔所在的卡纳塔克邦就积极对其提供多方面支持。自筹资金增建了发电厂，扩建了电信设施，使园区具备完整的电力设施、供水系统和通信设备。为信息产业的发展提供了完备的硬件支持。该邦还倡导办公、财务活动等都要电子化，又为信息产业的发展提供了可靠的国内市场支持。这些措施都对班加罗尔软件产业的快速健康发展起到了巨大的刺激作用。1991 年，印度政府投资兴建了可高速传输数据的微波通信网络，为软件

企业提供高速可靠的数据通信连接。而且,班加罗尔软件科技园还建立了一个卫星基站作为印度唯一的网络操作中心。班加罗尔软件科技园网络中心通过微波中继和卫星地面站与国内外用户联系,使软件开发机构不出园区就可以为国际用户提供服务。

（四）有力的政府扶持政策

印度政府为促进园区快速发展,从税收、投资、进出口、政府采购等方面制定了较为完善的政策措施。政府对软件出口实行零关税、零流通税和零服务税;免除进出口软件的双重赋税,允许其保留出口收入的 50%;对任何部门进口的资本货物都征以 5%的关税;还放宽对计算机进口的限制,大幅度降低关税等。投资政策外资控股可达 75%～100%;允许进口计算机技术的企业资产限额从 2 亿卢比降至 100 万卢比。产业扶持政策从 2000 年 3 月 2 日开始,对计算机和计算机相关外围产业只征收 0.25%的税收,这一税率是印度有史以来最低的税收比率;免收硬件业 4%的每年续约劳动合同税;公民个人购买计算机和软件可部分减免个人所得税。政府采购政策强制政府购置国产 IT 产品。

（五）有效的行业协会组织

为促进印度软件业全球离岸市场的全面发展及保持印度软件业外包的领导地位,印度早在 1988 年就成立了印度全国软件和服务公司协会,它是一个非盈利性组织,总部设在新德里,在孟买、海德拉巴、班加罗尔、加尔各答、浦那、金奈都设有区域办公室。刚成立时只有 38 个成员,约占印度软件业收入的 65%。而截至 2009 年,成员数已经达到 1 237 个,约占印度软件业收入的 95%。印度软件和服务业企业行业协会(NASSCOM)是印度信息产业数据的唯一来源,它的年度战略回顾提供了独一无二的最新详细数据。NASSCOM 在电子部制定软件业的发展战略时发挥了很大影响力,既获得了基础设施建设的支持,又避免了过于详细的规章和干预。印度另一家非盈利性民间组织——电子计算机软件出口促进会(ESC)吸收了国内外 2 000 多家会员企业,其中软件业 800 家。

3.4 中国台湾新竹

3.4.1 新竹特色

新竹工业园是按照台湾当局研究所、大学和私人高技术公司在当局统管下的“三角合作”模式所发展起来的。当时斯坦福大学教授特曼建议,新竹科技园应该吸引移居美国的台湾工程师回去创业,就像硅谷曾经从东海岸吸引工程师一样。台湾当局接受了这个建议,并取得了成功。但新竹园区又不同于美国硅谷,它形成了一条具有自己特色的发展道路,即“引进—消化—出口”的发展模式。

3.4.2　发展历程

新竹科学工业园成立于1980年12月15日，占地面积632公顷，跨越新竹县、市两个行政区，位于台湾西北部的新竹境内。新竹科学工业园以促进台湾产业升级为目标，以创建优良的投资环境吸引高科技人才和投资为宗旨，成功地将台湾发展成为全球信息产业第三、半导体第四的地区。如今，新竹科学工业园经过30多年的发展，已成为世界高技术产业园区的技术引进再吸收模式的成功案例，被视为20世纪信息技术时代的一个奇迹。

通过吸引成千上万的留美工程师从硅谷返回台湾创办技术公司、设立分支机构等，台湾与硅谷建立创新资源的流动渠道，通过引进与消化吸收，再开发出自己的独特竞争优势，从而在半导体产业站稳了脚跟。台湾不仅拥有世界级的半导体设计与制造的基础结构，还拥有世界上最尖端的个人电脑制造商与供应商网络。台湾的优势不仅在于处理工艺，还有技术物流和管理的成就。台湾的半导体产业并不直接与硅谷竞争，而是另辟了一个市场。因此，硅谷与台湾大经济体之间依旧联系紧密，台湾的制造技术与硅谷的前沿产业开发、设计与销售能力互补。

科学化、学院化、国际化的建园方针是台湾新竹科学工业园在创建之初就确定的，并确定园区重点研发集成电路产业、计算机及周边产业、通信产业、光电产业、精密仪器机械产业、生物技术产业等六大高技术产业。新竹科学工业园区内的集成电路产业是园区内的第一大产业，占园区生产总值的40%以上，最初成立时由工业技术研究院电子所进行技术研发，其后由园区提供完善的设备环境，以此在集成电路产业发展的同时，带动上下游相关产业如集成电路(IC)设计、IC制造(晶圆代工)、IC材料、Sip封装的发展，从而形成了完整的专业化分工模式。计算机及周边产业主要包括微电脑系统、储存设备、输入设备、网络设备、特殊软体以及关键性机电及其组件。如今，园区内已不再生产低阶、低附加值的产品，只保留高阶产品以及研发、设计和行销等。

3.4.3　取得成效

新竹科学工业园区成功推动了台湾的高技术产业转型，培育了一大批在国际高科技产业领域颇负盛名的台湾公司，使台湾在当今世界的高科技产业中占有一席之地，被认为是亚洲三个主要科学园区到目前为止最为成功的一个。美国 *Site Selection* 杂志评选新竹科学工业园区为2007年全球十大发展园区中的第一名。

2012年，面积只有13.4平方千米的新竹科学工业园区内共有厂商485家，实现总营业收入2 288亿元人民币，主要产业类别包括半导体、电脑、通信、光电、精密机械与生物技术；园区内如笔记本电脑、网卡、扫描仪、集线器等产品的生产量位居世界第一，晶圆代工占世界第一，IC设计居世界第二位，许多产品的生产都占到了台湾全部产量的100%。诸如台积电、宏基电脑、华邦电子、旺宏电子、国联光电等，不仅成为台湾高技术产业的中心地带和台湾经济发展的重要支柱，还被誉为是同硅谷并列的、在信息技术时代的工业化中创造奇迹的地方，是世界高技术产业发展的重要基石之一(表3-3)。

表3-3　2012年台湾新竹科学工业园区主要指标

项　　目	台湾新竹科学工业园
面　　积	13.4平方千米
入驻企业	485家
总营业收入	10 588亿新台币(折合2 288亿元人民币)
	同比增长2.3%
从业人员	14.8万人
	本科及以上人员占60.6%
	外籍从业人员占60.6%
创新投入强度(2011年)	研发经费支出占营业收入的5%

3.5　国际高新技术产业开发区发展比较

本章首先主要选取美国硅谷、日本筑波、印度班加罗尔和中国台湾新竹4个世界高科技园区为例，探讨我们在建设国家自主创新示范区中可以学到的国际性经验和实践应用成果。本章总结了这4个高科技园区的发展概况(表3-4)。

表3-4　世界4大高科技园区发展概况

国际知名科技园区	形成时间	占地面积	规　模	产　业	专利/产值/管理模式
美国硅谷	20世纪50年代	约800 km^2	硅谷聚集了逾16 600家高科技公司，其中有1 000余家总部设在硅谷	从微电子、半导体到计算机网络产业，再到医疗器械、生物技术等	圣何塞市每年推出9 237件专利，居全美第一
日本筑波	1960年初	284.07 km^2	人口18.9万，规划人口35万	医药、化学、电子电气、生物、科学和工程等	2003年，共申请专利3 069项，获得注册专利1 007项，产值约65亿美元
中国台湾新竹	1980年	1 342公顷	共有6个卫星园区；约有12万人在园区工作	集成电路、电脑及周边设备、光电、通信、精密机械和生物技术六大支柱产业	21世纪以来，园区GDP始终占全岛的10%左右；由台湾当局直接管理

续表

国际知名科技园区	形成时间	占地面积	规　模	产　业	专利/产值/管理模式
印度班加罗尔	1991 年	1.5 km^2	吸引了海内外 400 多家著名信息技术公司	高技术的软件开发及服务	2009 年出口达 300 亿美元，占印度软件出口量一半左右

其次，本章探讨了各个高科技园区的成功经验，以求为我国自主创新示范区提供国际经验和借鉴。总体而言，可以归纳成以下几点。

3.5.1 政府支持

国际高科技园区在形成和发展的过程中，政府起到的作用是不同的，例如日本筑波是在政府行政指令的干预下形成发展的，而美国硅谷是完全在市场机制的作用下形成发展的。但是所有高科技园区在形成和发展中，都得到了政府在法律、政策和资金等方面的支持。

（1）出台法律、立法支持（表 3－5）

表 3－5　著名国际高科技园区的相关法律法规

园区名称	法律法规
日本筑波	1970 年出台《筑波研究学园城市建设法》 1971 年制定《筑波研究学园城市建设计划大纲》 1983 年颁布《高技术工业聚集地区开发促进法》
中国台湾新竹	2004 年出台《科学工业园区设置管理条例》等一些文件

（2）税费减免、创业资金支持（表 3－6）

表 3－6　著名国际高科技园区的税收支持政策

园区名称	税收政策支持措施
美国硅谷	军事研究与国防采购支持
日本筑波	完全由政府出资支持
中国台湾新竹	包括税收优惠、土地厂房优惠、金融奖励政策等，在优惠政策上与保税区无异
印度班加罗尔	企业经营头 8 年可免除货物税、免征全部产品用于出口的软件商的所得税等

（3）组织领导支持（表 3－7）

表 3－7　著名国际高科技园区组织领导支持措施

园区名称	组织领导支持措施
日本筑波	完全由政府统一组织规划
中国台湾新竹	“科学委员会”下设园区指导委员会，由“经济”“财政”等六部副部长、若干专家等组成，主要负责园区产业规划和园区发展中出现的重大问题

(4)基础设施建设及技术支持(表 3－8)

表 3－8　著名国际高科技园区基础设施建设和技术支持措施

园区名称	基础建设和技术支持措施
日本筑波	由政府主导土地开发、配套建设、研究教育机构和政府公务建设、公共服务设施开发等

(5) 行政服务(表 3－9)

表 3－9　著名国际高科技园区行政服务措施

园区名称	行政服务措施
印度班加罗尔	园区管理机构作为印度政府部门派出的代表,简化各种程序,实行"一个窗口"的一站式服务
中国台湾新竹	建立了集中高效的行政管理体系,使管理事权集中和手续简化

3.5.2　产业规划

除了政府支持之外,各高科技园区均高度重视园区内的产业规划,从现有情况出发准确定位园区内产业布局,严格企业准入制度,大力推进园区内产学研一体化的建设。

(1) 产学研一体化(表 3－10)

表 3－10　著名国际高科技园区产学研措施

园区名称	产学研
美国硅谷	国际领先的研究型大学(斯坦福大学)和本地企业的紧密关系
中国台湾新竹	工业技术研究院、"清华大学"、"交通大学"等著名理工学术研究机构林立

(2) 重视产业规划和企业筛选准入(表 3－11)

表 3－11　著名国际高科技园区产业规划和企业准入制度

园区名称	产业规划和严格的企业准入制度
中国台湾新竹	科学的规划:新竹科学工业园区不仅办区方针明确,而且园区的发展规划科学。新竹科学工业园区在创立之初,就确定了高科技化、学院化、社区化、国际化的建区方针,并在近三十年的发展中不断对发展规划进行完善
	严格的企业准入和审查制度:"两大、两高、两低"(即市场潜力大,产业关联效果大;高技术,高附加值;低污染,低能源密度);必须有一定的投资强度;必须符合产业规划

3.5.3　企业服务

各国际高科技产业园内均形成了类型多样的、服务于创新创业的中介企业。企业服务内容包含基础设施、平台服务、孵化服务和金融服务等多方面,其中,金融服务形式包括创投引导基金、风险投资和担保融资。另外，企业服务内容还包括其他平台型金融服务，如技术产权交易平台和中介服务平台。

表 3-12　著名国际高科技园区企业服务内容

园区名称	企业服务内容
美国硅谷	知识产权律师；吸引投资的网络；房地产开发；基于网络的技术合作
日本筑波	发达的轨道交通和高速公路体系；内部公共服务区、居住区、公园齐全，主要道路沿南北东西方向，并建有先进的基础设施
印度班加罗尔	高科技企业所需的基础设施一应俱全，在 1992 年就和美国之间架设了印度第一座卫星通信设备，园区内的通信设施是世界上最先进的
中国台湾新竹	提供完备的生产基础设施，并按社区化要求建设生活配套设施；确立了“厂商服务、区内完成”的准则，园区管理局为园区厂商提供全面服务

3.5.4　文化建设

如同企业需要文化一样，这些高科技园区也形成了相应的文化氛围，以帮助园区长久发展。例如，美国硅谷形成了勇于创新和宽容失败的文化氛围，日本筑波则强调权威、等级制度和一致性，中国台湾新竹则提倡吃苦耐劳的坚韧文化传统。

表 3-13　著名国际高科技园区文化建设

园区名称	园区文化
美国硅谷	勇于创新，宽容失败；崇尚竞争，平等开放；知识共享，讲究合作；容忍跳槽，鼓励裂变
日本筑波	终身雇佣制；强调权威、等级制度和一致性；强调下级对上级的服从和个人对企业的忠诚；交流与互动较少
中国台湾新竹	吃苦耐劳的坚韧文化；对本土企业的认同文化

3.6　我国高新技术产业开发区发展的思考①

进入 21 世纪，世界经济转型与经济结构转变成为必然趋势。在全球经济和产业融合趋势加强的同时，全球产业结构的分化加速。在新的全球经济格局下，开放式的自主创新是国家或区域经济发展最重要的驱动力，也是在多极化国际分工体系中占据价值链高位的核心要素。高新技术园区已经成为全球各地区技术创新的领先者，在响应技术全球化和经济一体化方面发挥着重要的作用，在未

① 本书中的“我国”专指中国内地，不包括港澳台地区。

来的世界经济转变中，高新技术园区仍将是区域经济和世界经济的支撑和引领力量。

在我国，国家高新技术产业开发区旨在发展中国高新技术产业、调整产业结构、推动传统产业改造、增强国际竞争力。它通过实施高新技术产业的优惠政策和各项改革措施，推进科技产业化进程，形成我国发展高新技术产业的主要基地。1988 年国务院批准设立中关村科技园区(北京市新技术产业开发试验区)以来，以中关村为代表的我国高新技术产业开发区事业蓬勃发展，逐步成为聚集创新资源、发展先进生产力、推动产业结构调整、促进经济增长方式转变的重要力量。

据科技部相关资料显示，2011 年，88 家国家高新技术开发区上报统计的企业总计 5.96 万家，其中有 1.6 万家高新技术企业，获得授权发明专利 2.9 万件，占全国企业发明专利授权(5.8 万件)的 50%，实现营业总收入 133 425.1 亿元，实现工业增加值 27 151.9 亿元，占全国的 12.3%，上缴税费 6 816.7 亿元。高新技术开发区的发展成为国家与地区竞争力的重要组成部分，成为经济新的增长点和社会发展的重要支点，但在关注其快速发展的同时，也不能忽视存在的问题。

3.6.1 主要问题

20 多年来，我国高新技术区发展的政策环境发生了巨大的变化[①]，随着对高技术发展的内在创新动力及其所需要的创新环境的认识不断深化，对高新技术区的发展也需要不断更新认识。尽管高新技术开发区取得了巨大的成就，但必须认识到目前依然存在着许多亟待解决的问题。高新技术开发区以往发展中自身存在的问题很多，诸如企业自主创新能力不足、创新效率不高、内生机制不健全、创新环境不完善、发展的同质化和区域发展的不平衡问题，等等。

（一）功能错位

我国在高新技术开发区设立之初，将其定位为：“高新技术产业的基地，加速成果转化和科技创新创业的示范区，深化改革和加快体制创新的试验区；实施科技兴贸战略和对外开放的展示区；培养、造就高新技术企业和企业家的学校；用高新技术改造传统产业的辐射源；体现社会主义现代文明的新社区”。高新技术开发区的

① 王缉慈等在《超越集群——中国产业集群的理论探索》一书中指出，从计划经济到市场经济，从进口替代到出口导向，从市场保护到引入国际竞争，从投入推动到需求拉动，从本地创新成果产业化到引进外资、“海归”和外国研发机构，以及从政策为重心到以体制创新为主，很多高新区扩容建成后，原来的“一站式”高效服务有所改变。经过土地开发、资金滚动积累的初始发展阶段，高新区已经进入到依靠技术创新和学习能力创造地方竞争优势(即“二次创业”)的阶段。高新区之间的分化日趋显著，部分高新区已经形成了具有本地特色的优势产业。

主要功能体现在培育高技术企业的创立与成长，实现高技术成果的产业化。但是我国部分高新技术开发区侧重于吸引外资，混同于经济技术开发区，偏离了这个功能定位，迷失了发展方向。

（二）机制落后

我国高新技术开发区多数完全是在政府推动下建立与发展的，在政府的直接管理下运作。这种管理机制在高新技术开发区初创阶段是必然选择，但随着高新技术开发区向纵深发展，政府的管理职能也应随之而变。首先，政企不分离会导致高新技术开发区的发展缺乏效率，发生寻租行为，多头管理，统筹协调考虑不够，缺乏政府促进产业发展的合力；其次，过度依赖土地经营和优惠政策，对产业发展缺乏有效调控，在“条块分割”与多头管理的体制下，园区出现诸如用地浪费、产业缺乏特色的现象，企业间缺乏联系和分工，园区内的专业化生产性服务业欠缺，无法形成有效的创新机制等问题；最后，在园区企业导入方面，注重招商引资数量、产值、出口总额等数量指标，忽视企业内在竞争力、发展可持续性、创新能力以及产业布局等质量指标，从而形成了较为粗放型的发展模式。高新技术开发区的管理体制仍需进一步理顺与加强。

（三）低层次竞争

随着国际化的加深，资源的流动性有所提高，但竞争的加剧又给高新技术开发区的建设带来了巨大的竞争压力。迫于部分经济指标的需要，部分高新技术开发区的发展偏离了设定目标，在吸引外资上盲目制定特殊政策，试图通过低成本优势吸引企业，造成了巨大的资源浪费并挤压了本地企业在相关产业发展的机会。部分高新技术开发区引入一些低水平外资项目入园，未能从中获得相应的溢出效应，不能与本地企业形成良性的互动关系，一旦低成本优势丧失，将会面临严峻的产业转移的危机。部分高新技术开发区不考虑区域发展的特点与需要，不考虑本地企业的技术能力与区域创新体系，蜂拥而上赶时髦，高新技术开发区之间出现严重的同质化现象，造成了巨大的资源浪费，并丧失了产业发展的时间。部分园区土地集约利用程度不够，粗放式增长方式仍然存在，创新驱动经济增长的模式没有完全形成。

（四）协同度低

高新技术开发区内应是各类创新资源高度协同的集聚区，是实现技术协同创新的理想环境，但发展至今，我国高新技术开发区总体而言创新协同度不高。无论是各类创新资源，还是企业间、企业与园区的智力源等行为主体间，协同度均较低。与周边区域没有形成协调并举的发展机制，各种矛盾依然存在，产业“孤岛”现象仍很突出。

（五）创新乏力

高新技术开发区发展的主要动力是技术创新，由创新来推动园区生产效益的提高和产业升级。未能充分开展产学研合作，创新资源中弱项、缺项较多，最为突出的是风险资本普遍稀缺，无风险资本市场，人才市场也是重要缺项，创新政策不配套，创新文化氛围稀薄。各创新行为主体没有形成密切的网络关系，园区内生机制没有得到有效发挥，对中小企业重视不够，园区发展依赖外来投资的现象仍很普遍。

3.6.2 发展目标

高新技术园区的发展目标应综合考虑国家、地方的经济发展特点与需要，围绕企业成长、产业发展以及区域竞争力，注重能力发展、创新过程、高新技术产业发展的客观规律。政府有关部门应从区域发展与产业发展的战略高度，结合城镇化、城市化进程以及现代产业体系的构建，进行规划、设计，制定相应的政策来推动本地区的高新技术园区发展。高新技术园区的发展目标包括以下七个方面(图 3－2)。

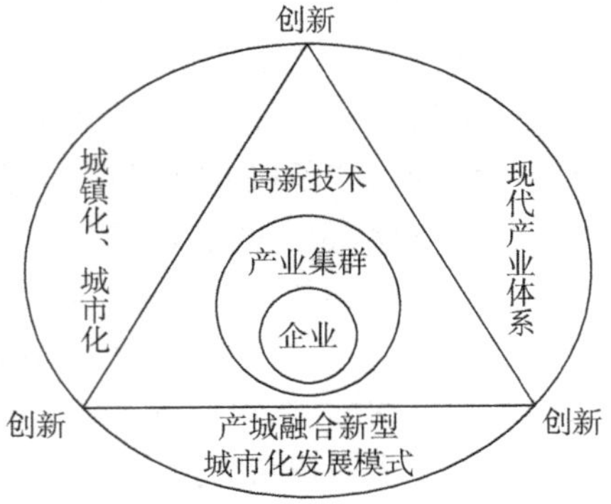

图 3－2　高新技术园区发展目标体系构成

(一) 以提升高新技术园区的可持续发展能力为愿景

根据可持续发展的基本理念并结合高新技术园区的基本特征可知，高新技术园区可持续发展是指在一定时空尺度上，以长期持续的经济增长及质量提高为目标，既满足当代高新技术开发区发展的需要，又满足未来的发展需求，同时对其所在区域的可持续发展起到示范和促进作用，实现高新技术园区及所辐射的周边空间区域经济、社会、资源、环境、科技的协调与持续发展。

高新技术园区可持续发展的内涵既包括社会的文明进步和安全保障，也包括经济发展的数量、质量，还包括保持、建设良好的生态环境。经济发展同社会进步的持续性和维持良好的生态环境密切相关。高新技术园区可持续发展的前提是如何在经济发展的同时改善与优化自然生态环境，保持人与自然环境的协调关系。高新技术开发区可持续发展的关键问题是依靠科技进步，增加高新技术园区经济发展的后劲，以实现社会、经济、资源、环境的协调发展。

因此，在制定高新技术园区的发展目标时，应以提升高新技术开发区的可持续发展能力作为发展的愿景，综合考虑高新技术园区的产业结构、区位、资源与环境、社会与民生需要，以高新技术园区的技术与模式创新来促进资源节约利用，保护与提升环境质量，改善社会民生，构建可持续的共生系统。

(二) 以促进本地主体合作的产业集群为目标

从世界科技园区的发展来看，各国政府都把培育和发展产业集群当做加速工业化进程、提高区域竞争力的一项重要举措,而科技园区是实现产业集群的重要载体,是产业集群得以实现的一种重要方式。我国高新技术开发区也有条件培育和发展产业集群,特别是高新技术产业集群的载体。

近年来,世界科技园区集群化的特征突出。部分高新技术开发区的产业集群已经形成,如美国的硅谷、英国的剑桥与M4走廊、法国的光谷、印度的班加罗尔、中国台湾新竹的信息产业基地。而且,集群发展的支持体系日益完善,硅谷除核心高新技术创业型企业外,还有支持公司、服务性公司,还出现了非生产性服务商集群,如律师行、市场调查公司等。产业集群与支持体系之间的互动关系,使整个园区呈现出技术创新的活力和氛围(图3-3)。

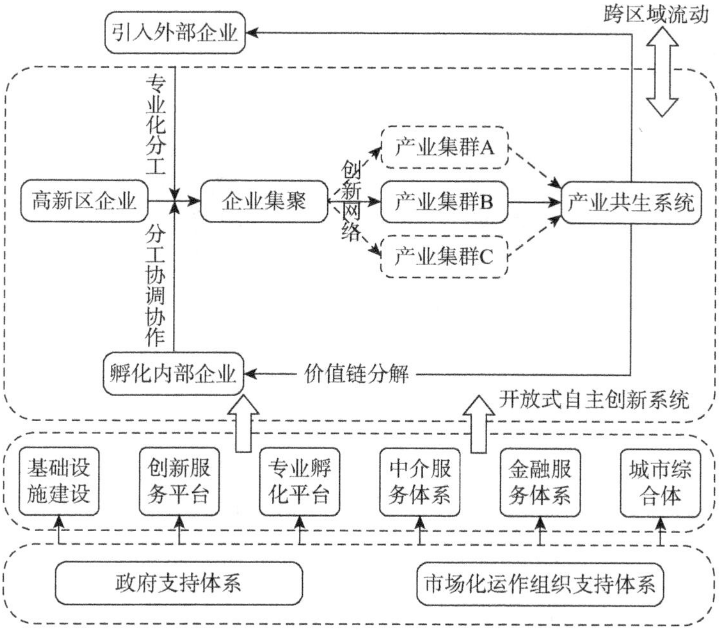

图3-3 基于产业集群的高新技术开发区发展模式

通过发展高科技产业集群来培育新兴产业,已经成为一个区域、一个国家实现经济腾飞的重要模式。只要政府调控和市场竞争这两个手段运用得当,即使是相对落后的地区,也可以通过产业集群方式,汇聚并融合各方资源和力量,实现高新技术产业的快速发展。高新技术园区的区位选择有利于产业集群形成,具备产业集群发展的基本要素,可以为产业集群发展提供区域创新环境,为集群发展创造国际化的市场。另一方面,有力的政府扶持可以促进高新技术产业集群发展。产业集聚是高新技术开发区获取竞争优势的一种有效机制,国外科技园区的集群化发展实践也充分表明,产业集群是高新技术开发区获得发展的有效途径,高新技术园区实行集群式发展，可以提升发展绩效。

（三）以提升企业与产业的市场竞争力为核心

企业是高新技术产业发展的主体，是技术创新的主体，是荟萃人才的主体。高新技术园区是企业的载体，是开展研发和创新活动的平台，是创新创业人才的栖息地。高新技术园区是高新技术企业走出去参与国际竞争的服务平台，其目标是培育一批拥有自主知识产权、具有国际竞争力的高新技术企业。国家高新技术园区的发展战略、管理模式、政策法规自觉地以企业为中心，充分体现企业的主体地位，把工作重点放在营造环境、构筑公共创新平台、完善科技中介服务体系和发展投融资机构等方面，全力为高新技术企业的创新和发展提供有力支撑，做好相关服务。

尤其是要探索建立适合于高新技术中小企业加速发展的载体和资源整合体系。高新技术中小企业是产业技术进步的源泉。在促进科技成果转化和产业化方面，及市场需求感知、技术创新与制度创新等方面，科技型中小企业有着独特的优势。积极搭建强化服务功能、丰富服务手段并能够整合配置资源的科技企业加速器，以满足快速增长的、与创业期企业不同的高成长性企业的服务需求，壮大科技型中小企业群体。把科技企业加速器的建设与专业孵化器、大学科技园和创新服务体系建设等结合起来，为高速成长企业提供高品质服务。通过市场化手段运营科技企业加速器，打通我国高科技企业成长通道，加速高速成长企业的发展壮大。

（四）以促进创新创业活动的创新环境为基础

创新创业是高新技术开发区持续发展的不竭动力，是产业升级的关键，也是高新技术开发区快速发展的基础。因此，在高新技术开发区的发展过程中，不断打造与完善园区的创新环境，通过营造良好的创新创业环境，增强企业技术创新的动力和活力，激发高技能人才的创业激情，吸引国内外高新技术领域的领军人才或团队来此创业，发挥企业在技术创新活动和创新成果应用中的主体作用，推动企业提高自主创新能力；发挥经济、科技政策的导向作用，促进区内高新技术企业大幅度增加研发投入，使企业真正成为研究开发投入的主体；支持高新技术企业开发自主知识产权的高新技术产品，鼓励高新技术企业通过上市、兼并和收购等方式提高竞争力和产业规模；鼓励科研院所和高等学校为高新技术企业增强自主创新能力提供支持。

此外，园区的发展还要加强创新创业服务体系建设。提高科技企业孵化器的运行质量并扩大其规模，重点办好专业孵化器；推动生产力促进中心、技术产权交易等机构增强服务能力；选择国家高新技术开发区已有基础和有优势的领域，支持建立若干专业化的共性技术服务平台；鼓励企业同科研院所、高等学校联合建立研究开发机构、产业技术联盟等技术创新组织，支持中小企业特别是科技型中小企业开展技术创新。

（五）以提供内生发展动力的创新系统为支撑

创新活动主体很少孤立地进行创新活动，而是与其他组织合作并相互依赖。

创新系统提供研究与开发，创造新知识；培养劳动力的能力、形成新产品市场、明晰需求信息、创造并改变组织以符合创新领域发展的需要；通过市场和其他机制建立网络、创造与变革制度、提供孵化平台及公共技术服务平台，提供与创新过程相关的咨询服务。创新系统为高新技术开发区企业与产业内生增长提供了重要的支撑。

对国家创新系统而言，高新技术开发区应使得知识溢出和技术转移不再存在空间障碍，形成包含绝大多数现代高技术产业门类的工业基础和技术源头配置，使知识创造和工业应用之间不再由于供需双方的"交接"失衡造成创新路径的阻断，更要尝试在机制体制上寻求创新，建设"基础研究—应用研究—商业化"的创新系统；对区域创新系统而言，高新技术开发区从培育创新型企业到构建创新网络，再到促进创新集群，形成了组织化的结构体系，形成大学科研机构、网络平台组织、公共服务组织、经济服务实体和政府资源有效衔接的区域创新中枢；对产业创新系统而言，高新技术开发区要能够提供相应的产业技术创新平台、专业技术服务平台、孵化机构、有针对性的政策扶持。

此外，要促进创新资源在国家高新技术开发区的集聚以及高技术区域的资源流动渠道的建设，鼓励高等学校与区内机构开展合作，吸引高等学校及其师生进入国家高新技术开发区创业；制定并实施吸引留学人员回国工作和为国服务计划，重点吸引高层次人才和紧缺人才，加大对留学人才回国的资助力度，完善引才机制，推进留学回国人员创业。鼓励广泛合作，支持跨领域、跨机构、跨行业、跨区域等多重社会组织网络的形成和发展，支持各类专业协会、同行协会、联盟组织、学习联合会等社会网络组织，促进和引导不同主体之间的交叉合作与互动联系，搭建跨组织的创新连接，实现创新活动的有序连接、协同互进和有效整合的自组织发展。

通过创新系统的支撑，使得高新技术开发区不仅仅是一个科技成果产业化的工业园区，更是一个集知识创造并由知识所驱动的科技经济体，是一个集科技、经济、社会人文、资源环境和谐发展的现代高科技社区或现代知识经济社区，是区域创新系统的中心、各类创新协作的地点，真正实现高新技术园区以创新为驱动的内生式发展。

（六）以着眼于解决市场失灵问题的创新政策为工具

高新技术开发区是以高新技术产业为主，其产业发展的特点使其面临产业发展的系统性障碍，解决这样的市场失灵问题需要政府干预。政府扶持政策对新兴产业发展是至关重要的。当完全依靠市场机制的调节无法实现技术创新资源的最优配置及社会福利最大化时，政府干预是弥补产业发展出现市场失灵的根本手段，如给一些新兴产业一些补贴，或制定财税金融政策等，通过这种激励解决市场失灵的部分，让它进入良性循环。

政府首先要从行政管理中心转变为将诸多创新行动者连接在一起的创新网络

构建者，形成政府—高校（或研究所）—企业紧密联合与互动的创新治理机制，创新公共服务，形成以需求为导向的创新政策制定和创新政策的自调整机制。其次，政府要系统构建创新政策，从知识生产、转移交换、商业化、市场等各个环节制定针对性政策，包括市场引导、政府采购、知识产权交易、共性关键技术研发支持、孵化器建设等措施，全面、系统地解决高新技术开发区中产业发展所面临的研发投入不足、市场需求不足等问题。最后，政府要针对具体的市场失灵问题制定相关政策，如对技术创新的激励政策、对中小企业的金融政策、对新兴产业的扶持政策，加速创新资源的集聚与流动，形成创新成果不断涌现、创新型企业不断壮大、产业竞争力不断提升的良好发展局面。

（七）将“以产兴城、以城促产、产城融合”作为新型城市化发展模式

高新技术开发区作为一个崭新的城市空间和带动城市经济社会发展的重要推动力，不仅形成一个具有相当规模的产业集聚基地，同时也越来越多地影响和改变着城市经济社会活动及空间结构。长期以来，我国高新技术开发区实行以工业区为主导的发展模式，由此引发的用地瓶颈等一系列空间问题，已成为高新技术开发区产业升级、经济实现跨越式增长的重要制约因素，无法承载区域格局变动和新经济发展带来的新要求。高新技术开发区迫切需要新的发展模式及规划策略。

“以产兴城、以城促产、产城融合”是新型城市化的重要发展理念与模式，即高新技术开发区建设以生态环境为依托、以现代产业体系为驱动、将生产性和生活性服务融合，形成多元功能复合共生的综合型城区。通过“产城融合”，完善园区的城市功能，改善园区形象，集聚人气，增强活力，形成复合多元的城市功能区，从而实现城市工业化、城市化的健康持续发展。

3.6.3 其他因素

（一）完善的、专业化的社会中介服务

大量的中介服务机构，包括同业公会、律师事务所、会计师事务所、管理顾问公司、银行金融机构等。这些专业的中介机构，不仅为园区内的企业提供资金、技术、人才、信息等创新要素，而且还在企业间或企业与政府间的沟通协调方面起积极作用。完善的社会中介服务体系为高技术园区内的创业企业提供了健全的设施和优秀的服务。中介机构的专业化服务使创新型企业可以更加聚焦于如何提升企业的竞争力。社会中介服务体系的形成满足了创新网络发展所需要的社会协同网络，这样也有利于高新技术园区各自文化的形成，从而加快园区的创新。

（二）网络化的产业组织形式

典型高技术园区的成功离不开特有的组织形式，这一形式也是产业集群的组织形式，也就是说，高新技术开发区的形式具有了产业集群的特征，它是一直拥有区域竞争力的基础和核心。由于技术的创新所引起的产业组织结构的变化，势必

引起社会需求的巨大变化，从而也引起了高新技术开发区内组织形式的变化。这种基于网络的产业组织模式使得各个主系统、子系统相互融合，减少了网络内公司和大学、科研院所等关联部门之间的界限，从而使信息能够更快、更广地在网络内流通。通过构建该模式使得同一网络内公司间竞争激烈，它们也可以通过非正式交流与合作共同创新。

（三）全方位的政策扶持

对于高新技术区来说，从其规划、形成到发展，政府的政策扶持必不可少。国内外较为成功的高新技术园区在发展过程中都制定了较为完善与全面的政策。

如硅谷通过制定各种适当有效的政策措施和完善的法律制度来推动硅谷企业的成长，大量的政府采购为创新创业型企业提供成长的空间，除了联邦政府的支持外，地方政府也通过担保贷款、采购优惠等各种政策来支持硅谷中小企业的发展；印度政府为班加罗尔园区制定了科技教育政策；新竹工业园区则由台湾当局有关部门进行了精心规划，选择具有广阔发展前景的高科技领域，对园区的兴建进行周密筹划，有计划、有步骤、有目标地分三期完成整个园区的建设，并制定一系列法规、章程等，提供一系列鼓励和刺激投资的优惠政策，减小了高科技创业的风险，吸引了更多的优秀企业入驻园区，设置了大量科技奖项和科技基金，激励高科技企业的集聚和创新热情；苏州工业园区享受国家级经济技术开发区的优惠政策，同时也享受国家级高新技术产业开发区的优惠政策，被授予许多具有唯一性的特殊政策，形成了“不特有特、特中有特”的政策优势，并大力实行“科技跨越计划”和“科技领军人才创业工程”等政策。

（四）鼓励创新创业的园区文化

国内外较为成功的高技术园区在高新技术产业发展的特殊环境中，都逐渐形成了独特的园区发展文化。如硅谷的成功不仅在于它拥有大量的风险资本、众多的高素质人才，更重要的是它在发展过程中所形成的独特的、激励创新的“硅谷文化”。硅谷人在创新创业过程中塑造了硅谷文化，而硅谷文化又进一步吸引、凝聚了各方优秀人才进入硅谷。硅谷文化凝聚人才、发展经济的示范效应和深远影响大大超过了其经济指标的增长。这种潜在影响是一种难以用数字表明的巨大财富和精神因素。鼓励创新创业的文化形成后，会对高新技术产业的发展产生持续的影响，这也是任何新建的高新技术开发区不能在短期内快速模仿它的一个重要方面，是一个典型成功高技术园区区别于其他一般高新技术开发区发展的最重要方面。高新技术开发区只有培育适合自身的产业集群文化，才能吸引产业集聚，促进产业集群化的形成和持续发展。我国的高新技术开发区应大力鼓励敢于冒险、勇于创新、乐于创业、富于进取的企业家精神。同时，要特别重视诚信与合作文化的建立。

（五）选择性招商、保姆性服务

在传统招商模式中，政府是招商引资的主体，承担了主要的招商引资职能，带有一定的主观性和盲目性，在招商过程中难以坚持服务于园区产业发展的战略，因此，在招商过程中需要一个强而有力的园区管委会机构来参与选择。高新技术开发区要培育高新技术产业集群，要根据主导产业的需求，着力引进在该产业中有影响力的企业入园，引入企业不应求大而应关注其在园区产业分工体系中的作用，对产业上下游的影响、与本地主体的互动关系。招商要充分利用企业的行业信息资源、社会资源，充分发挥企业的招商引资作用，鼓励和引导企业围绕产品升级、结构调整，主动加强对外合作，引进资本、技术和管理，实现以商招商，从而促进园区企业间的联系。高新技术开发区还可以规划出若干特色产业园，面向相关领域的企业进行整体招商，促进产业集群的形成。

（六）促进资源整合与协调产业发展的专业性管理机构

随着高新技术开发区的发展，需要能够提供市场化服务与引导园区发展的专业性管理机构，尤其对由政府推动形成的高新园区更是如此。这样的专业性管理机构既能够快速响应园区内企业的服务需求，又能够承担部分公共管理的职能，例如苏州工业园区的中新苏州工业园区开发集团股份有限公司（CSSD）与园区管委会。

3.7　本章小结

本章主要选取美国硅谷、日本筑波、印度班加罗尔和中国台湾新竹 4 个世界高科技园区为例，总结了这 4 个高科技园区的发展概况，探讨了各个高科技园区的成功经验，以求为我国自主创新示范区提供国际经验和实践之处。

总体而言，我国的 54 个国家级高新技术开发区，基本都属于政府主导型，所以主要借鉴日本筑波和中国台湾新竹的政府和当局主导型发展模式，不过要注意避免政府行政效率低下、同质化严重等问题，注意引入市场化机制，积极学习硅谷模式。

参考文献

[1] 刘春香. 美国硅谷高科技产业集群及其对中国的启示[J]. 工业技术经济，2005(7)：35－37.
[2] 张伟峰. 拷贝硅谷：韩国大德科学城的成功实践[J]. 科技管理研究，2008(10)：29－31.
[3] 李海超，齐中英. 美国硅谷发展现状分析及启示[J]. 特区经济，2009(6)：82－83.
[4] 峻峰. 美国硅谷企业文化掠影[J]. 高科技与产业化，2005(8)：61－62.
[5] 白雪洁，庞瑞芝，王迎军. 论日本筑波科学城的再创发展对我国高新区的启示[J]. 中国科技论坛，2008(9)：135－139.
[6] 刘芹，张永庆，樊重俊. 中日韩高科技园区发展的比较研究——以中国上海张江、日本筑波和韩国大德为例[J]. 科技管理研究，2008(8)：122－125.

[7] 杨哲英，张琳. 高新技术产业组织模式演进方向——以日本筑波科学城为例的分析[J]. 日本经济，2007(4)：43 - 47.

[8] 林兰，曾刚. 印度班加罗尔软件科技园的建设成就与趋势[J]. 地理教学，2004(3)：4 - 6.

[9] 冯军. 印度班加罗尔软件产业发展对南京建设“中国软件城”的启示[J]. 产业经济，2007(8)：23 - 25.

[10] 李艳芳，范力丹. 印度软件科技园发展的原因及启示[J]. 南亚研究，2013(1)：114 - 126.

[11] 刘双云. 印度班加罗尔科技园的发展特点与经验借鉴[J]. 理工高教研究，2006(12)：34 - 35.

第四章 国家自主创新示范区建设现状

前一章主要以美国硅谷、日本筑波、印度班加罗尔和中国台湾新竹 4 个世界著名高科技园区为例，探讨我国在建设国家自主创新示范区中可以学到的国际性经验和实践应用成果。本章和下一章将着重分析截至 2015 年 8 月 30 日，我国建立的 8 个国家自主创新示范区的发展现状、产业布局和创新能力，试图寻求国家自主创新示范区建设的基本规律和实践经验。

4.1 国家自主创新示范区概述

4.1.1 概念

国家自主创新示范区是经中华人民共和国国务院批准，在推进自主创新和高技术产业发展方面先行先试、探索经验、做出示范的区域。中国国家科学技术部指出，建设国家自主创新示范区对于进一步完善科技创新的体制机制，加快发展战略性新兴产业，推进创新驱动发展，加快转变经济发展方式等方面将发挥重要的引领、辐射和带动作用。

4.1.2 功能

国家自主创新示范区应敢于先行先试，冲破传统体制机制的束缚，充分利用高新技术开发区的资源聚集效应，加强投融资、创新激励、风险规避和成果转化等方面的体制机制创新，培育示范区的内在创新能力，提升高新技术开发区内生发展动力，发挥“典型”示范效应。着力实施创新引领战略，到 2020 年实现技术创新领先、产业领先、经济和社会发展领先、体制机制创新领先的建设目标，成为世界一流的高科技园区，对其他国家高新技术开发区和区域经济社会的发展做出引领和示范。国家自主创新示范区的功能具体表现在：(1) 开展股权激励试点；(2) 深化科技金融改革创新试点；(3) 国家科技重大专项项目(课题)经费中按规定核定间接费用；(4) 支持新型产业组织参与国家重大科技项目；(5) 实施支持创新企业的税收政策；(6) 组织编制发展规划。

4.1.3　现状

截至 2015 年 8 月 30 日，国务院批准了 8 个国家自主创新示范区，分别是中关村国家自主创新示范区、东湖国家自主创新示范区、张江国家自主创新示范区、深圳国家自主创新示范区、长株潭国家自主创新示范区、苏南国家自主创新示范区、天津国家自主创新示范区和成都国家自主创新示范区，具体如表 4-1 所示。

表 4-1　国家 8 个自主创新示范区建设现状

名称	时间	战略定位	功能目标	所属区域	属性
北京中关村	2009.3	深化改革先行区、开放创新引领区、高端要素聚合区、创新创业集聚地、战略产业策源地	服务于首都世界城市的建设，力争到 2020 年建成具有全球影响力的科技创新中心	东部	第一个国家自主创新示范区
武汉东湖	2009.12	在光电子、生物、地球空间信息及应用服务等领域形成若干个拥有技术主导权的特色产业集群	成为世界一流的高科技园区，享誉世界的“光谷”	中部	
上海张江	2011.3	新一代信息技术、高端装备制造、生物医药、能源环保等领域	到 2020 年，形成拥有技术主导权的产业集群，培育出一批国际知名品牌和具有较强国际竞争力的跨国企业，基本建成世界一流科技园区	东部	
深圳	2014.6	创新驱动发展示范区、科技体制改革先行区、战略性新兴产业聚集区、开放创新引领区和创新创业生态区	到 2020 年，建成一批面向世界、服务全国的重大科技基础设施、核心技术、研究团队，科技支撑引领经济社会发展的能力大幅提升	东部	第一个以城市为单位的国家自主创新示范区
长株潭	2014.12	株洲高新技术开发区的轨道交通、航空航天、新能源汽车 3 大动力产业，长沙高新技术开发区的高端制造及新材料产业，湘潭高新技术开发区的先进矿山装备产业	力争用十年左右时间，建设成为国际一流的高新技术产业集聚区和国内领先的技术创新中心	中部	
苏南	2014.10	充分发挥苏南地区科教人才优势和开发开放优势，积极开展激励创新政策先行先试，激发各类创新主体活力，加快科技成果转移转化，提升区域创新体系整体效能	努力把苏南国家自主创新示范区建设成为创新驱动发展引领区、深化科技体制改革试验区、区域创新一体化先行区和具有国际竞争力的创新型经济发展高地	东部	首个以城市群为基本单元的国家自主创新示范区

续表

名称	时间	战略定位	功能目标	所属区域	属性
天津	2015.2	充分依托天津制造业集聚优势,建立与北京、河北的长效合作机制,产业链上下游联动,形成区域产业集成创新、协同创新的良性互动	打造成为京津冀科技产业合作的先导区域,为全国区域协同发展提供示范	东部	
成都	2015.6	全面实施创新驱动发展战略,充分发挥成都的产业优势和创新资源集聚优势,开展创新政策先行先试,打造一批具有全球影响力的创新型企业	力争到 2020 年形成以成都高新技术开发区极核引领、支撑全域成都乃至中西部创新驱动发展,并具有全球最有影响力的"世界一流高科技园区"	西部	西部首个国家自主创新示范区

注:此处东中西部的划分以国家统计局为准。东部地区(11 个省/市):北京、天津、河北、辽宁、上海、江苏、浙江、福建、山东、广东、海南;中部地区(8 个省):山西、吉林、黑龙江、安徽、江西、河南、湖北、湖南;西部地区(12 个省/市/自治区):内蒙古、广西、重庆、四川、贵州、云南、西藏、陕西、甘肃、青海、宁夏、新疆。

4.2 中关村国家自主创新示范区

4.2.1 示范区概况

中关村国家自主创新示范区是中国高科技产业中心,是中国第一个国家级高新技术产业开发区,第一个国家自主创新示范区,第一个"国家级"人才特区,是我国体制机制创新的试验田。从"中关村电子一条街""中关村科技园区"发展起来的中关村国家自主创新示范区,作为经国务院批准建立的我国第一个国家级高新技术产业开发区,规划总面积 232.52 平方千米,初步形成"一区多园多基地"的空间布局。经过 20 多年的建设发展,已经成为高新技术企业及人才高度集聚、重大技术创新成果不断涌现、高新技术产业快速发展的高端产业功能区。习近平同志在中关村考察时,提到要充分发挥政策导向作用,充分挖掘中关村地区的资源潜力,努力把示范区建成首都经济增长方式转变的强大引擎,建成具有全球影响力的科技创新中心。

(一)发展历程

中关村的最初发展起源于 20 世纪 80 年代初的"电子一条街"。1980 年 10 月 23 日,曾两次到美国硅谷考察的中国科学院物理研究所研究员陈春先与 6 名科技人员率先成立了北京等离子体学会先进技术发展服务部,这一举动拉开了科技人员面向市场、自主创业的序幕。1987 年,以"两通两海"(即四通公司、信通公司、科海公司、京海公司)为代表的近百家科技企业,聚集在自白石桥起沿白颐路(今中关村大街)向北至成府路,中关村路至海淀路一带、东至学院路,形成大写的英文字母“F”,人们称之为“电子一条街”。

1988 年 5 月 10 日,国务院正式批准《北京市新技术产业开发试验区暂行条例》,并规定,以中关村地区为中心,在北京市海淀区划出 100 平方千米左右的区域作为新技术产业开发试验区。北京市政府积极响应号召,于 5 月 20 日印发《北京市新技术产业开发试验区暂行条例》,由此,北京市新技术产业开发试验区正式成立。1994 年 4 月,国家科学技术委员会批准将丰台园、昌平园纳入实验区政策区范围。仅仅过了五年,实验区再次调整,将电子城、亦庄园纳入其中。从此,北京市新技术产业开发试验区形成“一区五园”的空间格局。2006 年,中关村科技园区域再次扩大,调整后的中关村科技园区包括海淀园、丰台园、昌平园、德胜园(含雍和园)、电子城(含健翔园)、亦庄园(包括通州光机电一体化园区和通州环保园区、石景山园、大兴生物医药产业基地等,形成了“一区十园”的空间格局)。

2009 年 3 月 13 日,国务院将中关村科技园区定位为国家自主创新示范区,目标是成为具有全球影响力的科技创新中心。2012 年 10 月 13 日,国务院同意将中关村国家自主创新示范区的空间由原来的一区十园增加为一区十六园,至此,包括海淀园、昌平园、顺义园、大兴—亦庄园、房山园、通州园、东城园、西城园、朝阳园、丰台园、石景山园、门头沟园、平谷园、怀柔园、密云园、延庆园等园区。

(二) 发展现状

从主要经济指标情况看,20 多年来,中关村科技园区共计实现总收入 36 057.6 亿元、上缴税额 1 857.6 亿元、出口创汇 337.3 亿美元。1988 年至 2014 年,上述 3 项主要经济指标稳定增长,尤其是 1988—2010 年这 20 多年间的平均增速达 40%以上。2014 年,中关村国家自主创新示范区顺利完成“发展高科技,实现产业化”,逐步形成了首都高端产业功能区。

以高新技术产业为主导,中关村国家自主创新示范区产业发展迅速。1988 年,园区共有高新技术企业 527 家,到 2014 年已有 15 645 家。1995 年收入超过亿元的企业只有 27 家,而到了 2010 年,收入超过亿元的企业发展到了 2 071 家,产业集聚度不断提高。中关村国家自主创新示范区从建区初期的“电子一条街”至今,在各高新技术产业的发展中,其电子信息技术领域的产品销售处于领先的地位。2000 年以来,中关村国家自主创新示范区总收入中电子信息产业均保持在 50%以上的比例,是园区的主导产业,10 多年总收入年均增长 28%左右。新能源高效节能、先进制造、新材料、生物医药和环境保护领域的总收入提升也较快,从 2000 年到 2014 年,年均增速均保持在 30%以上。这六大产业的总收入占到总量的 90%以上,是中关村国家自主创新示范区的重点产业,并已形成了初步的产业集群。

中关村国家自主创新示范区主要经济指标在全国国家级高新技术产业开发区中处于领先水平。其中,2014 年园区实现工业总产值 9 078.2 亿元,排名第一;净利润 3 031.5 亿元，排名第一；上缴税额 1 857.6 亿元，排名第一；出口创汇 337.3 亿美元，排名第二。主要经济指标占全国 54 个国家级高新技术产业开发区相应指标总量的 6%～19%，在全国的地位突出。特别是 2009 年国家批复中关村自主创新示范区以来，随着中关村创新资源平台、中关村现代服务业综合改革试点工作的逐步推开以及国家“1＋6”政策的逐步落实，其更彰显巨大的发展潜力和良好的发展前景。

图 4－1　中关村国家自主创新示范区园区分布图

4.2.2　示范区产业布局

经过 20 多年的发展建设，中关村已经聚集了以联想、百度为代表的高新技术企业近 2 万家，形成了以下一代互联网、移动互联网和新一代移动通信、卫星应用、生物和健康、节能环保以及轨道交通等六大优势产业集群以及集成电路、新材料、高端装备与通用航空、新能源和新能源汽车等四大潜力产业集群为代表的高新技术产业集群和高端发展的现代服务业，构建了“一区多园”各具特色的发展格局，成为首都跨行政区的高端产业功能区（表 4－1）。

（一）一区多园

“十二五”期间，中关村将继续完善“一区多园”各具特色的发展格局，重点建设“两城两带”，即中关村科学城、未来科技城和由海淀北部、昌平南部和顺义部分地区构成的北部研发服务和高技术产业带，以及由北京经济技术开发区、大兴和通州、房山的部分地区构成的南部高技术制造业和战略性新兴产业带，促进高端产业集群发展。其中，中关村国家自主创新示范区中有8个主要园区，各个园区都形成了各自相应的主导产业，涵盖生物工程和新医药、环保和新能源、新材料产业、半导体材料、集成电路、微电子、光电子、网络通信、光电显示、激光技术、宝石加工、机械自动化、先进制造装备、汽车制造、仪器仪表、金融后台服务、文化创意、环保等众多领域，且各具特色，功能有别，但又有集中，主要集中在电子信息、生物医药、新材料、光机电等行业，体现园区的整体产业功能定位（表4－2）。此外，海淀园作为其中的主体功能区，一直发挥着创新引领的带动作用。经国务院批准的海淀园规划占地面积133.06平方千米，目前已形成以中关村西区为核心的创新资源聚集区、以上地信息产业基地为核心的产业聚集区、沿北清路两侧的产业基地和研发中心，聚集了一大批创新型企业、大学、科研机构和海内外优秀人才，形成了我国规模最大、实力最强、结构最完善的区域创新体系。

表4－2 中关村国家自主创新示范区主导产业情况一览表

园区名称	主导产业
昌平园	电子信息、生物工程和新医药、环保和新能源、新材料产业
大兴生物医药	医药产业
德胜园	研发设计、金融后台服务、文化创意和高端交易产业
电子城	电子信息产业
丰台园	电子信息产业、生物医药、先进制造、新材料产业
海淀园	电子信息及计算机产业
石景山园	电子信息、光机电、新材料和生物工程等高新技术产业
亦庄园	集成电路、网络通信、光电显示、生物医药；光机电一体化基地；先进制造装备、微电子、光电子、半导体材料、仪器仪表，激光技术机电一体化产业；环保产业园；环保、汽车、电子信息和新型都市工业

（二）战略性新兴产业集群

在国家确定的七大战略性新兴产业领域中，中关村都发挥了示范引领作用。中关村充分发挥大学、科研院所的科技创新的主力军作用并利用高新技术企业的市场主体地位，大力推进重大研发创新和重大科技成果的产业化，围绕国家战略需求和北京社会经济发展需要，取得了大量的关键技术突破和创新成果，打造了国内最大、代表我国高新技术发展最高水平的创新型企业群体，初步形成了具有参与国际竞争能力的战略性新兴产业集群。

中关村积极开展政产学研用协同创新，支持成立了企业和高校院所共同参加的产业技术联盟 55 家，推动自主技术标准的创制和应用。推动中关村开放实验室工程，已在高校院所中挂牌开放实验室 83 家。深入实施“十百千工程”，实行“一企一策”支持方式，集成政策资源支持企业开拓市场、持续提升技术创新能力、引进和激励人才、上市和并购等，促进企业做强做大。加快实施针对科技型中小企业的“瞪羚计划”，聚焦移动互联网、云计算、物联网等优势领域，选择一批专业性强、成长速度快、发展前景好的企业，通过鼓励研发投入、信贷融资补贴、办公生产空间费用补贴、知识产权创制资助等方式给予重点支持。

2011 年以来，中关村在新一代信息技术等产业领域，先后成立了“中关村移动互联网产业联盟”“中关村智能交通产业联盟”“中关村空间信息产业联盟”和“中关村网页游戏产业联盟”。“中关村移动互联网产业联盟”以北京移动、北京电信和北京联通三家电信运营商为龙头，联合中关村示范区 14 家具有代表性的企业共同发起组成，旨在促进移动互联网产业“产学研用”相结合，将利用 3 至 5 年时间，攻克一批关键技术，建设一批应用示范工程，在首都形成具有前瞻性、主导性和示范性的强势产业集群。

中关村除依托具备尖端科技研发优势的院所高校外，也积极发展产业联盟，它已经成为中关村创新“第三极”。中关村产业联盟及成员单位正发挥着巨大作用，实现了核心技术突破 1 185 项，取得发明专利 16 511 项、实用新型 5 443 项，促成国际标准 23 项、国内标准 54 项。这些，足以说明，产业联盟在中关村发展体系中的作用。当然，中关村除了瞄准国内市场外，还积极开拓国外市场，寻求合作、创新。比如数字电视产业联盟，已经成功推动了在老挝、柬埔寨、斯里兰卡落地的中国地面数字电视标准。

以中关村移动互联网创新型产业集群为例，移动互联网和新一代移动通信产业已经成为信息产业中发展最快、创新创业最活跃的领域之一。中关村具备移动互联网和第四代移动通信(4G)的先发优势，在产业链关键环节聚集了国内 80%的龙头企业，形成云到端的完整产业链。2011 年，中关村移动互联网和新一代移动通信产业收入达到 3 000 亿元。未来 3 年，中关村将打造全球技术和商业模式创新最活跃的移动互联网和新一代移动通信产业集群。到 2015 年，力争实现收入 5 000亿元。

(三) 智慧中关村产业

随着北京“智慧城市”建设活动的推进，作为高科技的领航人，中关村也不甘落后，通过物联网、云计算、移动互联网等技术助力智慧北京建设。物联网发展势头猛进，作为北京地区物联网产业的主力军——中关村物联产业自成立以来，一直积极致力于推进物联网企业投身于各级政府的示范应用项目，充分发挥其应有的作用。中关村物联网产业链的企业已经在技术研发和工程实施方面展开了广泛的合作，共同研究、筹划制定相关的标准，共同承担国家和北京市政府的重大项目。

随着“智慧北京”建设活动的展开，中关村也紧跟步伐，极力向“智慧园区”转型全面推进。一方面，园区将通过空间优化分析模型对中关村产业空间集聚过程进行情景仿真模拟和产业空间优化；另一方面，园区将通过建模研究分析产业分散化结构的成因与集聚实现条件，合理划定各园区吸引范围，有效配置各种资源，发挥各自优势，形成合理分工。“中关村西区智慧城市建设试点方案”就本着“自主创新、关注民生、产用融合、示范带动”的方针，将中关村西区打造成“国内领先、国际一流”的智慧城市建设特区，为高效政府、企业成长、生活宜居、文化繁荣构造一种崭新的、高效便捷的、以人为本的智慧化生态环境。

4.2.3　示范区创新能力现状

（一）创新创业生态能力

2013 年，中关村“人才特区”建设成效显著，从业人员 189.7 万人。从学历结构看，拥有本科及以上学历的从业人员再创新高，占从业人员总数的比重攀升至 50%以上，其中，拥有硕士和博士学历的从业人员数量分别达到 18.3 万人和 1.8 万人，分别较 2012 年增加了 17.0%和 21.3%；留学归国从业人员规模达到 1.9 万人，同比增长 22.7%（图 4－2）。2013 年，中关村从业人员平均年龄为 33 岁，29 岁及以下从业者占从业人员总数的 46.5%（图 4－3）。中关村年轻创业者方兴未艾，商业精英层出不穷，在《福布斯》公布的 2014 年度“中国 30 位 30 岁以下创业者”的榜单中，来自中关村的 13 位创业者榜上有名。

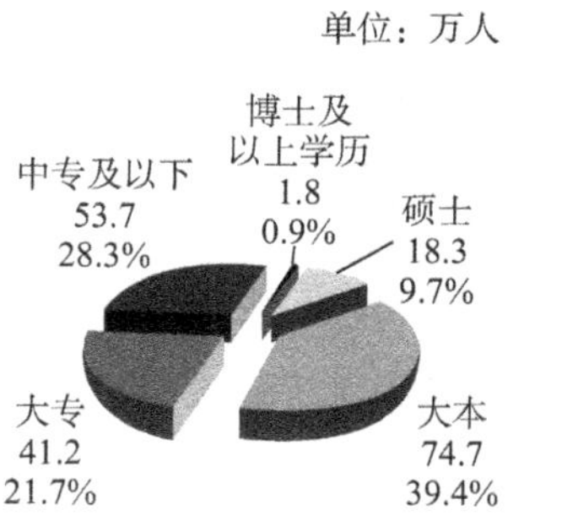

图 4－2　中关村从业人员学历分布

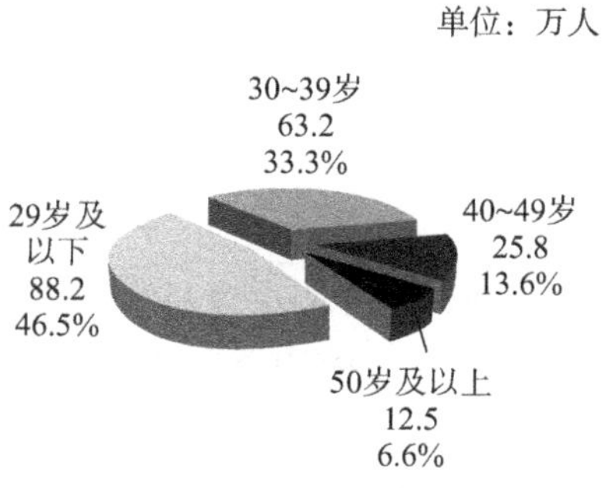

图 4－3　中关村从业人员年龄分布

注：数据来源于 http://www.zgc.gov.cn/tjxx/nbsj/2014nsj_nb/97796.htm.

中关村的科技金融服务能力也显著提升，其创业投资、上市融资、债券融资、科技信贷等融资体系不断完善，知识产权质押、信用贷款和担保贷款、小额贷款等科技金融服务不断创新。2013 年,中关村创业投资金额约 133 亿元,占全国创业投资总额的 33.4%;新增上市企业 6 家,上市企业达到 230 家,累计 IPO 融资额近 2 000亿元,在"新三板"累计挂牌企业 255 家;新增债券融资额 896.0 亿元,实现翻倍增长;截至 2013 年底,各银行累计为 1 130 家企业提供 2 596 笔信用贷款,实际发放 321.2 亿元;累计发放知识产权质押贷款 121.1 亿元;中关村小额贷款公司累计发放贷款 54.5 亿元。

创业创新能力方面,中关村聚集了一大批创新型孵化器、信用评级机构、知识产权机构、行业协会、开放实验室等创新创业服务资源,创新创业服务新模式加速涌现。创业创新服务方面,中关村拥有各类创业孵化机构 100 余家,孵化总面积超过 320 万平方米,其中国家级科技企业孵化器 30 家、国家级大学科技园 14 家,两者合计在孵企业数量 3 529 家。

（二）自主创新能力

中关村示范区已经成为我国技术创新的源头和高新技术产业的重要支撑,专利申请量达到 1.9 万件,专利授权量超过 1 万件,增长约 30%。新创制标准 211 项,其中国际标准 2 项,国家标准 189 项。获得国家科技进步奖超过 50 项,承接的国家科技重大专项项目达 968 个,承担了国家科技重大专项中的大部分核心任务。

自 1988 年以来,园区高新技术企业获得国家科技进步一等奖累计已达 9 项。在国家的重大战略工程及国家安全领域中,一批中关村企业也贡献了自己的力量。科兴公司研制的"非典"灭活疫苗和人用禽流感疫苗的研制水平能够与发达国家相媲美。企业研发、设计、生产出了六大类、两千多个品种的"中国芯",研制出十一万亿次高性能计算机。

此外,中关村的创新投入快速增长。2014 年,中关村创新人员和科技经费投入规模均创历史新高。中关村企业拥有科技活动人员 53 万人,较 2013 年增加约 5 万人;企业科技活动经费支出高达 1 540.5 亿元,同比增长 32.2%。从创新投入强度来看,中关村 R&D 经费内部支出占增加值的 10.8%,高于同期北京市创新投入强度 4.7 个百分点。从企业层面来看,2014 年中关村科技活动经费超亿元的企业达 481 家。

（三）以创新平台为中心的"1+6"

2010 年底,国务院同意支持中关村实施"1+6"系列新政策,"1"是搭建中关村创新平台,"6"是在科技成果处置权和收益权、股权激励个人所得税、中央单位股权激励审批方案、科研项目经费管理体制、统一监管下的全国场外交易市场和完善高新技术企业认定等方面实施 6 项新政策,进一步加大了中关村体制机制创新和先行先试力度。2010 年 12 月 31 日,在中关村国家自主创新示范区部际协调小组领导机制下,"中关村科技创新和产业化促进中心"(简称中关村创新平台)在北京成立。中关村创新平台由国家有关部门和北京市共同组建,重在进一步整合首都高等院校、科研院所、中央企业、高科技企业等创新资源，采取特事特办、跨层级联合审批模式，落实国务院同意的各项先行先试改革政策。

“1＋6”平台下设重大科技成果产业化项目审批联席会议办公室、科技金融工作组、人才工作组、新技术新产品政府采购和应用推广工作组、政策先行先试工作组、规划建设工作组、中关村科学城工作组和现代服务业工作组等 8 个工作机构，19 个国家部委相关司局，31 个派驻北京市相关部门人员的办公平台，围绕重大科技成果转化和产业化项目、先行先试政策扶持等受理事项开展工作。

依托中关村创新平台，加快协调推动 6 项先行先试政策，中央部委共牵头出台了支持中关村先行先试政策文件 12 项，北京市出台了 20 余项配套实施文件。这有效激发了科研单位、企业和科技人员研发创新的积极性，政策引导带动效应初步显现。如今，示范区实施股权激励单位近 500 家；500 余家企业享受了税收试点政策，910 家企业的 4 868 个项目通过企业研究开发项目鉴定；1 235 个重大项目纳入科研经费管理改革试点；1 364 家企业递交了高新技术企业认定的申报材料，新认定高新技术企业 1 282 家。

（四）科技型小微企业

2013 年，中关村企业成长指数达 181.0，比 2012 年上涨 22.8 点。在企业成长的各分项指数中，活力型企业指数同比增幅高达 16.2%，领军型企业指数首次突破 200 点，达 217.8(图 4－4)。

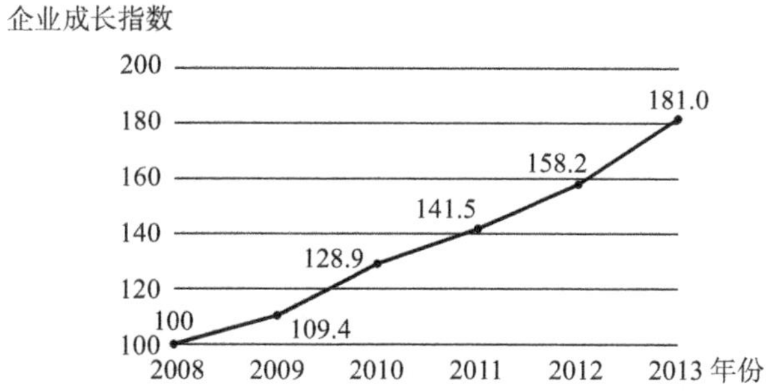

图 4－4　2008—2013 年中关村企业成长指数

注：数据来源于《中关村指数》。

近年来，中关村新创办的科技型企业逐年增加，中关村中小微型企业占示范区单位总数的 97.6%，创新十分活跃，技术收入占示范区的 42%，专利数占示范区 50%以上，对示范区总收入增长的贡献率超过 40%。为加快推动小微企业发展，中关村以搭建创业孵化服务平台为抓手，不断营造有利于小微企业孵化和成长的创业环境，建立了由大学科技园、科技企业孵化器、留学人员创业园、小微企业创业服务楼和各类协会商会组织等 100 余家机构组成的创业孵化服务体系，孵化总面积超过 136 万平方米，在孵企业 4 000 余家。近些年来，中关村每年新创办企业 3 000 余家，每年有超过 1 000 家小微企业入驻创业孵化机构。支持创业孵化机构采用“孵化＋投资”的新型孵化模式，孵化和培育早期项目和“专特精新”小微企业。为企业聘请创业导师 200 余位，辅导小微企业 2 000 余家，创业孵化机构自有资金投资小微企业 100 余家，投资金额超过 2 亿元。发挥创新资金对中小企业发展的促进作用，共立项支持 1 244 个项目，支持资金 4.55 亿元，挖掘和培育一批创新性好、成长性高、具有引领示范作用的明星企业，其中 43 家已在境内外上市。

4.3 武汉东湖国家自主创新示范区

4.3.1 示范区概况

（一）发展历程

武汉东湖新技术开发区成立于 1988 年 10 月；1991 年，被国务院批准为国家级高新技术产业开发区；2000 年，被科技部、外交部批准为亚太经合组织(APEC)科技产业园；2001 年，被国家发改委、科技部批准为国家光电子信息产业基地，即“武汉・中国光谷”；2006 年，被科技部列为全国建设世界一流科技园区试点之一，被商务部、信息产业部、科技部确定为国家服务外包基地城市示范区；2007 年，被国家发改委批准为国家生物产业基地；2009 年 12 月 8 日，被国务院批准建设为国家自主创新示范区。

（二）发展现状

东湖示范区规划面积 518 平方千米，有 8 个街道，常住人口 40 多万。这里集聚了各类高等院校 42 所、56 个国家级科研院所、20 多万各类专业技术人员和 80 多万在校大学生、58 名两院院士。2012 年，东湖示范区企业总收入连续跨越 4 000 亿、5 000 亿大关，达到 5 006 亿元。东湖示范区目前注册企业 23 000 家，其中世界 500 强企业 61 家，上市公司 32 家，“新三板”挂牌企业 29 家。

经过 20 多年的建设发展，东湖示范区初步形成了以光电子信息产业为主导，生物医药、新能源环保、高端装备制造、现代服务业竞相发展的产业格局。成功打造“武汉・中国光谷”品牌，已建成中国最大的光纤光缆制造、光电器件生产基地，最大的光通信技术研发基地，最大的激光产业基地。光纤光缆生产规模居全球第一，激光产品的国内市场占有率一直保持在 50%左右，在全球产业分工中占有一席之地。到 2020 年，东湖示范区将实现企业总收入 3 万亿元，在光电子、生物、地球空间信息及应用服务等领域形成若干个拥有技术主导权的特色产业集群，将建设成为国家新技术创造中心、新产业生成中心、新制度创新中心、新文化培育中心，世界一流的高科技园区，享誉世界的“光谷”①。

武汉东湖国家自主创新示范区的规划示意图如图 4－5 所示。

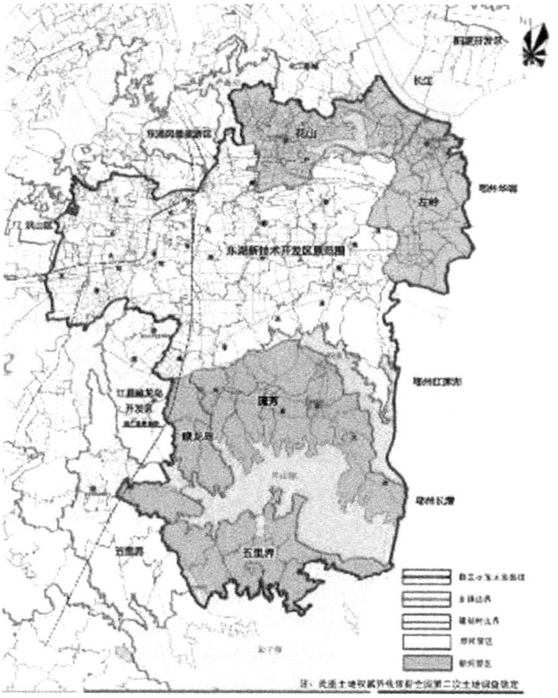

图 4－5 武汉东湖国家自主创新示范区规划示意图

4.3.2 示范区产业布局

（一）高新技术产业集群

武汉东湖高新技术开发区具备建设国家自主创新示范区的良好条件。“武汉·中国光谷”作为国内最大的光电子信息产业集群，“光谷制造”和“光谷创造”已成为我国在光电子信息产业领域参与国际竞争的知名品牌。武汉东湖国家自主创新示范区已形成了以光电子信息为主导，生物、新能源、环保、消费类电子等产业为支柱的高新技术产业集群，光电子信息、生物、消费电子、环保等已成为总收入过百亿、数百亿的产业。

借助科技创新形成区域品牌的力量，东湖国家自主创新示范区形成了世界性产业集聚并形成规模效应；借助产业化的发展，吸引世界众多知名光电产业的聚集，正在实现“东湖·中国光谷”向“东湖·世界光谷”的转化。东湖国家自主创新

① 参见 http://news.uuu9.com/2013/201312/315815.shtml.相关内容。

示范区发展的经验表明，要真正实现创新驱动，关键在于能否利用市场机制实现创新价值的最大化，而产业则是实现价值的基础，因此，要真正推动我国发展方式的转型，必须培育一批能带动经济发展方式转型的现代高科技产业。

（二）以光电子信息为核心的“131”产业

“十三五”规划至2020年，东湖示范区将全力打造以光电子信息为核心产业，以生物、环保节能、高端装备为战略产业，以高技术服务业为先导产业的“131”产业架构。至2020年，东湖示范区进入全球高新技术产业园区发展第一梯队，成为代表我国参与全球高新技术产业竞争、提升我国在全球科技和经济分工地位的核心载体之一，成为率先发展、辐射中部、联动全国、面向世界的科技经济引擎。规划形成关山产业园区、流芳产业园区、佛祖岭产业园区、保税物流园区、未来创新研发区、生物医药产业园区、未来科技城研发园区、龙泉产业园区、枫树岭产业园区九大产业园。光电子信息产业主要布局在关山、流芳、豹澥湖以北等地区；生物工程与新医药产业主要布局在九峰山东南部；节能环保产业主要布局在左岭地区；高端装备制造业主要布局在佛祖岭地区；高技术服务业主要布局在豹澥中心区、龙泉山、枫树岭等地区。

（三）武汉“1＋8”城市圈

武汉城市圈，又称“1＋8”，即以武汉为圆心，包括黄石、鄂州、黄冈、孝感、咸宁、仙桃、天门、潜江周边8个城市。城市圈的建设，涉及工业、交通、教育、金融、旅游等诸多领域。湖北9市政府部门主动拆除市场壁垒，搭建合作平台。工商、人事、教育等部门承诺在市场准入、人才流动、子女入学、居民就业等方面，建立一体化的政策框架，提高城市圈的整体竞争力。面积不到全省三分之一的武汉城市圈，集中了湖北省一半的人口、六成以上的GDP总量，不仅是湖北经济发展的核心区域，也是中部崛起的重要战略支点。

2007年12月14日，国家正式批准武汉城市圈成为“两型社会”建设综合配套改革试验区，在“两型社会”获批的第七个年头，湖北省发改委正式发布《武汉城市圈“两型”社会建设综合配套改革试验行动方案(2014—2015年)》，强调以体制机制改革创新为突破口，在循环经济、水生态环保、土地使用、技术创新、城乡发展、武汉临空经济区发展、行政审批和大气污染防治协作等8个重点领域作出纲领性安排。与之配套，按照计划，武汉城市圈域各地将组织实施“双十工程”，即“十大示范工程”和“十大试点工程”。

（四）两型产业

2009年，东湖高新技术开发区聚集企业近2万家，总收入达到2 200多亿元，是1991年的500多倍，已形成以光电子信息为主导，生物、新能源、环保、消费电子等产业为支柱的高新技术产业集群。其中，光纤光缆的生产规模居世界第一位，国内市场占有率达到50%，国际市场占有率为25%；光电器件的国内市场占有率为

60%,国际市场占有率达6%。另外,从全国范围来看,东湖高新技术开发区的“两型产业”比例较其他55个国家级高新技术开发区的比例更高,已成为能源消耗最少、资源效率最高的示范区。

4.3.3 示范区创新能力现状

(一) 创新成果显著

近几年,武汉东湖国家自主创新示范区各项主要经济指标的增长速度都保持在30%左右,自主创新水平不断提高,产业结构日趋合理,为中部乃至全国高新技术产业的发展起到了良好的示范效应。东湖国家自主创新示范区发挥自身的科技创新优势,主导制定了国际标准5项、国家标准80项、行业标准110项。专利申请量以年均40%的速度增长,发明专利的申请量占武汉市全市发明专利申请量的60%,专利授权率达70%。目前,东湖国家自主创新示范区内拥有专利的高新技术企业达1 500多家;万人专利授权数达到114.9件,万人拥有的发明专利授权数为45件。另外,东湖高新技术开发区基础条件良好,构建了一系列自主创新平台,建设了一批公共服务平台,为产业技术研发提供了强有力的支撑。园区创业氛围浓厚,已建有各类孵化器11家,聚集企业近2万家,每年平均新增企业2 000余家。

(二) 创新资源集中地

东湖高新技术开发区位于除中关村以外的我国第二大智力密集区,拥有包括58名院士在内的众多领域领军的科研人员。集聚了20多万专业技术人员,分布着包括武汉大学、华中科技大学等众多高水平院校在内的42所高校,在校学生达80多万。另外,东湖高新技术开发区分布着56个国家级科研院所、12个国家重点实验室,拥有国家光电实验室和一批国家级、省级技术中心,初步建立起多层次的自主科技创新体系。依托自主科技创新,东湖高新技术开发区已成长为我国创新技术最为密集的区域。在光电子、数控、生物、新能源等众多领域取得突破,取得了一批具有世界水平的科技成果。诞生了我国第一根光纤、我国第一个光传输系统、第一台红光高清视盘机和目前世界上最大功率的人工光源;自主研发了具有世界先进水平的、被称作工业母机的高档数控机床系统,打破了国外的技术封锁。

(三) 创新引领推动区域发展

创新驱动体现为持续不断的技术创新,借助市场机制实现创新成果价值最大化,以价值的实现来对科技创新形成激励。经过多年发展,东湖国家自主创新示范区已经发展成为中国最大的光纤光缆制造基地和光通信领域最强的科研开发基地。光纤光缆的生产规模居全球第一位,国内市场占有率达50%,国际市场占有率为25%;光传输设备国内市场占有率为10%;光电器件的国内市场占有率达

60%,国际市场占有率为6%。东湖国家自主创新示范区年均经济增长率高达29%,远高于同期湖北省和武汉市的经济增长速度。实践证明,创新驱动可提高经济活动效率,是落后地区跨越式发展的重要推动力。

（四）科技金融创新服务

在科技金融创新政策激励下,东湖示范区科技金融发展迅速,绩效明显。截至2012年底,21家银行在光谷设立了分支机构,其中8家为科技支行,银行网点总数达到106个;股权投资及投资管理机构150多家,股权资本总额增长到156亿元;上市公司32家,利用资本市场累计融资422.82亿元,“新三板”扩大试点后10家企业完成挂牌;企业贷款中创新性融资额超过170亿元,占比达48%(表4-3)。

表4-3　东湖国家自主创新示范区科技金融试点内容

试点内容	主要文件	政策内容
股权激励和科技成果转化	《东湖国家自主创新示范区企业股权和分红激励试点办法》和工作细则	对于国有及国有控股的院所转制企业、高新技术企业、高校和科研院所以科技成果作价入股的企业、民营企业、创业投资、股权投资类企业等的技术人员和企业经营管理人员,明确股权奖励、股权出售、绩效奖励和增值权奖励等,调动创新创业积极性
科技金融改革创新	《信用体系建设实施意见》《信用贷款试点实施办法》《鼓励担保机构从事融资性担保业务实施办法》《鼓励创业投资企业发展的实施意见》	建立政府引导、市场化运作的区域性信用体系;对中小企业开展融资担保体系;对试点企业的信用评级实行费用补贴,贷款贴息奖励,对试点银行、风险投资、担保机构建立风险补贴和奖励机制
政府采购自主创新产品	《东湖国家自主创新示范区开展政府采购自主创新产品实施细则》《武汉市自主创新产品目录》	政府采购、重大工程采购等财政性资金采购中优先购买,支持首创型产品顺利进入市场
鼓励创新创业财政税收政策	《武汉市技术先进型服务企业认定管理办法》	对技术先进型服务企业减征企业所得税,支持技术先进服务型企业创新
市场主体准入	《支持东湖国家自主创新示范区建设的意见》	放宽出资限制,允许以专利、标准等知识产权作价出资,允许以研发技能、管理经验等人力资本作价出资,鼓励科技人员创办他业
高层次人才引进和培养试点	《关于在东湖高新技术开发区建设人才特区的若干意见》《关于东湖国家自主创新示范区对高级人才奖励的实施意见》等	对高级人才按其上一年度所缴工薪个人所得税省、市、区三级地方留成部分100%的标准予以奖励,鼓励各类高级人才在示范区创业和工作

来源:根据武汉东湖国家自主创新示范区有关文件整理。

4.4 上海张江国家自主创新示范区

4.4.1 示范区概况①

上海张江高新技术产业开发区是1991年国务院批准成立的中国首批国家级高新技术开发区，2011年1月19日，成为经国务院批准建设的继北京中关村、武汉东湖之后的第三个国家自主创新示范区。2011年，上海张江规划面积从“1区8园”的63平方千米扩大到“1区13园”的296平方千米，集聚高新技术企业2万余家，研发机构800余个，就业人口约120万。按“一区八园”已建成面积36平方千米统计，2010年的技工贸总收入达到6 618.77亿元，平均每平方千米183.85亿元，位列全国高新技术开发区前茅。上海建设张江国家自主创新示范区将实施自主创新体制机制试点，自主创新人才特区建设试点，股权激励和科技成果转化试点，财税政策改革试点，科技与金融结合的改革试点，支持新兴产业参与国家重大科技项目试点，推广应用自主创新产品试点，新型研发机构建设改革试点等一系列举措。

（一）发展现状

近20年来，张江示范区加快推进发展理念、发展模式和发展重点的转变，努力营造良好的创新创业环境，取得显著成绩。2014年上半年，张江高新技术开发区“1区18园”（不含2014年新纳入的四个园区）的营业总收入1.4万亿元，同比增长19.9%；其中规模以上工业企业（3 700家）营业收入9 800亿元，同比增长11.6%。出口创汇279.31亿美元，同比增长9.7%；净利润904亿元，同比增长25.2%；实缴税金790亿元，同比增长16%，为建设世界一流科技园区奠定了坚实基础。

在张江示范区，我国迄今为止最大的科学装置——上海同步辐射光源建成并投入使用，国家蛋白质科学研究设施开始建设，中科院浦东科技园、中科院上海高等研究院、中电集团上海基地、国家人类基因组研究中心、上海科学院等相继落户，集聚了300多家世界500强企业、43所高等学校、50多家国家科研院所、34个国家重点（工程）实验室、31个国家工程（技术）研究中心和300多家跨国公司研发机构。张江示范区已成为海内外高层次创新创业人才的主要汇聚地，159名院士、380名国家“千人计划”人才 、2万多名归国留学人才、20多万名科技人员以及60多万名在校大学生和研究生汇聚张江示范区创新创业。一大批创业投资、股权投资机构落户张江示范区，“投贷联动”“投贷保联动”“保贷联动”等金融服务创新以及科技型中小企业履约保证保险贷款、知识产权质押贷款等金融产品创新得到较大范围的推广。按照“行政效率最高、行政透明度最高、行政收费最少”的要求，建

① 参见 http://www.zjsfq.gov.cn/.相关内容。

立了“小机构、大服务”的示范区管理服务体系。

（二）存在的问题

“十二五”期间，张江高新技术开发区承担了更多的使命——国家自主创新示范区建设、创新驱动转型、创新创业深化。当然，张江在奔向世界一流园区的征程中，也面临重重制约。既有先天的因素，如总面积小（仅为中关村的1/6、东湖的1/10）；也有后天的因素，如创新要素分散且缺乏互动，高新技术开发区盈利模式单一等。张江建设自主创新示范区不仅借鉴了中关村和东湖高新技术开发区的相关政策，还依据张江高新技术开发区的现实需求和上海城区发展的实际特点，提出具有“上海特色”和“张江特色”的细化政策，并对政策进行充分的落实和应用，使张江真正成为培育战略性新兴产业的核心载体和实现创新驱动、科学发展的示范区域。

通过对张江高新技术开发区的实地调研，发现其存在以下问题：

(1) 与中关村、东湖示范区占北京、武汉全市高新技术产业总值80%左右(2009年数据)相比，张江只占上海高新技术产业总值的40%。

(2) 张江高新技术开发区目前还缺乏相对成熟的政策体系，相对于周边地区，其政策吸引力远远不足，“后进”优惠几乎没有。

(3) “被动服务”模式给园区产业带来困扰，很多时候需要企业自己去深入挖掘匹配信息。因此，必须根据其他高新技术开发区已有的优惠政策反推张江的情况，并跟进咨询，否则就会错失很多资源。

(4) 政策弹性很难把握，企业无法找到或得到有利于自己发展的政策诉求点。

(5) 张江目前对企业发展的定位缺乏国际化思维，缺少企业并购的平台，让有些难以为继的企业自行消亡，造成资源浪费。

(6) 在张江人眼中，张江是“农村”“工厂”，他们没有在这里居住生活的欲望，高档商务设施、服务设施极度匮乏。产业交流、人员交流所需要的商务活动空间不足已成为城区发展的最大障碍。

(7) 企业很乐意进行文化交流，但需要的不是枯燥乏味的会议性沟通，而是一种高端、自由、随意的氛围，这也是形成大众对张江品牌认可的重要一环。

4.4.2 示范区产业布局

（一）五大特色产业集群

2011年，上海张江2万余家企业中，世界500强222个；800多个研发机构中，外资研发机构300多个，形成生物医药、电子信息、文化创意、航空航天、先进装备制造、汽车及零部件等主导产业。“十二五”期间，张江示范区所形成的集成电路、生物医药、软件、金融服务业及文化创意五大特色产业集群为中国之最，也推动张江朝着世界一流科技园区的目标稳步迈进，不少“张江模式”也正向全市推广。目前，张江示范区现代服务业比重达到60%左右，创新沃土打造了多个特色产业集群。

张江示范区已经成为中国生物医药产业参与国际竞争的知名品牌，成为中国最大的生物医药产业基地和生物医药领域最强的研发基地。其中，抗艾滋病原料药占据全球40%的市场份额；微创医疗的心脏血管支架约占全国市场份额的40%；承接国家重大科技专项中的生物医药类项目占全国的十分之一；福布斯全球制药企业12强中有7家在张江高新技术开发区设立研发中心。此外，软件业也“令人瞩目”，其中钢铁生产控制软件占据全国90%左右的市场份额，而核高基软件、嵌入式软件、动漫软件等的研发水平和市场份额均位居全国前列。目前，示范区内已有微电子装备、集成电路研发中心等9家国有企业，对243名高管和技术骨干实施以股权为标的激励计划；张江核心园首创的“代持股资金”在3家企业实施，民营企业股权激励的广度和力度进一步增大。

（二）“一核三带多园点”的空间格局

张江国家自主创新示范区呈现功能梯度布局、产业错位发展的“一核三带多园点”总体格局。“一核”即张江核心园；“三带”即浦东创新带、沿北中环—沪宁线的沪北创新带、沿沪闵—沪杭线的沪西南创新带；“多园点”即各个分园、区块、专业园及知识密集商务楼群（图4-6）。通过连接各园的轨道交通、高快速（环）路和信息网络，构建横贯上海东、北、西南部的高技术产业带。重点发展新一代信息技术产业、生物医药研发制造产业及文化创意产业，把张江核心园打造成全国领先、全球知名的科技产业区。其中，张江核心园北区重点发展以高性能集成电路为主的信息服务产业、软件专业园和生物医药专业园；中区重点发展商用飞机研发、文化创意、金融服务、电子信息制造和汽车零部件产业；南区重点发展生物医药制造和医疗服务业；东区重点发展医疗器械、平板显示和银行卡产业。到2015年，张江核心园技工贸收入超过6 500亿元；预计到2020年，技工贸收入将超过1.2万亿元。

图4-6　张江国家自主创新示范区园区分布图

（三）完整的创新产业链

在过去的20年里，张江高新技术开发区基本都是以每年30%的速度增长，包括金融危机时期。就产业功能而言，张江已经形成了稳定的主导产业和具有上、中、下游结构特征的产业链，具备了较好的产业支撑与配套条件。在创新功能方面，随着园区内主导产业的发展质量及其持续竞争力的提高，主导产业及骨干企业的研发能力大大加强，各类研发中心由园区外大批转移到园区内；各类技术创新和制度创新活动，对高新技术开发区的发展质量和发展水平起到了决定性的作用；大量风险资本的进入、原始性创新的涌现、创新文化的形成以及高新技术开发区的国际化，标志着张江高新技术开发区已经处在创新突破发展阶段的中后期。围绕主导产业形成"知识创新—技术创新—技术转化"的良性循环系统，进而通过对功能结构的重新调整，强化城区功能，以区域联动整合区域内现有的经济、区域、环境、空间与文化资源，提升整体建设水平和城市品质，以推动高新技术开发区由产业园向新城区转型。经过多年的培育和发展，新能源、物联网与智能电网产业在张江高新技术开发区茁壮成长。未来，张江国家自主创新示范区将发挥园区在新能源与智能电网产业领域的领先优势，力争成为全国产业规模最大、产业集聚程度最高、产业链条最完备的新能源与智能电网产业的集聚地和领军园区。

4.4.3 示范区创新能力现状

（一）完善的自主创新平台

张江高新技术开发区自从建设国家自主创新示范区以来，在3年的时间里，已由"1区6园"发展到"1区22园"。在这块土地上，汇聚了上海80%的经济集聚区域、80%的创新型企业、80%的高端人才。上海打造全球科技创新中心的目标和张江高新技术开发区打造世界一流科技园区的目标方向一致，而且提供了很好的平台和机遇。股权激励试点、人才示范区建设、财税政策改革、科技与金融结合、管理体制机制等先试先行政策打出的"组合拳"，成为张江创新"信步"国际的力量源泉。汇聚全球最前沿的产业和研发机构，汇聚活跃的创新、创业力量，汇聚强劲的金融资本、交易力量，汇聚具有创新、相当有效的服务体系，是张江的核心工作。从技术创新到管理创新，从理论创新到服务创新，从机制创新到人才创新……依托国际化、市场化、多元化、法制化的创新氛围，张江通过不断夯实代表国家意志的创新平台，让具有国际视野、紧盯国际尖端、挑战世界前沿的企业，不断向其集结。

（二）丰硕的自主创新成果

张江示范区诞生了4项国家科技进步特等奖等一大批国家级科技奖励，涌现出22纳米离子刻蚀机、高端硅基绝缘衬底硅（SOI）材料、高温超导材料、7 500吨全回转浮吊、超临界和超超临界燃煤发电技术等一批自主创新成果。产生了世界首台20流明微型激光投影仪、中国第一款具有自主知识产权商用微机点陀螺仪、中国首台金属有机物化学气相沉淀(MOCVD)设备等创新产品;45 纳米离子刻蚀机、100 纳米先进封装光刻机等高端装备实现销售,65 纳米 12 英寸硅片清洗设备、大型地铁盾构等先进装备走向国际市场,时分同步码分多址(TD - SCDMA)和时分长期演进(TD - LTE)终端基带芯片和射频芯片、高频语音通讯系统级芯片(SOC)、模拟移动广播电视芯片、多媒体编解码芯片、互补金属氧化物半导体(CMOS)图像传感芯片等重要产品在国际市场占据重要份额。参与制定国际标准 749 项,参与制定或承担修订国家和行业标准 531 项;累计申请知识产权得到公开和授权的 10 万余件。在张江,各种比肩世界、不胜枚举的前沿科技,让张江自主创新尽显"国际范儿"。

(三) 创新型产业集群

张江示范区是综合性国家高技术产业基地和国家微电子产业、软件产业(出口)、生物产业基地,也是高端装备、民用航空等领域的国家级新型工业化示范基地。集成电路、生物医药和通讯设备研发制造等特色产业在全国居于领先地位,其中,集成电路产业产值约占全国的三分之一,形成了国内最为完善、技术水平最高的集成电路设计研发和产业链;生物医药领域汇聚了覆盖新药创制各环节的 400 多家机构,形成了完整的研发和产业链。新能源装备、物联网、云计算、半导体照明、航空航天等产业快速发展,研发外包服务等高端研发产业处于国内领先地位,金融服务、文化创意、数字出版等产业也具有竞争优势。如今,拥有"1 区 18 园"的上海张江高新技术开发区已成为我国科技进步、产业集聚、创新发展的代名词。为紧盯世界一流,上海张江国家自创区仍积极建设新一代信息技术、高端装备制造、节能环保、新能源、新材料、生物、新能源汽车等诸多战略性产业集群。同时,通过创建全国文化和科技融合产业示范基地,发展文化科技融合产业。

(四) 创新创业人才试验区

张江国家自主创新示范区实现了大学校区、科技园区和公共社区"三区联动、融合发展",示范区内 9 家国家大学科技园、50 家各类科技企业孵化器聚集了 3 万余家科技企业,成为吸收上海和长三角高校毕业生就业的重要基地。依托上海国际人才试验区的优势,张江先行出台示范区鼓励海内外高层次人才创新创业的政策,加大高层次创新创业人才和团队的引进与培养力度;鼓励各类人才在张江国家自主示范区内的企业兼职或开展各种创新创业活动……目前,这里集聚了包括 159 名两院院士、380 名国家"千人计划"人才、2 万多名"海归"人才在内的一大批创新创业人才。根据"两步走"时间表,2015 年至 2017 年,张江将初步建立和理顺国际人才试验区的体制机制,全面启动建设国际人才试验区的各项措施;2018 年至 2020 年,将基本建成国际人才试验区,形成具有国际竞争力的人才制度优势和人才战略高地。

(五) 科技金融创新

"张江专项资金"从之前的 25 亿元增加至 33 亿元,在带动各类资源向张江汇聚的同时,支持共性技术服务、金融服务、人才服务、科技服务、专业服务等各园区公共平台的建设。目前,张江各个分园拥有公共服务平台230多个,其中80%以上是由“张江专项资金”资助建设的。张江高新技术开发区内科技企业高度集聚,各类企业已接近5万家,其中80%左右是中小科技型企业,这些快速成长的企业正是张江创新涌流的活力源泉。在扶持中小企业的科技金融上,张江管委会、张江园区企业信用促进中心与11家银行贷款机构、8家证券公司和6家融资担保公司签署战略合作协议,并积极与各家银行、券商及担保公司展开银政合作,为信用度高的企业提供绿色贷款通道。目前,张江管委会与银行搭建的1 900亿元授信平台已实现500亿元的信贷总量;50家企业在“新三板”成功挂牌,募集资金达1.4亿元。

经过3年多的发展,张江已具备建设世界一流科技园区的实力,2014年的《硅谷报告》对张江竞争力的评价也无需赘言。按照规划,张江示范区到2015年实现技工贸总收入3万亿元,战略性新兴产业产值达到1.2万亿元,涌现若干具有全球影响力的创新型企业,培育一批国际知名品牌;到2020年,企业总收入将达到6万亿元,基本建成世界一流科技园区。

4.5 深圳国家自主创新示范区

4.5.1 示范区概况

2014年6月,国务院正式批复深圳建设国家自主创新示范区,深圳成为党的十八大后国家批准建设的首个自主创新示范区,是我国继北京中关村、武汉东湖和上海张江三个示范区之后的第四个自主创新示范区,也是我国首个以城市为基本单元的示范区,同时还是四个示范区当中面积最大的一个。根据国务院批复,深圳国家自主创新示范区总面积397平方千米,覆盖了全市十个区共66个园区。示范区的建设目标是成为创新驱动发展示范区、科技体制改革先行区、战略性新兴产业聚集区、开放创新引领区和创新创业生态区。批复同意深圳国家自主创新示范区参照执行北京中关村科技园区建设国家自主创新示范区的各项政策及其配套措施,同时支持深圳市结合自身特点,在科技金融改革创新、建设新型科研机构、深港经济科技合作新机制等方面进行积极探索。批复还提出,同意成立由科技部牵头的部际协调小组,协调各有关部门在职责范围内支持深圳建设国家自主创新示范区。

(一) 发展历程

早在2006年,深圳市委市政府就出台了一号文件,把自主创新从科技发展战略、产业发展战略提升为城市发展的主导战略,确立了建设国家创新型城市的目标。2010年,深圳提出申请建设国家自主创新示范区,期间经历了多个部委的多次调研、汇报和讨论研究工作。2012 年 10 月，国家科技部副部长曹健林率队的科技部、发改委、国土资源部等 12 个国家部委组成的联合调研组，就深圳建设国家自主创新示范区进行专题调研。中科院深圳先进研究院、光启研究院、腾讯等企业科研机构成为调研组考察的标的，这些企业也正是深圳创新的代表。

梳理国内已经批复的四个国家自主创新示范区可以发现，相关政策都为该区域创新发展提供了动力。深圳获批国家自主创新示范区，对于深港现代服务业合作也具有推动作用。香港在服务业创新领域具有先天优势，深圳有大量的现代制造业作为创新服务平台，如果能够把香港的现代服务业和深圳的先进制造业有机结合，通过信息技术和金融资源的融合，可以进一步增强深圳自主创新的能力。

（二）发展现状

深圳是我国改革开放的"窗口"和"试验田"。过去 30 多年来，深圳不仅创造了世界工业化、城市化和现代化发展史上的奇迹，还在科技、教育、人才等科研基础匮乏的情况下，创造了自主创新的奇迹。2012 年，深圳本地生产总值突破 2 000 亿美元，人均 GDP 接近 2 万美元；实现高新技术产品产值 1.29 万亿元，其中 61%具有自主知识产权；全社会研发投入占 GDP 比重达 3.81%，超过 OECD 国家平均水平，每万人拥有发明专利超过 50 件，居全国第一，专利合作协定（PCT）国际专利申请量占全国的 40.3%，连续 9 年居国内大中城市首位；涌现出华为、中兴、腾讯、比亚迪、迈瑞等一大批在国内外具有较强竞争力的科技领军企业。

深圳之所以在科技资源"先天不足"的情况下，建成了充满活力的"创新绿洲"，主要源于三个方面：一是率先建立了较完善的市场经济体制机制。深圳在全国率先推进市场化改革，营造了较宽松的市场环境，使一批拥有创新技术和创新精神的企业在市场经济大潮的洗礼中脱颖而出、发展壮大。二是资源匮乏形成倒逼机制。深圳土地面积只有 1 991.64 平方千米，可开发利用的土地不足 50%，而且水、天然气等资源十分紧缺，这促使深圳必须走创新发展、转型发展、科学发展的道路。三是党委政府的强力推动和优质服务。深圳市委市政府立足实际，把握发展主动权，将自主创新作为城市发展"主导战略"，出台一系列政策措施，认真做好创新发展的服务支持，推动创新成为发展的重要驱动力，打造了自主创新这个最为闪亮的城市品牌，在创新驱动发展道路上迈出坚实步伐，为建设创新型国家作出了有益探索。

4.5.2　示范区产业布局

据了解，国务院的批复同意支持深圳建设国家自主创新示范区，要求深圳充分发挥创新资源集聚和体制机制灵活的优势，积极开展激励创新政策先行先试，激发各类创新主体活力，加快科技成果转移转化，全面提升自主创新和辐射带动能力，努力把深圳国家自主创新示范区建设成为创新驱动发展示范区、科技体制改革先行区、战略性新兴产业聚集区、开放创新引领区和创新创业生态区。

(一)"一区十园"的空间格局

深圳国家自主创新示范区包含"一区十园"的空间格局,其中"一区"是指深圳国家自主创新示范区,"十园"是指福田园区、罗湖园区、南山园区、盐田园区、宝安园区、龙岗园区、光明园区、坪山园区、龙华园区、大鹏园区。深圳国家自主创新示范区总面积 397 平方千米,覆盖全市十个区共 66 个创新园区,其中南山片区 48.93 平方千米,福田片区 14.92 平方千米,罗湖片区 7.86 平方千米,宝安片区92.29平方千米,龙岗片区 89.61 平方千米,盐田片区 8.43 平方千米,光明片区34.09平方千米,坪山片区 43.86 平方千米,龙华片区 47.50 平方千米,大鹏片区 9.51 平方千米。

397 平方千米相当于近 34.5 个深圳高新技术开发区的面积,超过了原深圳特区的面积,可以说是再造了一个"科技特区"。以城市为单元建设自主创新示范区,是目前我国"一区多园"示范区建设模式的升级版,其核心就是构建起完善的综合创新生态体系,打造成为具有世界影响力的国际创新中心。例如,南山片区为48.93平方千米,占示范区总面积的 12.3%,有华侨城创意文化产业区、深圳湾超级总部基地、留仙洞——大学城产业区、前海深港现代服务业合作区、深圳市高新技术产业园区等 9 个区块,集中了深圳 80%的人才、60%的创新资源。

深圳国家自主创新示范区的产业布局如图 4-7 所示。

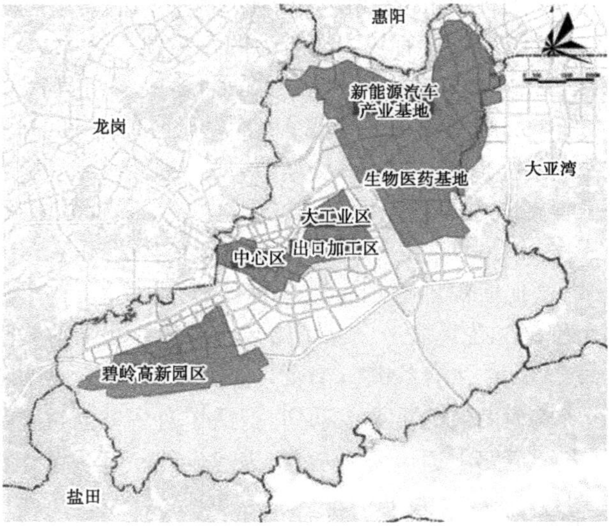

图 4-7 深圳国家自主创新示范区产业布局

(二)六大战略新兴产业集群

2013 年,全市高新技术产业产值 1.4 万亿元,六大战略性新兴产业增加值占 GDP 比重超过 33%,对经济增长贡献率超过 50%。国家自主创新示范区的批复,使得深圳的科技创新有望获得特殊政策安排,这对深圳的创新生态环境、产业链条和产业生态以及深港科技创新融合方面有重大推动，高新技术产业在深圳成为一张闪亮的名片。目前，全市有新型研究机构115家。在超材料领域，有深圳光启研究院，在基因测序以及基因产业化领域有华大基因，腾讯、华为等高新技术企业更是行业领先的龙头企业。示范区的产业发展战略是集中力量突破互联网、生物、新能源、新材料、文化创意、新一代信息技术的关键共性技术，围绕产业需求部署创新链，推动战略性新兴产业的快速发展。以数字化、网络化、智能化为重点，推进工业化和信息化深度融合，发展基于数字技术的先进制造业。以建设若干专业特色鲜明、服务功能完善的战略性新兴产业基地，打造一批产业链关联效应明显的集聚区。

（三）产业结构调整

深圳正处于产业结构调整时期，过去30年承接全球第三轮产业转移，大量制造业进入深圳，完成了加工、组装、制造的发展过程，今后30年，深圳一定会完成一个经济增长动力的转变，实现人均GDP水平和要素价格进一步提高。自主创新试验区的批复，体现了科技创新和制度创新在未来深圳经济增长中的主导作用。以深圳作为试点，对于探索一条城市自主创新之路起到一定作用。深圳是移民城市，最大特点是宽容开放，人际关系简单，在这样的城市搞自主创新，其创新成本要低一些，且成功的可能性也会很大。如果深圳能够把自主创新的模式开发出来，那么对其他城市有很好的借鉴作用。

4.5.3　示范区创新能力现状

（一）创新成果显著

深圳的科技创新和产业创新是联动的，要用科技创新来推动产业创新和经济结构调整。从2008年开始，深圳市委、市政府决定以创新推动产业转型，方向和目标是面向新一轮世界经济恢复期、增长期的技术和产业。为此，将互联网、生物技术、新能源、新一代信息技术、新材料和文化创意作为深圳的六大战略性新兴产业，从科技创新到产业化，再到应用，进行全面的支持谋划。深圳设立了180亿元的专项资金，规划建设23个产业基地和集聚区，推动六大战略性新兴产业规模实现年均20%以上的增长。2012年，六大战略性新兴产业增速高于GDP增速2倍以上，增加值占GDP的比重达到27%，成为推进产业转型升级的重要力量。经过几年的培育，2014年深圳战略性新兴产业总规模达到1.88万亿元，增加值占GDP的比重已经超过了35%，是新兴产业集聚力最强，占GDP比重最高的城市。

通过创新驱动发展战略的实施，深圳取得了显著成就。2014年，深圳的PCT国际专利申请量达到11 646件，同比增长15.9%，占全国的48.9%，连续11年居全国各大中城市之首；每万人口发明专利拥有量达到66.7件，居全国各大中城市首位。R&D占GDP的比重已达到4.02%，相当于全国平均水平的2倍，国际排名相当于位列第二的韩国。近三年,深圳获得了包括国家技术发明一等奖在内的36项国家科技大奖。另外,著名商业杂志《福布斯》中文版在2014年发布的“中美创新人物”专题中提到的中国十个创新人物,当中有五个是深圳的。2014年,中国科学技术的十大进展当中,深圳占两个名额。

(二) 企业主体创新带动发展

目前,深圳自主创新呈现出“6个90%”的特征:即90%的创新型企业为本土企业、90%的研发人员在企业、90%的研发投入源自企业、90%的专利产生于企业、90%的研发机构建在企业、90%以上的重大科技项目由龙头企业承担。另外,深圳国家自主创新示范区大力引进中科院先进技术研究院、华大基因研究院、光启高等理工研究院、清华大学深圳研究院等一批发展速度快、创新成果多、产业化能力强的新型研究机构,相继建成国家超级计算深圳中心和大亚湾中微子实验室,启动建设首个国家基因库等重大科技基础设施。累计建设国家、省、市级重点实验室、工程实验室、工程研究中心、企业技术中心等各类创新载体955家,推动核心技术自主创新能力显著跃升,第4代移动通信、基因测序和分析、超材料、干细胞等领域走在世界前沿。

(三) 科技金融服务

一是充分发挥深圳金融业比较发达的优势,进一步加大金融对创新的支持力度,形成了包括银行信贷、证券市场、创业投资、担保资金和政府创投引导基金等覆盖创新全链条的金融服务体系。深圳金融总资产超过5万亿元,风险投资基金和私募股权基金(VC/PE)企业数量约占全国的1/3,仅2012年就新注册1 450家,营造了科技、金融和产业相互融合、相互促进的良好发展态势。2014年,深圳市共发放专项资金2.7亿元,充分发挥知识产权专项资金的引导和杠杆作用,促进知识产权创造良性发展。二是深圳国家自主创新示范区重视人才培养和发展,大力实施“孔雀计划”以及高层次人才队伍建设“1+6”政策,引进了一大批海外高层次人才和创新团队。另外,深圳还特别关注草根创新、大众创新。

(四) 未来潜力产业前景广阔

近两三年,深圳国家自主创新示范区又谋划了发展前景广阔、技术水平高、价值量高的未来产业,比如说航空航天、生命健康、海洋经济、机器人、可穿戴设备、智能装备等,这些产业未来增长空间巨大,大力发展壮大以形成未来的产业竞争力。所以,创新推动了产业转型升级,产业的转型升级进一步带来新的经济增长点,带来更高技术含量、更高附加价值的经济成果。从科技创新来推动产业创新也可以反映创新的成果。以南山为例,南山将加快规划建设大沙河创新走廊,打造未来产业一体化发展模式;借助机器人协会、机器人产业联盟等平台,推进南山机器人及可穿戴产业核心技术研发;通过研发贷、孵化贷、成长贷等多元化科技金融产品创新,在更大范围内撬动社会资源集聚,构建梯次型现代产业体系,形成长远可持续的产业竞争力。

4.6　长株潭国家自主创新示范区

4.6.1　示范区概况

长株潭国家自主创新示范区是由国务院批复的继北京中关村、武汉东湖、上海张江、深圳之后的我国第五个国家级自主创新示范区。正是凭着强大的创新基因和强烈的创新渴求，从提出到落定，历时一年半，三市最终拿下国家自主创新示范区的“金字招牌”，成为我国中部首个以城市群为基本单元的自主创新示范区。

（一）发展历程

株洲市、长沙市和湘潭市在2012年就分别尝试申报建设国家自主创新示范区。湖南省政府和省科技厅一致认为，长株潭三市产业各有千秋，且长株潭已经是国家两型社会示范区，因此，决定联合长株潭三市，一起申报成为国家自主创新示范区。

2013年6月6日，正式提出依托长株潭国家高新技术开发区创建国家自主创新示范区。

2014年3月，全国人大代表彭国甫等向全国人大提出建议，加大对中西部地区自主创新示范区进行布局的力度，依托长沙、株洲、湘潭三市国家高新技术开发区建立自主创新示范区，辐射带动中西部地区创新驱动发展。

2014年5月7日至9日，由科技部副部长曹健林带队，国家发改委等11部委组成的联合调研组抵湘，就长株潭国家高新技术开发区建设国家自主创新示范区开展专题调研。

2014年8月，科技部与湖南省政府向国务院提交了申请建设长株潭国家自主创新示范区的请示。

2014年9月16日，相关部委全部会签完毕，并正式呈报国务院待批。

2014年12月3日，国务院总理李克强主持召开国务院常务会议，决定依托国家高新技术开发区，在天津、湖南长株潭以及东中西部一些地方再建设一批国家自主创新示范区。

2015年1月，国务院批复同意建设长株潭国家自主创新示范区。

（二）发展现状

长沙、株洲、湘潭三市以占湖南省七分之一的面积、三分之一的人口，集聚了全省70%以上的科研机构和创业创新平台、60%以上的高新技术企业，创造了全省70%的科技成果，实现全省60%以上的高新技术产业增加值。建设长株潭国家自主创新示范区，就是为湖南装上创新“超级引擎”，不仅破解了当下的发展瓶颈，也为未来发展提供持续动力。2015 年 1 月获批的长株潭国家自主创新示范区，其高新技术产业增加值由 2008 年的 614.6 亿元增加到 2012 年的 1 898.6 亿元，实现了跨越式发展。

长株潭城市群地处中部地区，经济实力、财政资源和科技底蕴在全国来讲不算特别雄厚。但这里的高新技术产业产值年均增长率，近年来连续位居全国第一，被科技部誉为“自主创新长株潭现象”。该城市群实体经济基础雄厚，科技体制改革成绩突出，城市群协同创新初见成效。涌现出世界上算得最快的计算机、世界最大功率电力机车、世界最长臂架泵车、世界运行速度最快列车的牵引电传动系统、世界起重能力最强的履带起重机等一大批先进科技成果。

图 4-8　长株潭国家自主创新示范区空间布局图

4.6.2　示范区产业布局

建设长株潭国家自主创新示范区，有利于有效承接东部产业梯度转移和积极对接西部大市场，推动三个“板块”的产业、要素、市场的有效对接和高效配置，从而打通节点，夯实中心，促进区域协调发展战略的实施。

（一）“四区一极”的创新型产业集群

自主创新示范区，创新驱动是第一位的。湖南省将鼓励技术创新、机制体制创新、管理创新和商业模式创新，促进传统产业转型升级、新兴产业培育壮大与社会和谐发展，推动全省经济社会发展转入到创新驱动轨道上来。

创新驱动引领区。长株潭国家自主创新示范区既有以高端工程机械为核心的轨道交通、新能源、先进矿山装备、工业机器人等智能化、数字化产业领域的高端装备制造产业，又有新一代信息技术产业、高端生物医药产业、新材料产业和节能环保产业，还有以文化创意产业、科技服务业和生产性服务业及大数据、电子商务等新型服务业态为重点的现代服务业。

体制机制创新先行区。如中联重科、南车时代、海利化工等一批具有国际竞争力的高新技术企业，就脱胎于科研院所。开展高等学校、科研机构科技成果处置权管理改革,探索市场化的科技成果定价机制,鼓励高等院校、科研机构建立技术转移专门机构,鼓励设立技术转移经纪人岗位。在激励科技人才方面,实施创新型企业家培育计划和创业服务团队建设计划,集聚各类人才在示范区内的企业兼职或开展各种创新创业活动。将长沙高新技术开发区国家科技与金融结合试点扩大到示范区范围,全面铺开湖南省科技成果转化创业投资基金、天使投资基金、小微企业互助担保、“新三板”、科技保险等各项试点工作。

军民融合示范区。作为建设好长株潭国家自主创新示范区的重要载体,湖南省军民融合科技创新产业园一期 640 亩,选址于长沙高新技术开发区信息产业园内,拆迁工作已完成。目前第一批共 8 家企业已签订入驻合同。

城市群协同创新试验区。积极探索建立长株潭三市协同创新管理机制,发挥长沙国家创新型城市的作用,带动株洲、湘潭进入国家创新型城市,推进长株潭国家创新型城市群建设,为我国城市群协同创新提供示范。

中西部创新发展增长极。充分发挥“一带一部”优势,集聚高端创新要素,辐射带动湖南及其他中西部地区发展。为此,湖南省重点发展动力产业等高端装备制造优势产业,培育发展新一代信息技术、生物健康、新能源与环境、新材料等战略性新兴产业,辐射带动中西部地区产业转型升级。

除了相关部门和长株潭三市协同外,湖南省还将推动长株潭国家高新技术开发区与省内外园区开展产业创新合作,探索共建产业园、“飞地经济”等合作模式;加强与上海、武汉、重庆等地的衔接合作,积极融入长江经济带,主动对接西部大市场。

(二)长株潭城市群

长株潭城市群重点城镇在发展过程中的定位更加明显,长沙是“中心城市”“增长极之一”;株洲和湘潭是副中心城市,其中株洲规划为以现代工业文明为特征的生态宜居城市,湘潭则是向西部辐射的城乡服务中心;衡阳、岳阳、常德、益阳、娄底也都有各自定位。近期投资的重点领域主要包括三部分:一是城市群的连接性基础设施,主要包括城际轨道、城际快速、城际信息化基础设施等;二是城市群集聚带来的资源保障和环境治理;三是以教育、医疗、文化等公共设施均等化为重点的公共服务强化。

长株潭城市群可以分为三个空间层次,分别是城市群核心区、功能拓展区和外围协作区。核心区内重点开发区域有所调整,增加了长沙的暮云、永安、铜官、莲花、金州、菁华铺地区,湘潭的湘乡、韶山、雨湖新区、杨河工业新区、楠湖新城。功能拓展区包括核心区以外的长沙、株洲、湘潭三市市域,益阳市的资阳区、赫山区、桃江县,娄底市区和双峰县,岳阳的湘阴县和汨罗市。八个城市的核心区与功能拓展区以外的地区,则为外围协作区。重点地域主要包括三部分:一是处于工业化中期、区位交通条件优越的潜力县,包括宁乡、浏阳、湘阴、汨罗、醴陵、攸县、湘乡、衡山、平江等；二是投资明显不足的地区，重点是岳阳、常德、湘潭、益阳四个城市的市区；三是发达地区的结构性优化，重点是长沙、株洲两个中心城市的城镇化质量提升。

（三）两大功能区

长株潭国家自主创新示范区获批后，株洲将依托轨道交通、航空航天等领域的产业基础及研发优势，集聚资源、突出特色，着重打造两大功能区。一是研发总部和创业孵化功能区，依托龙头企业，建设4～5个国家级技术研发中心，依托重点创新服务机构，搭建2～3个技术创新公共平台，依托科技企业孵化器，构建功能完善的创业孵化体系；二是高端动力装备制造产业密集区，重点发展航空航天装备制造、新能源汽车制造和轨道交通装备及关键零部件产业，着力引进和建设一批重点产业项目，积极开拓下游应用市场，全力打造集群化、多元化、高端化的高端动力装备产业集群。如株洲，轨道交通产业、通用航空产业、新能源汽车产业是其发展的重点，另外两个高新技术开发区也要有重点地进行发展。

根据列出的核心技术的目录，再逐步进行核心技术的打造、专业园区的打造，这其中就包括检测平台、实验平台的建设。积极对接“中国制造2025”和“互联网＋”行动，提升产业智能化、高端化、绿色化发展水平。强化平台载体建设，加快建设一批国家级技术中心，组建长株潭技术创新中心。提升开放合作水平，以深度融入长江经济带为重点，全面推进跨区域开放合作，强化国际科技合作交流。

（四）长沙、株洲、湘潭三个高新技术开发区

长沙高新技术开发区是全球重要的工程机械生产基地，拥有中联重科、三一重工等世界级企业，拥有大量全球领先成果。其中，中联重科位列全球工程机械第六，80米碳纤维臂架泵车、101米混凝土泵车创造了世界纪录。另据统计，在中联重科，平均一天问世一款新产品、诞生六七项专利。

株洲高新技术开发区是全国最大的电力机车研发生产基地、国家级轨道交通装备制造产业基地，株洲轨道交通产业集群被列为全国首批十大创新型产业集群之一，集聚南车时代、南车株洲电力机车等龙头企业。南车株洲电力机车研究所将每年销售额的8％投向研发。

湘潭高新技术开发区拥有涵盖矿山、港口等领域的先进矿山装备产业体系，拥有湘电矿山装备、泰富港口装备等具有自主知识产权的知名品牌。

三大高新技术开发区积极发展自身核心竞争优势产业，积极推动长株潭国家自主创新示范区有效健康发展，辐射并带动周边城市发展。

4.6.3 示范区创新能力现状

（一）宽松的创业创新环境

近年来，湖南省加大了自主创新政策支持力度，建立了支持研发、鼓励转化、产

权保护、示范推广、人才支撑等政策体系，开展了股权激励试点、鼓励创业风险投资和科技保险等科技金融改革试点。长株潭示范区积极引进和发展银行、证券、保险、基金、期货、创投、信托、租赁、小贷等金融组织机构，为科技创新创业提供多层次的金融产品和金融服务。

2015年，示范区有至少63家企业可享受国家自主创新示范区的政策福利。示范区的优惠政策有：(1) 示范区高新技术企业从事规定的研发活动，允许将企业为研发人员缴纳的"五险一金"、专门用于研发活动的仪器设备的运行维护费用、新药研制的临床试验费等列入加计扣除的研究开发费用范围；(2) 示范区高新技术企业发生的职工教育经费支出，不超过工资薪金总额8%部分，准予在计算应纳税所得额时扣除，超过部分在以后纳税年度结转扣除；(3) 示范区高新技术企业转化科技成果，以股份或出资比例等股权形式给予本企业相关技术人员的奖励，可分期缴纳个人所得税，但最长不得超过5年。

对个人的是：给予技术人员和管理人员的股权奖励可在5年内分期缴纳个人所得税。对企业的有：(1) 将高新技术企业为科技人员缴纳的"五险一金"列入研发费用加计扣除范围，允许按实际发生额的150%比例，在缴纳企业所得税时予以税前扣除；(2) 有限合伙制创投企业投资于未上市中小高新技术企业2年以上的，可享受企业所得税优惠；(3) 对5年以上非独占许可使用权转让，参照技术转让给予所得税减免优惠；(4) 对中小高新技术企业向个人股东转增股本应缴纳的个人所得税，允许在5年内分期缴纳；(5) 非上市中小企业通过股份转让代办系统进行股权融资。

（二）显著的创新引领作用

长株潭国家自主创新示范区在长沙、株洲、湘潭3个国家高新技术开发区的支撑带动下，集聚了湖南省70%的科研机构、60%的高新技术企业，创造了70%的科技成果，实现全省60%以上的高新技术产业增加值，有力推动了湖南省综合创新能力全国排名提升6位，创新绩效全国排名提升9位，国家科技奖励数连续多年保持在全国第5位。科技部发布的《中国区域创新能力报告》显示，2012年湖南创新能力在全国排名第10位，比2007年上升6个位次。创新绩效从2009年的第17位上升到2012年的第8位。2013年，三市国家高新技术开发区实现的高新技术产业增加值占三市的60%，占全省的33%；三市的591家高新技术企业完成的高新技术产业销售收入和利税，分别占全省的90%和95%左右。中联重科、三一重工进入全球工程机械前十强，拓维信息、蓝思科技、红太阳光电、长城信息等企业在全国占有重要地位。此外，2013年，长株潭三市专利申请量和授权量分别占全省的58.76%和60.17%，三市相继进入"国家知识产权工作示范城市"创建行列，长沙、株洲已成功入选。

（三）创新资源集中地

全省80%的国家级和省级重点实验室、国家工程(技术)研究中心分布在长株潭三市。目前，长株潭三市拥有两院院士54名，国家“千人计划”专家73名，引进留学归国人员和海外专家1 000多名。三市还拥有国防科大、中南大学、湖南大学、湘潭大学、湖南师范大学等高等院校69所，省级及以上科研机构1 000余家。高新技术企业数量占湖南高新技术企业总数量的2/3。三市拥有国家创新型科技园区、创新型特色园区、知识产权试点园区、科技金融结合试点、科技服务体系试点、海外高层次人才创新创业基地等一批国家级创新创业平台，获国家科技奖励数连年排名全国前列。以企业为主体的产业技术创新战略联盟达62个，成员单位超过700家。

（四）科技金融发展迅速

首先，科技金融机构数量快速增长。目前，长株潭示范区注册或服务的金融机构、金融中介机构达400多家，其中股权投资及股权投资管理企业350多家。在长沙高新技术开发区注册的投资机构有近200家，注册资本300多亿元；株洲高新技术开发区共有18家银行、3家小额贷款公司、5家担保公司落户；湘潭高新技术开发区共有金融机构9家、金融中介服务机构8家。其次，科技金融环境不断完善。例如，长沙高新技术开发区发起设立了湖南省首支旨在为种子期、初创期的中小科技企业提供帮助的天使基金，对创业投资、担保和信贷提供风险补助，对以上市和“新三板”挂牌为目的完成股份改制的企业给予资助，对企业股份改制过程中涉及所得税征收的予以返还等。湘潭高新技术开发区成立了“风险补偿基金”“两型百亿产业基金”“湘电新能源基金”“高新创投基金”等，以解决高新技术企业融资难题。再次，科技金融成效显著。例如，长沙高新技术开发区拥有上市公司32家，超过全省总数的40%，还有20多家拟上市企业。

4.7 天津国家自主创新示范区

4.7.1 示范区概况

2015年2月26日，致力于打造京津冀科技干线新节点的天津国家自主创新示范区，在天津滨海高新技术产业开发区揭牌。天津国家自主创新示范区总用地面积达55.24平方千米，主要包括华苑、北辰、南开、武清、塘沽海洋5个科技园。天津示范区将着力研发和转化国际领先的科技成果，打造一批具有全球影响力的创新型企业，最终把天津示范区建设成为创新主体集聚区、产业发展先导区、转型升级引领区和开放创新示范区。

（一）发展现状

天津在2008年就被国家发改委认定为综合性国家高新技术产业基地，重点围绕信息、生物、民用航空航天、新材料、新能源及高技术服务业等领域进行建设，2010年出台了《天津市国家高技术产业基地建设指导意见》。从实践来看，天津滨海高新技术开发区的核心区（由华苑科技园、滨海科技园及塘沽海洋科技园组成）始终坚持依靠科技发展经济，主要经济指标持续保持30%以上的年增长速度。截至2013年，聚集企业超万家，实现总收入9 039亿元；实现生产总值1 533亿元，占全市比重10.7%；完成工业总产值3 269亿元，占全市比重12.4%；有效专利1.2万件，占全市的30%，其中发明专利占40%以上；万人发明专利拥有量居国家高新技术开发区首位，知识创造与孕育创新能力位居前三；新能源产业领跑全国。

据了解，提供平台支持是天津示范区创新服务的主要方式。目前，科技金融平台、产业信息交流与对接平台、创新创业辅导平台、国际产业创新交流平台、产业转型平台等5大产业创新平台，正在该区加紧建设。天津国家自主创新示范区不是简单复制"中关村"，而是要与北京协同创新，将紧紧抓住首都非核心功能外迁的良机，充分整合北京科教型资源、天津产业型资源与河北基础型资源，加快建设，走共赢发展之路。根据规划，到2020年，天津创新示范区"一区五园"总收入将超过3.5万亿元，工业总产值将达到1.2万亿元左右；到2025年，示范区总收入将达到8万亿元。

（二）发展目标

天津国家自主创新示范区在高新技术开发区挂牌，标志着天津建设国家自主创新示范区的冲锋号正式吹响。天津高新技术开发区将全面推进体制机制创新、政策体系创新、产业环境创新与生态系统创新，打响示范区建设攻坚战，建成创新主体集聚区、产业发展先导区、转型升级引领区、开放创新示范区，打造具有国际影响力的产业创新中心，最终成为引领中国产业创新的排头兵与主力军。

今后一个时期，天津高新技术开发区将通过高度聚集特色产业、龙头项目、品牌企业，建设一批特色鲜明的千亿级产业链和具有全球影响力的创新型企业，大幅提升其在全国高新技术开发区中的排名，最终形成特色鲜明的独特品牌，成为天津市的一张新名片。预计到2020年，天津国家自主创新示范区总收入将超过3.5万亿元，工业总产值达到1.2万亿元，体制机制创新、核心区建设运营、政策创新、区域拓展等重点工作取得重大进展；到2025年，示范区总收入达到8万亿元，工业总产值将突破2万亿元，主要经济指标、创新指标进入全国高新技术开发区第一梯队，全面完成示范区的国家定位。

天津国家自主创新示范区空间分布如图4-9所示。

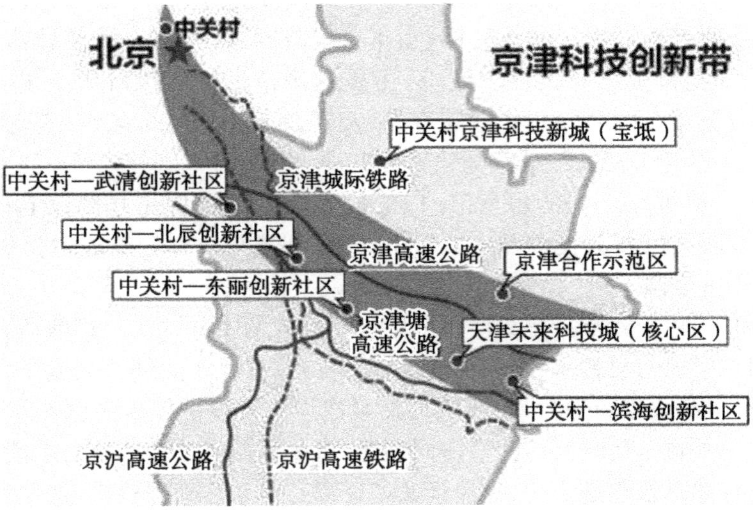

图 4－9　天津国家自主创新示范区空间示意图

4.7.2　示范区产业布局

（一）“一区二十一园”

“一区”即天津国家自主创新示范区，“二十一园”即在各区县、滨海新区有关功能区分别规划建设的 21 个分园。天津市将统一产业布局、统一管理创新，鼓励和促进各分园科技资源开放共享，要素合理流动，产业发展优势互补，大力建设“一线、两带、一城”的产业聚集区。到 2020 年，“一区二十一园”将成为富有创新发展活力的创新型园区。

“一区二十一园”用地总面积 244.67 平方千米。核心区（包括华苑科技园、北辰科技园、南开科技园、武清科技园和塘沽海洋科技园）用地面积 55.24 平方千米，未来科技城为核心区的拓展区。21 个分园（共 31 个片区）用地面积 189.43 平方千米，其中，市内六区各分园用地面积 9.15 平方千米；滨海新区（包括开发区、空港经济区、东疆保税港区、中新天津生态城、中心商务区、临港经济区）各分园用地面积 46.03 平方千米；其他区县各分园用地面积 134.25 平方千米。

（二）“一线、两带、一城”

“一线”即京津科技新干线，从北京中关村到天津滨海新区，借重首都创新资源，构建天津市高新技术产业发展中轴线。沿线重点布局武清区、宝坻区、北辰区、东丽区各分园及空港科技园、天津经济技术开发区科技园 2 个分园，重点建设京津协同创新载体，承接首都科技成果和资源溢出。依托特色园区、大院所和龙头企业，发展电子信息、先进制造、生物医药、现代服务业等区域主导产业，做大高端装备、新能源新材料、节能环保等特色优势产业。

“两带”即围绕京津科技新干线主轴延伸形成的两条高新技术产业研发转化带。向西南延伸，重点布局华苑科技园及南开区、西青区、静海县各分园，发展新能源新材料、新一代信息技术、科技服务业、高端装备制造等主导产业，培育发展大健康产业；向东延伸，重点布局津南区、东丽区、宁河县和蓟县各分园，形成以高端装备制造、汽车零部件、科技服务业、现代农业等行业为主导的若干个产业集群，促进周边高校及科研院所科技成果转化与资源开放共享。

“一城”指中心城区，包括和平区、河西区、南开区、河东区、河北区、红桥区各分园，依托中心城区高端工业布局及都市工业园区、科教资源聚集区等空间载体，以研发设计、科技咨询、文化创意、科技金融、创业孵化等科技服务业和现代服务业为主导，形成各具特色的空间与产业布局。

（三）自创区优势产业

自创区的建设重点在于科技创新、成果转化和创新创业，天津建设国家自主创新示范区要客观找准自己的定位，考虑到整个产业的布局，分析其优劣势。天津要依托自身制造业与港口的优势，将京津联动发展作为构建国家自主创新示范区的区域合作支点，运用好北京全国性科技创新中心的功能，在京津一体化协同发展的大背景下，与北京科技创新资源相结合，打造成为科技创新的研发转化基地，与北京共同打造全球科技创新中心。同时，天津要进一步完善创新环境的建设，加速推进科技型中小企业的发展，实现自主创新产业的提速升级。另外，还应与滨海新区金融改革创新的先行先试及自贸区建设有机结合，在天津自贸区中构建一个具有自贸区性质的高科技园区。

天津的优势产业即以大飞机、直升机、无人机和大火箭、航天器为主要产业的航空航天产业；以力神电池、巴莫科技、砚津科技、贝特瑞能源、金牛电源材料、三安光电等为著名品牌的新能源产业；以天津曙光计算机自主研发的超级计算机曙光5 000 A和星云系列在高新技术开发区成功下线并产业化等方面为代表的电子信息产业；以南车、北车机车制造，中船重工，一重，太重重型装备等为代表的新型重工装备制造业等高科技现代制造业，将成为天津构建国家自主创新示范区的战略切入点。此外，目前天津市培育科技型中小企业5万多家、科技“小巨人”企业2 425家。自创区的获批无疑将给这些科技型企业带来利好。

（四）战略性新兴产业集群

天津滨海高新技术开发区顺应全球高科技产业发展趋势，依托天津的优势和特色，以产业升级和创新驱动为重点，积极开展京津科技和产业合作，以新一代信息技术、新能源、高端装备制造等为代表的战略性新兴产业集群的发展取得重大突破。作为天津滨海高新技术开发区的标志性产业，新能源产业取得了长足发展，培育了绿色电池、风力发电、光伏发电、智能电网等优势产业链，形成综合竞争力和系统解决方案提供能力。数据库与信息安全领域，集聚了神舟通用、汉柏科技等一批代表性企业，形成了从数据采集存储，到数据挖掘分析和信息安全服务完整的产业链；数字内容、可穿戴设备、移动互联网等新兴业态蓬勃兴起，聚集了 3D 技术国际领先的卡梅隆—佩斯集团中国总部、福丰达动漫等 400 多家数字内容企业。天津滨海高新技术开发区在持续强化新能源和新一代信息技术产业特色的同时，不断优化产业结构。智能装备、生物医药走向高端，如欧能倍科技成功研制出国内首套高温发热智能加热装备，长荣印刷建成了亚洲最大的模烫设备及印后配套设备研发加工制造基地，建科公司成功研制出拥有近 400 项专利技术的系列自动化钢筋成型焊装设备，其成果突破了国外垄断。

4.7.3 示范区创新能力现状

（一）宽松的创新创业环境

无论是人才吸引还是科技转化，都需要更为开放、健康的创业环境。天津自创区创业环境要做到让创业行为更容易，让创业失败后退出也容易。同时，在打造自创区的时候，政府也要改进介入机制，国家自主创新示范区实际上是要用政府权力的"减法"换取创新创业热情的"乘法"，激发科研人员的创造性，推动高新技术产业成长，从而有利于打造中国经济发展新动力，促进经济向中高端水平迈进。在引导高端领军人才向示范区集聚的同时，积极探索"自我造血"机制，推动企业与高等院校和科研院所开展合作培养项目，重点培养能学以致用的实用型人才，建立创新人才培养基地、国家海外高层次人才创新创业基地以及各类人才培训基地。建立创新创业绿色通道，在"千人计划""高层次人才特殊支持计划""千企万人"支持计划和创新人才推进计划等方面给予重点支持。

（二）创新成果突出

天津自贸园区辐射京津冀，在投资贸易便利化、负面清单、金融租赁等方面特色鲜明。而国家自主创新示范区同样也要体现天津特色。在自身创新发展的同时，天津还要兼顾与周边省市合作，推动京津冀协同发展，这也是天津示范区所要起到示范作用的另一个方面。在申报国家自主创新示范区的过程中，天津滨海高新技术开发区一直围绕创新驱动增长等方面开展工作，已创造了很多全国、全市"第一"：专利申请量已突破 4 000 件，占全市比重超过 34％，在全国"83＋1"家国家高新技术开发区中排名第二；认定的高新技术企业数量占全市近 30％。拥有占全市 40％的国家级企业技术中心，拥有占全市 23％的市级企业技术中心。自 2011 年起，5 年内，安排了 10 亿元的财政资金，用于扶持科技型中小企业发展，科技型中小企业发展成为高新技术开发区的亮点。此外，2014 年天津科技研发投入占 GDP 的比重为 3％左右，低于北京的 6.03％，上海的 3.6％和深圳的 4.02％。截至 2014 年年底，天津高校的数量为 55 所，在津两院院士

37名,这一数据少于武汉。而对天津更有启发意义的是深圳,当地高校数量也很少,但创新能力依然很强。

(三)创新资源集中地

2005年至今,天津滨海高新技术开发区与中国科学院、中国军事医学科学院、中国航天科技集团、中国海洋石油总公司等国家级科研院所、中央企业合作,在天津滨海高新技术开发区相继建设了中科电子信息产业园、军科院天津分院、北大新一代信息技术研究院、超大型航天器研发制造、特种飞行器研发生产、中海油新能源、天地图全球数据服务基地等一批高端研发及产业化项目。曙光信息、航天科工、航天科技、中科蓝鲸、中科遥感、奇虎360等上百家企业落户高新技术开发区并实现了快速发展,天津滨海高新技术开发区已经成为承接北京科技成果产业化的重要区域。

截至2013年底,孵化器达到18家,其中国家级科技企业孵化器6家,孵化面积超过220万平方米。建成智慧山文化创意产业孵化器、九州通生物医药加速器、"星企中心"加速器等一批新型孵化载体,形成了"苗圃—孵化器—加速器"的创业孵化服务链条。天津滨海高新区知识产权服务体系进一步完善,2013年成为全国首批10家知识产权示范园区之一,专利申请量以平均每年45%以上的速度增长。推动企业建立创新机构、产学研协同创新平台等,建立示范区企业创新券制度,促进各类创新要素协同创新。

(四)科技金融便利化

天津滨海高新技术开发区抓住滨海新区金融综合配套改革的机遇,聚集了各类金融及相关非银行金融机构300余家,其中股权投资基金150多家,天使投资基金12家,拥有全国第一家国内商业保理公司、全国第一家对冲基金公司、全国最大的外资融资租赁公司、全国唯一的应收账款交易平台,是中国科技金融创新产品最具活力的区域之一。围绕服务科技型中小企业,天津滨海高新技术开发区搭建了科技金融服务中心、科技金融大厦等平台,积极探索金融品种创新,在全国率先开展知识产权质押融资,开办中小企业集合票据业务,创新性地探索出"担保换期权"融资模式,发行文化产业集合信托"滨海高新文创一号",推出"天使贷"等30多项以科技型中小企业为帮助主体的特色融资业务。同时,推进企业股改上市,上市企业占全市的48%,"新三板"挂牌企业占全市的90%以上。

天津市还将大力推进科技服务与科技金融便利化。支持产业技术创新战略联盟、各类协会等社会组织建设,促进研发、专利、检测检验、创业孵化、科技咨询等聚集发展,打造富有活力的创新生态系统。建立集创新人才、创业辅导、融资服务于一体的创新创业社区,促进科教资源向示范区聚集。设立科技信用贷款风险补偿资金、天使投资和创业投资引导基金、科技成果转化引导基金,大力发展科技信用贷款、科技担保、科技保险、科技租赁等,促进面向科技型小微企业的天使投资、科技众筹基金、创业风险投资基金等的发展。

（五）创新主体活跃

2008年，天津滨海高新技术开发区率先开展科技小巨人成长计划。2010年，天津市出台了《关于支持科技型中小企业发展的若干意见》。通过实施“聚合、培育、创新、服务、载体”5大工程、20项具体措施、22条支持政策，天津滨海高新技术开发区投入科技型中小企业支持资金15亿元。根据官方公布的数据，天津的科技企业正在快速增长，2014年全年新增科技型中小企业1.48万家，累计达到6.10万家，新增小巨人企业630家，累计达到3 003家。

截至2013年底，天津滨海高新技术开发区已拥有国家级高新技术企业523家，占全市的37%，建成国家级重点实验室、国家工程技术研究中心、国家级企业技术中心和市级研发机构共134家，占全市的40%以上。“十一五”以来，企业承担“863”“973”等国家重点项目89项，获得国家级科技奖励13项，省部级以上科技立项每年300多项，重大项目实施数量位居全市第一。曙光信息、神舟通用、力神电池、赛象科技、天药股份等企业不断取得技术新突破，核心产品达到国际先进水平。曙光信息和神舟通用项目承担了国家核高基重大专项任务，赛象科技“巨型工程子午线轮胎成套生产技术与设备开发”项目获得国家科技进步一等奖，天药股份成为全市首家通过美国食品和药品管理局（FDA）认证的制剂生产企业，福丰达成为中国第一家通过美国电影协会（MPAA）视觉特效测评的影视制作公司。

4.8 成都国家自主创新示范区

4.8.1 示范区概况

2015年6月11日，国务院发文批复同意成都高新技术开发区建设国家自主创新示范区，这是中国西部首个、全国第8个国家自主创新示范区。批复要求，努力把成都高新技术开发区建设成为创新驱动发展引领区、高端产业集聚区、开放创新示范区和西部地区发展新的增长极。全面实施创新驱动发展战略，以改革创新为根本动力，以创业发展为核心路径，以业态创新为重要模式，以国际化为主要方式，力争到2020年形成以成都高新技术开发区极核引领、支撑全域成都乃至中西部创新驱动发展，全球最具影响力的“世界一流高科技园区”。

（一）发展历程

自中关村获批之后，成都高新技术开发区便一直积极跟踪探索争创国家自主创新示范区。2012年，党的十八大作出了“实施创新驱动发展战略”的重大部署，把科技创新摆在国家发展全局的核心位置，成都高新技术开发区在对自身进行全方位的研判后，加快了创建步伐，为创建示范区创造了良好的条件和基础。

2013年7月以来，四川省委、省政府及成都市委、市政府高度重视成都高新技术开发区建设国家自主创新示范区的创建工作。四川省、成都市的主要领导多次向中央领导和相关部委汇报并恳请支持成都高新技术开发区创建示范区，并获得国务院主要领导及相关部委的充分认可。

2014年6月，李克强总理作出批示，对此予以支持。

2014年9月2日，为支持成都高新技术开发区争创国家自主创新示范区，在充分借鉴北京中关村等地经验的基础上，四川省政府发布了《支持成都高新技术产业开发区创建国家自主创新示范区十条政策》。

2014年9月10日，四川省政府《关于恳请批准成都高新技术开发区建设国家自主创新示范区的请示》正式上报国务院。

2015年6月11日，国务院发文批复同意成都高新技术开发区建设国家自主创新示范区，成都成为中国西部首个国家自主创新示范区。

（二）发展目标

未来，成都高新技术开发区将以示范区建设统揽全局工作，围绕示范区建设制定全区发展计划和行动方案，立足新起点，全面实施创新驱动发展战略。力争用五到六年的时间，成为新兴的国际创新创业中心，成为创新驱动发展引领区、高端产业集中区、高端人才集聚区、改革开放模范区、文明和谐标杆区，到2020年基本建成“世界一流高科技园区”，具体包括五个方面的目标：一是加快制定示范区建设相关规划，形成指导示范区建设的行动纲领。成都高新技术开发区将积极推动省市相关部门共同编制规划，成立省、市、区三位一体的编制领导小组，形成利用区域创新资源、激发区域创新活力的系统推进力量。二是深化重点领域改革，积极探索体制机制政策模式先行先试。积极争取国家、省、市大力支持，形成类似中关村“6＋4”政策、东湖“黄金十条”等具有内陆高新技术开发区特色的创新政策。三是全力实施“创业天府”高新技术开发区引领工程，打造具有国际影响力的创业中心。成都高新技术开发区将深入落实“创业天府”高新技术开发区引领工程，更好地发挥在“创业天府”行动计划中的引领示范作用，构建新常态下的区域创新创业新格局。在创业人才方面，重点吸引海内外高端科技创业人才，把成都高新技术开发区建设成具有国际影响力的创业中心。四是加快产业转型升级，打造具有全球影响力的新兴产业新高地。五是着力聚集培育高端创新资源，营造良好的创新创业生态环境。通过加快聚集高端人才、科技金融、研发机构和科技中介服务机构等高端创新资源，建立完善科技创新资源开放共享的运行机制和管理模式，在区内营造良好的创新创业生态环境。

成都国家自主创新示范区的发展布局如图4－10所示。

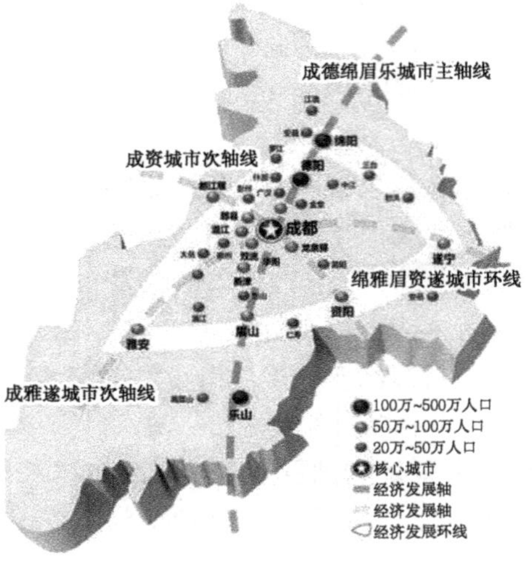

图 4-10　成都国家自主创新示范区发展布局

4.8.2　示范区产业布局

（一）创新型产业集群

创新型产业集群处于产业的前沿，具有很强的引领、渗透作用，是示范区产业转型升级和开拓新的市场空间的根本路径。成都高新技术开发区将按照“产业多元支撑、多点开花”的思路，重新审视和规划产业发展，在继续做优做强电子信息产业的同时，瞄准全球产业链重点领域、技术链主流方向和价值链高端环节，打造一批具有全球影响力的创新型企业，再培育形成 2～3 个具有规模效应、高端优势和带动能力的千亿级产业集群，使高新技术开发区的产业结构更加合理，抗风险能力更强。在突出发展新一代信息技术、生物、高端装备、节能环保产业和生产性服务业等主导产业的同时，推动移动互联网、大数据、电子商务、3D 打印，以及基于开源硬件的创客、众包等新技术和新业态发展，打造具有全球影响力的新兴产业新高地。

（二）创业天府高新技术开发区

成都高新技术开发区将加强招才引智，吸引海内外高端人才到高新技术开发区创新创业，做好与中科院成都分院、川大、电子科大等高校科研院所的对接，促进科技成果高效转化。全力打造超过 35 万平方米的“高新众创空间”，探索运用市场化手段引进专业团队运营管理，引入天使汇、车库咖啡、柴火空间等创新型孵化器，聚集投资路演、金融服务、培训辅导、技术转移等各类创业服务机构，成为全国产业创新最活跃、高端创业资源最丰富和孵化服务能力最强的众创空间之一。打造“创业高新”品牌，持续推出“创业天府 · 菁蓉汇”高新创业论坛、创业沙龙、创业大赛等系列活动，引进飞马旅、黑马会等国内外知名赛事，营造“鼓励创业、宽容失败”的文化氛围。

（三）全链条创新创业生态新体系

成都国家自主创新示范区将构建“创业苗圃—孵化器—加速器—产业园”全产业链的创新创业载体，加快新川创新科技园创新载体建设，完善企业孵化大市场。推进高端人才、研发机构、金融和科技中介服务机构等高端创新要素资源在成都高新技术开发区集聚。完善专业技术、检验检测、知识产权、科技金融、国际交流合作等公共服务平台。引导以企业为主体建立产业技术研究院等新型产业组织，组织和实施重大产学研合作项目，推进科技成果转化。

（四）国际协作创新发展

成都国家自主创新示范区积极对接“一带一路”国家战略，拓展与欧洲、中亚、东南亚等地区的经贸科技合作。实施创新国际化战略，促进跨国产学研结合，支持企业融入国际产业链。加快成都高新综合保税区、国家科技兴贸创新基地、国家国际科技合作基地建设，积极引进跨国公司研发中心、国际知名研发机构，打造西部创新国际化示范基地。探索成都高新技术开发区与世界知名科技园区、各类创新高地建立战略合作，推动欧盟项目创新中心、中欧技术商务合作平台等在西部地区全球链接中发挥更大作用。

（五）西部地区联动发展的新引擎

成都国家自主创新示范区将发挥成都高新技术开发区创新首位区、高新技术产业龙头的辐射带动作用，加强与绵阳“中国科技城”、成德绵乐高新技术经济带的互动，深化与云南、贵州、西藏等地的经济联系与合作。探索辐射带动机制，积极共建产业园区，实现区域间产业的合理分工与协作配套，加强人才输出，优化提升西部地区人才结构，鼓励科研机构与西部地区企业加强技术合作，促进技术成果在各地转化发展，推进成都高新技术开发区信息产业与其他区域制造业的融合发展，辐射带动西部产业转型升级，促进区域经济协调发展。

4.8.3 示范区创新能力现状

（一）创新引领作用显著

成都高新技术开发区始终秉承“发展高科技、实现产业化”的宗旨，充分发挥科教资源优势，始终将创新驱动摆在发展全局的核心位置，大力发展高新技术产业，带动经济社会快速发展，在这 130 平方千米的土地上，创造了成都市五分之一的工业增加值、四川省 80%的加工贸易进出口总额以及三分之一的高新技术产业增加值，其在科技部国家级高新技术开发区综合排名中长期位居前列，已经成为中国最具实力和影响力的高新技术产业开发区之一。2014 年，成都高新技术开发区产业增加值达到 1 178.2 亿元，增长 13.6%；固定资产投资 606.3 亿元；实际利用外资

21.4 亿美元；一般公共预算收入达到 115.1 亿元，增长 15.7%。产业增加值、固定资产投资、一般公共预算收入等主要经济指标总量继续排名成都市第一。

2014 年 11 月，在科技部首次公布的国家高新技术开发区创新能力评价中，成都高新技术开发区总体排名全国第三、中西部第一。此外，成都高校技术开发区还获批成为全国版权示范园区、全国促进科技和金融结合试点地区、国家知识产权示范园区、国家高新技术产业标准化示范区和全国知名品牌创建示范区。2015 年初，成都高新技术开发区发布经济增长数据，其主要经济指标实现平稳较快增长，在科技部国家级高新技术开发区综合排名第四。

（二）高端创新资源集聚地

高端创新资源是区域创新的重要推动力，已经成为近年来各地区激烈争夺的焦点。成都高新技术开发区在西部地区已经形成了一定的资源优势，重点建设培育技术信息、检验检测、中试孵化等公共技术平台，进一步完善“创业苗圃—孵化器—加速器—产业园”全产业链载体体系，引导建立以企业为主体的产业技术研究院、产业技术创新联盟等新型创新组织，加快聚集科技金融资源、探索科技金融产品创新，着力构建集知识产权转让、合作、融资、交流、产业化基地和维权体系全产业链的平台体系。力争在下一代信息网络、电子核心基础、高端软件和新兴信息服务、生物医药、生物医学工程、航空装备、先进环保和金融、商务服务“7＋2”产业领域实现突破。成都高新技术开发区高新技术产业实力雄厚，拥有 560 家高新技术企业，占全省的四分之一，已经成为我国重要的高新技术产业发展基地。

（三）宽松的创新创业环境

在创新环境建设方面，已经建成了总面积达 142 万平方米的科技企业孵化器群体和 49 个公共技术平台，打造了“盈创动力”一站式投融资服务平台，聚集了国家“千人计划”53 人和四川省“千人计划”167 人，形成了较为完善的科技创新服务体系。同时，成都高新技术开发区还聚集了众多的研发机构、高等院校、国家级研发平台等高端创新要素，涌现出移动互联网、物联网、大数据、云计算、线上到线下(O2O)电子商务、医药外包等一批新兴业态，在对外开放、创新合作方面处于中西部领先地位。在服务创新创业方面，致力于打造与国际接轨的服务环境，推进规范化服务型政府建设，政务服务水平和效率不断提升。始终强烈地维护“小机构、大社会、高效率”的体制机制优势，创立了由招商引资段、项目促建段、企业服务段构成的“三段式”企业服务运行机制，率先推行了并联审批，以高度精简的机构和人员向辖区内的企业、投资者和群众提供优质高效的服务，受到了区内外企业、投资者和社会各界的广泛赞誉，是中国最好的投资、创业、工作和生活区域之一。

（四）企业梯度培育体系

在确立企业梯度培育体系的基础上，成都高新技术开发区明确了 2015 年的企业培育目标：强化上规入库，力争全年新增上规入库企业 80 家(其中工业企业 30

家，服务业企业50家），新增“大企业大集团”1家，新增“提升型”企业8家，新增“小巨人”企业13家，新增“成长型”企业20家；加快改制上市，力争全年新增主板、中小板、创业板的上市及申报企业8家，“新三板”挂牌及申报企业15家，成都（川藏）股权交易中心挂牌企业40家；加强孵化培育，力争全年新增高新技术企业50家，新增创业企业800家。

据了解，2015年上半年，成都高新技术开发区企业“梯度培育库”累计新增重点培育企业70家，其中，新一代信息技术产业企业40家，生物产业企业8家，高端装备产业企业5家，节能环保产业企业13家，生产性服务业企业4家，重点培育企业总数达到1 582家。新增上市企业5家，上市企业总数达26家（其中战略性新兴产业20家），约占成都市上市企业的一半，四川省上市企业的四分之一，其中创业板企业9家，占四川省的一半；新增“新三板”挂牌企业8家，总数达30家（其中战略性新兴产业企业28家），占成都市的70%，四川省的47%，挂牌企业数在国家级高新技术开发区中名列第五。

4.9　本章小结

本章首先对国家自主创新示范区的概念、主要功能和建设现状进行了概述。接着，对中关村、武汉东湖、上海张江、深圳、长株潭、天津和成都7个国家自主创新示范区的发展概况、产业布局以及创新能力现状进行了一一分析和阐述，并试图寻找到相通的基本规律和宝贵的实践经验。苏南是国家首个以城市群为核心的国家自主创新示范区，涉及面比较广，性质比较特殊，笔者将在下一章中具体阐述苏南国家自主创新示范区的现状、产业布局和创新能力等内容。

参考文献

[1] Koh F C C, Koh W T H, Tschang F T. An analytical framework for science parks and technology districts with an application to Singapore[J]. Journal of Business Venturing, 2005(20): 217－239.

[2] Storper M, Harrison B. Flexibility, hierarchy and regional development, the changing structure of industrial production systems and their forms of governance in the 1980s[J]. Research Policy, 1991(20): 407－422.

[3] Markusen A. Sticky places in slippery places: a typology of industrial districts[J]. Economics Geography, 1996, 72(3): 283－313.

[4] Ogujiuba K K, Ohuche F K, Adenuga A O. Credit Availability to Small and Medium Scale Enterprises in Nigeria: Importance of New Capital Base for Banks Background and Issues [EB/OL]. [2004－12－01]. http://129.3.2 0.41/eps/mac/papers/0411/0411002.pdf.

[5] Storey D J，Tether B S. Public policy measures to support new technology based firms in the European Union[J]. Research Policy，1998(26)：1037-1057.
[6] 陈秉钊，杨帆，蒋军勇. 知识创新区：科教兴国与“大学城”后的思考[J]. 城市规划学刊，2005(2)：1-5.
[7] 沈开艳，徐美芳. 上海张江高科技园区创新集群模式的特征及主要政策[J]. 社会科学，2009(9)：3-9.
[8] 滕堂伟，曾刚. 集群创新与高新技术开发区转型[M]. 北京：科学出版社，2009.
[9] 王根索. 国家级开发区产业集群的自主创新[J]. 港口经济，2006(6)：38-41.
[10] 天津滨海高新区. 天津滨海高新区努力创建国家自主创新示范区[N]. 人民政协报，2013-03-05.
[11] 辜胜阻. 着力建设国家自主创新示范区[J]. 中国科技产业，2010(2)：12-13.
[12] 辜胜阻，马军伟. 推进国家自主创新示范区建设的政策安排[J]. 财政研究，2010(11)：2-6.
[13] 辜胜阻，王敏. 国家创新示范区的功能定位与制度安排[J]. 中国科技论坛，2011(9)：92-97.
[14] 黄国平，孔欣欣. 金融促进科技创新政策和制度分析[J]. 中国软科学，2009(2)：28-37.
[15] 徐顽强. 我国高科技园区发展中的突出问题及对策分析[J]. 中国软科学，2005(8)：23-28.
[16] 郭建国，孔凡娜. 国内外发展高科技园区金融支持体系的比较[J]. 商业研究，2007(6)：147-149.

第五章　苏南国家自主创新示范区现况

苏南国家自主创新示范区是继北京中关村、武汉东湖、上海张江、深圳之后第五个国家自主创新示范区，本章拟通过分析苏南国家自主创新示范区的自然地理、经济基础、战略定位、发展目标等四个方面的概况，并对组成苏南国家自主创新示范区的“8＋1”行政区的现状进行对比研究，进而详细了解苏南国家自主创新示范区的发展基础与方向。

5.1　概况

2013年5月，国家发改委正式发布了《苏南现代化建设示范区规划》，这标志着苏南地区将在全国率先实现区域现代化，成为全国现代化建设示范区。规划明确指出，围绕到2020年建成全国现代化建设示范区，到2030年全面实现区域现代化、经济发展和社会事业达到主要发达国家水平的目标，重点推进经济现代化、城乡现代化、社会现代化和生态文明、政治文明建设，促进人的全面发展，将苏南地区建成自主创新先导区、现代产业集聚区、城乡发展一体化先行区、开放合作引领区、富裕文明宜居区。

2014年10月20日，国务院正式批复支持南京、苏州、无锡、常州、昆山、江阴、武进、镇江等8个高新技术产业开发区和苏州工业园区建设苏南国家自主创新示范区。苏南成为继北京中关村、武汉东湖、上海张江、深圳之后第五个国家自主创新示范区。苏南国家自主创新示范区是中国首个以城市群为基本单元的国家自主创新示范区。以创新驱动为内核、以一体化发展为特色的“新苏南模式”正式开启。

习近平总书记2014年12月视察江苏时要求江苏把转方式、调结构作为“迈上新台阶、建设新江苏”的关键，用好和把握好江苏科教资源丰富、建设苏南国家自主创新示范区等优势和机遇，切实实施好创新驱动发展战略，并强调要重视集聚创新人才，营造有利于人才辈出、人尽其才、才尽其用的政策环境。苏南地区是江苏省发展第一方阵，经济体量大，综合实力强，正处于经济转型升级的关键期，资源环境等约束突出，不少深层次矛盾凸显，发展动力机制需要加快转换，增强创新驱动力比以往任何时候都更加迫切。苏南国家自主创新示范区是推进科学发展、转型发展的重大载体，对苏南乃至全省适应经济发展新常态，深入实施创新驱动发展战略，实现经济提质增效、行稳致远，具有重大而深远的意义①。

5.1.1 区位特点

苏南是江苏省南部地区的简称，包含南京、苏州、无锡、常州、镇江五市，地处中国东南沿海长江三角洲中心，东靠上海，西连安徽，南接浙江，北依长江（苏中、苏北）、东海；苏南板块自改革开放以来，一直扮演着率先和示范的角色。苏南地区是江苏改革开放和现代化建设的先行区，也是中国经济最发达、现代化程度最高的区域之一（图 5－1）。

图 5－1 苏南地区区位图

截至 2014 年 7 月，苏南地区共辖南京、无锡、常州、苏州和镇江等 5 个地级市（30 个市辖区）、10 个县级市，总面积 27 872 平方千米，占江苏省土地总面积的 27.17%，其中平原面积占苏南土地总面积的 50.45%，山丘面积占 28.40%，水域面积占 21.15%；拥有广袤的太湖平原，水网密集，长江东西横贯境内；常住人口 3 300 万人（2012 年），是中国人口密度最高的地区。2013 年，苏南地区 GDP 总量达到了 3.64 万亿元，人均 GDP 突破 10 万元，接近发达国家水平；城镇化率超过 70%，所有县（市）都进入全国综合实力百强县行列，其中 7 个县（市）进入前十。

苏南地区自古以来就是名闻天下的“鱼米之乡”“人间天堂”，也是中国近代民

① 参见 http://su.people.com.cn/n/2015/0126/c154794-23682043.html.相关内容。

族工业和吴文化的重要发祥地。截至2012年末，苏南地区拥有世界文化遗产（包括非物质）11项，国家级非物质文化遗产名录（扩展）项目共53项，旅游资源丰富，旅游业发达，有17个中国优秀旅游城市，14个国家级5A级景区，已建成中国最大的“环保模范城市群”和“生态城市群”。

5.1.2　经济基础

作为全国唯一的创新城市群，苏南经济实力较强，科教资源丰富，人才优势明显，一体化发展态势较好，创新文化氛围浓厚。经过多年创新驱动战略的实施，自主创新成绩斐然，苏州的纳米技术产业、无锡的传感网产业、常州的太阳能光伏产业、南京的软件产业等已形成先发优势。

苏南地区是江苏经济最发达的区域，也是中国经济最发达的区域之一。从现实条件来看，苏南已达到全面小康目标，部分地区在部分指标上已经基本实现现代化，具有现代化建设的先行优势。在国家统计局根据经济社会综合发展指标测算的“全国百强县（市）”名单中，苏南占有优势，如2011年的前十强苏南就占据了六席，分别是昆山（第一）、江阴（第二）、张家港（第三）、常熟（第四）、吴江（第六）、宜兴（第九），其中昆山、江阴、张家港、常熟四个县级市作为“区域经济强县统筹发展组团”并列“全国百强县”第一。并且，这些县市全部集中在苏南地区。苏南经济发展历来走在全国前列，现在又比别的地方较早经历从要素驱动、投资驱动向创新驱动的转变，一旦拓出一条创新路径，将为全国提供可复制、可借鉴的样本。

改革开放三十多年来，苏南的持续快速发展，为苏南自主创新示范区建设打下了良好的现实基础，巨大的经济总量和良好的增长态势为苏南自主创新示范区建设奠定了经济基础。高校云集、人文荟萃的江南文化为苏南自主创新示范区建设提供了得天独厚的科教人才条件，连续两年排名第一的区域创新能力则雄辩地证明了苏南自主创新示范区建设的可行性。苏南自主创新示范区建设能够坚持高标准、高起点的理念，向国内三大国家级自主创新示范区看齐，注重在横向比较与借鉴中发现自身的优势和不足，具体表现在以下几个方面：

（1）苏南经济综合实力雄厚。2013年，苏南地区GDP占全国的6.4%，占江苏的61.5%，人均GDP是全国平均水平的2.6倍，是江苏平均水平的1.5倍；进出口总额占江苏的86.2%，占全国的11.4%；实际利用外资占江苏的66.9%，占全国的18.9%；2014年，苏南实现地区生产总值38 940亿元，以占全国0.29%的土地面积创造了全国6.1%的经济总量，人均地区生产总值超过1.9万美元，是全国平均水平的2.5倍。2013年，苏南地区开发强度达28%，接近国际公认的30%开发强度临界点（图5-2至图5-4）。

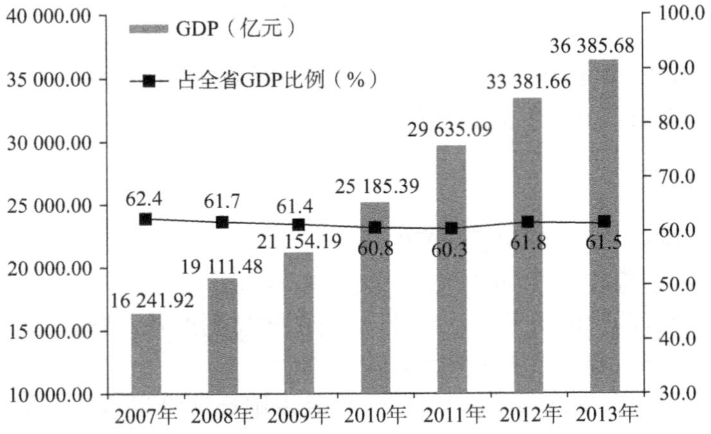

图 5－2　2007—2013 年苏南地区 GDP 总量及占全省比例

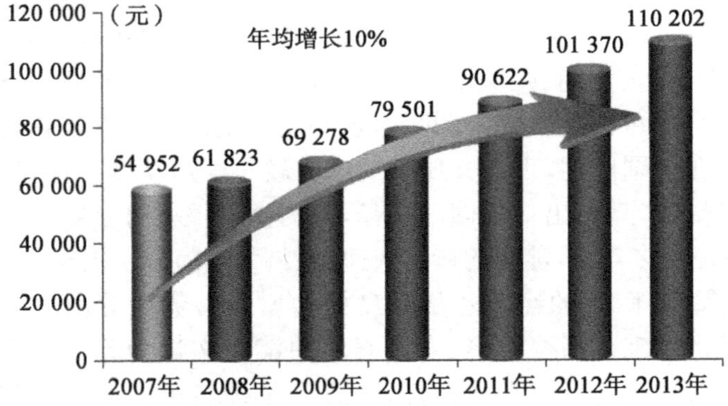

图 5－3　2007—2013 年苏南地区人均 GDP

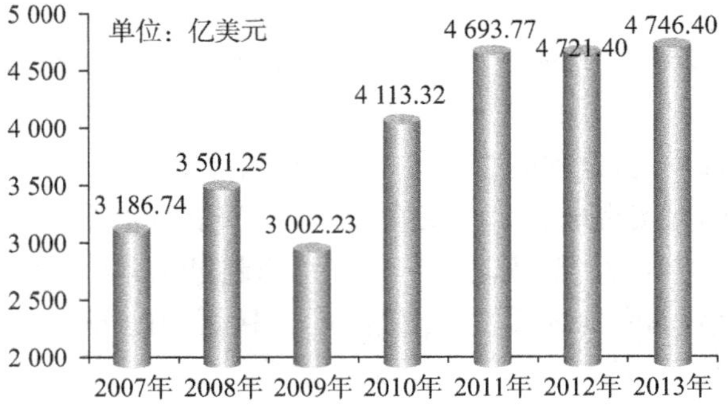

图 5－4　2007—2013 年苏南地区进出口总额

(2) 高端创新资源大量集聚。苏南5市均为国家创新型试点城市，2014年研发投入占GDP比例达2.7%，接近发达国家和地区水平。苏南地区目前拥有高等院校107所、科研机构330多家、国家级大学科技园12个、国家重点实验室和工程技术中心55个、国家“2011协同创新中心”5个，科技人员总数达810万人，在校大学生超过130万人。2012—2014年苏南共引进高层次人才6万多名、创新创业团队1 500多个，国家“千人计划”人才累计达442人，其中创业类189人，占全国的27%以上。2013年，苏南地区创投机构数占江苏的80.6%，资金管理规模占江苏的90.4%。从2008年起，连续6年开展科技镇长团选派工作，累计派往苏南地区的人员有1 173人，占总人数的63%。苏南地区建有院士工作站199个、博士后工作站184个，分别占全省的60.7%和68.7%(图5-5)。

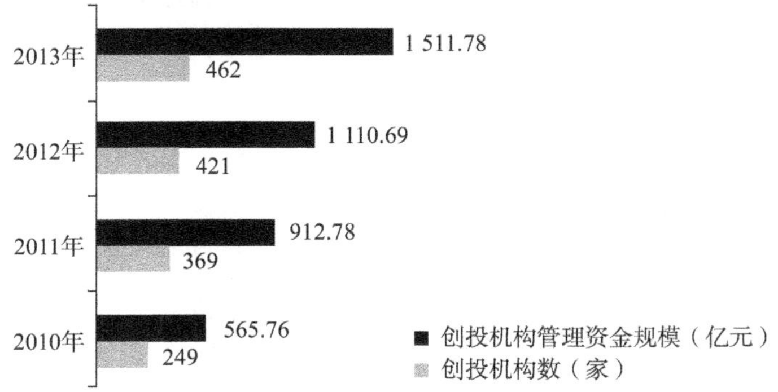

图5-5　2010—2013年苏南地区创投机构数和创投机构管理资金规模

(3) 创新型企业集群不断壮大。苏南目前拥有超过5万家科技型企业，其中销售额超千亿元的有4家，超百亿元的有96家，贡献全省六成以上新兴产业产值；国家创新型企业21家，上市科技企业293家，高新技术企业达5 808家，规模以上工业企业建有研发机构达1万家，企业研发机构建有率超过85%。苏南企业发明专利年申请量超过7万件，2012—2014年累计落实科技税收减免额超过550亿元，创新活力竞相迸发(图5-6至图5-9)。

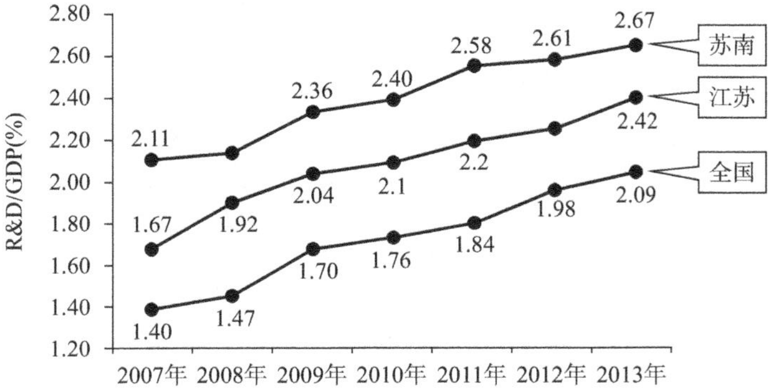

图5-6　2007—2013年苏南地区全社会研发投入对比图

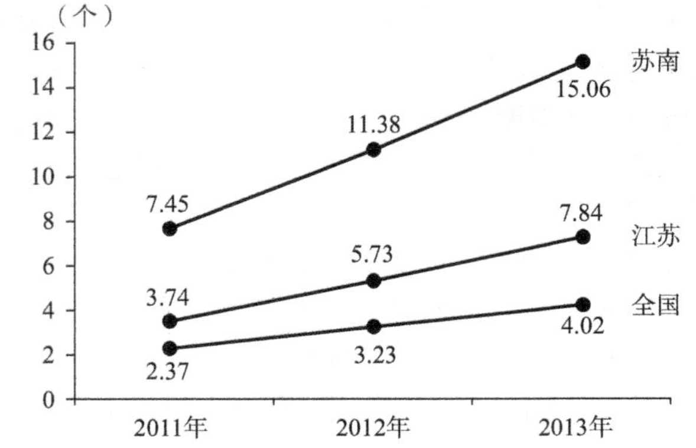

图 5－7　2011—2013 年苏南地区万人发明专利拥有量对比图

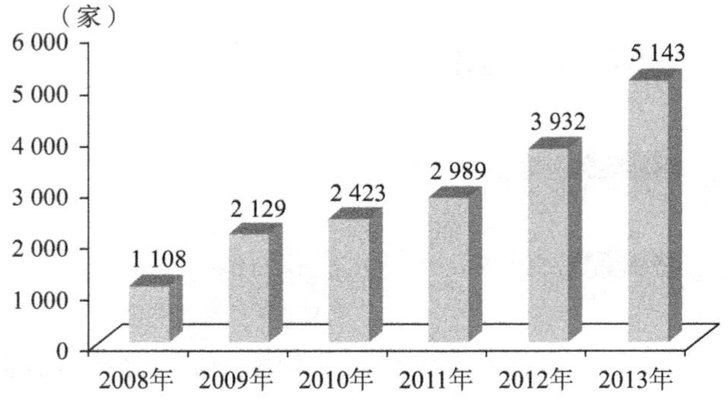

图 5－8　2008—2013 年苏南地区高新技术企业数

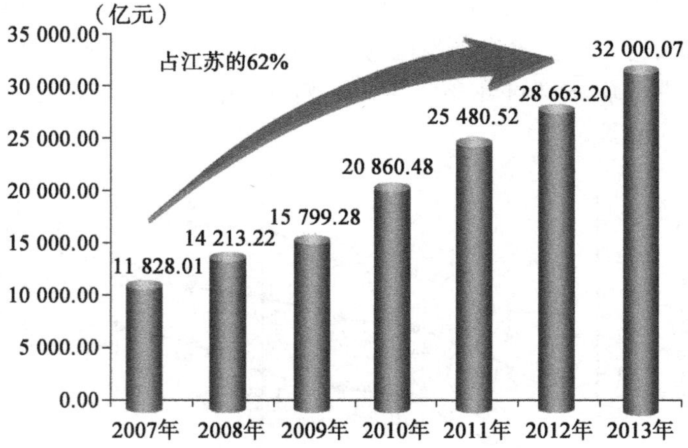

图 5－9　2007—2013 年苏南地区高新技术产业产值

（4）产业优势显著。苏南不仅建立起产业比较优势，更有错位发展的优势，在产业链的各个环节谋求突破，特别在节能环保、新能源、新材料、电子信息等战略性新兴产业领域，苏南各地已形成了自己的"拳头"产业，比如"纳米看苏州""石墨烯到常州""物联网在无锡""南京有北斗"，构筑起产业高地，并积极面向全球部署产业链发展所需的创新链。

（5）高新技术产业国际竞争力显著提升。依托资源集聚和核心技术突破，苏南地区培育发展了新一代电子信息及软件、新能源、新材料、节能环保、生物医药、物联网等一批战略性新兴产业，形成一批重要技术标准和自主品牌。2014 年，苏南地区高新技术产业产值达 3.4 万亿元，占规模以上工业的比重达 43.9%，高新技术产品出口占出口总额的 43.8%。

（6）对外开放水平高，开放型经济发达，开放优势非常明显，这为全球创新资源的进一步汇聚准备了很好的基础和条件。2014 年，苏南地区实际利用外资 180 亿美元，分别占全国的 15.1%、全省的 64%，完成进出口额 4 818 亿美元，分别占全国的 11.2%、全省的 85.5%。世界 500 强跨国企业有 392 家在江苏投资，其中大部分集中在苏南地区。苏南地区共建有省级外资研发机构 564 家，占全省的 91.6%（图 5－10）。

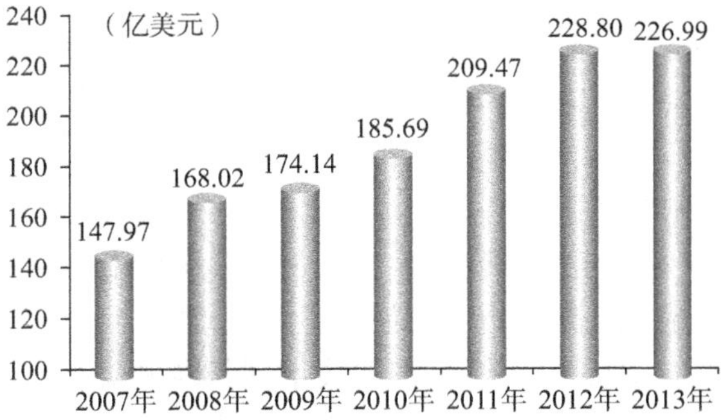

图 5－10　2007—2013 年苏南地区直接利用外资规模

5.1.3　战略定位

苏南国家自主创新示范区的战略定位是成为我国以创新驱动战略促使区域率先基本实现现代化的示范区，这是基于经济发展不平衡规律的现实考虑，同时也是国家全面走向小康的实践样板。

苏南自主创新示范区秉承"率先探索、引领创新、服务发展、提升实力"的宗旨，立足"发展方式转变、体制转轨、社会转型"的社会阶段特征，紧扣所承载的"集聚创新要素、探索创新机制、提升创新能力、培育创新产业、振兴创新经济"的重大使命，围绕综合自主创新的逻辑主线，从深化改革、创新驱动、产业发展和国家竞争等层面确立的发展战略定位是：以提高自主创新能力为核心，以深化体制机制改革为动力，将苏南建设成为我国自主创新的战略高地，成为战略性新兴产业的集聚区、深化改革的试验区、创新驱动的引领区、现代化建设的先行区，力争用10年左右时间，将苏南打造成全球有重要影响力的产业科技创新中心和创新型经济示范带。

《中共江苏省委江苏省人民政府关于建设苏南国家自主创新示范区的实施意见》中明确提出，苏南国家自主创新示范区要深入实施创新驱动发展战略，大力推进科技创新工程，充分发挥苏南地区科教人才优势和开发开放优势，加强创新驱动发展顶层设计和整体谋划，全面提升自主创新能力，着力强化企业创新主体地位，优化创新创业生态，增强创新核心载体功能，推动产业结构转型升级，加快建设创新驱动发展引领区；全面深化科技体制改革，着力破除体制机制障碍，开展激励创新政策先行先试，充分发挥市场在资源配置中的决定性作用和更好发挥政府作用，最大限度激发科技第一生产力的巨大潜能，加快建设深化科技体制改革试验区；全面推进区域协同创新，着力优化创新布局，强化协同效应，提升区域创新体系整体效能，加快建设区域创新一体化先行区，为建设经济强、百姓富、环境美、社会文明程度高的新江苏提供坚强保障，为创新型国家建设作出积极贡献。

具体而言，苏南国家自主创新示范区一方面应建成具有全球创新资源配置能力的产业科技创新中心和具有全球竞争力的高技术产业基地，其中“8＋1”的板块定位在于：一方面，南京重点成为技术的主要来源或源头，成为具有全球创新资源配置能力的科技创新中心；而苏锡常和镇江重点做产业创新基地，成为具有全球竞争力的高技术产业及以科技、产业转化为财富的主要创新基地。另一方面，苏南国家自主创新示范区要成为区域创新体系建设与世界级城市群建设互动发展的中介协调机制，为我国其他大经济区域的发展树立示范榜样。

此外，苏南示范区在定位上还要实现技术创新链和经济产业链的双向融合。以南京和镇江为例，固有产业特别是重化工的比重偏重，因此应使战略性新兴产业尽快成为支柱产业，与此同时，以重化工为主的传统产业不是被毁灭，而是要在创新中转型。这对其他以重化工为主的城市来说具有典型意义，能够起到示范作用。但对于苏锡常而言，尽管避开了自行探索发展道路的高昂成本，实现了自身的快速增长，但是却很容易落入“追赶者陷阱”，必须采取先发战略形成局部的绝对强势。

5.1.4 发展目标

苏南国家自主创新示范区的发展目标就是要建成创新驱动发展引领区、深化科技体制改革试验区、区域创新一体化先行区和具有国际竞争力的创新型经济发展高地。根据《中共江苏省委江苏省人民政府关于建设苏南国家自主创新示范区的实施意见》和科技部 2015 年 9 月印发的《苏南国家自主创新示范区发展规划纲要(2015—2020 年)》,示范区的最新发展目标,是到 2017 年,苏南国家自主创新示范区主要科技指标达到世界创新型国家和地区的先进水平。到 2020 年,苏南国家自主创新示范区要建成一批一流创新型园区,成为具有国际竞争力的产业科技创新中心和创新型经济发展高地。苏南人均地区生产总值达到 18 万元,全社会研发投入占地区生产总值的比重提高到 3%,高新技术企业超过 10 000 家,科技进步贡献率超过 65%,集聚一批具备全球视野与战略思维的创新创业领军人才,涌现一批拥有国际知名品牌和较强市场竞争力的创新型企业,培育一批具有自主知识产权和高附加值的战略性新兴产业。

可以说,苏南自主创新示范区建设是江苏实现“两个率先”、开创科学发展新局面的重大举措,将取得诸多良好的预期效应。主要按照“江苏—长三角—全国”的区域层级线索展开呈现:(1) 以自主创新破解江苏经济发展的诸多难题;(2) 以自主创新促进江苏城乡一体化协调发展;(3) 以自主创新激活长三角的可持续率先发展;(4) 以自主创新提升长三角都市圈的竞争优势;(5) 以自主创新引领东部沿海地区的转型升级;(6) 以自主创新带动中西部地区的跨越式发展;(7) 以自主创新造就全国最大的高新产业载体。

苏南国家自主创新示范区的设立旨在推动产业资源的差异化梯度配置,加快形成一区一战略性产业、一县一主导产业、一镇一特色产业的发展格局。苏南五市将在立足自身优势、资源禀赋、产业基础,构建各具特色的创新型经济的同时,进一步强化资源共享和联动发展。围绕到 2020 年建成全国现代化建设示范区,到 2030 年全面实现区域现代化、经济发展和社会事业达到主要发达国家水平的目标,重点推进经济现代化、城乡现代化、社会现代化和生态文明、政治文明建设,促进人的全面发展,将苏南地区建成自主创新先导区、现代产业集聚区、城乡发展一体化先行区、开放合作引领区、富裕文明宜居区。

当前和今后一个时期,按照我国现代化建设“三步走”的战略部署,积极推进苏南地区现代化建设,完善苏南地区现代化建设指标体系,充分发挥苏南地区现代化建设示范区在全国现代化建设中的示范引领作用。其中,构建苏南示范区的最实际效应,便是通过转换发展方式和发展现代服务业来集聚创新要素,使其成为辐射和带动中西部地区发展的桥头堡和发展极的示范区,其中主要辐射范围涉及苏北、安徽、江西和一部分长江中上游地区,其重要目标也是在其辐射范围内,建立现代服务业—先进制造业协同发展推进的示范机制。

建设苏南自主创新示范区,将有利于形成创新驱动发展的新格局、有利于探索自主创新的有效途径、有利于进一步加强协同创新、有利于在更广领域内深化改革创新,为我国科技体制改革探索路子、积累经验。

5.2 苏南“8+1”行政区现状对比

苏南5个城市9个高新区虽属同一创新示范区，但发展并不平衡，空间上集中但资源禀赋与产业基础存在着显著差异。从南京的智能电网、软件到无锡的物联网、集成电路，从常州的光伏、智能装备到苏州的纳米、生物医药再到镇江的战略新材料，各有侧重。虽然与外向型经济发展重镇“苏锡常”相比，南京、镇江的发展存在一定差距，但南京作为江苏省的政治文化中心，拥有众多的高校和科研院所，具备向苏、锡、常等产业基地输送人才和技术的能力。因此，苏南区域内各主体是既协作又竞争的关系。在长三角区域一体化发展背景下，苏南还面临着区域内各高新区以及区域间的统筹整合，提高协同发展与综合竞争力的重任。

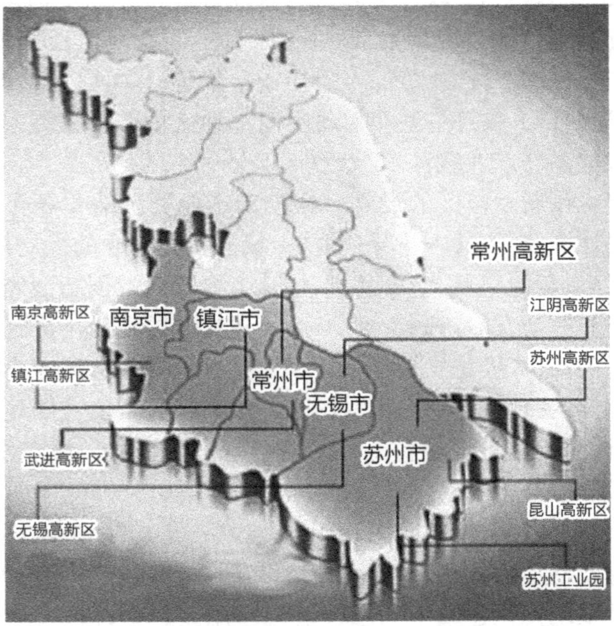

图5－11 苏南国家自主创新示范区“8+1”行政区区位图

建设苏南国家自主创新示范区能够避免“双手互搏”的内耗式竞争，而要在更大范围、更高能级层面协调配置各类创新要素，培育出一系列世界级产业，最终在全省乃至全国形成可复制的创新示范效应，苏南不但要搞科技创新，还要引领更大区域的创新驱动发展；不仅要注重技术层面的创新，还要注重科技体制改革方面的先行先试；不再是“独善其身”，要打破行政壁垒、突破发展瓶颈，统筹整合创新资源，推动创新要素在城市之间、园区之间、城乡之间的合理流动和高效组合，着力构建协同有序、优势互补、科学高效的区域创新体系。苏南各高新区产业辨识度要高，才能让创新资源有序配置。比如南京高新区应紧紧抓住软件与电子信息集聚创新资源，苏州高新区则应在新兴产业选择上，有意识地错位发展，提出打造医疗器械、电子信息、新能源、轨道交通四大千亿级新兴产业，建设各具特色的创新型园区，努力形成“五城九区多园”的一体化创新发展格局。

5.2.1　南京国家高新技术产业开发区

南京市科教文化资源丰富、区域金融地位突出、海陆空港和信息港联动发展，可发挥带动中西部地区发展的重要门户作用，建设全国重要的科技创新中心、文化创意中心、长江航运物流中心和重要的区域金融商务中心，成为国家创新型城市和国际软件名城。南京市将以南京高新技术产业开发区（含南京高新区、新港高新园、江宁高新园，简称“一区两园”）创新发展为重点，大力推动大众创业、万众创新，全面提升全市自主创新能力和产业竞争能力，加快发展创新型经济，推进国家创新型城市建设，奋力当好苏南国家自主创新示范区建设的排头兵（图 5－12）。

图 5－12　南京江宁高新园区位图

南京国家经济技术开发区成立于 1988 年，1991 年被批准为国家级高新区，是国家首批、江苏首家、南京唯一的国家高新区。园区现管辖面积 160 平方千米，初步形成了软件及电子信息、北斗卫星导航应用、生物医药特色产业集群，现有注册企业 3 300 余家，70％以上企业拥有自主知识产权或自主品牌。2014 年，实现技工贸收入 2 702 亿元，地区生产总值 260.5 亿元，公共财政预算收入 45.6 亿元。园区拥有高新技术企业 109 家，高新技术产业产值占规模以上工业产值比重的 60％，R&D 研发投入占比为 5.2％。园区拥有国家“千人计划”特聘专家 31 人，江苏省“双创计划”人才 30 人，南京市“321 计划”人才 175 人，拥有江苏省“产业教授”“科技创业家”“双创博士”以及“333 人才工程”等各类人才百余人，将形成生物医药、北斗应用、软件及信息服务等特色鲜明的产业集群，成为江北新区经济发展的主力军；新港高新园围绕新型显示、激光技术、固体照明、高端装备制造等领域，形成1～2 个拥有技术主导权的产业集群，打造具有国际影响力的产业创新中心；江宁高新园以大学科教创新园为优势，在通信与网络、生命科学、智能电网及新能源等领域取得突破。鼓励“一区两园”体制机制改革，赋予其与市级同等的经济、社会等行政管理权限。

成为苏南国家自主创新示范区后，南京国家高新区将按照国务院“三区一高地”(创新驱动发展引领区、深化科技体制改革试验区、区域创新一体化先行区和具有国际竞争力的创新型经济发展高地)要求，创新驱动、先行先试，力争通过 3～5 年时间，园区主要科技指标达到世界创新型国家和地区的先进水平，基本建成与现代产业体系高效融合、创新要素高效配置、科技成果高效转化、创新价值高效体现的开放型区域创新体系，成为南京创新驱动的标杆区、江北新区经济发展的主引擎。

5.2.2 苏州国家高新技术产业开发区

苏州市有历史文化底蕴深厚、科技创新资源集聚、体制机制完善的优势，苏州高新技术产业开发区有先行先试的引领作用，可建设成全国重要的先进制造业和现代服务业基地、国际文化旅游胜地和创新创业宜居城市。对处在转型升级关键时期的苏州来说，建设自主创新示范区是推进创新驱动发展，转方式调结构的关键之举，是提质增效的根本途径。苏州将努力当好苏南国家自主创新示范区建设的领头羊(图 5 - 13)。

图 5 - 13　苏州高新区区位图

苏州高新技术产业开发区是苏州市委、市政府按照国务院“保护古城风貌，加快新区建设”的精神于 1990 年 11 月开发建设的，1992 年 11 月被国务院批准为国家高新技术产业开发区，1997年被确定为首批向APEC成员开放的亚太科技工业园，1999年被国家环保总局认定为国内首家“ISO14000国家示范区”，2000年被外经贸部、科技部批准为国家高新技术产业开发区高新技术产品出口基地，2001年被批准建设国内首家国家级环保高新技术产业园。苏州国家高新区大力发展以医疗器械为主的战略性新兴产业，高标准推进苏州科技城等创新核心区建设，加快建设苏州自主创新广场、苏州医疗器械产业基地、东南科技城、苏州国家先进制造技术国际创新园等一批具有较强自主创新能力、特色鲜明的重大创新载体。

苏州高新区紧紧围绕“迈进全国高新区第一方阵”的目标，推进产业链、创新链、价值链、资金链的四链结合，即围绕产业链部署创新链，围绕创新链提升价值链，围绕价值链完善资金链，进一步强化科技同经济对接、创新成果同产业对接、创新项目同现实生产力对接、创新人才培养引进同经济社会发展需求对接。力争在2020年使全社会研发投入占地区生产总值的比例达到5%，万人有效发明专利拥有量达到80件，全区高层次人才总量达到2.3万人，创新驱动发展的核心竞争力明显增强。

5.2.3　无锡国家高新技术产业开发区

无锡市有实业基础雄厚、文化底蕴深厚的优势，可建设成全国重要的先进制造业、战略性新兴产业、创意设计基地和区域交通枢纽、商贸中心、旅游胜地，成为现代滨水花园城市和智慧城市。作为苏南国家自主创新示范区“8＋1”阵营中的一员猛将，无锡产业发展具有极强的不可复制性，尤其是在物联网发展方面的产业优势和潜力，更是让其他地区望尘莫及。经过近几年的发展，无锡物联网建设取得了不错的成绩，据不完全统计，2012年，无锡物联网产业市场规模高达263亿元，目前无锡约有600多家物联网公司，增长率有望稳定在30%左右。但是想要打破常规，让创新型经济实现跨越式发展，仍需要当下政府、企业等各方的共同努力(图5-14)。

图5-14　无锡高新区区位图

无锡国家高新技术产业开发区于1992年经国务院批准设立。1995年在高新区基础上成立无锡新区。目前，无锡国家高新技术产业开发区区域面积220平方千米，建成区面积137.9平方千米左右，下辖旺庄街道、硕放街道、江溪街道、梅村街道、鸿山街道和新安街道六个街道，规划了高新技术产业开发区、无锡（太湖）国际科技园、无锡空港产业园、中国（无锡）工业博览园、中国吴文化博览园、国际教育生活社区六大功能分区。全区常住人口53.68万人，户籍人口31.90万人，外来人口34.50万人。

无锡国家高新技术产业开发区经过20年的发展，现已成为无锡市重要的经济增长极、对外开放窗口、科技创新基地和转型发展引擎。无锡国家高新技术产业开发区以占全市不到5%的土地，创造了全市16%以上的地区生产总值和地方一般预算收入、22%以上的规模以上工业总产值、35%以上的高新技术产业产值、35%以上的到位外资和近一半的进出口总额。先后成为江苏省唯一国家火炬计划实施20周年先进开发区，江苏首家、全国首批中央海外高层次人才创新创业基地，国家生态工业示范园区，在全省率先成为部省市共建国家创新型科技园区、部省共建知识产权试点园区，已连续六年蝉联全省开发区科学发展综合评价第二位。

当前，无锡国家高新技术产业开发区正致力于实施“企业国际化”“城区国际化”“人才国际化”三项专题规划，着力提升无锡国家高新技术产业开发区的经济国际竞争力、全球要素配置力和对外影响力。无锡国家高新技术产业开发区将在市委、市政府的正确领导下，开拓创新，奋力拼搏，以更好的精神状态、更佳的工作成绩，为加快建设“魅力无锡、创新无锡、创业无锡、幸福无锡”作出新的、更大的贡献。

5.2.4 常州国家高新技术产业开发区

常州市有产业基础较好、科教资源丰富的优势，可建设成全国重要的智能制造装备、新材料产业基地和区域科技创新中心、文化创意基地、生态休闲旅游目的地，成为智能装备制造名城和智慧城市。

常州国家高新技术产业开发区是1992年11月经国务院批准最早成立的全国52个国家级高新区之一，规划用地面积5.63平方千米，位于常州市老城区之北，北依长江，南枕京杭大运河，东与江阴市、西与丹阳市和扬中市接壤，与上海、南京、杭州等距相望。区内拥有国家一类开放口岸常州港和可直航20多个国内外城市的常州机场，以及省内最大的内河港——奔牛港，京沪高铁、沪蓉高速、常泰高速、S338、S122等铁路公路，新藻江河、德胜河、新孟河等内河连通长江和京杭运河，构成了四通八达、快速便捷的水、陆、空立体对外交通网，区位条件优越。2002年4月，在高新区基础上设立了常州市新北区。经2015年第三次区划调整后，地域面积扩大至508.94平方千米，目前下辖7镇3街道，常住人口68.79万人（图5-15）。

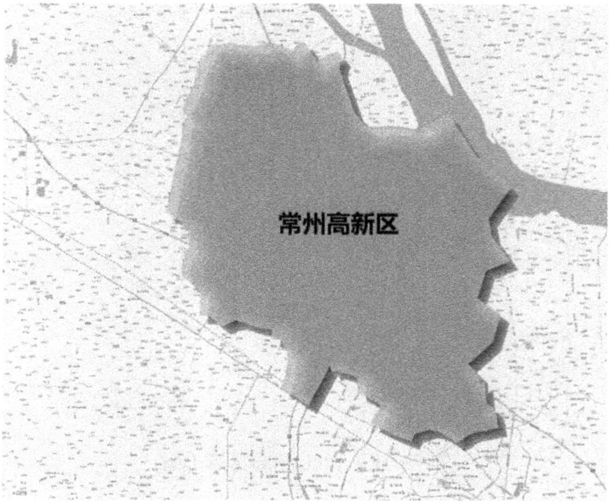

图 5-15 常州高新区区位图

常州高新区围绕建设高端产业的集聚区、科技创新的引领区、生态文明的新城区和人民幸福的示范区的目标，全力推进苏南现代化示范区和国家自主创新示范区建设，形成装备制造、新能源、新材料、现代服务业 4 个千亿级产业集群和 5 千亿元的工业总产值；做深“一城三片区十大板块”功能布局（“一城”指北部新城；“三片区”指滨江高新技术产业片区、黄河路高新技术产业片区、齐梁生态休闲片区；“十大板块”指通江中央商务城、环球恐龙创意城、天合国际太阳城、新龙国际商务城、滨江综合产业园、新龙生命科学园、黄河路智能装备产业园、空港综合产业园、齐梁现代农业示范区和齐梁生态文化休闲区），努力将高新区打造成国际化功能完善、生态化环境宜人的滨江新城，全力争当苏南现代化建设示范区的排头兵。

5.2.5 昆山国家高新技术产业开发区

昆山国家高新技术产业开发区是昆山大力实施开放条件下的自主创新、加快高新技术产业集聚发展、推动经济发展方式转变的重要载体。2010 年 9 月经国务院批准成为国内首家设在县级市的国家级高新技术产业开发区（图 5-16）。

昆山国家高新区以不足全市八分之一的土地面积，创造贡献了全市五分之一的 GDP 和五分之一的财政收入，吸引汇聚了全市三分之一的工商企业和三分之一的发明专利。昆山国家高新区致力于发展以机器人及精密装备制造为特色的战略性新兴产业，深入推进以阳澄湖科技园为承载的创新核心区建设，加快建设机器人产业基地、昆山生物医药产业园等重大创新载体，构筑两大战略性新兴产业和六大支柱型基础环境，已形成包括机器人装备制造产业、小核酸及生物医药、汽车及零部件等在内的六大制造业支柱产业，科技服务业、商贸业和生产性服务业等三大服

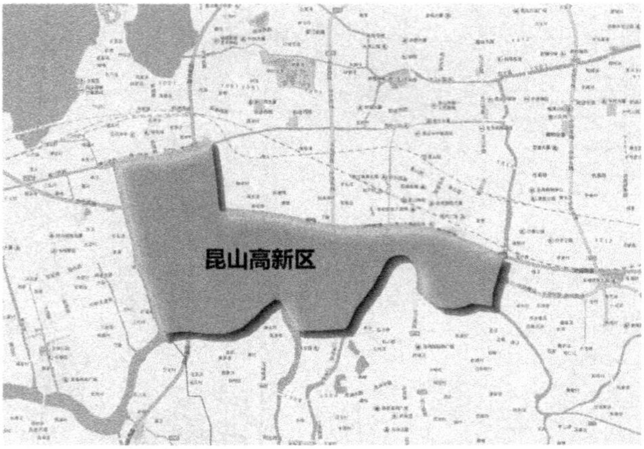

图 5-16　昆山高新区区位图

务业的“6＋3”产业集群，推动产业向高技术含量、高成长性、高附加值、高带动性的“四高”发展。

昆山国家高新区依据“四个渗透”的发展战略，即在工业区渗透商贸服务、在居住区渗透智慧服务、在商贸区渗透文化服务、在农业区渗透旅游休闲服务，从传统园区建设加快向科技新城建设转变，实现产城融合发展，力争到 2020 年，全社会研发经费投入占 GDP 的比重达到 5%，高新技术产业产值占规模以上工业产值的比重达到 65%，万人发明专利拥有量达 60 件，万人拥有高层次人才数 220 人以上；国家高新区综合排名上升 10 位，企业上缴税额增长率全国第一，可持续发展能力全国第五。五年来，昆山国家高新区走出 181 家高新技术企业、316 家研发机构，获批国家“863”、科技支撑、重大专项等各级各类科技项目 500 多项，申请专利 3.15 万件、授权 1.60 万件，全社会研发投入占地区生产总值的比重达 3.2%。以小核酸产业为例，昆山高新区初步探索了一条以点带面、突破发展的生物医药产业发展之路，形成了“做核酸，到昆山”的品牌。预计到 2020 年，昆山小核酸及生物医药产业将实现“百家企业、百亿产值”的“双百目标”。

5.2.6　江阴国家高新技术产业开发区

江阴是长江下游新兴的滨江工业港口城市和交通枢纽城市，市域面积 988 平方千米，人口 119 万，辖 13 个镇、3 个街道办事处、3 个省级开发区、247 个行政村，是中央确定的全国改革开放 30 年 18 典型地区之一，被誉为“科学发展的先行者”，在全国县域经济科学发展基本竞争力排名中实现“七连冠”，获得联合国环境署认定的“国际花园城市”、国家可持续发展先进示范区、中国全面小康十大示范县(市)等荣誉称号。改革开放以来，江阴在全国万分之一的土地上，以全国千分之一的人口，创造了近全国 0.5%的地区生产总值、0.4%的财政收入和 1%的上市公司(图 5-17)。

图 5－17　江阴高新区区位图

作为苏南国家自主创新示范区的重要组成部分，江阴国家高新技术产业开发区成立于 1992 年，拥有区位、实力、开放、龙头、商务优势。

(1) 区位优势。江阴位于中国经济最发达的长三角地区几何中心，境内有江阴长江大桥及三条高速公路，2 小时车程范围内有上海虹桥、上海浦东、南京禄口等六个机场，1 小时车程范围内有无锡和常州两个高铁站，水陆空交通网络完备，是长江中下游南北交通的重要枢纽。江阴国家高新技术产业开发区位于主城区东部，是江阴城市发展的核心区域，面积 53 平方千米，地处我国沿海、沿江的交汇点，在中国 88 个国家高新区中具有十分重要的战略地位，同时是我国东部沿海地区唯一的拥有长江岸线资源的国家高新区。

(2) 实力优势。江阴市连续九年在中国县域经济综合竞争力排名中名列第一。江阴国家高新技术产业开发区作为江阴市高新技术产业的集聚地和全市经济发展的重要板块，2012 年，全区实现工商开票销售约 1 900 亿元，GDP 达 345 亿元，财政收入超 50 亿元。

(3) 开放优势。江阴国家高新技术产业开发区是江阴对外开放的先导区和示范区，建区 20 年来已累计引进外资项目 400 多个，到位注册外资总计超过 30 亿美元，日本 JFE、东芝、住友金属、三井物产、三菱商事，比利时贝卡尔特，以色列化工，荷兰帝斯曼(DSM)，芬兰科尼，中粮集团、中信集团等多家世界 500 强企业及知名跨国公司已在高新区进行投资。同时，贝卡尔特亚洲研发中心、DSM 亚太区研发中心、以色列化工集团中国研发中心、中特集团兴澄特钢研究院、瀚宇博德中国区研发中心等一批区域研发中心、地区总部进驻落户。

(4) 龙头优势。江阴国家高新技术产业开发区在新材料、精密机械、电子信息等产业领域拥有一大批综合实力在国内外排名第一的龙头企业：兴澄特钢年产

600万吨特种钢，其中高标准轴承钢的国内市场占有率为75%，是中国生产规模最大、竞争实力最强的特钢企业；贝卡尔特钢帘线是全球最大的钢帘线生产企业，产品全球市场占有率超过25%；瀚宇博德是全球最大的笔记本电脑主板电路板生产基地，产品全球市场占有率超过40%；贝卡尔特超硬复合新材料是全球最大的光伏太阳能硅片耐磨切割丝研发生产基地；长电科技是中国半导体第一大封装生产基地；新和桥化工是中国最大的可发性聚苯乙烯(EPS)生产工厂。

(5) 商务优势。区内餐饮、购物、教育、医疗、娱乐等时尚生活元素一应俱全，为入驻企业提供了高效、便捷的商务环境和舒适宜人的生活环境。江阴国家高新技术产业开发区还将充分利用山水资源，进一步提升打造江阴城市东部的生态景观，使其成为休闲度假、教育研修、生活居住的理想区域。

江阴国家高新技术产业开发区未来将主要致力于发展以特钢新材料为主的战略性新兴产业，加快建设滨江科技城、盈智城科技金融总部集聚区、御龙湾科技创业社区、特钢新材料及其制品科技产业园、江阴传感网科技产业园、江阴汽车整车及关键零部件科技产业园、现代中药及生物医药科技产业园、江阴临港新城新能源产业园等重大创新载体。

5.2.7 武进国家高新技术产业开发区

常州市武进区以高新区为依托，内引外联，做大做强新兴产业、调高调优传统产业、提速提质服务业，狠抓重点，措施有力，在高端装备制造、新材料、新能源、信息技术和软件产业等方面形成了战略优势，初步形成了“以武进国家高新区为核心、布局‘一区多园’发展格局、打造产城融合特色、推动全区创新一体化”的建设共识，在苏南自主创新示范区建设中具有十分重要的意义(图5-18)。

图5-18 武进高新区区位图

为做好示范区建设各项承接工作，武进国家高新技术产业开发区将着力夯实以下四大基础：(1) 产业是园区发展的主战场。高新区将进一步壮大产业集群，既筑牢智能装备、节能环保和电子信息三大"家底"型产业，又开拓轨道交通、汽车制造和通用航空三大潜力产业，加快形成"二次创业"新增长极。(2) 优良的创新环境是实施创新驱动的第一保障。高新区将率先做好政策落地，认真学习北京中关村发展之路，切实创优发展环境。同时，将以市场为导向，开展政、产、学、研合作。(3) 资源全则创新要素全。高新区将加快完善创新服务体系，通过探索"创业苗圃＋孵化器＋加速器"三位一体联动机制，切实完善科技创业体系；通过引导各类金融机构支持自主创新成果转化，从而完善科技金融体系。(4) 实施创新驱动还离不开载体平台建设。根据高新区发展规划，将以龙头企业、特色产业为基础，逐步建立恒立、国茂等企业产业园，既为龙头企业提供广阔空间，也为区域产业发展提供支撑。探索一区多园战略，以武澄工业园为主体，加快郑陆分区建设，打造富有特色的东部重要产业平台。

未来，武进国家高新区将着力打造智能装备科技产业园、中医国际创新园、绿色建筑科技产业园、核心零部件及材料科技产业园等特色科技产业园区。根据苏南国家自主创新示范区的建设目标，到2020年，武进将初步形成创新驱动发展体制机制，建设1～2个世界知名的新型科研机构，引进聚集具有世界水平的100个领军型创新团队、600个创业团队、1 000名领军型创新人才、3 000名创业人才和一批科技企业家，高新技术企业达到700家，形成1～2个国际一流的新兴产业集群，主要创新指标达到世界创新型国家和地区水平。

5.2.8 镇江国家高新技术产业开发区

镇江市有产业基础较好、自然生态良好的优势，可建设成全国重要的高端装备制造基地、新材料产业基地和区域物流基地、技术研发基地、创意生活休闲中心，成为现代山水花园城市和旅游文化名城。

镇江国家高新技术产业开发区位于镇江主城区的西部，镇江国家高新技术产业开发区前身是2006年5月成立的江苏镇江润州工业园区，2012年9月经省政府批准，更名为江苏省镇江高新技术产业开发区，2014年升级为镇江国家高新技术产业开发区。目前，该高新区是科技部火炬计划镇江特种船舶及海洋工程装备特色产业基地、江苏省船用动力特色产业基地，现有船舶与海工配套园、镇江知识城等市级重点规划建设类园区。晋升为国家级高新区后，其与东部的国家级经济技术开发区形成"两翼"，在提升经济体量的基础上，进一步提高经济质量，形成主城区"一体两翼"格局。同时，镇江国家高新技术产业开发区与苏南现代化示范区建设、国家自主创新示范区创建等重大机遇形成叠加优势(图 5－19)。

图 5-19　镇江高新区区位图

镇江国家高新技术产业开发区跻身国家自主创新示范区后，将参照执行国务院支持中关村科技园区建设国家自主创新示范区的各项政策及其配套措施，开展股权激励试点、深化科技金融改革创新试点，同时在深化科技体制改革、建设新型科研机构、科技资源开放共享、区域协同创新等方面进行积极探索。

5.2.9　苏州工业园区

作为“8＋1”格局中唯一的“1”，苏州工业园区将肩负起引领苏州创新一体化发展的使命，打造在全国范围内具有创新示范和带动作用的区域性创新平台，建成苏南国家自主创新示范区的核心区和先导区，即对内引领国内创新，对外参与全球创新竞争，营造创新创业生态圈，打造创新资源聚集高地，成为全国具有示范和带动作用的区域创新平台，为以转型升级为主的创新发展提供契机，这也是我国今后绝大部分地区要走的道路。苏州等地作为先行者和发达地区，理应为国内其他地区付出代价高昂的探索成本，同时建设国际自主创新示范区，为江苏提高参与全球化市场水平、提升区域竞争力提供了契机和示范样本。

苏州工业园区是国内第一个把纳米产业作为引领区域经济转型升级“一号产业”来发展的开发区，经过十多年的发展壮大，其已成为全球纳米领域最具代表性的八大产业区域之一。瞄准国内外纳米产业的高端人才和领先技术，大力完善“纳米技术产业生态圈”，突破纳米关键技术，加速纳米技术成果产业化，已经成为园区加快自主创新的重要抓手，由此带来新兴产业一路“高歌猛进”，推动人才、创新、科技、金融、产业等融合发展（图 5-20）。

图 5－20　苏州工业园区区位图

为全面把握苏南国家自主创新示范区上升为国家战略的重大机遇，发挥中国—新加坡国际合作优势，实施更加主动的开放战略，探索更具活力的创新模式，园区提出以创建"开放创新综合改革试验区"为抓手，推进电子信息、机械装备产业向高端化迈进，大力发展纳米技术、生物医药、云计算等新产业、新模式、新业态，促进科教协同创新，提升创新驱动效能。着力建设四个重大任务，即促进纳米技术引领产业发展，打造新兴产业创新与产业化高地；创新体制机制，发挥市场活力，推进科技金融融合发展创新示范区建设；营造创新创业生态圈，推进国际创新资源开放融合示范，打造创新资源聚集高地；建成全国领先的信息化高科技园区和国际一流的智慧型城区。

对于苏州而言，苏州高新区、昆山高新区是其建设苏南国家自主创新示范区的主阵地，苏州要打造苏南国家自主创新示范区核心区，首先要发挥好"三驾马车"的作用。其中，要强化苏州工业园区的引领作用，支持苏州工业园区建设以创新驱动为核心、以服务经济为主体、以高端制造为基础、以优秀人才为支撑的世界一流高科技产业园区，打造在全国具有创新示范和带动作用的区域性创新平台。要实现苏州高新区的突破发展，支持苏州高新区打造以战略性新兴产业为主导、创新引领、人才集聚、生态优良的国际级创新型科技园区，跻身全国高新区第一方阵。要推进昆山高新区特色发展，支持昆山高新区打造具有国际影响力的现代化科技生态新城和高端开放的创新经济体，实现在全国高新区综合排名中进入前三十位。同时，要推动辐射带动区域创新发展。充分发挥苏州工业园区、苏州高新区、昆山高新区的辐射带动作用，鼓励、支持创新要素分阶段逐步向周边辐射。支持辐射带动区域建设一批集知识创造、技术创新和新兴产业培育于一体的创新载体和重大科技平台，推动自主创新能力和产业竞争力全面提升。加快常熟、汾湖、太仓、吴江省级高新区的建设步伐，推动符合条件的省级高新区创建国家级高新区，实现省级高新区全覆盖。

5.3 本章小结

苏南国家自主创新示范区是国内首个以城市群为核心的国家自主创新示范区，各个城市均具有不同的经济发展概况、产业布局现状和创新资源配置，因此，在苏南国家自主创新示范区的建设过程中，各个城市应该深入分析本区域的现状，同时了解其他区域的状况，从而找出本区域存在比较优势的产业，实现"8＋1"行政区域的错位发展。在后续章节中，本书拟基于创新指数的视角，对比分析"8＋1"行政区创新能力的现状，以此为基础，再结合各个地区经济产业发展的现状和已有的政府规划文件等，准确定位各个区域未来的产业发展方向。

参考文献

[1] 顾雷鸣. 聚焦苏南国家自主创新示范区系列报道之一：苏南"发动机"添上"涡轮增压"[N]. 新华日报，2015-02-04.
[2] 顾雷鸣. 聚焦苏南国家自主创新示范区系列报道之二：创新驱动，托起苏南产业高地[N]. 新华日报，2015-02-05.
[3] 顾雷鸣. 聚焦苏南国家自主创新示范区系列报道之三：突破藩篱，激发科技创新大潜能[N]. 新华日报，2015-02-07.
[4] 顾雷鸣. 聚焦苏南国家自主创新示范区系列报道之四：同下"一盘棋"，共建区域创新先行区[N]. 新华日报，2015-02-08.
[5] 顾雷鸣. 聚焦苏南国家自主创新示范区系列报道之五：融入全球，构筑开放创新的桥头堡[N]. 新华日报，2015-02-10.

第六章　创新能力评价——创新指数

创新指数分析就是将指数理论应用于创新领域，对区域创新能力进行综合分析和评价。本章首先明确定义了创新指数的概念，在此基础上，整理汇总国内外知名创新指数，并对这些创新指数进行评述，从而为本书创新指数评价体系的提出奠定扎实的理论基础。

6.1　创新指数的概念

指数理论起源于价格指数研究，最早可追溯到五千多年前埃及的物价指数，用于反映价格的相对变化，后来被广泛应用于经济统计领域，如消费者价格指数(CPI)、生产者价格指数(PPI)、股票指数、进口价格指数、出口价格指数、商品零售价格指数、GDP 缩减价格指数、房地产价格指数等。随着科技创新活动的深入开展，其复杂性也在不断加深，学者们意识到有必要整合科技创新活动的方方面面，形成一个综合性地反映科技创新变化程度的指标，由此，创新指数理论应运而生。创新指数就是用于反映科技创新和技术创新能力变化程度的一个相对数。该指数一方面能综合反映科技创新活动总体的变动方向和变动程度，另一方面能反映受多种因素影响导致的科技创新活动的总变动中各个因素的影响方向和影响程度。

6.2　典型创新指数

国外学者对创新指数的研究主要集中于用该指数综合评价和研究一定区域范围的创新能力。目前，已经形成一批具备国际公认力的创新指数，例如欧盟创新指数、全球创新指数、硅谷指数、全球竞争力指数、世界竞争力年度报告指数等。

6.2.1　创新联盟记分牌

从 2001 年开始，欧盟正式发布欧盟创新指数报告，以美国和日本为标杆，用创新指标体系对欧盟 28 个成员国的创新绩效进行定量比较，分析欧盟各国的创新优势和劣势。2001—2010 年，该指数的评价指标体系不断优化，评价对象不断增加，最终从创新动力、创新活动和创新产出三个层面出发确定了 7 个评价维度共 29 个评价指标。在创新动力层面上形成了人力资源、资金扶持这两个维度，在创新活动层面上形成了企业投资、企业家精神和知识资产这三个维度，在创新产出层面上形成了创新者、经济效益这两个维度。在综合分析的基础上，将 28 个欧盟成员国划分为四大组，即领袖型创新国家、跟随型创新国家、一般创新国家和低度创新国家。为推进欧盟 2020 计划，2011 年欧盟创新指数报告正式更名为创新联盟记分牌（Innovation Union Scoreboard，IUS），并在创新动力这一层面上增加了研发体系这一维度，最终形成包含 8 个维度、25 个指标的评价体系。具体指标体系如表 6－1 所示。

表 6－1　创新联盟记分牌评价指标体系

一级指标	二级指标	三　级　指　标
创新活力	人力资源	25～34 岁每 100 人中获得博士学位的人数
		30～34 岁完成高等教育的人的比重
		20～24 岁完成中等教育以上的人的比重
	研发系统的开放性和吸引力	每百亿出版物中国际科技类联合出版物的比重
		世界范围的引用率排在前 10%的科技类出版物占整个国家科技类出版物的比重
		非欧盟国籍的博士生数占全部博士生的比重
	资金扶持	公共部门 R&D 经费支出占 GDP 的比重
		风险投资占 GDP 的比重
创新活动	企业投资	非公共部门中 R&D 支出占 GDP 的比重
		非研发性创新支出占主营业务收入的比重
	企业家精神	进行内部创新活动的中小型企业占中小型企业的比重
		创新型中小型企业占中小型企业的比重
		产学研联合出版物占出版物总数的比重
	知识资产	每十亿 GDP 的 PCT 专利申请量
		每十亿 GDP 的与社会变革有关的 PCT 专利申请量
		每十亿 GDP 的商标拥有量
		每十亿 GDP 的外观专利拥有量
创新产出	创新者	进行产品或工艺创新的中小型企业的比重
		进行市场或组织创新的中小型企业的比重
		在创新部门的高速增长企业的从业人员数
	经济效益	知识密集型产业从业人员的比重
		中高技术产品出口对贸易均衡的贡献率
		知识密集型服务出口占服务出口总额比重

续表

一级指标	二级指标	三　级　指　标
创新产出	经济效益	新产品销售收入占主营业务收入的比重
		从国外获得的专利许可费占 GDP 的比重

6.2.2　全球创新指数

全球创新指数（Global Innovation Index，GII）最早是由欧洲工商管理学院（INSEAD）于 2007 年发起的。该指数以创新效率为主题，设置创新投入子指数和创新产出子指数，创新效率就是创新产出子指数除以创新投入子指数。在创新投入子指数下，设置了机构、人力资本与研究、基础设施、市场成熟度、企业集中度这五个维度；在创新产出子指数下，设置了知识和技术产出、创新性产出两个维度。上述评价维度一直沿用至今，仅在个别指标上做了修改。2014 年，该评价体系共有 81 个具体指标，报告对全球 143 个国家的创新效率进行评估和排名，为各国创新政策制定提供参考和建议。具体评价指标体系如表 6－2 所示。

表 6－2　全球创新指数评价指标体系

一级指标	二级指标	三　级　指　标
创新投入	机构	政策环境
		法规环境
		商业环境
	人力资本与研究	教育
		高等教育
		研究与发展
	基础设施	通信技术
		风险投资占 GDP 的比重
		生态可持续性
	市场成熟度	信用
		投资
		贸易与竞争
	企业集中度	知识工作者
		创新联盟
		知识吸收能力

续表

一级指标	二级指标	三级指标
创新产出	知识与技术产出	知识创造
		知识影响
		知识扩散
	创新性产出	无形资产
		创意性产品和服务
		网络创造性

6.2.3 硅谷指数

创新联盟记分牌(IUS)和全球创新指数(GII)是针对科技创新活动专门设立的,此外还有一些指数在其评价指标体系中将科技创新活动作为重要的考核维度,例如硅谷指数、全球竞争力指数、世界竞争力年度报告指数等。硅谷指数(Silicon Valley Index)是硅谷网络联合投资为实现自己促进硅谷发展的目标而制定的一个地区评价指标体系。人口、经济、社会、空间和治理是硅谷指数理念关注的五个方面,2014 年的指数报告将这五个方面的一级指标进一步细化为 16 个二级指标、57 个三级指标。在经济这个一级指标下设置了创新这个二级指标和 9 个与技术创新有关的三级指标。具体评价指标体系如表 6-3 所示。

表 6-3　硅谷指数评价指标体系

一级指标	二级指标	三级指标
经　济	创　新	每位员工的价值创造增加值
		专利注册
		专利注册:按技术区域分类
		绿色技术专利
		风险投资:总数,按行业,美国的份额
		清洁技术风险投资:总数及细分
		首次公开发行股票
		合并与收购
		硅谷搅拌器:企业

6.2.4 全球竞争力指数

全球竞争力指数(Global Competitiveness Index, GCI)是由世界经济论坛于 2004 年首次发布,旨在衡量一国在中长期取得经济持续增长的能力,每年向世界推出《全球竞争力报告》，为识别处于不同发展阶段的世界各国竞争力状态提供了全面图景。GCI 由 12 个竞争力支柱项目构成，包括机构、基础设施、宏观经济环境、健康和初等教育、高等教育和培训、商品市场效率、劳动力市场效率、金融市场发展、技术可获得性、市场规模、商业成熟度和创新，其中创新这一维度与本书主题紧密相关，合计有 7 个二级指标。具体的评价指标体系如表 6－4 所示。

表 6－4　全球竞争力指数评价指标体系（创新维度）

一级指标	二　级　指　标
创　新	创新能力
	科学研究机构的质量
	企业研发经费支出
	研发活动中的产学研合作
	先进技术产品的政府采购
	科学家和工程师的可获得性
	PCT 专利申请量

6.3　国内创新指数研究成果

与国外相比，我国在创新指数方面的研究起步较晚，且相对滞后，但通过积极的学习和借鉴相关国际经验，目前国内逐渐出现一些较有影响力的创新指数。最具权威的是由中国科学技术发展战略研究院发布的国家创新指数和国家高新区创新指数。国家统计局发布的中国创新指数和中国人民大学发布的中国三十一省区市创新指数也是影响较为广泛的创新指数。另外，还有针对某一特定区域发布的创新指数，例如中关村指数、张江创新指数和杭州创新指数等。

6.3.1　国家创新指数

国家创新指数是由中国科学技术发展战略研究院于 2011 年发起的，用于评价世界主要国家的创新能力，揭示我国创新能力变化的特点和差距。评价对象选取世界上 40 个国家，其 R&D 经费之和占全球的 98%以上，GDP 合计占全球的 88%以上。力图通过逐年评价与国际对比来监测我国建设创新型国家的进程，为实施国家创新发展战略提供支持信息。考虑到创新是从创新概念提出到研发、知识产出再到商业化应用的完整过程，国家创新能力应体现在科技知识的产生、流动和商业化应用的整个过程中，应该从创新资源投入、知识创造与应用、企业创新到创新产出与绩效影响、创新环境的整个创新链的主要环节来构建指标，评价国家创新能力。因此，国家创新指数从创新过程出发，由包含创新资源、知识创造、企业创新、创新绩效和创新环境在内的5个一级指标和33个二级指标组成。其中,创新资源反映了一个国家对创新活动的资源投入力度、创新人才资源供给能力以及基础设施投入水平;知识创造反映一个国家的科研产出能力和知识传播能力;企业创新主要用来反映企业创新活动的强度、效率和产业技术水平;创新绩效反映一个国家开展创新活动所产生的效果和影响;创新环境主要用来反映一国创新活动所依赖的外部软硬件环境。在评价方法上,该创新指数参考了欧盟国家创新绩效评价的方法,采用综合指数评价方法。具体的评价指标体系如表6-5所示。

表6-5 国家创新指数评价指标体系

一级指标	二级指标
创新资源	研究与发展经费投入强度
	研究人力投入强度
	科技人力资源培养水平
	信息化发展水平
	研究与发展经费占世界比重
知识创造	学术部门百万研究与发展经费的科学论文引证数
	万名科学研究人员的科技论文数
	百人互联网用户数
	亿美元经济产出的发明专利申请数
	万名研究人员的发明专利授权数
	科技论文总量占世界比重
	三方专利总量占世界比重
企业创新	企业研究与发展经费与工业增加值的比重
	万名企业研究人员拥有的PCT专利数
	综合技术自主率
	企业主营业务收入中新产品所占比重
	中高及高技术产业增加值占全部制造业的比重
创新绩效	劳动生产率
	单位能源消耗的经济产出
	人口预期寿命
	高技术产业出口占制造业出口的比重
	知识服务业增加值占GDP的比重
	知识密集型产业增加值占世界比重

续表

一级指标	二级指标
创新环境	知识产业保护力度
	政府规章对企业负担的影响
	宏观经济环境
	当地研究与培训专业服务情况
	反垄断政策效果
	员工收入与效率挂钩程度
	企业创新项目获得风险资本支持的难易程度
	产业集群发展状况
	企业与大学协作程度
	政府采购对技术创新影响

6.3.2 国家高新区创新指数

国家高新区创新指数同样是由中国科学技术发展战略研究院发布的，目的在于全面监测和评估分析国家高新区创新发展进程，动态反映国家高新区创新能力的发展水平，发现国家高新区创新能力的短板和不足，揭示国家高新区整体创新能力的纵向发展趋势以及国家高新区队列内的横向状态比较。基于此，该创新指数以所有国家高新区为评价对象，围绕创新价值实现和驱动发展的核心过程，全面考察影响创新成效的内部与外部因素，综合分析显示创新能力的投入与产出指标。而且，不同于当前众多评价侧重于对创新效率的分析，国家高新区创新指数在重视结果和效率的同时，也突出强调了创新所具备的基础与潜力。

国家高新区创新指数的评价指标体系由创新资源集聚、创新创业环境、创新活动绩效、创新的国际化、创新驱动发展 5 个一级指标和 25 个二级指标构成。其实，创新资源集聚关注的是国家高新区所拥有的创新要素资源和基础条件，涵盖了创新投入的主要方面；创新创业环境主要考察影响创新能力与绩效的外部因素，关注的是高新区所营造的环境对吸引创新要素和提升创新能力方面的作用；创新活动绩效的核心是要反映创新的经济价值实现能力，体现的是企业创新经济活动的结构性特征与创新的成效；创新的国际化是指国家高新区以自主创新为基础参与国际竞争的能力；创新驱动发展衡量的是国家高新区由创新带来的综合发展成效。具体的评价指标体系如表 6－6 所示。

表 6-6　国家高新区创新指数评价指标体系

一级指标	二　级　指　标
创新资源集聚	企业研究与实验发展人员全时当量
	企业研究与实验发展投入与增加值比例
	财政科技支出与当年财政支出比例
	各类研发机构数量
	当年认定的高新技术企业数量
创新创业环境	当年新增企业数与企业总量比例
	各类创新服务机构数量
	企业从业人员中海归人员所占比重
	科技企业孵化器及加速器内企业数量
	创投机构当年对企业的风险投资总额
创新活动绩效	高新技术产业总收入与营业收入比例
	企业 100 亿元增加值拥有知识产业数量
	企业当年完成的技术合同交易额
	高技术服务业从业人员占从业人员比重
	企业净资产利润率
创新的国际化	内资控股企业设立的海外研发机构数量
	内资控股企业每万名从业人员拥有的欧美日专利授权数量及境外注册商标数量
	技术服务出口占出口总额比重
	企业当年引进国外技术和消化吸收再创新费用
	企业从业人员中外籍常驻员工所占比重
创新驱动发展	园区 GDP 与所在城市 GDP 比例
	企业单位增加值中劳动者报酬所占比重
	规模以上企业万元增加值综合能耗
	企业人均营业收入
	全要素生产率

6.3.3　中国创新指数

中国创新指数是由国家统计局社科文司中国创新指数(CII)研究课题组发布的，主要用于把握我国历年总体创新能力和各领域创新水平的变化，明确未来发展趋势，指出存在的缺失与改进方向。该创新指数的评价指标体系分为 3 个层次。第一个层次通过计算创新总指数反映我国创新发展总体情况；第二个层次通过计算分领域指数反映我国在创新环境、创新投入、创新产出和创新成效等 4 个领域的发展情况；第三个层次通过上述 4 个领域所选取的 21 个评价指标反映构成创新能力各方面的具体发展情况。其中，创新环境主要反映驱动创新能力发展所必备的人力、财力等基础条件的支撑情况，以及政策环境对创新的引导和扶持力度；创新投入是通过创新活动中人力、财力的投入情况、企业创新主体中发挥关键作用的部门（即研发机构）的建设情况以及创新主体的合作情况来反映国家创新体系中各主体的作用和关系；创新产出反映的是论文、专利、商标、技术成果；创新成效反映的是创新对经济社会发展的影响，主要包括产品结构调整、产业国际竞争力、节约能源、经济增长等方面。该创新指数是国家统计局课题研究的成果，以 2005—2013 年我国的创新能力作为评价对象，并非每年发布一期。具体的评价指标体系如表 6-7 所示。

表 6-7　中国创新指数评价指标体系

一级指标	二级指标
创新环境	经济活动人口中大专及以上学历人数
	人均 GDP
	信息化指数
	科技拨款占财政拨款的比重
	享受加计扣除减免税企业所占比例
创新投入	每万人 R&D 人员全时当量
	R&D 经费占 GDP 比重
	基础研究人员人均经费
	R&D 经费占主营业务收入的比重
	有研发机构的企业所占的比重
	开展产学研合作的企业所占比重
创新产出	每万人科技论文数
	每万名 R&D 人员专利授权数
	发明专利授权数占专利授权数的比重
	每百家企业商标拥有量
	每万名科技活动人员技术市场成交额
创新成效	新产品销售收入占主营业务收入的比重
	高技术产品出口额占货物出口额的比重
	单位 GDP 能耗
	劳动生产率
	科技进步贡献率

6.3.4 中关村指数

中关村指数由北京市统计局于2005年首次向社会发布，此后进行了三年多的编制尝试，取得了初步成效。但由于指标体系较为简单，后续进行了多轮的改版设计和编制研究工作，并于2012年9月13日正式对外发布。中关村指数借鉴了美国硅谷指数的编制思想和方法，结合中关村的实际，形成了独特、开放式的指标体系，包括创新创业环境、创新能力、产业发展、企业成长、辐射带动、国际化6个一级指标、14个二级指标和38个三级指标。在评价方法上，选取中关村国家自主创新示范区批复前的2008年作为基期，运用多层递阶综合评价方法，根据每年实际发展数据测算合成了中关村指数。中关村指数有利于分析影响北京市高新技术产业发展的主要因素，监控不同领域的发展变化情况，并及时、全面地掌握北京市内高新技术企业的发展趋势。具体评价指标体系如表6－8所示。

表6－8　中关村指数评价指标体系

一级指标	二级指标	三　级　指　标
创新创业环境	人才资源	大学本科及以上学历人员数
		留学归国人员数
		人均劳动报酬
	科技金融	当年获得风险投资额
		当年新增融资额
		当年企业使用信用产品数
	创新创业服务	国家级孵化器在孵企业数
		开放实验室数量
		科技服务机构和行业协会数
创新能力	创新投入	科技活动人员数
		科技活动经费支出
	创新产出	当年发明专利授权数
		当年主导创制的国际标准数
		技术合同成交额
	创新协作	产业技术联盟数
		企业委托外单位开展科技活动经费支出
产业发展	产业规模	总收入
		“641”战略性新兴产业集群收入
		现代服务业收入

续表

一级指标	二级指标	三级指标
产业发展	产业效益	全员劳动生产率
		人均实现税收
		人均创造利润
		万元增加值能耗
企业成长	活力企业	当年新创办科技型企业数
		收入倍增企业数
	领军型企业	年收入亿元以上企业数
		上市企业数
辐射带动	技术辐射	流向外省市的技术交易额
	产业辐射	示范区企业在示范区外设立分支机构数
		示范区上市企业在示范区外实现收入
国际化水平	资源引入	外商实际投资数
		在示范区设立子公司的世界500强企业
		外籍从业人员数
	国际拓展	出口总额
		欧美日专利授权数
		流向境外的技术交易额
		海外并购案例数
		对境外直接投资额

6.3.5 张江创新指数

张江创新指数是上海科教兴市指标体系的十大核心指标之一。张江创新指数从创新环境、创新主体、创新人才、创新投入、创新成果和创新水平6个方面来定量测算原始创新、集成创新和二次创新能力等自主创新综合能力。张江指数能综合反映张江园区的创新能力和水平,为科学评价园区的自主创新能力提供依据,并为园区未来的可持续发展指明方向。张江指数还被上海市统计局用来综合评价全市的创新能力和水平。为了加强上海张江示范区的创新管理,强化示范区自身的创新引领能力,更好地实现创新发展目标,引领上海向着"有全球影响力的科技创新中心"迈进,2014年,中国高新区研究中心组成专家团队对张江创新指数的评价体系进行了修订,从上海张江示范区打造高效运行的创新经济体的核心导向出发,运用解释结构模型分析的方法,解析创新经济体系统要素之间的关系结构,作为张江创新指数设计的结构依据,最终形成包括5个一级指标、12个二级指标、63个三级指标的张江创新指数指标体系。具体指标体系如表 6－9 所示。

表 6－9　张江创新指数评价指标体系

一级指标	二级指标	三级指标
创业与创新表现	创新创业投入	R&D 活动人员密度、顶尖创新创业团队数、R&D 经费投入强度、新型孵化器面积占比、创业企业获得风险投资额、新增发明专利数、连续创业的企业家数、新创办科技型企业增长率等相关的 16 个三级指标
	创新创业成效	
经济与产业结构	企业成长	科技小巨人企业、营业收入超 30 亿元高新技术企业、企业在海外设立研发机构、上市企业利润、高技术产业收入比重、服务业比重、人均增加值、优势产业全国首位度、重点产业创新聚集度等相关的 14 个三级指标
	产业发展	
市场与商业环境	金融环境	新兴金融机构聚集度、互联网金融或保险机构可用资本、申请信用评估企业占比、国有控股资产性公司可利用资金、商用空间总面积、商用房屋租金、跨国公司区域总部数、基于互联网的商品交易额、商业违法违规事件等相关的 14 个三级指标
	商业环境	
	生态建设	
城市与社会发展	社会发展	综合能耗、工业污水处理率、绿地覆盖率、人均年收入、收入房价比、医疗服务机构数、通勤时间、人均数据量、无线网络普及率、园区改革和制度创新等相关的 12 个三级指标
	基础设施建设	
	园区治理	
文化与人口结构	文化结构	人均参与社会公益活动时间、在职教育经费支出、全球品牌影响力、吸纳高校应届毕业生、国际性人才占比、高学历人才占比等相关的 7 个三级指标
	人口结构	

6.3.6　杭州创新指数

杭州创新指数由杭州市科技局和杭州市科技信息研究院编制，于 2008 年首次对外公开发布，反映杭州市创新发展的现状、水平与层次。其评价思路是从创新系统的角度，确立起一个区域创新体系的概念模型，包含了所有的创新主体：企业、研究机构、高等院校、政府机构；创新环境：宏观经济环境、人文自然环境、基础设施环境、创业环境和政策环境等对创新绩效有直接或间接影响的环境因素。在概念模型的基础上，构建杭州创新指数的研究模型，提出杭州创新指数包含三个基本维度，即创新基础、创新环境和创新绩效。创新基础包含资金和人力资本，其中资金投入包括科技投入和教育投入；人力资本包括现有人力和潜在（在校大学生）人力。创新环境包含经济社会环境、创业环境和创新载体。创新绩效结合了创新成果评价和对经济社会发展带来的影响评价。杭州创新指数的评价基本维度包括创新基础、创新环境和创新绩效 3 个一级指标、7 个二级指标和 23 个三级指标，对这些指标相应地设置了不同权重。具体的评价指标体系如表 6－10 所示。

表 6-10　杭州创新指数评价指标体系

一级指标	二级指标	三级指标
创新基础	科教投入	全社会 R&D 占 GDP 的比重
		地方财政科技拨款
		企业技术开发费占销售收入的比重
		人均财政性教育经费支出
	人才资源	每万人专业技术人员数
		每万人高校在校生数
		企业科技活动人员数
创新环境	经济社会环境	人均 GDP
		信息化水平
		城市空气综合污染指数
	创业环境	国家级、省级科技企业孵化器数
		政府创业投资资金总额
	创新载体	国家级、省级企业研发中心和技术中心数
		省级以上高新技术企业家数
		国家级、省部级重点实验室和工程研究中心数
创新绩效	成果产出	每百万人拥有发明专利授权数
		欧美日发明专利授权量
		国家级、省级名牌和驰名(著名)商标数
	经济社会发展	高新技术产业产值占工业总产值的比重
		高新技术产品出口占出口总额的比重
		工业新产品产值率
		文化创意产业增加值占服务业增加值的比重
		万元 GDP 综合能耗

6.4　本章小结

从国内外知名创新指数梳理情况来看，各指数都构建了树状的评价指标体系，使用了许多科技统计指标和经济统计指标，但是研究的侧重点各有不同。

现有创新指数从研究对象上可以分为两大类，一类是包含创新联盟记分牌、全球创新指数、国家创新指数、国家高新区创新指数、中国创新指数和杭州创新指数在内的创新指数，这些指数的评价研究对象均是一定区域范围的创新活动，很少涉及经济社会发展的其他方面。另一类是包括硅谷指数、全球竞争力指数、中关村指数和张江创新指数在内的指数,其评价研究的对象是一定区域范围的经济社会发展,是较为综合的评价指数。

本书的主要研究对象是苏南国家自主创新示范区内各组成区域的创新能力,拟测算的创新指数也以这些区域范围的创新活动为对象。因此,在后续指标的建立过程中,本书拟重点借鉴前一类创新指数测算体系,以第二类测算体系中与创新有关的内容为参考。此外,创新联盟记分牌侧重于评价区域的创新绩效,全球创新指数则以创新效率为研究重点;国家创新指数、国家高新区创新指数由中国科学技术战略发展研究院每年公开发布,具有较强的权威性;中国创新指数由国家统计局发布,具有较强的权威性;杭州创新指数研究的是一个较小区域范围内创新活动的现状,且没有将研究对象进行横向的对比,使得评价结果不够科学。本书拟重点借鉴国家创新指数、国家高新区创新指数和中国创新指数的研究成果,以其余创新指数为参考,并结合苏南地区创新活动的现状,构建一套能科学、系统、客观地反映苏南自主创新示范区中各城市创新现状的指标体系。

参考文献

[1] Hugo H, Nordine E S. Innovation Union Scoreboard 2014[R]. Belgium: European Commission, 2015: 1-11.

[2] Soumitra D, Bruno L, Sacha W V. The Global Innovation Index 2014[R]. Switzerland: World Intellectual Property Organization, 2015: 1-20.

[3] Klaus S. The Global Competitiveness Report 2014-2015[R]. Geneva: World Economic Forum, 2015: 1-25.

[4] 中国科学技术发展战略研究院. 国家创新指数报告 2013[M]. 北京: 科学技术文献出版社, 2014: 1-66.

[5] 科技部火炬高技术产业开发中心. 国家高新区创新发展报告 2013[M]. 北京: 科学技术文献出版社, 2014: 1-165.

[6] 张慧颖.《中国创新指数研究》评述[R]. 北京: 国家知识产权局保护协调司, 2015: 1-11.

[7] 中关村创新发展研究院. 中关村指数 2013[R]. 北京:中关村科技园区管理委员会, 2014: 1-158.

[8] 李芹芹. 国内外创新指数研究进展评述[J]. 科技进步与对策, 2013(1): 1-4.

第七章　苏南国家自主创新示范区创新指数指标体系

基于上一章的理论分析，本章拟从创新环境、创新资源、创新绩效三个角度出发，构建测算苏南自主创新示范区创新能力的评价指标体系，采用层次分析法确定一级指标的权重，采用 CRITIC 法确定二级指标的权重，并说明本书采取的测算方法和相关数据来源。

7.1　创新指数设计原则

（一）科学性

为了能反映出区域自主创新的内涵与规律，指标应具有清晰、明确的内涵与意义，指标选择要有代表性、完整性和系统性，即指标体系的设计要力求科学、准确地反映区域自主创新能力指标之间的关系和层次结构。定量指标要注意绝对量和相对量结合使用，绝对量反映总量和规模，相对量反映强度和密度；定性指标可作适当的量化处理，两者结合，便于建模综合评价。

（二）客观性

所选择的评价指标尽可能以客观的数据资料为依据，以原始数据的内在信息规律为标准，尽量减少主观评判过程，保证评价结果能更客观地反映区域自主创新的真实情况。

（三）相对独立性

指标设置应考虑协调性，减少指标在概念上的重复和统计上的相关性，不能有严重包含关系和重复关系的指标，确保评价指标的相对独立性。

（四）可行性

所选择的评价指标的数据便于采集，能从各种现有统计资料中直接或间接获取，使评价过程同时满足评价目标和实践上的可行性。

（五）可比性

指标的选择要考虑到不同地区、不同时期的差异性，使指标体系的设置具有普遍的适用性，便于对不同地区、不同时期的区域自主创新能力进行对比，培育和提高区域自主创新能力。

（六）动态性

区域的自主创新活动是动态发展的，因此，区域自主创新能力应该是一个动态的概念，评价指标的选择要能够反映区域自主创新能力发展的趋势和可持续性，以便科学、合理地评价区域自主创新能力。

7.2 创新指数指标体系

通过前文的分析，本节提出了测算苏南地区创新指数的评价体系框架。这一框架的基本结构将反映苏南地区创新能力的监测评价指标分成 3 个层次。第一个层次通过计算创新总指数反映苏南地区创新发展的总体情况；第二个层次通过计算分领域指数反映苏南地区在创新环境、创新投入、创新产出 3 个领域的发展情况；第三个层次通过上述 3 个领域选取 11 个评价指标反映构成创新能力各方面的具体发展情况（表 7－1）。

表 7－1 创新指数测算指标体系

一级指标	二级指标	单　位
创新环境	每万人高校在校生数量	人
	人均 GDP	万元
	各类孵化器内企业数量	家
	当年累计高新技术企业数量	家
创新投入	全社会 R&D 经费占 GDP 比重	%
	地方财政科技支出占财政总支出的比重	%
	各类研发机构数量	家
创新产出	当年发明专利授权量	件
	万人发明专利拥有量	件
	高新技术产业产值占规模以上产业产值的比重	%
	劳动生产率	万元/人

7.2.1 创新环境

创新环境指的是创新活动所依赖的外部环境，营造优越的区域创新环境已经成为许多地方政府增强区域竞争优势的重要战略手段。本书拟从每万人高校在校生数量、各类孵化器内企业数量、当年累计高新技术企业数量和人均 GDP 四个角度出发进行评价。

（一）每万人高校在校生数量

该指标反映了一个地区将来的科技创新活动所拥有的潜在人才资源，每万人高校在校生数量越大，表明该地区潜在的人才资源越丰富，能够为科技创新活动提供良好的人才环境。

（二）各类孵化器内企业数量

科技企业孵化器（也称高新技术创业服务中心，以下简称创业中心）是以促进科技成果转化、培养高新技术企业和企业家为宗旨的科技创业服务机构。一个地区的孵化器内企业数量越多，表明该地区创新资源集合能力越强，能够将有限的创新资源集中起来为真正需要的企业服务。

（三）当年累计高新技术企业数量

高新技术企业是指在《国家重点支持的高新技术领域》内，持续进行研究开发与技术成果转化，形成企业核心自主知识产权，并以此为基础开展经营活动的企业。企业是技术创新的主体，也就是区域自主创新活动的主体，高新技术企业数量越多，表明该地区进行自主创新活动的企业越多，创新资源的投入也就越多，区域自主创新能力越强。

（四）人均 GDP

人均 GDP 反映了该地区经济总量的大小，经济总量大，表明企业和政府具备较多的资金投入后续的区域技术创新活动。计算公式为：

$$\text{人均 GDP}=\frac{\text{当年 GDP}}{\text{当年常住人口}}$$

7.2.2　创新投入

创新投入指的是进行科技创新活动所需投入的各类资源，是影响区域创新能力的关键因素，主要包括资金、人才、设施设备等。

（一）全社会 R&D 经费占 GDP 比重

全社会 R&D 经费占 GDP 比重直接衡量了一个地区所有主体对科技创新投入的资金强度，投入越多，区域创新能力越强。计算公式为：

$$\text{全社会 R\&D 经费占 GDP 比重}=\frac{\text{当年全社会 R\&D 投入}}{\text{当年 GDP}}$$

（二）地方财政科技支出占财政总支出的比重

地方财政科技支出占财政总支出的比重衡量了一个地区政府对于科技创新投入资金的强度。目前，国内大多数地区政府资金的投入仍然是驱动企业创新的一个重要因素，因此本书将该指标考虑在内。计算公式为：

$$\text{地方财政科技支出占财政总支出的比重}=\frac{\text{当年地方财政科技支出}}{\text{当年地方财政总支出}}$$

（三）各类研发机构数量

研发机构是一种专门从事科学技术方面研究，将研究成果开拓、发展为实际应用的工具、设备、仪器、材料、方法、工艺等的组织或组合的单位。研发机构的数量越多，该地区科技服务水平越高，科技成果转化率越高。

7.2.3 创新产出

创新产出指的是在科技创新活动过程中获取的论文、专利、商标、技术标准等中间成果，以及科技创新活动直接带来的新产品产值和高新技术产业产值的增加。由于部分数据不可获得，本书拟从当年发明专利授权量、万人发明专利拥有量、高新技术产业产值占规模以上产业产值比重、劳动生产率四个方面出发进行评价。

（一）当年发明专利授权数

发明专利包括产品发明专利和方法发明专利，区域自主创新强调的是对核心技术的掌握，因此该指标能够反映一个地区通过科技创新活动所掌握的核心技术的数量，发明专利授权数越多，一个地区通过自主研发掌握的核心技术越多，自主创新产出能力越强。

（二）万人发明专利拥有量

万人发明专利拥有量是指每万人拥有经国内外知识产权行政部门授权且在有效期内的发明专利件数，是衡量一个国家或地区科研产出质量和市场应用水平的综合指标。计算公式为：

$$\text{万人发明专利拥有量}=\frac{\text{当年年末发明专利拥有量}}{\text{当年年末总人口}}$$

（三）高新技术产业产值占规模以上产业产值比重

高新技术产业产值占规模以上产业产值比重反映了自主创新对产业结构优化和升级的作用。计算公式为：

$$\text{高新技术产业产值占规模以上产业产值比重}=\frac{\text{当年高新技术产业产值}}{\text{当年规模以上产业产值}}$$

（四）劳动生产率

亚当·斯密在《国富论》中就提出技术对于经济的增长作用主要来自于劳动生产率的提高，因此，劳动生产率越高，自主创新的驱动作用越强。计算公式为：

$$\text{劳动生产率}=\frac{\text{当年工业增加值}}{\text{当年从业人数}}$$

由此可以看出，劳动生产率越高，单位从业人数创造的工业增加值越高，一定程度上，反映了技术创新在生产过程中的促进作用。应鼓励将自主创新、提高行业劳动生产率及平衡环境投入的成本结合起来，创造出更多的财富。

7.3 计算方法与数据采集

7.3.1 指标权重

由上一节内容可知，本书确定了由创新环境、创新资源、创新绩效 3 个一级指标和 11 个二级指标组成的评价指标体系。本节拟对一级指标和二级指标的权重进行确定。权重的确定主要有两大类方法：一类是主观赋权法，如德尔菲法、专家排序法、层次分析法（AHP）；另一类是客观赋权法，如熵权法、标准离差法、CRITIC 法等。由于一级指标个数较少，本书拟采用层次分析法确定权重。而对于每个一级指标下二级指标的权重，本文拟采用客观赋权法中的 CRITIC 法来确定。

（一）一级指标权重确定

AHP 是 Analytical Hierarchy Process 的简写，是 1973 年由美国数学家萨蒂(Satty)提出的①。它的基本思想就是把我们要进行比较或评价的目标，根据问题的性质分解成若干组成因素，按照各因素的隶属关系，把它们排成从高到低的若干层次。对同一层次内的各个不同因素，通过两两比较确定其重要程度，对相邻的下一层次内的各不同因素的重要性的确定，那既要考虑本层次，又要考虑上一层次，还要确定其综合重要程序，这样一层一层算下去，就可以得到各个目标的综合相对重要性数值，于是哪一个方案或目标重要(或好差)一目了然。AHP 大体可分四个步骤：

(1) 建立层次结构

在弄清楚问题所包含的因素以及因素之间的相互关系的前提下，把这些因素分成若干层次，按照最高层(目的)、中间层(目的所涉及的中间环节)和最低层(评价的具体内容或方案)的顺序排列起来，并标明上下层次因素间的关系，画出层次结构图。建立计算一级指标权重的层次结构图，如图 7-1 所示。

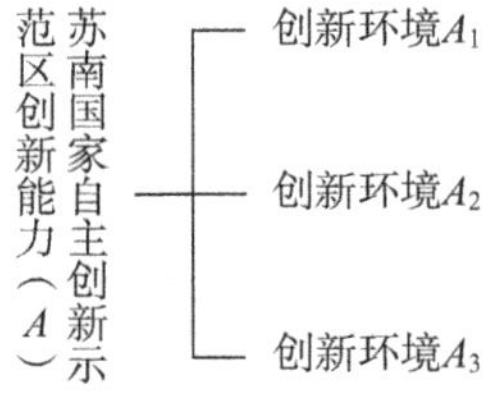

图 7-1 一级指标层次结构图

① 萨蒂. 层次分析法——在资源分配、管理和冲突分析中的应用[M]. 许树柏，等译. 北京：煤炭工业出版社，1988.

(2) 构造判断矩阵

针对上一层次总体指标 A 而言,对该层次内各因素 $A_1,A_2,\cdots,A_n$ 进行两两比较;比较结果按 Satty 的标度表(表 7-2)给出的数值写成矩阵形式,也就是判断矩阵。

表 7-2 判断矩阵

A	A_1	A_2	$\cdots$	A_n	
A_1	a_{11}	a_{12}	$\cdots$	a_{1n}	
A_2	a_{21}	a_{22}	$\cdots$	a_{2n}	
$\cdots$	$\cdots$	$\cdots$	$\cdots$	$\cdots$	
A_n	a_{n1}	a_{n2}	$\cdots$	a_{nn}	

显然 $a_{ii}=1$

$a_{ij}=\dfrac{1}{a_{ji}}$

$(i,j=1,2,\cdots,n)$

但 $a_{ij}a_{jk}=a_{ik}$ 未必成立

在层次分析法中,为了使判断定量化,关键在于设法使任意两个方案对于某一准则的相对优越程度得到定量描述。一般对单一准则来说,两个方案进行比较总能判断出优劣,层次分析法采用 1—9 标度方法,对不同情况的评比给出数量标度。

表 7-3 Satty 的 1—9 标度表

1	表示两个元素相比,具有同样重要性
3	表示两个元素相比,一个元素比另一个元素稍微重要
5	表示两个元素相比,一个元素比另一个元素明显重要
7	表示两个元素相比,一个元素比另一个元素强烈重要
9	表示两个元素相比,一个元素比另一个元素极端重要
说明	2,4,6,8 为上述相邻判断的中值

根据表 7-3,要反复回答问题:针对总指标 A,两个元素 A_i 与 A_j 哪一个更重要些,重要多少?并对重要多少赋予一定数值。为能公正、客观、科学地对各指标的相对重要性作出判断,本书设计了关于苏南国家自主创新示范区一级指标两两比较的调查表,并请了 12 位专家对调查表的指标选取和具体比较做了判断,随后用平均取值法对数据进行了处理。对一级指标获得如下判断矩阵,其中 A_1 代表创新环境,A_2 代表创新投入,A_3 代表创新产出(表 7-4)。

表 7-4 一级指标判断矩阵表

$B=$

A	A_1	A_2	A_3
A_1	1	1/4	1/5
A_2	4	1	1/3
A_3	5	3	1

（3）计算某一指标下的相对权重和一致性检验

首先求判断矩阵 B 的最大特征值 λ_{max}，再求出 λ_{max} 相应的标准化特征向量 ω，归一化后得到的分量 ω_i 就是对应因素权重。

一致性检验是为了避免出现甲比乙重要，乙比丙重要，丙比甲重要的情况而进行的验证，可以用一致性比例 $C.R.$ 作为度量判断矩阵 B 偏离一致性的指标。分三步判断：

① 计算一致性指标 $C.I.$（Consistent Index）

$$C.I.=\frac{\lambda_{max}-n}{n-1}$$ （式中 n 为判断矩阵 B 的阶数）

② 平均随机一致性指标 $R.I.$（Random Index）

平均随机一致性指标是多次（500 次以上）重复进行随机判断矩阵特征值的计算之后取算术平均数得到的。这里取美国宾州大学和橡树岭实验室重复计算的结果，如表 7-5 所示。

表 7-5 平均随机一致性指标

阶数	1	2	3	4	5	6	7	8	9	10
$R.I.$	0	0	0.52	0.89	1.12	1.26	1.36	1.41	1.46	1.49

③ 计算一致性比例 $C.R.$（Consistent Rate）

$C.R.=\frac{C.I.}{R.I.}$ 当 $C.R.<0.1$ 时，一般认为判断矩阵的一致性是可以接受的。

④ 层次总排序

利用单排序的结果，计算对上一层次而言本层次各个因素的综合权重。具体计算过程如下所示：

特征根方程 $B\omega=\lambda_{max}\omega$

计算得（计算过程略），判断矩阵 B_1 的最大特征根

$$\lambda_{max}=3.085\,8,\omega=(0.093\,6,\ 0.279\,7,\ 0.626\,7)^T$$

一致性指标 $C.I.=\frac{\lambda_{max}-n}{n-1}$，查表 7-5 得 $R.I.=0.58$

一致性比例 $C.R.=\frac{C.I.}{R.I.}=0.073\,94<0.1$，认为判断矩阵 B 的一致性是令人满意的。

（4）层次排序

由上述计算可以确定一级指标的权重，如表 7-6 所示。

表 7-6　一级指标权重表

指标名称	指标权重
创新环境	0.093 6
创新投入	0.279 7
创新产出	0.626 7

（二）二级指标权重确定

在客观赋权法中，熵权法和标准离差法相似，通常认为某个指标的变异程度越大，提供的信息量越多，该指标在综合评价中所起的作用越大，其权重也越大。相反，某个指标的变异程度越小，该指标提供的信息量越少，该指标在综合评价中所起的作用越小，其权重也就越小。但是这两种方法忽略了指标之间的冲突性。CRITIC 法的基本思路是确定指标的客观权重以评价指标间的对比强度和冲突性为基础。对比强度以标准差的形式来表现，反映的是同一指标内各方案取值差距的大小。标准差越大，各方案之间的取值差距越大。冲突性以指标之间的相关性来表示，若两个指标具有较强的正相关性，说明这两个指标冲突性较低。由于 CRITIC 法不仅考虑了指标变异大小对权重的影响，还考虑了各指标之间的冲突性，因此可以说，CRITIC 法是一种比熵权法和标准离差法更好的客观赋权法，本文拟采用 CRITIC 法确定二级指标的权重。

CRITIC 法确定权重的计算过程如下所示：

(1) 数据标准化

对 9 个地区 11 个二级指标分别进行标准化处理。标准化是为了消除多指标综合评价中，计量单位上的差异和指数数值的数量级、相对数形式的差别，解决指标的可综合性问题。本文拟采用直线型标准化方法中的极差化处理法，即

$$X_{ij}=\frac{x_{ij}-\min x_{ij}}{\max x_{ij}-\min x_{ij}}$$

式中：i 取 1～9，j 取 1～11。

(2) 计算相关系数矩阵 M

相关系数是用以反映变量之间关系密切程度的统计指标，以两变量与各自平均差的离差为基础，通过两个离差相乘来反映两变量之间的相关程度，计算公式为：

$$r_{xy}=\frac{\sum(x-\bar{x})(y-\bar{y})}{\sqrt{\sum(x-\bar{x})^2(y-\bar{y})^2}}$$

根据上述公式，计算每个一级指标下相应二级指标的相关系数矩阵。本书以创新环境该一级指标为例做具体说明，计算结果如表 7-7 所示。

表 7-7　创新环境下各二级指标相关系数表

	每万人高校在校生数量	各类孵化器数量	当年累计高新技术企业数量	人均 GDP
每万人高校在校生数量	1	—	—	—
各类孵化器数量	0.393 607	1	—	—
当年累计高新技术企业数量	−0.152 64	0.164 777	1	—
人均 GDP	−0.316 72	−0.384 42	0.679 614	1

(3) 计算各指标包含的信息量

在 CRITIC 法下，每个指标包含的信息量由对比强度和冲突性组成，设 C_i 表示第 i 个指标所包含的信息量，其计算公式为：

$$C_i = \sigma_i \times \sum_{j=1}^{n}(1 - r_{ij})$$

其中，σ_i 是第 i 个指标的标准差，用来表示该指标的对比强度，$\sum_{j=1}^{n}(1-r_{ij})$ 为第 i 个指标与其他指标冲突性的量化指标，n 表示同一一级指标下二级指标的数量。创新环境、创新投入、创新产出这 3 个一级指标所对应的二级指标所包含的信息量的计算结果如表 7-8 所示。

表 7-8　各二级指标包含的信息量

一级指标	二　级　指　标	所包含的信息量 C_i
创新环境	每万人高校在校生数量	1.674 7
	各类孵化器数量	1.619 8
	当年累计高新技术企业数量	1.483 3
	人均 GDP	1.768 7
创新投入	全社会 R&D 经费占 GDP 比重	0.763 6
	地方财政科技支出占财政总支出的比重	0.772 9
	各类研发机构数量	0.607 9
创新产出	当年发明专利授权量	1.162 6
	万人发明专利拥有量	1.263 4
	高新技术产业产值占规模以上产业产值比重	1.313 9
	劳动生产率	1.015 8

(4) 计算指标权重

根据上一步得到的各指标所包含的信息量计算指标权重，第 i 个指标所包含的信息量越大，该指标的相对重要性也越大，其计算公式为：

$$W_i = \frac{C_i}{\sum_{j=1}^{n} C_i}$$

其中，n 表示同一一级指标下二级指标的数量，创新环境、创新投入、创新产出这 3 个一级指标所对应的二级指标权重计算结果如表 7－9 所示。

表 7－9　二级指标权重表

一级指标	二　级　指　标	权　重
创新环境（0.093 6）	每万人高校在校生数量	0.255 8
	各类孵化器数量	0.247 4
	当年累计高新技术企业数量	0.226 6
	人均 GDP	0.270 2
创新投入（0.279 7）	全社会 R&D 经费占 GDP 比重	0.356 1
	地方财政科技支出占财政总支出的比重	0.360 4
	各类研发机构数量	0.283 5
创新产出（0.626 7）	当年发明专利授权量	0.244 5
	万人发明专利拥有量	0.265 7
	高新技术产业产值占规模以上产业产值比重	0.276 3
	劳动生产率	0.213 6

7.3.2　计算方法

在确定苏南国家自主创新示范区创新指数测算总体框架以及相关指标权重的基础上，考虑各个地区科技创新活动不断升级的影响，本书拟采用标杆分析法，即洛桑国际竞争力评价采用的方法。标杆分析法是目前国际上广泛应用的一种评价方法，其原理是：对被评价的对象给出一个基准值，并以此标准去衡量所有被评价的对象，从而发现彼此之间的差距。本书以江宁区 2012 年相关数据为基期，计算 2012—2014 年苏南 9 个地区二级指标的相对数，然后分层级进行加权，将各指标的合成指数作为苏南国家自主创新示范区的创新指数。计算过程如下：

（一）计算二级指标相对数

以 2012 年江宁区的所有二级指标标准化数据为基础，将 2012—2014 年 9 个地区的 11 个二级指标全部换算成相对数，计算公式为：

$$Y_{ijk} = \frac{X_{ijk}}{X_{1jk}} \times 100$$

式中，i 取 1～9，表示 9 个地区；j 取 1～11，表示二级指标数；k 取 1～3，表示 2012—2014 年 3 年；X_{1jk} 表示 2012 年江宁区的 11 个二级指标数据。

（二）计算一级指标得分

采用加权法计算得出一级指标得分，计算公式为：

$$\bar{Y}_{ijk} = \sum_{j=1}^{4} Y_{ijk} \times \beta_j$$

式中，i 取 1～9，表示 9 个地区；j 取 1～3，表示三个一级指标；k 取 1～3，表示 2012—2014 年 3 年；β_j 表示二级指标的权重。

（三）计算创新总指数

采用等权重加权 3 个一级指标，计算出 9 个地区 2012—2014 年的创新指数，计算公式为：

$$\bar{Y}_i = \sum_{i=1}^{4} \bar{Y}_{ik} \times w_i$$

式中，i 取 1～9，表示 9 个地区；k 取 1～3，表示一级指标的数量；w_i 表示一级指标的权重。

7.3.3　数据采集

本书中所采用的数据来自 9 个地区的《年鉴》《统计年鉴》《国民经济和社会发展统计公报》以及相关政府网站公开提供的数据。为了去除各个地区的体量差异，本书在数据收集的过程中，均以同级别的行政区划为基础进行数据收集。例如，苏南国家自主创新示范区内的昆山、江阴、武进高新技术产业开发区均采用昆山市、江阴市和武进市的数据，以保持和苏州高新区、无锡新区、常州新北区、苏州工业园区同一行政级别。其中较为特殊的是南京高新技术产业开发区，其由“一区两园”组成，即南京高新区、新港高新园、江宁高新园，其中南京高新区位于南京浦口区、新港高新园位于南京栖霞区、江宁高新园位于南京江宁区。由于本书在写作的过程中得到了江宁科技局的大力支持，另外，考虑到数据横向可比性，以及本书的目的更关注“发展”而非“比较”，因此在分析南京高新技术产业开发区时，采用江宁区的相关数据。

参考文献

[1] 邵强. 综合评价指标体系构建方法[J]. 大庆石油学院学报，2004(3)：1-5.
[2] 王昆. 三种客观权重赋权方法的比较分析[J]. 技术经济与管理研究，2003(6)：1-4.

第八章　苏南国家自主创新示范区创新指数分析

在确定创新指数分析的指标体系、权重、计算方法的基础上，本章将利用2012—2014年苏南国家自主创新示范区内9个区域的相关数据，计算各个地区的创新指数，并从总体、横向和纵向三个层面对其创新能力进行分析，进而找出各个地区在苏南国家自主创新示范区建设中存在的优势，为后续产业发展定位的确定奠定基础。

8.1　创新指数总体分析

2012年，创新指数排在前三位的地区是苏州工业园区、无锡新区和昆山市，其创新指数分别为153、126、112；创新指数最低的三个地区是常州武进区、江阴市和镇江润州区，其创新指数分别为80、67、66。2013年，9个地区的创新指数均呈现增长的态势，但是排名稍有变化，苏州工业园区和无锡新区依然排在前两位，其创新指数分别为183和137。苏州高新区上升至第三位，昆山市下降至第四位。排名变化的还有江阴市、常州武进区和镇江润州区，镇江润州区由第九位上升至第七位，江阴市和常州武进区分别下降一位。常州新北区和南京江宁区的排名保持不变。2014年，除镇江润州区外，其余8个地区的创新指数均有所增长，且排名发生了较大的变化。苏州工业园区、无锡新区和苏州高新区的排名依然保持不变，排在前三位，其创新指数分别为206、156、143。南京江宁区的排名上升一位，至第四位，创新指数为124，而昆山市的排名下降一位，降至第五位，创新指数为123。其余地区除常州新北区依然保持第六的位置之外，排名均有所变化(表8-1)。

表8-1　2012—2014年9大区域创新指数及其排名

地　区	2012年创新指数	排名	2013年创新指数	排名	2014年创新指数	排名
苏州工业园区	153	1	183	1	206	1
苏州高新区	103	4	123	3	143	3
昆山市	112	3	119	4	123	5
无锡新区	126	2	137	2	156	2

续表

地　区	2012 年创新指数	排名	2013 年创新指数	排名	2014 年创新指数	排名
江阴市	67	8	82	9	92	8
常州新北区	90	6	99	6	113	6
常州武进区	80	7	89	8	110	7
镇江润州区	66	9	94	7	87	9
南京江宁区	100	5	108	5	124	4

注:表中各项数据均精确到个位数。

从 2012—2014 年各地区创新指数的增长情况来看,2013 年,各地区都呈现出增长的趋势,其中增长幅度最大的 3 个地区是苏州工业园区、镇江润州区和苏州高新区,其增长幅度分别为 30、28、20;从增长速度来看,增长速度最快的 3 个地区是镇江润州区、江阴市和苏州高新区,其增长率分别是 42.42%、22.39%和19.42%。2014 年,除润州区外,其余 8 个地区都实现了正增长,其中增长幅度最大的 3 个地区是苏州工业园区、常州武进区和苏州高新区,其增长幅度分别为 23、21、20;从增长速度来看,增长最快的 3 个地区是常州武进区、苏州高新区和南京江宁区,其增长率分别为 23.60%、16.26%、14.81%。对比 2013 年和 2014 年的增长情况来看,无锡新区、常州新北区、常州武进区和南京江宁区 4 个地区 2014 年的增长幅度和增长速度较 2013 年均有所提高,这 4 个地区的创新能力处于加速提升的阶段;苏州工业园区、苏州高新区、昆山市、江阴市这 4 个地区 2014 年的增长幅度和增长速度较 2013 年均有所下降,但其创新指数仍呈现出上升的态势,表明这 4 个地区创新能力的增长已过加速提升的阶段,处于缓慢增长的时期。而镇江润州区 2014 年的增长幅度和增长速度较 2013 年均有所下降,处于一种倒退的状态,该地区需在未来大力提升创新能力(表 8 - 2)。

表 8 - 2　2012—2014 年 9 大区域创新指数增长情况表

	苏州工业园区	苏州高新区	昆山市	无锡新区	江阴市	常州新北区	常州武进区	镇江润州区	南京江宁区
2013 年增长幅度	30	20	7	11	15	9	9	28	8
2014 年增长幅度	23	20	4	19	10	14	21	−7	16
2013 年增长率(%)	19.61	19.42	6.25	8.73	22.39	10.00	11.25	42.42	8.00
2014 年增长率(%)	12.57	16.26	3.36	13.87	12.20	14.14	23.60	−7.45	14.81

注:表中指数增长值精确到个位数,增长率精确到小数点后两位。

8.2 创新指数横向分析

8.2.1 创新环境指数分析

(一) 动态分析

2012年,创新环境指数排在前三位的地区是苏州工业园区、常州武进区、昆山市和南京江宁区,其创新环境指数分别为132、104、100、100;最低的地区为镇江润州区,其数值仅为30,不到排名第一的苏州工业园区的1/4。2013年,各地区的排名稍有变化,昆山市上升至第二名,常州武进区和南京江宁区分别下降至第三、四名;苏州工业园区仍然保持第一,创新环境指数为160,镇江润州区仍然处在最后一名,其数值为34,依然不到苏州工业园区的1/4。2014年,南京江宁区上升至第三名,常州武进区下降至第四名,其余排名保持不变。由上述情况可以看出,苏南国家自主创新示范区的9大组成区域中,苏州工业园区的创新环境最好,镇江润州区的创新环境较差,2014年除该地区外,其余地区的得分均在100分以上,因此,该地区需在未来加大力度营造一个良好的区域创新环境(表8-3)。

表8-3 2012—2014年9大区域创新环境指数及其排名

地　区	2012	排名	2013	排名	2014	排名
苏州工业园区	132	1	160	1	166	1
苏州高新区	85	5	98	6	105	6
昆山市	100	3	125	2	145	2
无锡新区	93	4	103	5	106	5
江阴市	77	7	90	8	100	8
常州新北区	79	6	93	7	101	7
常州武进区	104	2	118	3	131	4
镇江润州区	30	8	34	9	38	9
南京江宁区	100	3	112	4	135	3

注:表中各项数据均精确到个位数。

从2012—2014年各地区创新环境指数的增长情况来看,所有地区均在2013、2014年实现了创新环境指数的正增长。2013年,增长幅度最大的四个地区是苏州工业园区、昆山市、常州新北区和常州武进区,其增长幅度分别达到28、25、14和14个点;增长幅度最低的地区是镇江润州区,其增长幅度仅为4个点,而其余地区均在10个点以上。从增长速度来看,2013年,增速最快的三个地区是昆山市、苏州工业园区和常州新北区,其增长率分别为25.00%、21.21%、17.72%;增长速度最缓慢的地区是无锡新区，但是其仍然保持了较高的增速，达到10.75%。2014年，增长幅度最大的三个地区较2013年有了较大的变化，分别是南京江宁区、昆山市和常州武进区，其增幅分别为23、30、13个点；除了这三个地区，其余地区的增幅均不高于10个点，最低的地区为无锡新区，增幅仅为3个点。从增长速度来看，增长最快的三个地区是南京江宁区、昆山市和镇江润州区，其增长率分别为20.54%、16.00%、11.76%；增速最缓慢的地区为无锡新区，其值仅为2.91%（表8-4）。

表8-4　2012—2014年9大区域创新环境指数增长情况

	苏州工业园区	苏州高新区	昆山市	无锡新区	江阴市	常州新北区	常州武进区	镇江润州区	南京江宁区
2013年增长幅度	28	13	25	10	13	14	14	4	12
2014年增长幅度	6	7	20	3	10	8	13	4	23
2013年增长率（%）	21.21	15.29	25.00	10.75	16.88	17.72	13.46	13.33	12.00
2014年增长率（%）	3.75	7.14	16.00	2.91	11.11	8.60	11.02	11.76	20.54

注：表中指数增长值均精确到个位数，增长率均精确到小数点后两位。

对比2013年和2014年的情况来看，除了南京江宁区，其余8个区域的增长幅度和增长速度都呈现出下降的趋势，其中下降幅度最大的地区为苏州工业园区，增长幅度下降了22个点，增长率下降了17.46个百分点。与此相反，南京江宁区实现了增长幅度和增长速度的双增长，增长幅度上升了11个点，增长率上升了8.54个百分点。从上述分析来看，苏州工业园区在区域创新能力的提升上已经过了高速发展的阶段，正在进入一个平稳期，而南京江宁区正处于提升区域创新能力的高速发展阶段。

（二）静态分析

2014年，9大地区的创新环境指数相较于2013年而言均有一定幅度的增长，这种增长主要来源于4个二级指标的影响（表8-5）。从贡献值的大小来看，除南京江宁区外，每万人高校在校生数量的贡献值均为0；各类孵化器数量这一指标对2014年创新环境指数贡献值最大的区域是南京江宁区，贡献值最小的区域为无锡新区；当年累计高新技术企业数量对2014年创新环境指数贡献值最大的三个区域是昆山市、苏州工业园区和江阴市，其贡献值为16、7、7，贡献值最小的地区为常州新北区，贡献值为0；人均GDP对创新环境指数贡献值最大的三个区域是南京江宁区、常州新北区和常州武进区，其贡献值为9、5、3，贡献值最小的地区为苏州工业园区，起负作用，贡献值为－3。综合整体情况来看，对创新环境指数贡献值最大的指标是当年累计高新技术企业数量，其后依次是各类孵化器数量、人均GDP和每万人高校在校生数量，其中每万人高校在校生数量几乎不产生贡献值，这说明这些地区的普通高等教育在培养创新人才方面仍然有待提高。

表 8-5　2014 年 9 大区域创新环境指数增长贡献值分解表

贡献值	苏州工业园区	苏州高新区	昆山市	无锡新区	江阴市	常州新北区	常州武进区	镇江润州区	南京江宁区
每万人高校在校生数量	0	0	0	0	0	0	0	0	3
各类孵化器数量	2	4	4	0	2	4	5	2	9
当年累计高新技术企业数量	7	3	16	2	7	0	4	1	3
人均 GDP	−3	1	1	1	1	5	3	1	9

注：表中各项数据均精确到个位。

从贡献度的角度来看，各地区的情况略有差异（表 8-6）。每万人高校在校生数量的贡献度都处于较低的水平，苏州工业园区、昆山市、无锡新区、江阴市这 4 个地区贡献度最大的均为当年累计高新技术企业数量，其中苏州工业园区甚至超过 100%，达到 118.83%，其余 3 个地区该数值均在 70%以上，可见这几个地区创新环境的改善主要依赖于高新技术企业的增加。苏州高新区、常州武进区、镇江润州区、南京江宁区这 4 个地区贡献度最大的均为各类孵化器数量，且其值均不超过 51%，表明这几个地区创新环境的改善均衡地依赖于除了每万人高校在校生数量之外的 3 个指标。常州新北区贡献度最大的指标为人均 GDP，各类孵化器数量这一指标的贡献度也不低，而其余两个指标的贡献度均为负值，这表明该地区创新环境的改善主要依赖各类孵化器的数量和人均 GDP 这两个指标。

表 8-6　2014 年 9 大区域创新环境指数增长贡献度分解表

贡献度/%	苏州工业园区	苏州高新区	昆山市	无锡新区	江阴市	常州新北区	常州武进区	镇江润州区	南京江宁区
每万人高校在校生数量	0.44	−1.14	0.13	−1.85	−0.38	−1.28	0.69	1.31	12.86
各类孵化器数量	29.60	50.37	17.44	0.00	18.79	44.53	43.19	47.37	38.54
当年累计高新技术企业数量	118.83	40.76	77.90	82.39	72.98	−1.44	31.69	24.53	11.48
人均 GDP	−48.87	10.01	4.53	19.45	8.62	58.20	24.43	26.79	37.12

注：表中各项数据均精确到小数点后两位。

结合上述动态分析和静态分析的结果，2012—2014 年 9 大区域创新环境指数的增长幅度和增长率均呈现出增长的趋势，表明各个地区的创新环境仍然处于不断优化改善的状态中。但是每个区域增长的原因有所不同，苏州工业园区、昆山市、无锡新区、江阴市创新环境指数的增长主要来源于区域高新技术企业的增加；苏州高新区、常州武进区、镇江润州区、南京江宁区创新环境指数的增长同时来源于孵化器的增加、高新技术企业的增加和区域人均 GDP 的增长；而常州新北区创新指数的增长依赖于孵化器的增加和人均 GDP 的增长。除南京江宁区外，高校在校生数量对区域创新环境的改善作用极其微小，未来这些地区需要加强普通高等教育在培养创新人才方面的作用。

8.2.2　创新投入指数分析

（一）动态分析

如表 8－7 所示，2012 年，创新投入指数排在前三位的地区是苏州工业园区、苏州高新区、无锡新区，其创新投入指数分别为 165、164、129；最低的地区为镇江润州区，其数值为 55，仅为排名第一的苏州工业园区该项数值的 1/3。2013 年，各地区的排名稍有变化，昆山市、常州新北区、江阴市分别上升至第三、四、五名，而无锡新区和南京江宁区分别下降至第六、八名；苏州工业园区仍然保持第一，该年创新投入指数的数值为 189，镇江润州区仍然保持最后一名，其数值为 57，不到苏州工业园区的 1/3。2014 年，昆山市下降至第 8 名，其创新投入指数也由 2013 年的 131 下降为 116；江阴市、常州武进区和南京江宁区分别上升至第三、五、七名。由上述情况可以看出，苏南国家自主创新示范区的 9 大组成区域中，苏州工业园区的创新投入状况最好，镇江润州区的创新投入状况较差，2014 年除该地区外，其余地区的得分均在 100 分以上，因此，该地区需在未来加大力度整合各方资源投入区域创新活动。

表 8－7　2012—2014 年 9 大区域创新投入指数及其排名

地　区	2012	排名	2013	排名	2014	排名
苏州工业园区	165	1	189	1	200	1
苏州高新区	164	2	177	2	200	2
昆山市	128	4	131	3	116	8
无锡新区	129	3	114	6	122	6
江阴市	84	8	124	5	151	3
常州新北区	125	5	131	4	136	4
常州武进区	98	7	113	7	127	5
镇江润州区	55	9	57	9	55	9
南京江宁区	100	6	113	8	117	7

注：表中各项数据均精确到个位。

如表8-8所示,从2012—2014年各地区创新投入指数的增长情况来看,2013年,增长幅度最大的三个地区是江阴市、苏州工业园区和常州武进区,其增长幅度分别达到40、24和15个点;增长幅度最小的地区是无锡新区,其数值下降了15个点,其余地区均呈现出正增长的趋势。从增长速度来看,2013年,增速最快的三个地区是江阴市、常州武进区和苏州工业园区,其增长率分别为47.62%、15.31%、14.55%;增长速度最缓慢的地区是无锡新区,处于较高的负增长状态,其下降速度达到了11.63%。2014年,增长幅度最大的三个地区与2013年基本保持一致,分别是江阴市、苏州高新区和常州武进区,其增幅分别为27、23、14个点;处于负增长状态的地区有两个,分别是昆山市和镇江润州区,其下降幅度分别为15和2个点。从增长速度来看,增长最快的三个地区是江阴市、苏州高新区和常州武进区,其增长率分别为21.77%、12.99%、12.39%;昆山市和镇江润州区则处于下降状态,下降速度分别为11.45%和3.51%。

表8-8　2012—2014年9大区域创新投入指数增长情况

	苏州工业园区	苏州高新区	昆山市	无锡新区	江阴市	常州新北区	常州武进区	镇江润州区	南京江宁区
2013年增长幅度	24	13	3	−15	40	6	15	2	13
2014年增长幅度	11	23	−15	8	27	5	14	−2	4
2013年增长率(%)	14.55	7.93	2.34	−11.63	47.62	4.80	15.31	3.64	13.00
2014年增长率(%)	5.82	12.99	−11.45	7.02	21.77	3.82	12.39	−3.51	3.54

注:表中指数增长值精确到个位数,增长率精确到小数点后两位。

对比2013年和2014年的情况来看,除了苏州高新区和无锡新区之外,其余7个区域的增长幅度和增长速度都呈现出下降的趋势,其中下降幅度最大的地区为昆山市,增长幅度下降了18个点,增长速度下降最快的地区是江阴市,由47.62%下降至21.77%,下降了25.85个百分点,但其仍然保持较高的增长速度,在9个地区中排名仍然保持第一。苏州高新区和无锡新区则实现了增长幅度和增长速度的双增长,其中无锡新区由2013年度的负增长幅度和负增长速度转化为正增长幅度和正增长速度。

(二)静态分析

2014年,除昆山市和镇江润州区外,其余地区的创新投入指数相较于2013年而言均有一定幅度的增长,这种增长主要来源于3个二级指标的影响。如表8-9

所示，从贡献值的大小来看，全社会 R&D 经费占 GDP 的比重这一指标对南京江宁区创新投入指数的增长贡献值最大，达到 3，而该指标对苏州高新区、昆山市、无锡新区、常州新北区的贡献值均为 0；地方财政科技支出占财政总支出的比重这一指标对 2014 年创新投入指数贡献值最大的区域是苏州高新区和常州武进区，其值为 6 个点，贡献值最小的三个区域为昆山市、无锡新区和镇江润州区，其贡献值均为负数，分别为－16、－4和－3；各类研发机构数量对 2014 年度创新投入指数贡献值最大的三个区域是江阴市、苏州高新区和无锡新区，其贡献值为 26、17、11，贡献值最小的三个地区为南京江宁区、昆山市和镇江润州区，其值分别为－4、0、0。综合整体情况来看，对创新投入指数贡献值最大的指标是各类研发机构数量，其后依次是地方财政科技支出占财政总支出的比重和全社会 R&D 经费占 GDP 的比重。

表 8－9　2014 年 9 大区域创新投入指数增长贡献值分解表

贡献值	苏州工业园区	苏州高新区	昆山市	无锡新区	江阴市	常州新北区	常州武进区	镇江润州区	南京江宁区
全社会 R&D 经费占 GDP 的比重	2	0	0	0	1	0	1	1	3
地方财政科技支出占财政总支出的比重	5	6	－16	－4	0	2	6	－3	5
各类研发机构数量	4	17	0	11	26	3	8	0	－4

注：表中各项数据均精确到个位数。

从贡献度的角度来看，各地区的情况有较大的差异。除南京江宁区之外，其余地区创新投入指数增长较少依赖于全社会 R&D 经费占 GDP 的比重，南京江宁区 2014 年该指标对创新投入指数增长的贡献度达到 82.50％。苏州工业园区、昆山市、镇江润州区和南京江宁区这 4 个地区 2014 年度创新投入指数的增长最主要来源于地方财政科技支出占财政总支出的比重的增加，而其余 5 个地区 2014 年度创新投入指数的增长主要来源于各类研发机构数量的增加。从个别地区的情况来看，昆山市和镇江润州区地方财政科技支出占财政总支出的比重的贡献度超过 100％，而其余两个指标不起作用或起负向的作用。无锡新区各类研发机构数量的贡献度达到 149.28％，其余两个指标一个不起作用，另一个起负向作用。全社会 R&D 经费占 GDP 的比重和地方财政科技支出占财政总支出的比重这两个指标对南京江宁区创新投入指数的增长起了很大作用，贡献度分别为 82.50％ 和 130.05％，而各类研发机构数量的贡献度则为－112.55％。

表 8-10 2014 年 9 大区域创新投入指数增长贡献度分解表

贡献度/%	苏州工业园区	苏州高新区	昆山市	无锡新区	江阴市	常州新北区	常州武进区	镇江润州区	南京江宁区
全社会 R&D 经费占 GDP 的比重	18.22	0.43	0.00	0.00	1.89	7.50	3.65	−47.60	82.50
地方财政科技支出占财政总支出的比重	46.87	27.63	102.86	−49.28	1.26	45.13	39.82	157.96	130.05
各类研发机构数量	34.91	71.94	−2.86	149.28	96.85	47.37	56.53	−10.36	−112.55

注：表中各项数据均精确到小数点后两位。

结合上述动态分析和静态分析的结果，2014 年，除了苏州高新区和无锡新区之外，其余 7 个区域的增长幅度和增长速度都呈现出下降的趋势，表明这些地区的创新投入力度有所下降，部分地区甚至出现了倒退。除了昆山市和镇江润州区之外，其余地区 2014 年创新投入指数相较 2013 年都有所增长，但是每个区域增长的原因有所不同，苏州工业园区和南京江宁区创新投入指数的增长主要来源于地方财政科技支出占财政支出的比重的增加；苏州高新区、无锡新区、江阴市、常州新北区、常州武进区创新投入指数的增长主要来源于各类研发机构数量的增加。南京江宁区 2014 年全社会 R&D 经费占 GDP 的比重的贡献度达到 82.50%，而其余地区该指标的贡献度较小。

8.2.3 创新产出指数分析

（一）动态分析

如表 8-11 所示，2012 年创新产出指数排在前三位的地区是苏州工业园区、苏州高新区和无锡新区，其创新产出指数分别为 165、164、129；最低的地区为镇江润州区，其数值仅为 55，仅为排名第一的苏州工业园区该项数值的 1/3。2013 年，各地区的排名变化较大，处于前三位的分别是苏州工业园区、无锡新区和镇江润州区，其数值分别是 184、152、120，其中镇江润州区的数值由 2012 年的 55 上升为 2013 年的 120，数值翻一番还多，排名由第九名上升至第三名；最低的地区为江阴市，数值为 61，仅为排名第一的苏州工业园区该项数值的 1/3。2014 年，排名又有了一定程度的变化，排名前三的地区变为苏州工业园区、无锡新区和南京江宁区，其数值分别为 214、179、126；而 2013 年排名第三位的镇江润州区其数值由 120 降为 109，排名也下降至第六名；最低的地区仍然是江阴市，其数值为 65，除了该地区之外，别的地区 2014 年该项数值均在 100 以上。江阴市需在未来大力提高创新产出能力，从而提高整个区域的创新效率。

表 8-11　2012—2014 年 9 大区域创新产出指数及其排名

地　区	2012	排名	2013	排名	2014	排名
苏州工业园区	165	1	184	1	214	1
苏州高新区	164	2	103	6	124	4
昆山市	128	4	113	4	123	5
无锡新区	129	3	152	2	179	2
江阴市	84	8	61	9	65	9
常州新北区	125	5	87	7	104	7
常州武进区	98	7	74	8	100	8
镇江润州区	55	9	120	3	109	6
南京江宁区	100	6	106	5	126	3

注:表中各项数据均精确到个位数。

从 2012—2014 年各地区创新产出指数的增长情况来看(表 8-12),2013 年,苏州高新区、昆山市、江阴市、常州新北区和常州武进区 5 个地区呈现出负增长的状态,且创新产出指数的增长幅度和增长速度均为负数;增长幅度和增长速度最大的地区是镇江润州区,增长幅度为 65 个点,增长率为 118.18%,其 2013 年的创新产出指数比 2012 年的创新产出指数翻一番还多。2014 年,除镇江润州区外,其余 8 个地区均实现创新产出指数的正增长。其中增长幅度最大的 3 个地区是苏州工业园区、无锡新区和常州武进区,其增长幅度分别为 30、27、26 个点;增长速度最快的 3 个地区是常州武进区、常州新北区和苏州高新区,增长率分别为 35.14%、19.54%、20.39%。

表 8-12　2012—2014 年 9 大区域创新产出指数增长情况

	苏州工业园区	苏州高新区	昆山市	无锡新区	江阴市	常州新北区	常州武进区	镇江润州区	南京江宁区
2013 年增长幅度	19	−61	−15	23	−23	−38	−24	65	6
2014 年增长幅度	30	21	10	27	4	17	26	−11	20
2013 年增长率(%)	11.52	−37.20	−11.72	17.83	−27.38	−30.40	−24.49	118.18	6.00
2014 年增长率(%)	16.30	20.39	8.85	17.76	6.56	19.54	35.14	−9.17	18.87

注:表中指数增长值精确到个位数,增长率精确到小数点后两位。

对比2013年和2014年的情况来看，除无锡新区和镇江润州区外，2014年，其余7个地区的增长幅度和增长速度较2013年均有所增长。无锡新区的增长速度虽然有所下降，但2014年增幅和增速两项数值仍然保持在较高的水平，而镇江润州区则下降得较多，增长幅度和增长速度均由正转为负，增长幅度下降至－11，下降了76个点，增长速度降至－9.17%，下降了127.35个百分点。其余7个地区，从增长幅度的角度来看，增长最多的地区是苏州高新区，由2013年的－61个点变为2014年的21个点，增长了80个点；从增长速度来看，增长最快的地区是常州武进区，由2013年的－24.49%变为2014年的35.14%，增长了59.63个百分点。

（二）静态分析

2014年，9大地区的创新产出指数相较于2013年而言均有一定幅度的增长，这种增长主要来源于4个二级指标的影响。如表8-13所示，从贡献值的大小来看，除江阴市和镇江润州区外，当年发明专利授权量的贡献值均为正数，镇江润州区和江阴市当年该指标的贡献值分别为－11和－2，贡献值最大的三个区域是常州武进区、苏州工业园区和南京江宁区，贡献值分别为13、12、10；万人发明专利拥有量对9个地区的贡献值均为正数，贡献值最大的三个地区是无锡新区、苏州工业园区和苏州高新区，其贡献值分别为21、17、15，最低的地区是镇江润州区，其贡献值仅为1；除苏州高新区、常州新北区、常州武进区和南京江宁区外，其余地区高新技术产业产值占规模以上产业产值比重这一指标对创新产出指数的贡献值均为正，但数值较小，均在3以下，而苏州高新区、常州新北区、常州武进区和南京江宁区的贡献值均为0；除苏州工业园区、昆山市、镇江润州区外，其余地区的劳动生产率的贡献值均为正，最高的地区是常州武进区，贡献值为6，最低的地区为镇江润州区，贡献值为－2。综合整体情况来看，对创新产出指数贡献值最大的指标是万人发明专利拥有量，其后依次是当年发明专利授权量、劳动生产率和高新技术产业产值占规模以上产业产值比重。

表8-13　2014年9大区域创新产出指数增长贡献值分解表

贡献值	苏州工业园区	苏州高新区	昆山市	无锡新区	江阴市	常州新北区	常州武进区	镇江润州区	南京江宁区
当年发明专利授权量	12	4	5	3	－2	4	13	－11	10
万人发明专利拥有量	17	15	4	21	3	11	7	1	9
高新技术产业产值占规模以上产业产值比重	2	0	1	1	2	0	0	1	0
劳动生产率	0	1	0	1	1	2	6	－2	1

注：表中各项数据均精确到个位数。

从贡献度的角度来看，各个地区的情况略有差异，如表 8－14 所示。高新技术产业产值占规模以上产业产值比重和劳动生产率这两个指标的贡献度都处于较低的状态，苏州工业园区、苏州高新区、无锡新区、江阴市、常州新北区这 5 个地区万人发明专利拥有量对 2014 年创新产出指数增长的贡献度最大，其余 4 个地区当年发明专利授权量对 2014 年创新产出指数增长的贡献度最大。从当年发明专利授权量指标来看，贡献度最高的地区是镇江润州区，其贡献度达到 100.70％，最低的地区是江阴市，其贡献度为－38.96％；从万人发明专利拥有量这一指标来看，贡献度最高的地区是无锡新区，贡献度为 79.89％，最低的地区是镇江润州区，贡献度为－12.05％；从高新技术产业产值占规模以上产业产值比重这一指标来看，贡献度最高的地区是江阴市，其贡献度达到 42.84％，最低的地区是镇江润州区，贡献度为－7.79％；从劳动生产率这一指标来看，贡献度最高的地区是江阴市，贡献度为29.74％，而苏州工业园区和昆山市该指标的贡献度均为负，贡献度分别是－0.79％和－1.39％。

表 8－14　2014 年 9 大区域创新产出指数增长贡献度分解表

贡献度/％	苏州工业园区	苏州高新区	昆山市	无锡新区	江阴市	常州新北区	常州武进区	镇江润州区	南京江宁区
当年发明专利授权量	40.73	21.53	50.10	11.83	－38.96	20.42	48.36	100.70	47.55
万人发明专利拥有量	53.91	73.88	41.71	79.89	66.39	65.67	28.86	－12.05	45.44
高新技术产业产值占规模以上产业产值比重	6.16	1.36	9.58	3.30	42.84	2.59	1.22	－7.79	0.00
劳动生产率	－0.79	3.23	－1.39	4.98	29.74	11.32	21.56	19.14	7.00

注：表中各项数据均精确到小数点后两位。

结合上述动态分析和静态分析的结果，2014 年，除无锡新区和镇江润州区外，其余 7 个地区的增长幅度和增长速度较 2013 年均有所增长，表明除镇江润州区外，各个地区的创新产出能力在不断增强。但是每个区域增长的原因有所不同，苏州工业园区、苏州高新区、无锡新区、江阴市、常州新北区这 5 个地区创新产出指数增长主要是因为当年发明专利授权量的增加，而昆山市、常州武进区、镇江润州区和南京江宁区创新产出指数增长主要是因为万人发明专利拥有量的增加。

8.3　创新指数纵向分析

8.3.1　南京江宁区创新指数分析

（一）动态分析

如表 8－15 所示，2014 年南京江宁区创新总指数为 124，较 2013 年增长 16 个点，同比增长14.81%。三个一级指标均保持平稳增长:创新环境指数为135,较2013年增长23个点,同比增长20.54%;创新投入指数为117,较2013年增长4个点,同比增长3.54%;创新产出指数为126,较2013年增长20个点,同比增长18.87%。

表8-15　2012—2014年南京江宁区创新指数及其分解

	创新总指数	创新环境指数	创新投入指数	创新产出指数
2012年	100	100	100	100
2013年	108	112	113	106
2014年	124	135	117	126
2013年增长	8	12	13	6
2014年增长	16	23	4	20
2013年增长率	8.00%	12.00%	13.00%	6.00%
2014年增长率	14.81%	20.54%	3.54%	18.87%

注:表中各项指数及其增长值均精确到个位数,增长率均精确到小数点后两位。

2014年江宁区创新总指数同比增长14.81%,较2013年创新指数的增速大幅上升,增速加快了6.81个百分点。三个一级指标中,创新环境指数和创新产出指数的增长率分别增加了8.54和12.87个百分点,而创新投入指数则下降了9.46个百分点。由上述分析可知,2012—2014年间,南京江宁区创新总指数的增长率取得了较大幅度的增加,实现了14.81%的同比增长,创新环境指数和创新产出指数的增长率都大幅增长,均达到18%以上,而创新投入指数的增长率则大幅度下降,2014年的增长率仅为3.54%(图8-1)。

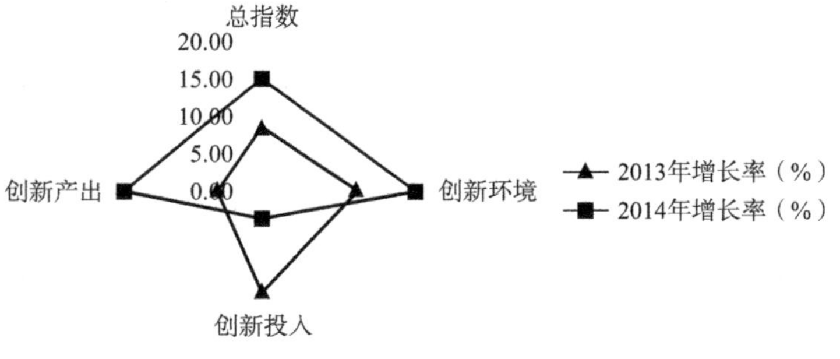

图8-1　2013、2014年南京江宁区创新指数增速对比

(二)静态分析

从2014年南京江宁区创新指数的增长结构来看,创新环境指数的贡献值为2.15点,创新投入指数的贡献值为1.03点,创新产出指数的贡献值为12.65点。对于总指数增长贡献最大的是创新产出指数,贡献率达到79.07%,创新投入指数对于总指数增长的贡献较低,贡献率仅为6.47%,创新环境指数的贡献率也不高,仅为14.46%。

如图 8-2 所示，从 2013 年和 2014 年南京江宁区创新指数增长的分布可以看到，三个一级指数的贡献度发生了一定程度的偏移，2013 年创新投入指数的贡献度为 42.87%，与第一名创新产出指数的贡献度 44%相差无几；2014 年创新投入指数的贡献度降为6.47%，而创新产出指数的贡献度则上升到了 79.07%；创新环境指数的贡献度稍有上升，但保持在同一水平上。

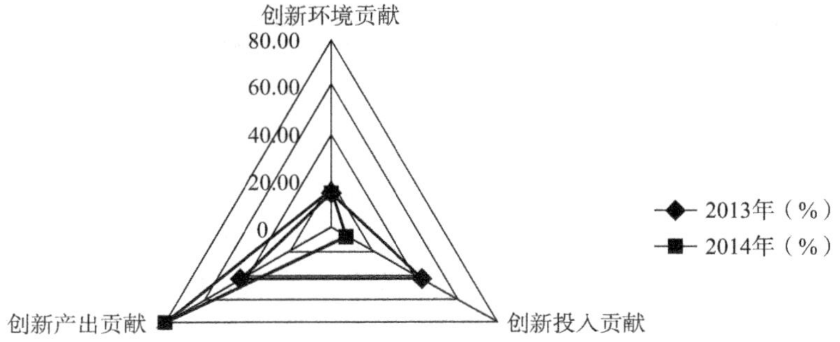

图 8-2　2013、2014 年南京江宁区创新指数增长贡献度对比

通过上述动态分析和静态分析，可以发现南京江宁区在 2012—2014 年间，对创新指数增长贡献最大的是创新产出，而且其贡献幅度在不断增加，这意味着南京江宁区创新产出能力在不断上升，且区域创新能力不断提高；创新投入指数虽然也在增长，但是其增长速度和贡献度却呈现下降趋势，说明南京江宁区的创新资源投入体系已日趋完善，未来通过大量增加投入来实现区域创新能力的提升已不可能；创新环境指数在两年之间变化不大，但是数值较低，说明南京江宁区在提升区域创新环境方面大有可为。

8.3.2　昆山市创新指数分析

（一）动态分析

如表 8-16 所示，2014 年昆山市创新总指数为 123，较 2013 年增长 4 个点，同比增长 3.36%。三个一级指标均保持平稳增长：创新环境指数为 145，较 2013 年增长 20 个点，同比增长 16.00%；创新投入指数为 116，较 2013 年下降了 15 个点，同比下降 11.45%；创新产出指数为 123，较 2013 年增长 10 个点，同比增长 8.85%。

表 8-16　2012—2014 年昆山市创新指数及其分解

	创新总指数	创新环境指数	创新投入指数	创新产出指数
2012 年	112	100	128	106
2013 年	119	125	131	113
2014 年	123	145	116	123

续表

	创新总指数	创新环境指数	创新投入指数	创新产出指数
2013 年增长	7	25	3	7
2014 年增长	4	20	−15	10
2013 年增长率	6.25%	25.00%	2.34%	6.60%
2014 年增长率	3.36%	16.00%	−11.45%	8.85%

注:表中各项指数及其增长值均精确到个位数,增长率精确到小数点后两位。

2014 年昆山市创新总指数同比增长 3.36%,较 2013 年创新指数的增速下降了 2.89 个百分点。三个一级指标中,创新产出指数的增长率增加了 2.25 个百分点,而创新环境指数和创新投入指数则分别下降了 9.00 和 13.79 个百分点。由上述分析可知,2012—2014 年,昆山市在创新产出方面取得了较大程度的改善,其创新总指数增长幅度不断上升,在创新环境指数方面,虽然也取得了增长,但幅度有所下降,而创新投入指数的表现则不尽如人意,在 2013 年的基础上有所下降(图 8 - 3)。

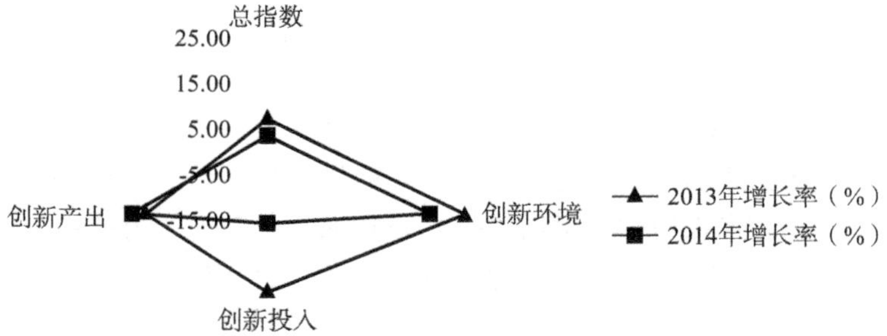

图 8 - 3　2013、2014 年昆山市创新指数增速对比

（二）静态分析

从 2014 年昆山市创新指数的增长结构来看,创新环境指数的贡献值为 1.87 点,创新投入指数的贡献值为 −4.20 点,创新产出指数的贡献值为 6.27 点。对于总指数增长贡献最大的是创新产出指数,贡献率达到 156.68%,创新投入指数对于总指数增长的贡献较小,贡献率仅为 −102.89%,创新环境指数的贡献率为 46.21%。

对于 2013 年和 2014 年昆山市创新指数增长的分布,可以看到三个一级指数的贡献度发生了一定程度的偏移,2013 年创新环境指数的贡献度为 30.43%,2014 年有所上升,达到了 46.21%,上升了 15.78 个百分点;创新投入指数的贡献度大幅度下降,且由正的贡献率转为负的贡献率,降为 −102.89%;创新产出指数的贡献度则大幅度上升,由 2013 年的 58.67%增长为 2014 年的 156.68%(图 8 - 4)。

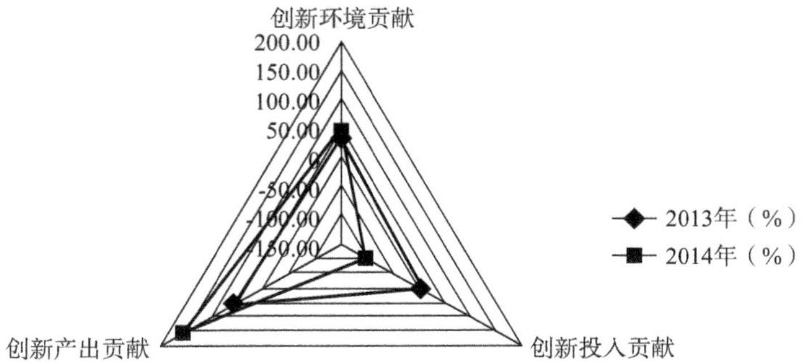

图 8-4　2013、2014 年昆山市创新指数增长贡献度对比

通过上述动态分析和静态分析，可以发现昆山市在 2012—2014 年间，创新产出指数的增长速度和贡献度都在增加，且贡献度以极快的速度增加，说明昆山市创新产出方面表现优异，极大地带动了本区域创新能力的提升；从创新投入的角度来看，其增长速度和贡献度都在下降，且均由正数转化为负数，这意味着昆山市的创新投入在近几年略有不足，后续工作中仍需要加大创新投入；从创新环境指数的角度来说，虽然其增长速度有所下降，但仍然保持增长，且对创新能力的贡献度保持上升态势，说明该地区仍需投入一定的精力改善创新环境。

8.3.3　江阴市创新指数分析

（一）动态分析

如表 8-17 所示，2014 年江阴市创新总指数为 92，较 2013 年增长 10 个点，同比增长 12.20%。三个一级指标均保持平稳增长：创新环境指数为 100，较 2013 年增长 10 个点，同比增长 11.11%；创新投入指数为 151，较 2013 年增长了 27 个点，同比增长 21.77%；创新产出指数为 65，较 2013 年增长 4 个点，同比增长 6.56%。

表 8-17　2012—2014 年江阴市创新指数及其分解

	创新总指数	创新环境指数	创新投入指数	创新产出指数
2012 年	67	77	84	58
2013 年	82	90	124	61
2014 年	92	100	151	65
2013 年增长	15	13	40	3
2014 年增长	10	10	27	4
2013 年增长率	22.39%	16.88%	47.62%	5.17%
2014 年增长率	12.20%	11.11%	21.77%	6.56%

注：表中各项指数及其增长值均精确到个位数，增长率精确到小数点后两位。

2014 年江阴市创新总指数同比增长 12.20%，较 2013 年创新指数的增速下降了 10.19 个百分点。三个一级指标中，创新产出指数的增长率增加了 1.39 个百分点，而创新环境指数和创新投入指数则分别下降了 5.77 和 25.85 个百分点。由上述分析可知，江阴市创新总指数、创新环境指数和创新投入指数的增速虽然都有所下降，但仍维持在较高的增速水平上，尤其是创新投入指数保持了 21.77%的同比增长率，而创新产出指数的增速在 2013 年的基础上有所增加，达到了 6.56%的增长率，但仍然低于创新环境指数和创新投入指数(图 8－5)。

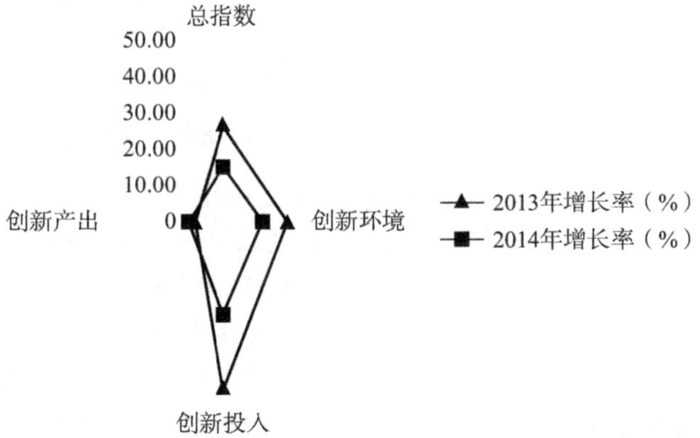

图 8－5　2013、2014 年江阴市创新指数增速对比

（二）静态分析

从 2014 年江阴市创新指数的增长结构来看，创新环境指数的贡献值为 0.94 点，创新投入指数的贡献值为 7.55 点，创新产出指数的贡献值为 2.51 点。对于总指数增长贡献最大的是创新投入指数，贡献率达到 74.32%，创新环境指数对于总指数增长的贡献较低，贡献率仅为 9.36%，创新产出指数的贡献率为 16.31%。

从 2013 年和 2014 年江阴市创新指数增长的分布可以看到，三个一级指数的贡献度基本保持一致。创新环境指数的贡献度由 2013 年的 9.11%增长为9.36%，创新投入指数的贡献度由 2013 年的 73.59%增长为 74.32%，创新产出指数的贡献度由 2013 年的17.30%下降为 16.31%(图 8－6)。

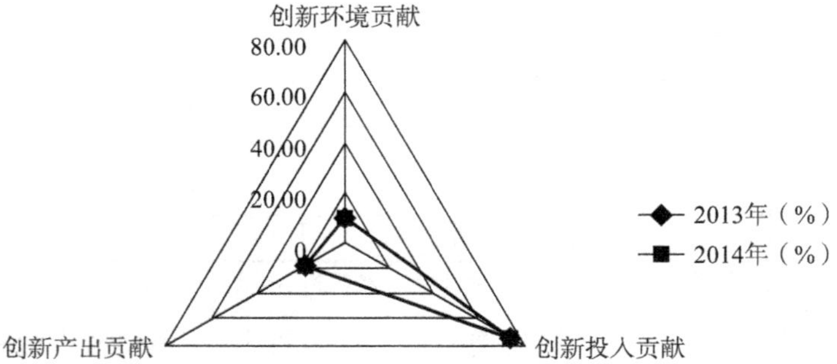

图 8－6　2013、2014 年江阴市创新指数增长贡献度对比

通过上述动态分析和静态分析，可以发现江阴市在 2012—2014 年间，创新环境指数的增长率有所下降，贡献度略微上升，但数值本身不大，这说明江阴市在提升区域创新环境方面还有很大的空间；创新投入指数的增长率也有所下降，但仍然保持较高速的增长，2014 年的增长率达到 21.77%，是三个一级指标中最高的，且其贡献度在 2013 年和 2014 年均在 70%，说明江阴市创新投入带来创新能力提升的效果较好；创新产出指数的增长率有所提高，但贡献度轻微下降，且数值较小，说明江阴市较多的创新投入没有带来相应的创新产出，创新投入产出比较低，未来需要加大力度提高创新效率。

8.3.4　常州武进区创新指数分析

（一）动态分析

如表 8－18 所示，2014 年常州市武进区创新总指数为 110，较 2013 年增长 21 个点，同比增长23.60%。三个一级指标均保持较高幅度增长：创新环境指数为 131，较 2013 年增长 13 个点，同比增长 11.02%；创新投入指数为 127，较 2013 年增长了 14 个点，同比增长 12.39%；创新产出指数为 100，较 2013 年增长 26 个点，同比增长 35.14%。

表 8－18　2012—2014 年常州武进区创新指数及其分解

	创新总指数	创新环境指数	创新投入指数	创新产出指数
2012 年	80	104	98	69
2013 年	89	118	113	74
2014 年	110	131	127	100
2013 年增长	9	14	15	5
2014 年增长	21	13	14	26
2013 年增长率	11.25%	13.46%	15.31%	7.25%
2014 年增长率	23.60%	11.02%	12.39%	35.14%

注：表中各项指数及其增长值均精确到个位数，增长率均精确到小数点后两位。

2014 年常州武进区创新总指数同比增长 23.60%，较 2013 年创新指数的增速上升了 12.35 个百分点，翻一番还多。三个一级指标中，创新产出指数的增长率增加了27.89个百分点，而创新环境指数和创新投入指数则分别下降了 2.44 和 2.92 个百分点。由上述分析可知，武进区在创新产出指数上取得了较高速度的增长，创新环境指数和创新投入指数的增速虽有所下降，但仍然保持在较高的增速上，均维持在 12%左右的增长速率（图 8－7）。

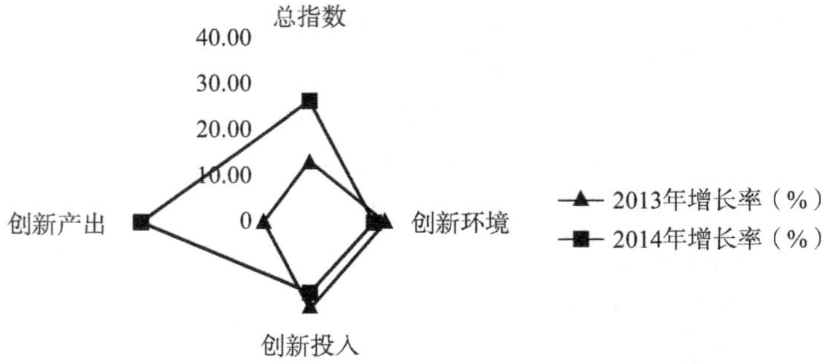

图 8－7　2013、2014 年常州武进区创新指数增速对比

（二）静态分析

从 2014 年常州武进区创新指数的增长结构来看，创新环境指数的贡献值为1.22点，创新投入指数的贡献值为 3.92 点，创新产出指数的贡献值为 16.29 点，创新产出指数远远高于创新环境指数和创新投入指数。对于总指数增长贡献最大的是创新产出指数，贡献率达到 75.57％，创新环境指数对于总指数增长的贡献较低，贡献率仅为5.78％，创新投入指数的贡献率为 18.65％。

从 2013 年和 2014 年常州武进区创新指数增长的分布可以看到，三个一级指数的贡献度发生了一定程度的偏移。创新环境指数的贡献度由 2013 年的15.26％下降为 2014 年的 5.78％，创新投入指数的贡献度由 2013 年的 48.47％下降为 2014 年的18.65％，创新产出指数的贡献度则由 2013 年的 36.26％上升为 2014 年的75.57％，变为原来的两倍还多(图 8－8)。

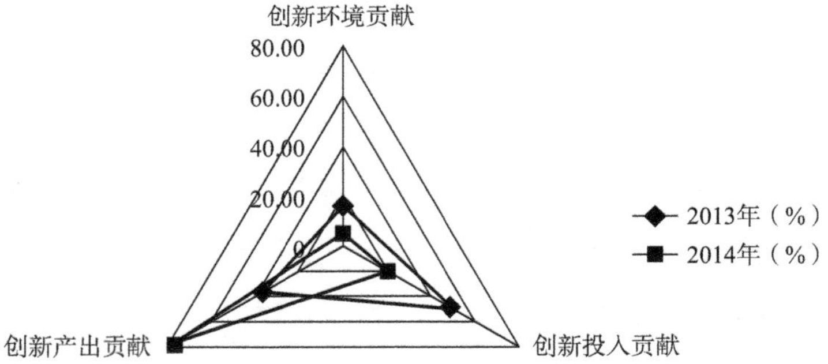

图 8－8　2013、2014 年常州武进区创新指数增长贡献度对比

通过上述动态分析和静态分析，发现武进区在 2012－2014 年间，创新环境指数的增长率略有下降，但贡献度基本稳定，在 38％左右，说明武进区的创新环境比较好，对整体创新能力的贡献较高，要稳固和进一步完善。创新投入指数的增长率也有所下降，但仍然保持稳定且高速的增长，均在 10％以上，反映出武进区近年来对于科技创新持续的高投入。创新投入的贡献度也维持在 36％左右的高位，表明武进区的持续高创新投入对于提升武进区整体创新氛围贡献重大。创新产出指数的增长率快速提高，贡献度也有所提升，说明武进区营造良好的创新环境、持续的创新投入带来了明显的创新，后面需要进一步巩固和加强，提升创新产出能力。

8.3.5　苏州高新区创新指数分析

（一）动态分析

如表 8－19 所示，2014 年苏州高新区创新总指数为 143，较 2013 年增长 20 个点，同比增长16.26%。三个一级指标均保持较高幅度增长：创新环境指数为 105，较 2013 年增长 7 个点，同比增长 7.14%；创新投入指数为 200，较 2013 年增长了 23 个点，同比 12.99%；创新产出指数为 124，较 2013 年增长 21 个点，同比增长 20.39%。

表 8－19　2012—2014 年苏州高新区创新指数及其分解

	创新总指数	创新环境指数	创新投入指数	创新产出指数
2012 年	103	85	164	78
2013 年	123	98	177	103
2014 年	143	105	200	124
2013 年增长	20	13	13	25
2014 年增长	20	7	23	21
2013 年增长率	19.42%	15.29%	7.93%	32.05%
2014 年增长率	16.26%	7.14%	12.99%	20.39%

注：表中各项指数及其增长值均精确到个位数，增长率均精确到小数点后两位。

2014 年苏州高新区创新总指数同比增长 16.26%，较 2013 年创新指数的增速下降了 3.16 个百分点。三个一级指标中，创新投入指数的增长率增加了 5.06 个百分点，而创新环境指数和创新产出指数的增长率则分别下降了 8.15 和 11.66 个百分点。由上述分析可知，苏州高新区在创新投入指数上取得了较高速度的增长，但创新环境指数和创新产出指数的增速都有所下降，其中创新环境指数下降至不足 10%，而创新产出指数仍然维持在较高的同比增速上（图 8－9）。

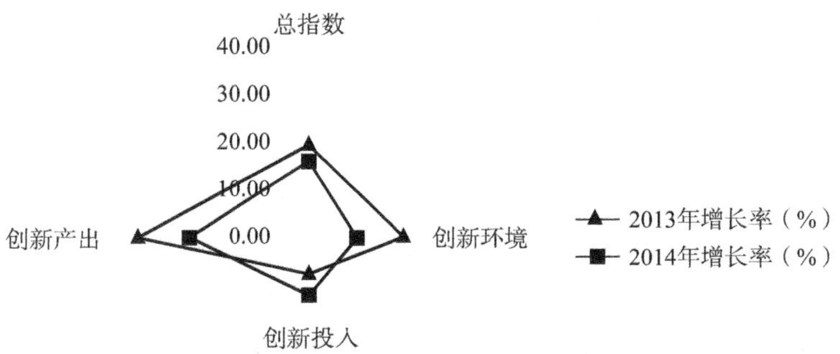

图 8－9　2013、2014 年苏州高新区创新指数增速对比

（二）静态分析

从2014年苏州高新区创新指数的增长结构来看，创新环境指数的贡献值为0.66点，创新投入指数的贡献值为6.43点，创新产出指数的贡献值为13.16点，远远高于创新环境指数和创新投入指数。对于总指数增长贡献最大的是创新产出指数，贡献率达到65.80%，创新环境指数对于总指数增长的贡献较低，贡献率仅为3.28%，创新投入指数的贡献率为32.17%。

从2013年和2014年苏州高新区创新指数增长的分布可以看到，三个一级指数的贡献度发生了一定程度的偏离，但是幅度较小。创新环境指数的贡献度由2013年的6.08%下降为3.03%，仅为原来的1/2，创新投入指数的贡献度由2013年的18.18%增长为32.17%，创新产出指数的贡献度则由2013年的75.74%下降为64.80%，几乎维持在同一水平线上（图8－10）。

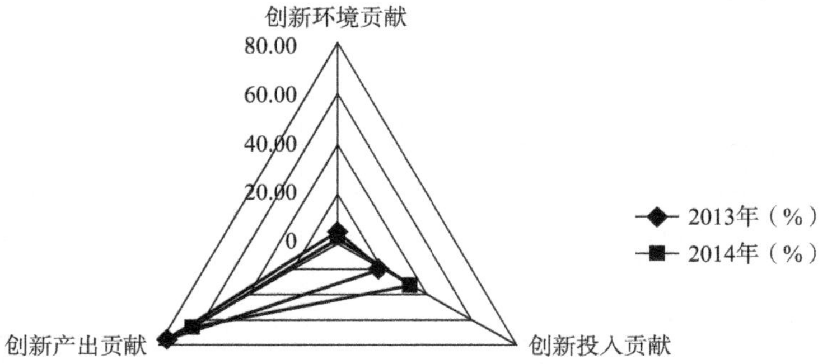

图8－10　2013、2014年苏州高新区创新指数增长贡献度对比

通过上述动态分析和静态分析，可以发现苏州高新区在2012—2014年间，对创新能力贡献度最高的是创新产出指数，达到全部贡献度的2/3，虽然创新产出指数增长率有所下降，但仍维持在较高的增长水平；创新投入指数的增长率和贡献度都有所增加，说明该地区近几年在培育创新投入能力方面投入了较大的精力，并且取得了一定的成效；创新环境指数的增长率和贡献度都下降，并且环境指数的贡献度在2014年仅为3.03%，苏州高新区需在未来加大力度营造一个有利于创新的外部环境，以促进区域创新能力的提升。

8.3.6　无锡高新区创新指数分析

（一）动态分析

如表8－20所示，2014年无锡高新区创新总指数为156，较2013年增长19个点，同比增长13.87%。三个一级指标中，创新环境指数为106，较2013年增长3个点，同比增长2.91%；创新投入指数为122，较2013年增长了8个点，同比增长7.02%；创新产出指数为179，较2013年增长27个点，同比增长17.76%。

表 8-20　2012—2014 年无锡高新区创新指数及其分解

	创新总指数	创新环境指数	创新投入指数	创新产出指数
2012 年	126	93	129	129
2013 年	137	103	114	152
2014 年	156	106	122	179
2013 年增长	11	10	－15	23
2014 年增长	19	3	8	27
2013 年增长率	8.73％	10.75％	－11.63％	17.83％
2014 年增长率	13.87％	2.91％	7.02％	17.76％

注：表中各项指数及其增长值均精确到个位数，增长率均精确到小数点后两位。

2014 年无锡高新区创新指数同比增长 13.87％，较 2013 年创新总指数的增长率上升了 5.14 个百分点。三个一级指标中，创新投入指数的增长率增加了 18.65 个百分点，并实现了由负增长向正增长的转变；创新产出指数几乎保持同一个增长率；而创新环境指数则下降了 7.84 个百分点。由上述分析可知，无锡高新区在创新投入指数增长率上出现了较高程度的提升，表明无锡新区对创新资源的投入有大幅度的增长(图 8-11)。

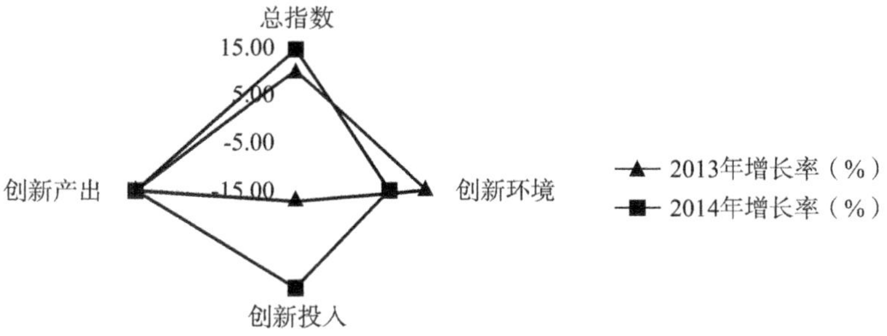

图 8-11　2013、2014 年无锡高新区创新指数增速对比

(二) 静态分析

从 2014 年无锡高新区创新指数的增长结构来看，创新环境指数的贡献值为 0.28点，创新投入指数的贡献值为 2.24 点，创新产出指数的贡献值为 16.92 点，远远高于创新环境指数和创新投入指数。对于总指数增长贡献最大的是创新产出指数，贡献率达到 86.75％，创新环境指数对于总指数增长的贡献较低，贡献率仅为 1.48％，创新投入指数的贡献率为 11.78％。

由 2013 年和 2014 年无锡高新区创新指数增长的分布可以看到，三个一级指数的贡献度发生了一定程度的偏移。发生变动最大的是创新投入指数，由 2013 年的－38.14％上升至 11.78％，上升了近 50 个百分点；而创新环境指数的贡献度则由 2013 年的 8.51％下降为 1.48％；创新产出指数的贡献度由 2013 年的 129.63％

下降为86.75%，虽然下降的幅度比较大，但是创新产出指数的贡献度仍然占有绝对的优势地位（图8－12）。

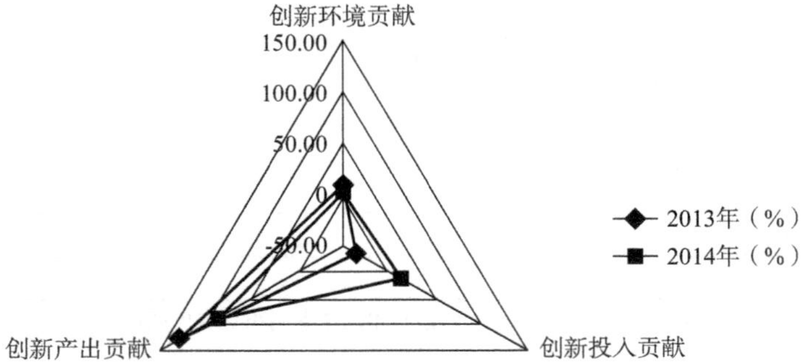

图8－12　2013、2014年无锡高新区创新指数增长贡献度对比

通过上述动态分析和静态分析，可以发现无锡高新区在2012—2014年间，创新环境指数的增长率和贡献度都呈现出下降的态势，且创新环境指数对总指数的贡献度极低，仅为1.48%，说明该地区需要加强创新环境的营造；创新投入指数的增长率和贡献度均呈现出上升的态势，表明该地区在该时间段内对科技创新活动投入的资源较以往大幅度增加；与大部分地区类似，创新产出指数对该地区创新能力的拉动作用在三个一级指标中处于绝对的优势地位，整个地区具备较高的创新效率。

8.3.7　常州新北区创新指数分析

（一）动态分析

如表8－21所示，2014年常州新北区创新总指数为113，较2013年增长14个点，同比增长14.14%。在三个一级指标中，创新环境指数为101，较2013年增长8个点，同比增长8.60%；创新投入指数为136，较2013年增长了5个点，同比增长3.82%；创新产出指数为104，较2013年增长17个点，同比增长19.54%。

表8－21　2012—2014年常州新北区创新指数及其分解

	创新总指数	创新环境指数	创新投入指数	创新产出指数
2012年	90	79	125	76
2013年	99	93	131	87
2014年	113	101	136	104
2013年增长	9	14	6	11
2014年增长	14	8	5	17
2013年增长率	10.00%	17.72%	4.80%	14.47%
2014年增长率	14.14%	8.60%	3.82%	19.54%

注：表中各项指数及其增长值均精确到个位数，增长值均精确到小数点后两位。

2014 年常州新北区创新指数同比增长 14.14%，较 2013 年创新总指数的增长率上升了 3.3 个百分点。三个一级指标中，创新产出指数的增长率增加了 4.14 个百分点，而创新环境指数和创新投入指数则分别下降了 9.12 和 0.98 个百分点，其中创新环境的增长率下降为不到原来的 1/2。由上述分析可知，常州新北区在创新产出指数上取得了较高速度的增长，创新环境指数和创新投入指数的增速有所下降，且增长率均低于 10%(图 8－13)。

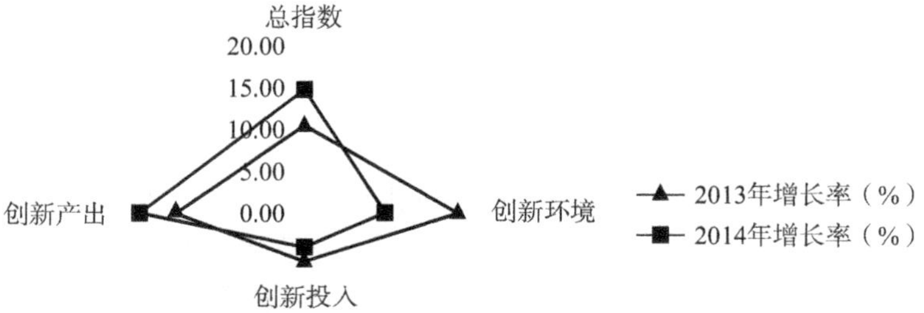

图 8－13　2013、2014 年常州新北区创新指数增速对比

（二）静态分析

从 2014 年常州新北区创新指数的增长结构来看，创新环境指数的贡献值为 0.75点，创新投入指数的贡献值为 1.40 点，创新产出指数的贡献值为 10.65 点，远远高于创新环境指数和创新产出指数。对于总指数增长贡献最大的是创新产出指数，贡献率达到 76.66%，创新环境指数对于总指数增长的贡献较低，贡献率仅为 5.35%，创新投入指数的贡献率为 17.99%。

由 2013 年和 2014 年常州新北区创新指数增长的分布可以看到，三个一级指数的贡献度几乎保持在一致的水平。创新环境指数的贡献度由 2013 年的10.56%下降为 5.35%，创新投入指数的贡献度由 2013 年的 14.85%增长为17.99%，创新产出指数的贡献度则由 2013 年的 74.60%上升为 76.66%，仍然保持绝对的优势地位(图 8－14)。

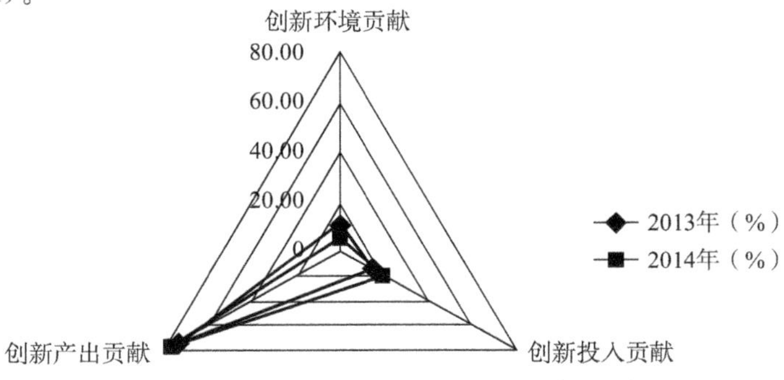

图 8－14　2013、2014 年常州新北区创新指数增长贡献度对比

通过上述动态分析和静态分析，可以发现常州新北区在2012—2014年间，创新环境指数的增长率和贡献度都呈现出下降的态势，且创新环境指数对总指数的贡献度极低，仅为5.35%，该地区需要加强对创新环境的营造；创新投入指数的增长率和贡献度几乎维持在同一水平线上；创新产出指数的增长率有所增加，贡献度均在70%以上，与大部分地区类似，创新产出指数对该地区创新能力的拉动作用在三个一级指标中处于绝对的优势地位，整个地区具有较高的创新效率。

8.3.8 镇江润州区创新指数分析

（一）动态分析

如表8-22所示，2014年镇江润州区创新总指数为87，较2013年下降7个点，同比下降7.47%。三个一级指标中，创新环境指数为38，较2013年增长4个点，同比增长11.76%；创新投入指数为55，较2013年增长了1个点，同比增长1.85%；创新产出指数为109，较2013年下降11个点，同比下降9.17%。

表8-22 2012—2014年镇江润州区创新指数及其分解

	创新总指数	创新环境指数	创新投入指数	创新产出指数
2012年	66	30	55	77
2013年	94	34	54	120
2014年	87	38	55	109
2013年增长	28	4	−1	43
2014年增长	−7	4	1	−11
2013年增长率	42.42%	13.33%	−1.82%	55.84%
2014年增长率	−7.45%	11.76%	1.85%	−9.17%

注：表中各项指数及其增长值均精确到个位数，增长率精确到小数点后两位。

2014年镇江润州区创新总指数同比下降7.45%，较2013年创新总指数的增长率下降了49.89个百分点，由较快的正增长转为较快的负增长。三个一级指标中，创新投入指数的增长率增加了3.67个百分点，由负增长成功实现了正增长，而创新环境指数和创新投入指数则分别下降了1.57和46.67个百分点。由上述分析可知，镇江润州区在创新投入指数上取得了较高速度的增长，创新环境指数和创新产出指数的增速均呈现下降趋势，尤其是创新产出的增速，由较高的正增长转为较高的负增长（图8-15）。

（二）静态分析

从2014年镇江润州区创新指数的增长结构来看，创新环境指数的贡献值为0.37点，创新投入指数的贡献值为0.28点，创新产出指数的贡献值为−6.89点，远

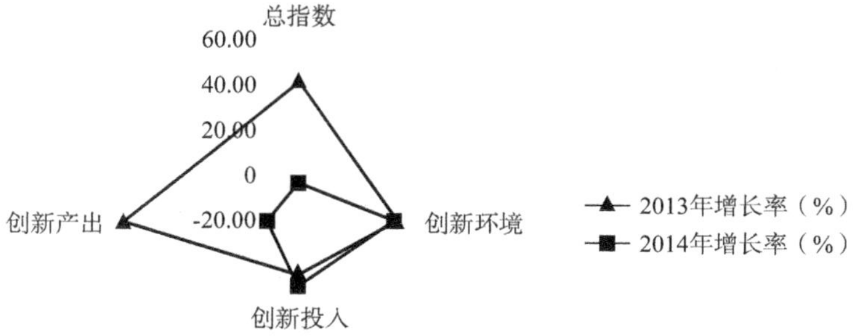

图 8－15　2013、2014 年镇江润州区创新指数增速对比

远低于创新环境指数和创新投入指数。导致总指数下降最大的原因就在于创新产出指数的大幅度下降，其影响因素占到 106.34%。而创新环境指数和创新投入指数都对 2014 年总指数起到了正向作用，抵消了一部分创新产出指数的影响，其作用程度分别为 3.35%和 3.00%。

由 2013 年和 2014 年镇江润州区创新指数增长的分布来看，似乎没有太大的变化，但是图形指向的内容却发生了实质性的变化。2013 年度，创新总指数实现了较快的增长，增长率达到 42.42%，其中 97.66%的原因来自于创新产出指数的增长，3.34%的原因来自于创新投入指数的增长，创新环境指数则起到反作用，作用程度为 1%。2014 年度，创新总指数极速下降，呈现出 7.47%的高负增长，而高负增长背后的主要原因就是创新产出指数的下降，其原因占比达到 106.34%。因此，从图形上看两年似乎相差不大，但是作用的方向却是截然相反的(图 8－16)。

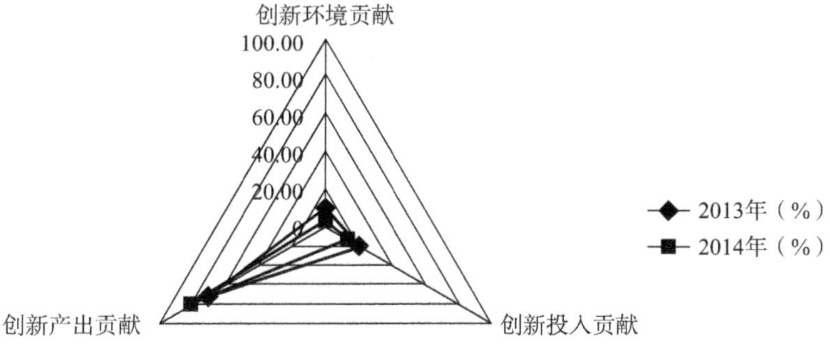

图 8－16　2013、2014 年镇江润州区创新指数增长贡献度对比

通过上述动态分析和静态分析，可以发现镇江润州区 2013 年和 2014 年的创新总指数由较高的正增长转化为较低的负增长，分析结果呈现出两种截然相反的状态，其中起最关键作用的因素就是创新产出情况的严重恶化。为此，该地区需在未来大力提升科技创新的产出能力，使得科技创新投入能够获得较多的科技创新产出，实现区域较高的创新效率。

8.3.9 苏州工业园区创新指数分析

（一）动态分析

如表 8－23 所示，2014 年苏州工业园区创新总指数为 206，较 2013 年增长 23 个点，同比增长12.57%。三个一级指标均保持较高幅度增长：创新环境指数为 166，较 2013 年增长 6 个点，同比增长 3.75%；创新投入指数为 200，较 2013 年增长 11 个点，同比增长 5.82%；创新产出指数为 214，较 2013 年增长 30 个点，同比增长 16.30%。

表 8－23 2012—2014 年苏州工业园区创新指数及其分解

	创新总指数	创新环境指数	创新投入指数	创新产出指数
2012 年	153	132	165	150
2013 年	183	160	189	184
2014 年	206	166	200	214
2013 年增长	30	28	24	34
2014 年增长	23	6	11	30
2013 年增长率	19.61%	21.21%	14.55%	22.67%
2014 年增长率	12.57%	3.75%	5.82%	16.30%

注：表中各项指数及其增长值均精确到个位，增长率均精确到小数点后两位。

2014 年苏州工业园区创新总指数同比增长 12.57%，较 2013 年创新指数的增长率下降了 7.04 个百分点，但仍然保持较高速的增长。三个一级指标的增长率都有所下降，创新环境指数、创新投入指数和创新产出指数分别下降了 17.46、8.73 和 6.37 个百分点。其中创新环境指数和创新投入指数都由高增长率下降至一个较低的增长率，而创新产出指数仍然保持在 16.30%的高增长率(图 8－17)。

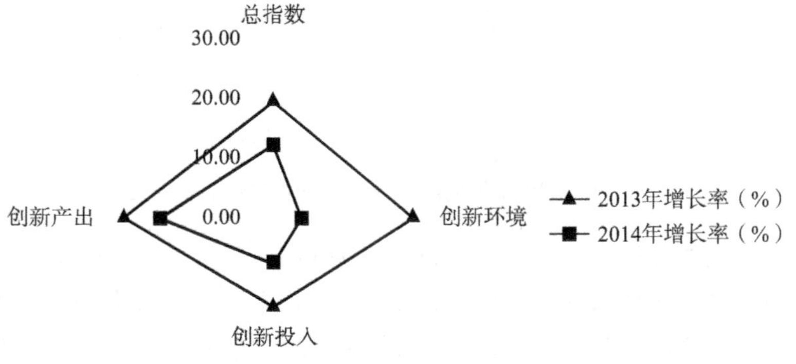

图 8－17 2013、2014 年苏州工业园区创新指数增速对比

（二）静态分析

从 2014 年苏州工业园区创新指数的增长结构来看，创新环境指数的贡献值为 0.56 点，创新投入指数的贡献值为 3.08 点，创新产出指数的贡献值为 18.80 点，远远高于创新环境指数和创新投入指数。对于总指数增长贡献最大的是创新产出指数，贡献率达到 81.74%，创新环境指数对于总指数增长的贡献较低，贡献率仅为 3.88%，创新投入指数的贡献率为 14.38%。

由 2013 年和 2014 年苏州工业园区创新指数增长的分布可以看到，三个一级指数的贡献度几乎保持一致的水平。创新环境指数的贡献度由 2013 年的8.74%下降为 3.88%，创新投入指数的贡献度由 2013 年的 20.24%下降为14.38%，创新产出指数的贡献度则由 2013 年的 71.03%上升为81.74%，保持绝对的优势地位（图 8－18）。

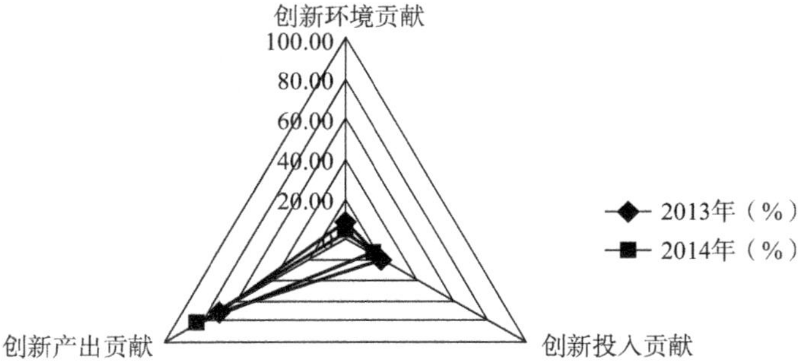

图 8－18　2013、2014 年苏州工业园区创新指数增长贡献度对比

通过上述动态分析和静态分析，可以发现苏州工业园区在 2012—2014 年间，创新环境指数的增长率和贡献度都呈现出下降的趋势，且贡献度的数值很低，该地区需在未来加大力度营造良好的创新环境；创新投入指数的增长率和贡献度也同样呈现出双下降的趋势，同样，该地区需加大在创新方面的投入以提高区域整体的创新能力；创新产出指数的增长率有所下降，但仍然保持着 10%以上的高速增长，贡献度则有所上升，达到全部贡献度的 80%，该地区同样具备较高的创新效率。

8.4　本章小结

综合上述三节的分析过程，本书得到以下结论：(1) 从 9 个地区整体的创新情况来看，无锡新区、常州新北区、常州武进区和南京江宁区 4 个地区处于创新能力加速提升的阶段；苏州工业园区、苏州高新区、昆山市、江阴市这 4 个地区处于创新能力缓慢增长的阶段；而镇江润州区处于一种倒退状态，该地区需在未来加大力度大力提升创新能力。(2) 从创新能力下属的 3 个一级指标来看，除江阴市外，其余

8个地区创新能力的提升主要是创新产出能力的改善带来的，而江阴市创新能力的提升主要源自该地区创新投入能力的改善，而创新环境对所有地区创新能力提升的贡献度都很低，表明就整个苏南国家自主创新示范区而言，需努力提升区域创新环境，并发挥创新环境对创新能力的提升作用。(3) 从创新环境下属的4个二级指标来看，苏州工业园区、昆山市、无锡新区、江阴市创新环境指数的增长主要来源于区域高新技术企业的增加；苏州高新区、常州武进区、镇江润州区、南京江宁区创新指数的增长主要来源于各类孵化器的增加；常州新北区创新环境指数的增长主要来源于人均GDP的增长。除南京江宁区外，高校在校生数量对区域创新环境的改善作用及其微小，未来这些地区需要加强普通高等教育在培养创新人才方面的作用。(4) 从创新投入下属的3个二级指标来看，苏州工业园区、昆山市、镇江润州区和南京江宁区创新投入指数的增长主要来源于地方财政科技支出占财政支出的比重的增加；苏州高新区、无锡新区、江阴市、常州新北区、常州武进区创新投入指数的增长主要来源于各类研发机构数量的增加。除南京江宁区外，全社会R&D经费支出占GDP的比重对创新投入指数的贡献度均很低。(5) 从创新产出下属的4个二级指标来看，苏州工业园区、苏州高新区、无锡新区、江阴市、常州新北区这5个地区创新产出指数的增长主要来源于当年发明专利授权量的增加；昆山市、常州武进区、镇江润州区和南京江宁区创新产出指数的增长主要来源于万人发明专利拥有量的增加；高新技术产业产值占规模以上产业产值的比重和劳动生产率这两个指标对创新产出指数的贡献度均较低。

技术创新与产业发展定位之间的关系离不开经济发展。经济发展指的是由较低的经济形态发展为较高的经济形态，衡量经济发展的指标包括GDP等衡量经济扩张速度的指标、产业结构等衡量经济发展质量的指标以及技术创新等衡量经济增长加速的指标。因此，技术创新、产业发展定位和经济发展是一个相互联系的整体，从长期来看，一国经济的发展就是在技术创新和产业发展定位的动态作用过程中实现由较低形态向较高形态的演化。在这一过程中，技术创新和产业发展定位的关系是相辅相成的，即技术创新会带来新的产业定位并推动整个产业结构的优化发展，而产业的新发展会带来新的技术需求，从而拉动新一轮的技术创新活动。技术创新主要有两大类，一类是原发性技术创新，另一类是模仿性技术创新。在原发性技术创新的情况下，通过使用一种前所未有的全新技术会给市场带来新的产品，形成新的产品结构，带来整个产业结构的改变，进而形成经济的迅速增长。在模仿性技术创新的情况下，先由发展中国家引进并模仿发达国家的先进技术，由此带动本国产业的发展，在产业发展的基础上不断产生新的技术需求，由此推动发展中国家在引进消化发达国家的技术之后进行再创新，满足产业发展的需求。

苏南国家自主创新示范区各组成地区目前已通过前期国外先进技术的引进取得地区产业和经济的巨大发展，但是发展过程中也存在一系列的问题，例如产业资源能源消耗大、附加值低、缺乏核心技术等，为了解决这些问题，迫切需要通过自主创新来优化产业结构，提升产业附加值。近年来，苏南国家自主创新示范区通过实施创新驱动战略，在自主创新上取得了一系列的成就，创新能力位居全国前列。在这种情况下，各地区未来产业发展的定位必然是大力发展科技含量高的战略性新兴产业和附加值高的服务业，本书将在下面的章节就产业发展定位作具体阐述。

参考文献

[1] 韩江波. 技术创新与产业发展的互促机理[J]. 产业与科技论坛，2009(8)：1－5.

第九章　苏南国家自主创新示范区产业分析

在创新能力评价的基础上，本章拟重点研究除江宁区以外其他8个行政区域在未来的产业发展方向。在深入剖析产业发展理论的基础上，本章从经济发展概况、现有产业布局和规模以及创新资源概况三个角度出发，得出各行政区域的优势产业和潜在优势产业，从而为未来产业的发展指明方向。

9.1　产业发展研究的理论基础

9.1.1　区域贸易理论

（一）从亚当·斯密到李嘉图：绝对效率与比较优势

亚当·斯密(Smith，1972)将分工理论与国际贸易理论相结合，认为国与国之间的分工与贸易可以使每个国家都增加财富，并提出绝对优势理论：国际贸易产生的基础在于国家间劳动生产率的绝对差异，一国出口的是那些在生产成本方面相对于外国同类商品处于绝对优势的商品，一国进口的则是那些在生产成本方面相对于外国同类商品处于绝对劣势的商品。其结果是使贸易双方都得到比各自在闭关自守时更多的利益，这并不像重商主义声称的那样，一定是非赢即输的，而是可能实现双赢的。他指出，国际贸易的基础在于各国商品之间存在的绝对成本差异，而这种绝对成本差异主要来源于自然禀赋的差异和后天的差异。斯密的绝对成本理论可以看作解释国际贸易产生原因的最早的理论。

亚当·斯密认为，劳动分工是生产效率提高、经济社会福利增进的源泉，劳动者从事少数种类甚至单一的经济生产活动，用来交换别人所提供的商品或服务。这一过程中，不同人的生产效率决定了一个人生产什么：每个人都应该从事自己最擅长、效率最高的经济活动。

同样，两国间贸易的格局，也取决于不同国家所能够高效生产的产品。假设有两个国家，只有葡萄酒和衣服这两种产品参与国际贸易，两种产品都以劳动(单位：人·小时)作为唯一的投入要素。国家A生产一桶葡萄酒需要5单位劳动投入，生产一件衣服需要10单位劳动；而国家B生产一桶葡萄酒和一件衣服的投入分别为

8单位和4单位劳动。A国生产一单位葡萄酒需要的投入小于B国，生产一件衣服的投入大于B国。显然，A国生产葡萄酒有优势，而在制造衣服方面有劣势，B国则相反。因此A国应该减少或停止生产衣服，专业化生产葡萄酒，用出口的葡萄酒去换取B国的衣服；而B国则用出口的衣服换取A国的葡萄酒。

参与国际贸易的每一个国家用自己生产某产品的效率去和贸易对象国比较，如果本国更有效率，本国就在此商品生产上有优势，就应该在这种产品上投入更多并出口，反之，对自己生产效率较低的商品要进口。这就是国际贸易中的绝对优势理论，即产品生产效率的差别决定了贸易流动的方向。

对之前的假设做一下修改，A国的生产技术不变，但是B国生产一单位葡萄酒和衣服的劳动投入分别为8和12。这时，B国与A国相比，在葡萄酒和衣服的生产上都处在劣势。这是不是意味着B国没有产品可出口？为了回答这一问题，英国经济学家大卫·李嘉图提出了比较优势的概念。比较优势的核心是机会成本的差异，机会成本衡量了为了多生产一单位某产品，需要放弃多少其他产品的生产。A国生产一件衣服需要10单位劳动，也就是2桶葡萄酒的投入，所以，在A国，一件衣服的机会成本是2桶葡萄酒，同理，B国一件衣服的机会成本是1.5桶葡萄酒。A国生产衣服的机会成本高于B国，同时，生产葡萄酒的机会成本低于B国。这意味着A国应该专业化生产并出口葡萄酒，从B国进口衣服，可以计算证明，两国通过贸易都提高了收入，有了更强的消费能力。

对于有些国家来说，即使生产任何一种产品都比别人低效，却依然可以参与国际生产分工，只要这个国家选择其劣势相对小的"劣势产品"，同时让另一国生产其优势更大的"优势产品"。因为国际贸易的真正驱动力源于比较优势的差异。绝对意义上的效率，是判断比较优势的基础。这就是李嘉图的比较优势理论，它解决了所有部分都存在成本劣势的国家的分工问题。

虽然区域贸易和国际贸易存在一定的区别，但是对区域贸易成因机制的研究，肇始于对国际贸易机理的分析。此外，区域贸易发展到一定程度，就是国际贸易；而国际贸易也可视作区域贸易的一种特例。所以说，比较优势是区域间贸易的根源。在现实中，江苏、浙江、山东等我国东部地区由于土地肥沃、农业技术先进，农产品的生产率远高于我国中西部地区，但东部地区的农业产出占GDP的比重通常低于中西部，这是因为东部在工业、服务业上有更高的生产效率优势，具有比较优势，于是东部地区放弃了一些农业生产，将资源转移到了二三产业。与之相对，中西部地区则从事相对劣势较小的第一产业。

（二）要素禀赋理论

大卫·李嘉图提出的比较优势理论对国际贸易的分析很有帮助，直接比较生产效率得出的绝对优势，属于满足比较优势的特殊情况。李嘉图的比较优势理论强调了生产效率的差别，同时假定只存在劳动这一项生产投入。现实世界中绝大多数商品的生产需要多种要素投入，而且，现实是有些生产效率差别不大的发达国家之间或发展中国家之间，有着数量庞大的贸易，仅靠李嘉图的比较优势理论已经不能够解释当时的经济现象。在这种情况下，瑞典经济学家赫克歇尔与俄林指出了要素禀赋在国际贸易与分工中的重要作用。相较于比较优势这种单一生产要素理论，要素禀赋理论关注的是多种生产要素。

要素禀赋理论假定有两个国家 A 和 B，两国的劳动生产率没有差别；有两种贸易品：葡萄酒和衣服；两种商品的生产都需要用到土地和劳动两种要素，葡萄酒生产中使用的土地与劳动之比高于衣服，葡萄酒是相对土地密集型的产品，衣服是劳动密集型的产品。当 A 国的土地/劳动比例高于 B 国时，A 国是土地要素丰裕的国家。在要素不可自由流动的状态下，A 国土地相对丰裕，所以土地相对劳动的价格就便宜，生产中较多使用这一便宜要素的产品，比如葡萄酒，也就比密集使用较昂贵要素的产品，比如衣服，有着更低的成本价格，所以 A 国在生产葡萄酒这一土地密集型产品上有比较优势，应该更多生产葡萄酒。而 B 国的劳动属于相对丰裕的要素，劳动要素的价格相对 A 国较低，就会生产密集使用劳动要素的衣服。因此，A 国出口葡萄酒，并且从 B 国进口密集使用劳动要素的衣服；相反，B 国出口衣服，进口葡萄酒。

所谓的生产要素禀赋，指的是一国生产要素拥有的状况。一国某种生产要素较丰裕，我们便认为该国这种要素禀赋好。在要素禀赋理论中，国际贸易之所以会发生，是因为各国生产要素禀赋的比率不同，导致各国生产要素的价格比率不同，从而使商品生产过程中的成本比率不同，商品价格不同，由此形成的商品价格差异构成了国际贸易发生的基础。某些商品在某一地区生产比在其他地区生产便宜是国际分工的依据。在基于要素禀赋的贸易中，一个国家应该专业化生产并出口密集使用本国丰裕要素的产品，这是本国的比较优势所在，同时进口本国稀缺要素密集的产品。基于要素禀赋的国际间比较优势分析同样适用于区域间贸易。例如，我国南方与北方的种植业，在总体上效率差别不大，但是北方出产的主要粮食作物是小麦，南方是水稻，这是因为我国北方水田比南方少，旱地比较多，这一自然资源禀赋的差异导致了我国南北农业的分工。

（三）动态视角下的比较优势

之前提到的劳动生产效率及要素禀赋在不同国家间的差异，形成了比较优势的区别，这是国际分工的原动力。然而，李嘉图的比较优势以及赫克歇尔-俄林的要素禀赋理论阐述更多的是一个静止的概念，现实中，国际分工格局并非一成不变。一个国家重点出口的产品，在几十年甚至十几年后就会有很大的变化。譬如，韩国曾经在 20 世纪六七十年代大量出口棉布、服装等纺织品，如今却是纺织品的净进口国，其出口支柱产品变成了钢铁、汽车及零件、通信电子部件。究竟是什么原因推动了比较优势的变化？用什么理论模型去分析动态比较优势的来源？

(1) 波特的竞争优势理论

美国管理学家波特的竞争优势理论,从更为全面的视角探寻了贸易比较优势的来源,帮助后人更好地理解一个产业为什么在某个国家如此强大繁荣,而不是在别的国家?迈克尔·波特(Michael Porter)在《国家竞争优势》一书创造性地提出了国家竞争优势理论。

波特认为,国家或者地区竞争环境的好坏取决于生产率的高低,一个国家可以通过转世系统来获得竞争优势。钻石理论认为在某一区域的某一特定领域,影响生产率和生产率成长的有各种因素,诸如信息、激励、竞争压力、关联产业、制度与协会、基础设施和人力与技能库等。而产业竞争力的大小受生产要素、需求条件、相关支持产业和企业的竞争程度四个因素的影响,同时,政府和机会对国际竞争优势也有一定的影响。生产要素指的是生产某种产品所需要的各种投入,例如自然资源、人力资源、资本和设备等;需求条件是国内市场对该种产品或服务的需求,包括需求结构、市场规模和国内需求的增长率;一国的需求状态如何,直接影响本国公司的创新和取得复杂技术的能力;对本国公司国际竞争优势影响最大的不是数量和规模而是特色和质量,相关与支持性产业即原材料、零部件等上下游产业及其他相关产业的关联度。

与比较优势和要素禀赋不同的是,波特认为一个国家的竞争力并不完全来自资源禀赋,更多的是靠产业层面的创新和升级。竞争力强的产业越多,这个国家的竞争力越强。竞争优势之所以区别于比较优势,源于它是通过后天不断地调整与发展而形成的。其最主要的表现形式就是熟练劳动力和科技创新,而使这些条件变得具备竞争优势则需要不断的投资和分工的细化。相较于传统理论,波特认为竞争优势不再局限于传统的劳动力、自然资源等,因为这些禀赋在经济高度全球化的背景下可以被改变,因此不可模仿的、极度稀少的要素将成为国家优势的重要组成部分。从某种程度上来讲,波特的竞争优势理论更着眼于长期发展,避免了在经济全球化背景下,一个国家的比较优势被弱化,进而影响该国的整个产业甚至贸易。竞争优势则建立了差异性的长期比较优势,不易被另一国替代。同时,波特强调了一个国家与之配套的法律制度、政策环境等的重要性,这将决定该国的产业政策能否顺利进行。

将竞争优势理论应用到我国,政府的作用将不可忽视。政府不仅要着眼于宏观的经济政策,更要细微到微观层面的企业,例如公司战略的性质、制度环境、基础设施和政策等,这些将决定我国发展环境的好坏。至于我国的要素禀赋,如劳动力要素,则可以通过加大对劳动力的培训投入,培养高素质的熟练劳动力等途径来将我国的比较优势转化为竞争优势。这个过程将涉及产业结构调整和创新升级。

(2) 产业生命周期和边际产业扩张理论

新贸易理论越来越关注企业的能力和变化。在此之前,新古典范式将企业的进入与退出、竞争力的大小等现象解释为市场均衡的结果，即由市场的某些变量决定，如需求的增长，进入壁垒和规模经济等。而产业生命周期理论则更强有力地解释了企业进入、退出、生存期变化和企业经营中的垂直一体化及多样化现象的原因，并强调了金融和政府等机构和制度在其中的作用，对发展新兴产业具有重要的指导作用。

产业生命周期指产业从产生到消亡具有阶段性和共同规律性的厂商行为(特别是进入和退出行为)的改变过程，有关整个产业从产生到成熟再到衰退的变化过程中，产业内厂商数量、竞争程度、产品创新等动态变化的理论。一个新产业从出现到成熟一般都会经历价格下降、产出增加和企业数量先升后降的非单调的过程。例如汽车产业，在发展初期企业数量很多，竞争者多，但随着产业的成熟，最初的竞争者会大量减少。这种淘汰过程在制造业中普遍存在，即在一个新的制造业的生命周期中，生产商的数量通常会减少 50%以上。产业生命周期理论解释了企业在产业中的动态变化过程及原因。

边际产业扩张理论是 20 世纪 70 年代由日本学者提出的，它的出现是前期占据主流的产品生命周期和垄断优势理论不能解释日本的实际情况的结果。首先，我们要明确何为边际产业？在这一点上，边际产业扩张理论继承了比较优势的思想。所谓边际产业，即为一国处于相对劣势的产业。边际产业扩张理论的核心思想认为，一国的对外直接投资应该从该国不具备比较优势或即将处于比较劣势的产业开始，东道国则是同类产业具有比较优势的国家。通过这一行为，各国将投入自己具有比较优势的产业，实现贸易互惠。该理论认为，通过这种对外投资，一个国家将实现优势的转化和发展的动态过程。当然它也有局限性，但从某种程度上确实解释了企业经营的动态过程。

(3) 规模经济与集聚经济

规模经济和集聚经济研究的立足点都在企业经营。我们可以用生产函数和成本函数来描述规模经济。在其他条件不变的情况下，当企业生产产品过程中各生产要素发生同比例变动时，则其规模收益发生递增、不变或递减的情况；或者从成本函数角度来说，企业的生产成本减少、不变或增加的情况。当产出随着生产规模的扩大而不断增加时，单位产出的平均成本降低，我们认为企业出现了规模经济；当产出和平均成本不受生产规模的影响时，我们认为此时规模收益是不变的；当产出随着生产规模的扩大而不断减少时，单位产出的平均成本上升，我们认为此时是规模不经济的。简单来说，规模经济就是企业通过扩大其生产规模从而降低其平均生产成本。基于规模经济的存在，生产分工和专业化也得到了发展。为了实现规模经济，企业往往能专注于某种产品，劳动力专注于某个生产环节，从而节约了非生产消耗，提高了劳动生产率。当然，由于企业之间存在差异，生产相同产品的企业之间也可能存在规模经济大小不同的情况，这与生产的技术条件有关。

从某种程度上来说，集聚经济可以被看作规模经济的一种深化，集聚经济主要产生于集群。集群是指在特定地理范围内相互联系、相互作用的公司和企业。这些企业往往进行专业化分工，涉及产品的上游、中游和下游各个环节。韦伯最早系统地阐述了集聚经济，他认为，集群是工业企业在空间上集中分布的一种生产力布局形式，是企业为追求集聚经济自下而上产生的。集聚经济是把企业按某种规模聚集到同一地点，从而给生产和销售方面带来利益或节约。之所以说集聚经济是规模经济的深化，是因为集群往往具有在地理上集中，在分工上专注的特点。各个企业的专业化程度不断提高，而大量专业化生产的企业集中在一起，又会创造巨大的市场空间；而需求又会使得对专业化生产的要求更高。基于这一层面，集群内的企业会实现规模化生产，以此降低生产成本；同时，集群内的企业将获得竞争优势。集聚经济本质上是一种外部经济，它是与专业化相对应的规模经济和与多元化相关的范围经济的结合，是二者共同作用而形成的复合经济效益。

企业经营的关键在于获得生产利润，而实现它的途径就是降低生产成本，使企业在同等价格水平下获得更多的收益，或者具备以较低的价格迅速占领市场份额的能力，这也是企业获得竞争优势的途径。范围经济和集聚经济告诉我们的正是这些。

(4) 战略性贸易政策

与竞争优势理论等相同的是，战略性贸易政策也强调政府的作用。它的分析框架是垄断竞争市场，将垄断竞争中政府的政策行为作为重要的变量，通过策略性博弈将部分国家对本国处于国际垄断产业的国内生产者的政策支持行为进行刻画，力图表明每个政府在计算自身政策所带来的结果时必须考虑外国政府或者企业对这些政策引起的反应，意在强调政府如何干预才能给本国带来好处(通常以另一国家为代价)，而且基于此目的什么样的干预才是最优的选择。战略性贸易政策尤其强调政府的作用，政府完全掌握产业结构，并且有能力在企业做出数量决策之前对出口商品提供补贴。当企业接受来自政府的补贴后，产量就成为唯一的行动参数并且根据竞争对手设定产出水平。因此，一个国家的生产者利润(减去补贴)随着国家福利的提高而提高。

通过战略性贸易政策理论，我们可以知道，一国对本国产品的补贴将导致该产品的价格在世界范围内下降，在本国利润增加的同时降低了其他国家的利润。在这种机制下，政府往往具有足够的动力对企业进行补贴。根据战略性贸易政策理论，当一国企业与外国企业在国际市场上竞争并且市场结构为寡头垄断时，政府可以将出口补贴作为有效的政策工具，通过改变参与博弈企业的初始条件，改善本国企业与外国企业开展非合作竞争中的相对地位，从而扩大本国企业在国际市场上的市场份额并获得更大利润。也就是说，从国家的角度看，本国政府可以通过出口补贴对本国企业的利益进行有效干预。战略性贸易政策为各国政府干预贸易提供了合理的解释，强调了垄断竞争市场下公共政策的重要性，这种策略性行为将影响企业的竞争优势。

9.1.2 产业创新理论

（一）产业选择的原则和方法

产业选择意味着政府和企业要对现有的产业进行取舍，或者说重点发展某些产业。而在产业选择的过程中，什么样的产业会获得优先发展的优势，选择的标准又是什么？

产业选择一般遵循关联强度、发展潜力、技术进步、动态优势、产业升级、环境保护等原则。当关联强度大的产业得到优先发展时，由于产业关联所附带的带动、支撑和推动作用，这些产业将对其他产业起到拉动和促进作用，从而促进整个区域的发展。优先发展的产业往往具备较高的需求弹性和广阔的发展潜力。此外，这些产业还需要具有较高的技术附加值——技术进步促进产业发展，降低生产成本，从而实现规模经济。相较于其他产业，这些产业在区域内具备比较优势，有利于促进产业结构升级，适应新时期要求的经济与环境协调发展。这些所谓的优先发展的产业，我们称其为主导产业。主导产业往往是在一定地理区域范围内界定的。

经济学界对主导产业选择的研究一直在不断发展和完善，对于选择基准的定量研究也越来越多。目前，区域主导产业选择基准的研究主要沿袭比较优势理论、产业关联理论、经济增长理论和筱原三代平准则的相关内容。其中主导产业选择代表性的基准及关键的指标体系有周振华提出的“增长后劲基准、短缺替代弹性基准和瓶颈效应基准”；关爱萍的六基准：持续发展基准、市场基准或需求基准、效率基准、技术进步基准、产业关联基准和竞争优势基准。此外，有的学者还提出边际储蓄率基准、高附加值基准、货币回笼基准、就业与节能基准等。

不同的产业选择标准的侧重点不同。在产业选择时，增长极理论强调的是投资在推动性工业中通过与其有投入产出关系的工业而导致全面的工业增长。而增长极是指在一个地区中，围绕推动性主导工业部门而组织的、有活力的、高度联合的一组工业，它不仅本身能快速增长，而且可以通过乘数效应，推动其他部门增长。形成增长极的关键是具有创新能力的企业和主导工业部门在一些地区或大城市的集聚发展，从而形成生产、贸易、金融、科技、信息、人才、交通等经济活动中心，影响并带动经济迅速增长。而具有高需求收入弹性和高生产率上升特性的主导产业正是符合这一要求的增长极，区域主导产业就是特定区域的增长极，是区域经济增长的引擎。而比较优势理论认为，主导产业的选择往往是生产的产品在国际上比较成本较低，换一种说法就是具有比较优势的产业。后期根据要素禀赋理论对此进行了完善，即一国在国际贸易中的优势来自这个国家利用了比其他国家相对丰富的生产要素或资源。每个国家都要重点发展适合利用这种相对丰富的生产要素或资源的产业,生产产品予以出口,进口其他国家丰裕要素生产的产品。总体而言,比较优势基准,主张以要素密集度为基准来选择主导产业。区域间要素禀赋的不同,必然导致区域间经济活动方式和内容的不同,区域间商品的交换,空间上则表现为区域间的劳动分工与经济联系。某一个区域同其外部相比,在较多地使用相对丰富的生产要素的商品生产方面具有相对优势。每个地区专门生产密集使用其相对丰裕要素而较少使用其稀缺要素的商品,以换回其要素比例正好相反的商品。区域之间的生产要素比较优势的差异是导致区域专门化的原因。因此,具有区域生产要素比较优势特征的区域主导产业部门是地域分工的结果。

(二)创新集群理论

创新集群理论是关于产业发展的理论,在目前的经济背景下,讨论更多的是产业升级问题。从产业发展来看,创新集群是传统产业集群升级的目标;从区域经济发展来看,创新集群日益成为地方政府建设区域创新系统和推动经济发展的战略和治理手段;从国家层面来看,创新集群成为建设创新型国家和利用创新驱动发展的载体和政策。世界范围内有很多我们耳熟能详的创新集群,如美国硅谷,中国的中关村,印度班加罗尔等。它们的成功说明创新集群作为一种有效的经济组织形式,对产业发展提供了范本和证据。我国目前正面临低端产业升级和经济转型的巨大压力,如何利用创新集群理论实现产业升级和经济持续增长变得很重要。那么创新集群理论到底如何指导产业升级呢?

研究创新集群理论,我们不得不说集聚经济里提到的集群概念。集群是指在特定地理范围内相互联系、相互作用的公司和企业。当产业集聚发展到一定程度,企业在产业上的关联性就会引发在技术创新活动上的关联性,进而产生技术创新的集群效应,推动产业集群向创新集群转型。创新集群可以被看作一种简单化的国家创新体系,是在一定地理范围内,及垂直、水平生产体系下,不同功能企业聚集在一起,基于有利于创新的环境以分享知识和使新产品增值。换一种说法,创新集群指的是多个企业创造的由知识和技术网络、经济网络、社会网络相互耦合而成的创新网络系统。创新也不仅仅指的是生产技术,它包括了社会环境、政策环境、文化环境和市场环境,其本质是知识和技术的生产、交流、扩散、共享和转化,创新被视作一种新的生产指数。

创新集群是产业集群发展的高级阶段,在这个过程中需要长时间的积累,这不仅仅是实现空间上的集聚,还需要投入完善的基础设施和丰富的创新资源。同时,在集群政策的引导下,资源又会向集群聚拢,形成合力。在这样的机制下,具有互补性的创新资源会得到整合,有效实现创新主体之间创新风险的分担和资源的最优利用,体现出巨大的创新经济性,实现边际效益递增。这样的例子在世界上从不少见。美国的硅谷就聚集了数所大学、研究所,对创新型技术大力投资,具备发达的创新合作网络和强力的政府支持。

(三) 创新生态系统理论

创新在近年来一直被认为是企业提升竞争优势的关键。创新理论研究的新趋势之一就是加入生态系统视角,形成了我们所说的创新生态系统理论。我们将创新生态系统比作一个生物系统,企业不再是单个产业的成员,而是涉及多个产业的生态系统的一部分,彼此之间依赖合作与竞争从事产品生产,又在满足市场需求的过程中不断创新。如果其中一个企业的生产活动发生变化,这个生态系统内的其他企业也将受到影响。它关注的是要素之间以及生产与环境之间动态的转化过程,依赖外部环境的变化和生态系统内各个参与成员的协同发展。

创新生态系统是由企业、消费者和市场及其所处的自然、社会和经济环境构成的系统,包含供应商、分销商、外包企业、产品与服务制造商、技术提供者、其他组织等共同构成的松散网络。这个松散的联结网络为创新生态系统成员创造了共生条件,提供了灵活的关系选择与系统设计条件,共生演化也成了促进生态有效联盟的最后一条途径。一个健康的创新生态系统将商业战略由简单的联合作业向协同、系统的合作转变,从产品竞争向平台竞争转变,从企业独立的发展向共生演化转变。随着创新生态系统中的成员组织与环境动态性的增强,过去那种只强调自身生存和发展权利而无视利益相关者群体的整体利益和生态系统共生发展与繁荣的经营理念已经落后,企业不再将自己看成是单个封闭组织,而是有意识地与相关组织组成一个整体,将自身命运与整个生态系统紧密联系在一起,努力实现共生演化。以国外大公司为例,苹果、IBM、福特、沃尔玛等创新生态系统的核心企业纷纷建立了自己的服务、工具、技术、价值网络平台,使得生态系统的其他组织成员参与并获得价值回报,同时强化生态系统总体的创新与生产率提升。

创新生态系统和创新集群系统都强调了创新的作用,并且创新是各个企业相互依赖合作的结果。前者认为创新是市场机制的一部分,后者则更关注创新的非市场机制。结合中国的现状,创新生态系统强调企业依靠自主研发力量完成技术突破,并取得原创性的科技成果,这对产业结构升级和转变经济发展方式至关重要。然而,中国的相关政策支持和制度保障还处于发展完善阶段,需要各个方面的协调。

9.2 昆山市

9.2.1 经济发展概况

从 1978 年到 2008 年,昆山 GDP 以 23.9%的年均增长率由 2.42 亿元增长到 1 500.26亿元。在此期间,苏州市 GDP 以 19.51%的年均增长率由 31.95 亿元增加到 6 701 亿元。2008 年,昆山的人均 GDP 以 91 223 元的水平居全国各县第一。由此可见,昆山经济发展对于苏州经济发展的重要性。昆山于 1989 年设市并拥有诸多园区，如国家级经济技术开发区、国家级高新技术产业开发区、综合保税区等。2010 年昆山 GDP 达到 9 228.91 亿元，成为首个人均 GDP 超过 4 000 美元的县级市。2012 年，按常住人口计算的昆山地区生产总值为 12 011.65 亿元，三产业（农业、制造业、服务业）占比分别为 1.6%、54.2%、44.2%。2013 年，昆山地区生产总值达 13 015.7 亿元，比 2012 年增长 8.36%；工业总产值 35 685.21 亿元，增长 3.35%；公共财政预算收入 1 331.03 亿元，增长 10.52%；全社会固定资产投资 6 001.94亿元，增长 13.96%；社会消费品零售总额 3 662.24 亿元，增长 13%；城镇居民人均可支配收入 41 143 元，增长9.62%；农村居民人均纯收入 21 578 元，增长 11.25%。在全国中小城市综合实力百强县市榜单中，昆山连续九年位居榜首（图 9-1）。

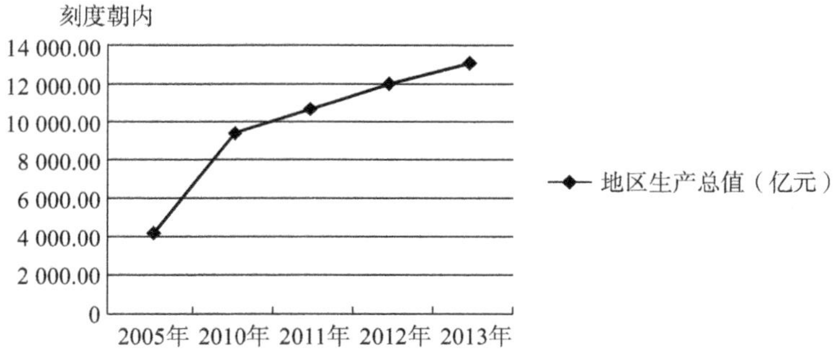

图 9-1　昆山市地区生产总值

9.2.2　产业布局与规模

昆山市委、市政府明确指出昆山的三大主导产业：农业、制造业、服务业应得到重视和大力发展（表 9-1）。

表 9-1　2010 年以来昆山三大产业的比例结构

指　标	2009 年	2010 年	2011 年	2012 年	2013 年
第一产业/%	1.8	1.7	1.7	1.6	1.7
第二产业/%	58.8	56.9	55.6	54.2	52.6
第三产业/%	39.4	41.4	42.7	44.2	45.7

（一）现代农业发展概况

表 9-2　2005—2013 年昆山农林牧渔业总产值

指　标	2005 年	2010 年	2011 年	2012 年	2013 年
农林牧渔业总产值/亿元	162.87	271.29	309.86	337.72	369.82

表 9-3 2010—2013 年昆山农业产值

指　标	2010 年	2011 年	2012 年	2013 年
农业总产值/亿元	105.26	120.85	135.09	150.89

表 9-4 2005—2013 年昆山城乡居民收支和储蓄

指　标	2005 年	2010 年	2011 年	2012 年	2013 年
农民人均纯收入/元	8 393	14 657	17 226	19 396	21 578
农民人均生活消费支出/元	6 143	10 397	12 485	14 381	16 251
市区居民人均可支配收入/元	16 276	29 219	33 243	37 531	41 143
市区居民人均消费性支出/元	11 163	17 879	21 046	23 093	25 197
城乡居民人民币储蓄存款余额 /亿元	2 059.52	4 655.56	5 078.59	5 787.75	6 408.32

由表 9-2 至表 9-4 的数据可以看出，昆山的农业产值占昆山 GDP 的比重很小，但是这并不代表昆山农业发展水平低。相反，昆山的农业科技化程度比较高，单位面积效益较好。昆山的农业自 2010 年以后以工业化理念为基础进行产业化，重点对资源进行整合，通过突出特色、提高质量、打造品牌来提高效益和市场竞争力。2013 年，昆山农业在农林牧牧渔业总产值中占比 40.8%，农业总产值为 150.89 亿元，比 2012 年增长 11.7%。农民的人均年纯收入每年都有增长，2013 年达到 21 578 元，比 2012 年增长 11.25%。

通过政府、社会资本的支持，昆山市利用有限的土地资源，加强与外界的农业合作交流和产学研发展，走规模化、集约化的现代农业发展之路，完善土地流转机制、加强与外界的合作、支持产学研发展。昆山市在行动上的表现主要包括成立土地股份制合作社发展适度规模经营，推进土地承包经营权置换；在建设海峡两岸农业合作试验区核心区时引入高科技项目，推广农业新品种、新技术；成立诸多科研机构将前沿科技应用于农业，发展现代农业。昆山成立的科研机构包括江苏省农业科学院（昆山）现代农业研究中心、南京农业大学（昆山）产学研科研成果转化中心、上海海洋大学（昆山）河蟹科研工作站等，前沿科技包括植物组培、蔬菜立体栽培、水产立体养殖、农业物联网技术等。截至 2012 年，得益于良好的区位和资源优势，昆山建成 22 个农业园区，农业得到良性发展。

（二）现代制造业发展概况

以新型平板显示为主的电子信息产业，以模具为主的精密机械产业，以太阳能、风能为主的可再生能源产业和以小核酸为特色的生物医药产业这四大产业引领昆山制造业向高新技术产业转型升级。

（1）电子信息产业

作为昆山工业经济中的支柱产业，昆山电子信息产业起步于 20 世纪 90 年代。

该时期,昆山电子信息产业处于产业价值链低端,以加工制造为主;企业自主创新能力不足,以出口加工为特色的外资企业为主。近年来,昆山以电子信息产业为主,通过开放型经济的带动实现了跨越式进步,着重光显示,完善产业链,进而提升价值链,推进产业高端化、新兴产业基地化。

昆山的环境和优势对于电子信息产业的发展有重要作用。首先,昆山从传统的电子信息产业发展到高端的电子信息产业,很好地迎合了电子信息产业的转移趋势。电子信息产业过去以美国为中心,现在则以亚洲为中心。其次,昆山高新区的地理位置优越,紧邻上海港,方便将产品销往全球,诸多产业都聚集在昆山高新区,既满足了国内需求,又满足了国外需求。再次,昆山高新区的高端电子信息产业获得了政府的大力扶持,平板显示产业成为"十二五"发展的战略重点。最后,立足于新一代通信、新型电子元器件两大产业核心,昆山的电子信息产业的高端产业链获得完整构建和高度集聚,加上拥有关键核心技术,昆山电子产业成绩显著,获得并保持世界领先。昆山高新区电子信息产业形成了产业链,上下游配套较完善,本地可以提供原材料,由此节约了成本,有助于企业发展。昆山开发区有完整的"上游原材料—面板—下游整机"产业链,上游配套项目有玻璃基板、ITO 导电玻璃、液晶材料、彩色滤光片、驱动 IC、背光源组件、偏光板等,下游有台式显示器、液晶电视、笔记本电脑等企业。另外,为不断获得高新技术,昆山高新区重视产学研,建设高新技术孵化和产业化基地。

为实现有机电激光显示(OLED)技术进步和产业化,提升江苏乃至中国 OLED 产业的竞争力,昆山维信诺、昆山工研院新型平板显示技术中心有限公司、南京邮电大学等 20 家企业、高校及研究机构于 2010 年共同发起成立了江苏 OLED 产业联盟,昆山电子信息产业提供平板显示设备、半导体设备、太阳能设备等,并将技术产品扩展到航空航天、医疗等领域。以 OLED 显示为主的"昆山标准"引领了电子信息产业的可持续发展。

(2) 精密机械产业

昆山市经济发端于 20 世纪 90 年代初的模具产业,从最初的低端小模具企业和江苏省模具工业实验区发展到 2003 年 9 月以"江苏模具实验区"为核心的"国家火炬计划昆山模具产业基地"。昆山模具产业规模扩大,经济辐射效应增强。

昆山高新区以鸿准模具、嘉华电子、科海电子等企业为基础,截至目前,昆山高新区模具特色产业基地吸引了来自美国、法国、日本、韩国以及我国台湾和香港地区从事模具行业的 1 000 余家相关企业,并建成了 3 个省级研发机构,30 个企业技术中心,实施了 50 项各级各类科技项目,成为国内顶尖的模具企业技术创新群体。2013 年,模具基地销售额超过 122 亿元,占全国模具总产值的 1/9。

昆山模具产业有几点特征:首先,相对集中的模具企业形成模具市场,其中占较大比重的企业是民营企业。其次,模具产业拉动了当地工业和经济发展。再次,在快速发展较大比例的高端模具的基础上，满足不同层次的用户需求。最后，专业化分工形成，高素质的重点企业涌现，产学研成果丰硕。

昆山模具产业有明显的集群效应，产业链发展较成熟、完整。昆山模具产业的集群效应表现在园区内包括电子信息产业、汽车产业和多元化模具产业结构布局，多元化模具产业结构布局包括模具制造、模具标准件、模具材料和模具机械等，同时吸引和带动新兴产业和相关产业的发展，例如新能源、数字装备等。产业链向两端延伸，中端为设计制造模具，两端为原材料供应、模具制造设备、标准件和教育培训，由中端向两端延伸。本地可以提供企业所需要的原材料，降低了供应商环节的制造成本，增强了整个行业抵御风险的能力。

模具产业是“工业之母”，模具产业水平和竞争力的提升对工业发展有重要意义。由于行业标准有助于培育核心竞争力、提升产品质量水平、推动转型升级，因此，昆山模具产业基地积极鼓励园区内拥有雄厚的技术力量和先进装备的企业承担和参加制定或修订国家标准、行业标准以及企业标准，帮助推动企业抢占市场话语权。例如，江苏省精密模具产品质量监督检验中心模具中心近年来起草国家及行业标准累计 11 个，加速转变为“研发中心”；作为高新区的骨干企业，获批成为全国模具标准化技术委员会委员单位的昆山嘉华电子有限公司，主要牵头起草《电连接器精密级进冲模技术条件》行业标准。昆山模具产业基地的软实力借此获得进一步提升，并推进实施全国精密模具行业技术标准战略。

(3) 可再生能源产业

得益于昆山国家高新技术产业开发区的优势，30 家可再生能源相关企业集聚于此，总投资 60 亿元，正在形成一个千亿元级的新能源产业集群。昆山高新区已成为可再生能源产业的重要生产基地。

昆山可再生能源领域的产业发展以太阳能、风能产业为主导，同时积极引进先进技术领域项目，如新能源汽车电池、节能 LED 照明等。风能产业形成了 1.5 兆瓦及以上风电叶片、中小型垂直轴风力发电系统研发生产的产业格局；光伏产业形成了晶体硅太阳能电池、薄膜太阳能电池及太阳能电池组件生产等较为完整的产业链。

依托国家级昆山高新技术创业服务中心、省级昆山创新科技园，昆山国家高新技术产业开发区加快建设低碳产品应用促进中心、国家级检验检测中心、信息中心、低碳技术成果交易服务中心及低碳产品设备采购供应中心等研发、展示平台，设立低碳产业专业学院等新能源产业公共平台。这将满足企业在不同阶段的发展需求，并带动形成新能源产业核心竞争力，加快高端产业集聚的步伐，这是在产业结构方面。昆山国家高新技术产业开发区每年设立科技创新基金，用以支持和引导可再生能源企业研发、改造和高新技术成果产业化，这是在资金支持方面。昆山高新区计划投入 20 亿元用以打造低碳产业主题公园来推进低碳经济发展，该低碳产业主题公园有六大功能，分别是研发、制造、展示、检测、科普、休闲娱乐，成为昆山可再生能源产业基地的新亮点，这是在品牌效应方面。

（4）生物医药产业

表 9－5　核酸研发专家研究室名称

研究室	研究室负责人(PI)
张礼和院士研究室	张礼和
梁子才教授研究室	梁子才
席真教授研究室	席　真
小核酸药物技术和产品标准研究室	张鸿雁
王均教授研究室	王　均
盛泽林博士研究室	盛泽林
陈新滋院士研究室	陈新滋
专利和小核酸信息研究室	赵　屹

注：表中只列出部分研究室及专家。

小核酸制药起点晚，发展快。通过双链 RNA 分子在 mRNA 水平关闭相应基因的表达或使该基因沉默，实现对疾病的诊断与治疗，这是生物制药一个新兴领域。昆山国家高新技术产业开发区成立了 10 个冠名专家研究室，入驻了 4 个“863”项目，投入了 2 亿元组建小核酸生物技术研究所，在此集聚的核酸研发生产企业和专家团队占中国一半以上（表 9－5）。

“做核酸，到昆山”已成为业界共识，在此形势下，为加快开展小核酸产业战略研究、关键生产、工艺技术研究和开发，不断推动小核酸产业快速集聚发展，昆山高新区组建了江苏省小核酸产业技术创新联盟。为快速、持续、稳步发展，昆山小核酸产业将进一步培育龙头企业，实现规模化发展，投融资手段为以小核酸产业为指针的专业化的生物医药投融资手段，并推进人才政策的实施。

（三）现代服务业发展概况

（1）现代物流业（表 9－6）

表 9－6　昆山市物流业

项　　目	单位个数	2014 年营业收入/万元	从事服务业活动的从业人员平均人数
交通运输、仓储和邮政业	163	1 218 009	17 589
道路运输业	83	426 931	8 194
水上运输业	1	3 011	182
装卸搬运和运输代理业	49	546 223	5 068
仓储业	27	198 488	3 258

续表

项　　目	单位个数	2014 年营业收入/万元	从事服务业活动的从业人员平均人数
邮政业	3	43 357	887
经济类型			
交通运输、仓储和邮政业	163	1 218 009	17 589
交通运输、仓储和邮政业_国有企业	1	10 545	27
交通运输、仓储和邮政业_有限责任公司	22	110 773	4 827
交通运输、仓储和邮政业_股份有限公司	3	109 452	2 419
交通运输、仓储和邮政业_私营企业	125	920 721	9 616
交通运输、仓储和邮政业_港澳台商独资经营企业	3	5 445	6
交通运输、仓储和邮政业_中外合资经营企业	3	3 108	149
交通运输、仓储和邮政业_外资企业	6	57 965	545

昆山东面毗邻上海，有京沪铁路横贯。区域内公路网健全，境内有沪宁高速、苏州绕城高速、苏沪高速、苏昆太高速、常昆高速、312 国道等穿过境内（表 9－7 至表 9－9）。

表 9－7　昆山市主要交通一览表

航空	水路	陆路
苏南硕放国际机场	苏州港太仓港区	京沪铁路在昆山设有一等客货运输综合站昆山站
上海虹桥国际机场	上海港	沪宁城际高速铁路在昆山境内设有昆山南站、阳澄湖站、花桥站
上海浦东国际机场	苏州港张家港港区	京沪高速铁路在昆山境内设昆山南站

表 9－8　昆山市环线道路一览表

	名称	构成	性质
1	内环	长江路、马鞍山路—昆太路、白马泾路、朝阳路	主干路
2	中环	江浦路、G312、黄浦江路、富士康路	城市快速路
3	外环	西城大道、城北路、东城大道、机场路	城市快速路

表 9－9　“十二五”轨道建设项目表

项目名称	长度/km	建设性质	建设年限	投资额/亿元
上海地铁 11 号线昆山花桥段	6.0	已营运	2010—2013 年	20
苏州市域 S1 线	95.1	规划中	2020 年后	未定

作为昆山市“十二五”规划中的重点产业，政府引导和支持物流业的发展。另外，江苏昆山综合保税区是由昆山出口加工区转型而成的综合保税区，是全国首个封关运作的保税区，它不仅连接国际、国内两个市场，同时也服务昆山、辐射华东。得益于政策及区位优势，昆山可以很好地发展现代物流业。

昆山物流业的经营主体大多是民营企业，这些民营企业中多数是中小规模的物流企业，且部分民营物流企业已经做大、做强并上市。这些物流企业的主要业务是仓储、配送、运输与装卸，外资企业、私营企业、股份公司和台资企业是昆山市物流企业的主要客户群，且这些客户群主要经营电子产品、纺织服装、食品、机械、汽车及配件。

(2) 现代金融业(表 9 - 10)

表 9 - 10　入驻昆山的金融机构数量

金融机构	2012—2014 年新开企业/家	2013 年/家	2014 年/家	2015 年/家
银行	5	31	32	33
证券	6	3	8	12
保险	4	42	49	48

昆山全市有近 100 家企业具有总部形态，总部营业收入超过 2 000 亿元，具有聚集优势，率先形成了“全产业链式”金融服务集群。引进银行、担保、信托和风险投资等金融机构，现代金融业加快提升。

按照国务院最新批复，昆山金融体系和机制将有较大、较快的发展。面对与台湾的两岸产业合作，未来昆山将在产业集聚发展、创新平台建设、合作水平提升等方面实现新突破，在商品交易、现代物流、文化创意、科技服务等方面形成新亮点，在中小企业融资服务、科技金融体系建设、两岸货币结算等方面构建新机制。

9.2.3　创新资源概况

(一) 创新信息资源

根据《昆山市“转型升级创新发展六年行动计划”实施意见(2015—2020 年)》和《关于推进转型升级创新发展财政扶持若干政策》，围绕“转型升级创新发展六年行动计划”，充分发挥市场在资源配置中的决定性作用，完善创新链、产业链、价值链、资金链、服务链以打造创新发展新环境，突破新技术、新产品、新业态、新模式以实现转型发展新跨越，支持兼并重组、淘汰落后产能以实现经济更具质量、更优结构、更有效益的可持续发展。

(1) 科技优惠政策

为了鼓励境内外企业创新，昆山高新区对不同性质的企业实施相对的鼓励性科技优惠政策。包括外资、民营企业均适用的产学研合作项目申报、高新技术企业申报、省级高新技术产品申报和昆山市科技型企业技术创新资金项目；昆山市专利资助金、企业技术开发费税前列支项目、版权登记、企业软件正版化资助和奖励项目，也包括内资企业适用的国家火炬计划项目申报，还有民营或者中方控股企业适用的国际科技合作项目申报和外资（含港、澳、台）企业适用的江苏省外资研发机构申报。

（2）创新人才政策

昆山市在引进人才方面投入较大。继2014年出台的《关于进一步加快集聚高层次优秀人才的若干意见（试行）》《昆山市科技人才企业贷款风险补偿资金实施细则》等政策后，2015年更是加强了支持创新发展的政策力度，例如1月份出台的《昆山市科技创新券实施管理办法（试行）》，8月份出台的《昆山市社会化招才引智激励实施细则》。

在社会化招才引智激励实施细则中，昆山市提出多样化的引智活动。一是根据昆山市经济和社会发展需要，推荐并协助引进海内外的人才、项目、技术、资金和先进管理经验；二是协助做好大型人才交流活动的嘉宾邀请，在海内外发布招才引智及其他宣传推介信息；三是协助做好海外"昆山日"推介会等海外招才引智活动的组织、协调和服务等工作。

（二）创新物力财力资源

（1）构建"1院3区10基地"

构建"1院3区10基地"，即构建以工业技术研究院，昆山经济技术开发区、昆山国家高新技术产业开发区、花桥经济开发区，模具、传感器、软件园、电路板、可再生能源、光电、先进装备制造、小核酸生物技术、新材料、服务外包等特色产业基地为主体的科技创新体系，全力打造科技创新特区。

（2）昆山高新区创新资金来源多样有保障

根据《昆山市转型升级创新发展财政扶持专项资金管理暂行办法》和《昆山市转型升级创新发展财政扶持专项资金管理暂行办法》，在符合上级相关规定的前提下，可将中央、省财政支持昆山的相关资金与专项资金统筹使用，这样创新的资金源就有了充分保证。资金专项用于支持和引导企业组织实施技术创新、成果转化、科技研发、装备提升、节能减排、总部经济、现代物流、电子商务、文化创意、金融服务、品牌创建、人才引进、淘汰落后产能、载体功能、服务体系建设等项目。为了鼓励企业以"合同研发项目管理"为转化模式，向国内外科研院所、高校、国家大学科技园等有偿预订研发科技成果、转化技术，一次性购买科技成果并实施产业化，支持中小微企业开展向高校、科研院所、相关科技平台购买科技服务，鼓励企业加大科技研发投入，实施科技成果转化、关键技术攻关等相关科研创新活动。此外，在《昆山市科技创新券实施管理办法（试行）》中引入创新券的新型激励措施。

同时，昆山加快探索"资金改基金"的运作模式，积极推进"拨改投""拨改贷""拨改担"等改革，设立创业投资引导基金，以市场化方式运行管理，建立由企业申请、专家评审、集中决策的基金运作机制，引导社会资本、金融资本、保险资金加大对初创期、成长期战略性新兴产业、科技成果转化项目、创新创业人才(团队)项目、现代服务业重点领域项目的投资力度。

（三）创新人力知识资源

昆山人才引进以服务型人才为主，并具体区分了创业和创新人才，在引进标准和扶持力度上也略倾向后者。这样的结构源于昆山产业结构中第一、二产业已经趋近饱和，对人才的需求以具有创新能力的服务型人才为主。截至 2014 年底，自主申报国家“千人计划”人才 15 人、省“双创”人才 69 人、省“双创”团队 9 个、姑苏创新创业领军人才 73 人、昆山市领军型高层次人才 265 人。苏州和昆山有众多高校，为昆山发展奠定了潜在的人才基础(表 9 - 11)。

表 9 - 11　学校数和毕业生数

项　目	苏州市	昆　山
学校数(所)	646	87
高等学校	20	3
中等职业教育学校	34	4
技工学校	11	—
毕业生数(人)	231 498	26 658
高等学校	55 176	6 380
中等职业教育学校	18 098	1 814
技工学校	9 539	—

昆山充分发挥人才政策的激励效应，建设留学人员创业园、邻里中心、人才公寓等功能设施，建立 50 多所高校合作关系网络，建造国家“千人计划”、高层次“双创”人才、海外留学归国人才库，已落户“千人计划”17 人(表 9 - 12)。

表 9 - 12　昆山市 2013 年专业技术人员和学历分布

专业技术人员(人)	214 004
高级	7 386
中级	27 490
初级	77 230
其他	101 898
学历分布(人)	214 004
研究生	5 028
大学本科	90 829
大学专科	90 602
中等职业教育学校	19 500
高中以下	8 045

9.2.4 产业发展启示

（一）优化产业结构，明确产业定位

昆山市注重现代农业、先进制造业、现代服务业三大产业的协调发展。农业是一个地区实现可持续发展的重要因素，农业给昆山带来的环境效益和生态效益是其他产业所无法比拟的。制造业一直是支撑昆山经济发展的重要支柱，对传统制造业进行升级是增加产业链附加值和迎合国家产业升级趋势的需要。现代服务业是在第一和第二产业发展饱和的情况下做出的战略选择，是未来发展的重点方向。

在产业规划与发展上突出“特色”一词，即发展传统特色产业、培育新兴特色产业。抓住物联网的发展契机，促进中科院微纳所、南京邮电大学、上海交通大学与传感器产业的紧密合作，围绕装备制造、精密机械（模具）、服务外包、软件、电子信息产业，促进华中科技大学、电子科技大学、江苏大学、南京信息工程大学、南京财经大学等高校与产业的紧密合作。在战略性新兴产业上寻找突破口，例如昆山国家高新技术产业开发区抓住了小核酸这一中国最具技术优势的产业细分领域。着眼可再生能源、小核酸、机器人、航空特色产业，加强与北京大学、华东理工大学、南京航空航天大学等高校的进一步合作。通过和南京大学、上海体育学院等高校的合作，加快创意产业园、体育产业园等新兴特色产业的培育。

在人才政策上，根据产业结构的发展需求进行调整，不驻足于现有优势，而是在保持稳定的同时积极开拓，以求进一步优化产业结构。

（二）推动产学研结合，提升自主创新能力

首先，优化现有研发服务平台，促成成果有效转化。借助昆山工研院、清华科技园、留学生创业园等研发服务平台，积极拓展、深化与清华大学、浙江大学、东南大学、南京理工大学等高校的长效合作，共同打造产学研优质平台，积极促成高校科技成果来昆山成功转化。昆山市还根据产业发展战略和企业技术需求，面向全国寻找优势科技资源，实施“三百”行动：百所高校昆山行，百名专家企业行，百家企业高校行；推行“三个一”计划：一企一院，一镇两校，一市多校；实现“三个”对接：企业与专业对接，产业与学院对接，区镇与高校对接，努力促进校地校企产业、科技、人才合作更加紧密，更加通畅，更加有效，建立产学研合作的长效机制，实现多方共赢。

其次，昆山市引导企业参与行业标准、国家标准、国际标准的制定，鼓励企业制定企业标准，并结成技术标准联盟，形成优势产业技术标准，以期在产品市场具有话语权，也为产业发展打下战略基础。

最后，昆山市注重自主知识产权工作，这也符合新兴产业发展的特点。新兴产业更侧重利用科研院所等国内研发机构，而传统产业更侧重借助外资企业的研发机构。这主要是由于新兴产业企业为了获取核心技术不仅会注重自主创新，而且会重视产学研联盟，期望通过开放式创新提升自主创新能力，从而形成和保护自主知识产权，培育拥有自主知识产权的重大技术项目及其产业化。相对地，传统产业诸多产品已较成型，因此国内众多企业更倾向于借助外资企业的研发机构实力。

（三）加大人才引进培养

实施区域人才引进培育计划，加强与重点行业组织、重点科研院所、高端人才服务机构的联系，吸引海内外高层次人才以各种形式来昆山创业发展。推动校企合作，采取联合研发平台、院士工作站、博士后工作站、研究生工作站、大学生实习、实训基地，以及推动企业在高校内设立奖学金等形式，共建人才培养基地，为企业培养和引进高层次技术人才和管理人才，优化研发团队，协助昆山市推进"人才生根"战略。

9.3 江阴市

9.3.1 经济发展概况

江阴国家高新技术产业开发区成立于1992年，前身为江苏省江阴经济开发区，2002年被省政府赋予国家级开发区的经济审批权和行政级别。2011年6月，江阴高新区升级成为国家高新技术产业开发区。江阴国家高新技术产业开发区位于江阴市主城区东部，是城市发展的核心区域，地处沿海沿江交汇处，管辖面积53平方千米，是江苏省内所辖面积最小的国家级开发区之一。经过多年的开发建设，江阴国家高新技术产业开发区在经济增长、区域产业升级和城市化建设方面取得了显著成果，初步形成了以电子信息、金属新材料、精密机械等先进产业为主导，以总部经济、文化创意、软件和服务外包、生物医药等新兴领域为特色，以商务服务和生活环境为支撑的产业发展新格局。2013年，全区完成地区生产总值391.26亿元，同比增长13.90%；规模以上工业产值928.86亿元，同比增长7.37%；公共财政预算收入24.6亿元，同比增长9.60%；全社会固定资产投资129.18亿元，同比增长33.00%；完成协助注册外资2.61亿美元（表9-13）。

表9-13 江阴国家高新技术产业开发区2013年经济指标数值及增长率

经济指标	数值/亿元	增长率/%
地区生产总值	391.26	13.90
规模以上工业产值	928.86	7.37
全社会固定资产投资	129.18	33.00
公共财政预算收入	24.60	9.60

2013 年，江阴国家高新技术产业开发区内各类工商注册企业有 3 400 余家，其中高新技术企业 271 家。整个高新区直接从事高新技术产业各类高层次创新创业人才 5 000 多名，各类高层次创新创业团队近 500 个。在工业企业中，销售收入过千万元的企业 213 家，过亿元的企业 61 家，过十亿元的企业 10 家，过百亿元的企业 1 家(表 9 - 14)。

表 9 - 14　江阴国家高新技术产业开发区 2013 年各企业数量

企业类型	数量/个
高新技术企业	271
销售过千万元的企业	213
销售过亿元的企业	61
销售过十亿元的企业	10
销售过百亿元的企业	1

9.3.2　产业布局与规模

从 2012 年起，江阴国家高新技术产业开发区按照“聚焦发展、联动发展、开放发展”的思路，集中区域优势资源，努力打造具有鲜明地方特色的产业发展模式。如今，江阴高新区已初步形成了特钢新材料产业集群一极领先，新一代电子信息、生物医药、现代服务业等新兴产业领域多点支撑的产业发展格局。

(一) 特钢新材料产业集群

江阴地处长江三角洲，经济发达，尤其是制造业竞争力强，是县域经济的领航产业。自江阴国家高新技术产业开发区成立以来，当地政府在发展传统优势产业的同时，注重产业链条的延伸，将江阴特种钢产业与汽车、装备制造、钢结构、不锈钢等产业集聚融合，通过产业链的整合凝聚产业综合竞争力。2013 年，江阴高新园区新材料产业集群销售额达到 816.35 亿元，同比增长 16%。集聚产业链企业及服务机构 132 家，其中高新技术企业 42 家，上市企业 3 家，超百亿元企业 3 家，形成了上中游合作完备的产业生态结构。其中，兴澄特钢、法尔胜泓昇、比利时贝卡尔特以及中南重工等都是享誉全国甚至全球的知名企业。特钢新材料产业集群被科技部认定为全国 32 个产业集群之一，江阴高新区已成为全国最大的特种钢生产和出口基地(表 9 - 15)。

表 9 - 15　2013 年江阴国家高新技术产业开发区新材料企业数量

企业类型	数量/个
总企业	132
高新技术企业	42

续表

企业类型	数量/个
上市企业	3
超百亿元企业	3

（二）新一代电子信息产业

江阴国家高新技术产业开发区的软件和信息服务产业、半导体和微电子产业呈现出迅速发展的态势。在政策与资本推动下，该区软件和信息服务产业、半导体和微电子产业的自主创新能力不断提高，产品附加值不断提升，在国内乃至国际市场显露出较强的竞争力和较大的影响力。一批创新能力强的规模企业的迅速崛起，和一批具有自主知识产权的优势产品的形成，推动了电子信息产业从加工工业向创新产业的转变。

（三）生物医药产业

生物医药产业园区位于江阴国家高新技术产业开发区东部、澄张路南北两侧，东至胜达路、南至红光河、西至科技大道、北至石牌港，用地面积 1 700 亩，其中，北部启动区占地约 800 亩，南部发展区占地约 900 亩。园区生物医药产业以生物制药为主导，以现代中药和医疗设备为支撑，聚焦生物医药产业高端领域。"十二五"以来，江阴国家高新技术产业开发区生物医药行业产业化进程进一步加快，呈现出良好的发展势头，形成了以诺贝尔奖得主本特·塞缪森生命科学中国（江阴）研究院、夏照帆院士工作站、中瑞国际生物医药创新中心为核心的"一院一站一中心"创新载体。园区正致力于加快资本对产业发展的促进效应，延伸产业链，打造城市生物医药产业创新发展高地和苏南生物医药产业增长极。

（四）现代服务业

江阴高新区现代服务业产业园位于长山大道东西两侧，东至许姚路、南至东盛路、西至蟠龙山路、北至延陵路，用地面积约 1 300 亩。江阴国家高新技术产业开发区的现代服务业发展主要分为三方面：一是优化发展生产性服务业，主要包括与先进制造业相配套的电子商务、信息服务、现代物流等生产性服务业，促进生产性服务业与先进制造业的互动发展。二是提升发展生活性服务业，重点发展商贸、养老和社区服务等产业，丰富城市业态元素，推进服务业与城市化的融合发展。实施服务业品牌战略，加快形成以大型商业中心为主导，以连锁超市、专卖店、便民店为特色的多元化服务网络，推进品牌化和网络化经营，增强服务业辐射能力。三是培育发展高端服务业。园区大力发展以智力资源为依托的文化创意、服务外包产业，重点发展工业设计、数据备份、呼叫转移、金融后台以及与之配套的法律、会计、审计、评估、咨询、经济代理等中介服务业，鼓励支持各科技中介类服务业的发展，促进与战略性新兴产业发展相关的高端人才、社会资本等各类要素的集聚。

9.3.3 创新资源概况

科技创新是推动经济转型升级的核心动力。江阴国家高新技术产业开发区以升级为国家高新区为契机，坚持人才引领和创新驱动，加快推进传统产业转型提升和战略新兴产业科技成果产业化，走出了一条"以自主创新推动传统产业和本土企业高新化"和"以人才引领实现战略性新兴产业育成化"的具有江阴国家高新技术产业开发区特色的转型发展道路。

江阴国家高新技术产业开发区大力促进科技成果转化，依托现有产业优势，进一步做强企业、做大产业，形成高新技术产业与传统优势产业融合发展、主导优势产业与战略性新兴产业互动发展的现代产业体系。江阴高新区积极引进人才，坚持招商引资与招才引智协同并举，集聚产业的同时集聚人才。园区还建立多家创新平台吸引人才，如江阴首家诺贝尔奖得主科里研究院、国家"千人计划"江阴物联网研究院等机构。目前，江阴高新区建有各类海智创新创业人才载体150万平方米，其中国家级孵化器2家，国家级科技企业加速器1家，省级科技企业加速器1家，拥有国家火炬计划物联网特色产业基地、省文化科技产业园、省科技金融服务中心、省产学研协同创新基地、省大学科技园等特色平台。另外，园区注重融资平台的构建，与海内外多家融资机构合作，在资金上大力扶持企业，特别是对新兴行业的创业项目给予资本、市场、政策上的支持，为高新区的后续发展提供潜在动力。目前，江阴国家高新技术产业开发区已集聚科技型中小企业超400家，涉及物联网、生物医药、服务外包、新材料等战略性新兴产业。

9.3.4 产业发展启示

经过多年的开发建设，江阴国家高新技术产业开发区初步确立了以金属新材料及高端制品、融合通信装备及材料、高端智能装备、现代中药及生物新药四大先进制造业以及总部经济、文化创意、软件和服务外包、现代物流、城市经济五大现代服务业为主的现代产业发展新格局。江阴国家高新技术产业开发区聚集了全球最大的单体特钢生产企业兴澄特钢、全国最大的钢丝绳和大桥缆索生产企业法尔胜、全球最大的超硬复合耐磨切割丝和钢帘线生产企业贝卡尔特、全球最大的笔记本电脑主板电路板生产企业瀚宇博德和全国最大的半导体封装测试企业长电科技。江阴国家高新技术产业开发区的精特钢、高端制品、特钢相关产业极具竞争优势。

在高新区"二次创业"的经济转型期，高端现代服务业具有广阔的发展潜力。根据产业发展和城市发展的需要，江阴应加快引进中外合作高等教育和职业技术教育、大型商场、品牌餐饮、高端休闲娱乐等生活性品牌服务业，引进外资医院、养老地产等现代服务业项目，进一步丰富城市业态，提升城市品质。另外，江阴高新区正在力争打造江苏省开发区首家上市公司总部集聚区，使之成为独具江阴高新区特色的"城市名片"。目前，江阴本地民营经济发达、龙头企业众多，江阴高新区应充分依托现有的载体平台以及海澜财富中心、华泰科技金融街区等重大项目，积极推动海内外各大上市公司将研发中心、投资中心、管理中心、财务结算中心等总部功能性机构落户园区，着力打造现代服务业产业集群。最后，江阴应着力发展融资租赁、城市综合体、总部经济、现代金融等新兴高端产业，与先进制造业的发展深度融合，这有利于形成良性互动的现代产业体系，大大提升江阴的城市功能(图 9-2)。

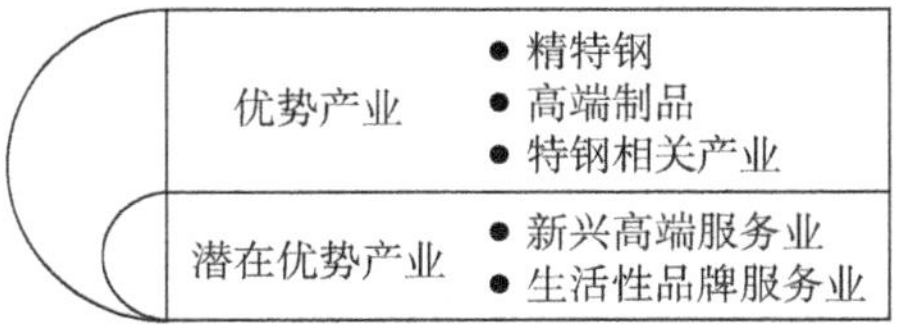

图 9-2　江阴国家高新技术产业开发区优势产业和潜在优势产业

9.4　常州武进区

9.4.1　经济发展概况

江苏省人民政府于 1996 年 3 月批准设立江苏省首家省级高新区——武进高新区，2012 年 8 月，武进高新区被国务院正式批准升级成为国家高新技术产业开发区。武进国家高新技术产业开发区位于常州南部，管辖面积 182 平方千米。经过多年的开发建设，园区已形成以智能装备、节能环保、电子信息三大产业为主导产业，以现代商贸、科技服务等现代服务业为补充的产业结构；建立起"依托科教城、以企业为主体、以市场为导向"的科技创新模式，形成了产业集聚效应明显的高新技术开发区。2014 年，全区地区生产总值 300 亿元，同比增长 13.5%；规模以上工业产值 761 亿元，同比增长 12.7%；公共财政预算收入 28.3 亿元，同比增长 8.0%；全社会固定资产投资 272 亿元，同比增长 18.9%，其中工业投资完成 234 亿元，同比增长14.1%，服务业投资完成 38 亿元，同比增长 61.7%。完成协助注册外资 6.6 亿美元。各类工商注册企业达到 4 000 多家，认定高新技术企业 110 家。全区拥有各级各类科技企业孵化器 13 家，其中国家级 3 家、省级 5 家，建成科技企业孵化器面积 71.5 万平方米。2014 年 12 月，武进高新区有效发明专利 671 件，万人有效发明专利拥有量达到 33 件，获批为江苏省知识产权示范园区(表 9-16)。

表 9-16　2014 年武进国家高新技术产业开发区各经济指标数值及增长率

经济指标	数值/亿元	增长率/%
地区生产总值	300	13.5
规模以上工业产值	761	12.7
全社会固定资产投资	272	18.9
工业投资	234	14.1
服务业投资	38	61.7
公共财政预算收入	28.3	8.0

9.4.2　产业布局与规模

常州武进国家高新技术产业开发区坚持集聚、集约、创新、开放、生态的理念，重点发展特色产业，着重提高自主创新能力，逐步完善园区平台功能。目前，园区已有一百多家战略领域的龙头企业和成长企业。在武进高新区，具有六大产品群的智能装备产业、以半导体照明为主导的节能环保产业、以新型电子元器件为主导的电子信息产业具有领先地位；同时，包括服务外包、电子商务等在内的现代服务业也呈现出迅速发展的态势。武进国家高新技术产业开发区 2013 年三大产业产值如表 9-17 所示。

表 9-17　武进高新区三大产业 2013 年产值表

产　业	产值/亿元
智能装备产业	320
节能环保产业	80
电子信息产业	181

（一）智能装备产业

常州武进国家高新技术产业开发区智能装备产业园东至武宜路、南至阳湖路、西至凤栖路、北至西湖路，核心规划用地 7 232 亩。常州武进国家高新技术产业开发区先进制造业实力雄厚，其中智能装备是先进制造业的支柱，体现了工业自动化的最高水平。武进国家高新技术产业开发区智能装备产业园凭借优越的区位优势、强大的科技研发能力和产业规模，形成了从研发、系统制成、人才培育到产业孵化的完整产业链。智能装备产业现具有智能纺机、机器人、数控机床、工程机械、轨道交通、关键零部件等六大产品群。园区发挥龙头企业带头作用，整合产业链配套企业，大力支持纺织机械等传统行业研发高端产品，并推动机器人等新兴产业的规模化生产及应用。截至 2013 年底，智能装备产业产值为 320 亿元，占园区总产值的比重超过 45%。智能装备产业园聚集企业 92 家，规模以上企业 51 家，销售收入额 278.9 亿元，同比增长 16.2%。部分企业业绩极为突出，如卡尔迈耶的经编机械在国际上具有最高的市场占有率，龙城精锻是汽车发电机爪极产业最大的供应商，恒立油缸新厂是挖掘机油缸行业的全球龙头。入驻企业还包括全球排名第一的产业机器人专业生产商日本安川机器人、美国通用电气、德国曼恩机械、博世集团等一批世界知名企业（图 9－3，表 9－18）。

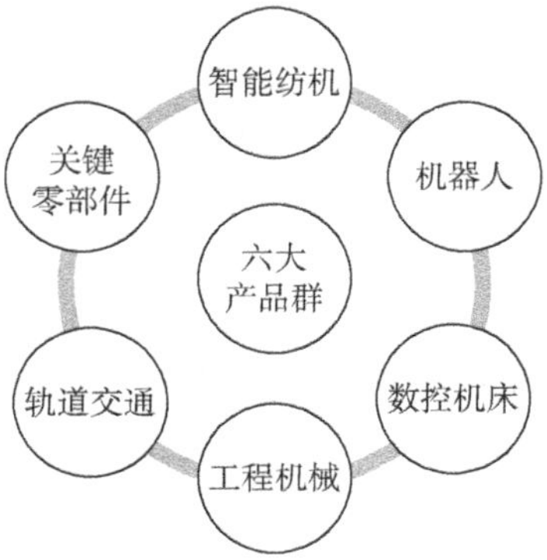

图 9－3　武进国家高新技术产业开发区智能装备产业六大产品群

表 9－18　2013 年武进国家高新技术产业开发区智能装备产业基本情况

类　别	数　值
产业产值	320 亿元
销售收入额	278.9 亿元
企业总数	92 家
规模以上企业	51 家

（二）节能环保产业

武进国家高新技术产业开发区节能环保产业园规划面积 3.53 平方千米，是常州成长速度最快的专题园区，现已形成以半导体照明、太阳能光伏光热、风力发电为主的三大节能环保产业。其中，半导体照明是发展最为突出的产业。节能环保产业园拥有两大国家级平台——国家半导体照明产品质量监督检验中心和国家半导体照明重点实验室，是科技部认证的国家半导体照明工程高新技术产业化基地，并在全国 LED 产业园区综合排名中位列第三。园区集聚科教资源，大力推动产学研的深度结合，集聚了中晶光电、光宝光电、晶品光电等 26 家全球行业内知名企业，形成了从上游封装到下游应用的完整产业链。在太阳能产业上，园区入驻了顺风光电、格林保尔、兆晶光能等龙头企业，建成了太阳能光伏应用系统产业链。2013 年，节能环保产业产值达 80 亿元。节能环保产业园力争到 2015 年底实现销售收入 200 亿元，形成 1 个国内领先的优势产品集群，2 家以上年销售超 50 亿元的企业，打造“魅力光城”。

（三）电子信息产业

电子信息产业园是武进国家高新区的重要创新平台，产业园依托中科院、南京大学等科研机构，发展最新信息技术，着重打造新型电子元器件、数字终端机等产品群。电子信息产业园已有瑞声科技、光宝科技、安费诺等龙头企业，已建成国内重要的新型电子元器件基地。同时，电子信息产业园积极发展信息服务业，包括数字电视、互联网增值、电子政务等。2013 年，电子信息产业实现产值 181 亿元，武进国家高新技术产业开发区被认定为江苏省新型工业化示范基地（电子元器件产业）。

（四）现代服务业

现代服务业是武进高新区新的经济增长点，它能够有效缓解就业市场压力，转变经济发展方式，提升城市现代化水平。武进高新区现代服务业包括生产服务业、新兴服务业和传统服务业。园区已建成了一批现代服务业平台和特色重点企业，如春秋淹城文化创意有限公司、江苏环球数字文化体验园有限公司（环球嬉戏谷）、香格里拉大酒店等。为促进经济发展方式转型，武进国家高新技术产业开发区积极发展现代服务业。一方面，依托综合保税区，促进电子商务和进出口贸易；另一方面，通过武南物流园和武进工业设计园，促进现代金融、研发设计、融资租赁等新兴服务业的发展。

9.4.3 创新资源概况

武进国家高新技术产业开发区的创新资源配置以市场需求为导向，充分发挥市场作用，产业竞争优势越来越产生于企业与产业价值链各环节的协调关系中。武进国家高新技术产业开发区注重发展创新产业集群，充分完善产业价值链，以实现创新资源的最优化配置。武进国家高新技术产业开发区在高端装备、机器人、光伏等先进领域均形成了具有集聚规模效应的创新产业集群。

武进国家高新技术产业开发区注重建立以企业为主体的产学研合作体系，促进校企合作、科技企业孵化和战略产业培育。园区不仅与众多国内一流科研院校共建研发平台，还与国外自主创新能力强的国家开展国际合作，推动科技国际化。高新区积极探索技术转让和入股、合作研发、创业投资等多种形式，推动科技成果转化，真正实现创新驱动发展。2014 年园区拥有科技企业孵化器 13 家，拥有获得认定的企业院士工作站 4 家、企业博士后科研工作站 4 家，企业工程技术研究中心 139 家，省级以上科技公共服务平台 14 家。另外，武进高新区还集聚了众多创新平台和产业联盟，如江苏省半导体照明产业产学研协同创新基地，江苏省文化科技产业园、江苏省科技金融创新合作示范区、江苏省知识产权试点园区、常州市机器人及智能装备产业集聚区等，为高新区的自主创新注入了源源不断的活力（表 9－19）。

表 9-19 2014 年武进国家高新技术产业开发区科研机构(部分)数量

科研机构类别	数量/个
企业工程技术研究中心	139
科技企业孵化器	13
企业院士工作站	4
企业博士后科研工作站	4
省级以上科技公共服务平台	14

9.4.4 产业发展启示

武进国家高新技术产业开发区在实现创新驱动发展、园区“二次创业”的进程中有明显优势。智能装备、节能环保和电子信息这三大产业极具特色，占规模以上工业经济比重的 80%，是竞争优势最明显的产业。其中，智能装备业在核心部件上自主创新能力增强，并向高端、智能、整机、国际方向深化发展。以 LED 为代表的新光源产业发展迅速，注重产业链从上游到下游的完善，在国内乃至国际都具有领先地位。另外，冶金、化工、纺织服装、纺织机械为传统优势产业，通过科技创新调整产品结构、改进生产工艺，进一步增强竞争力，保持国内领先地位(图 9-4)。

根据《苏南现代化建设示范区规划》，常州力争建设成为自主创新能力最强的苏南城市。武进国家高新技术产业开发区处在高新区“二次创业”的重要阶段，在提高自主创新能力的进程中面临着一系列的挑战。常州武进国家高新技术产业开发区创新能力突出，注重产学研深化合作，应结合常州发展情况，选择科技水平高、发展潜力大的战略性新兴产业重点发展。

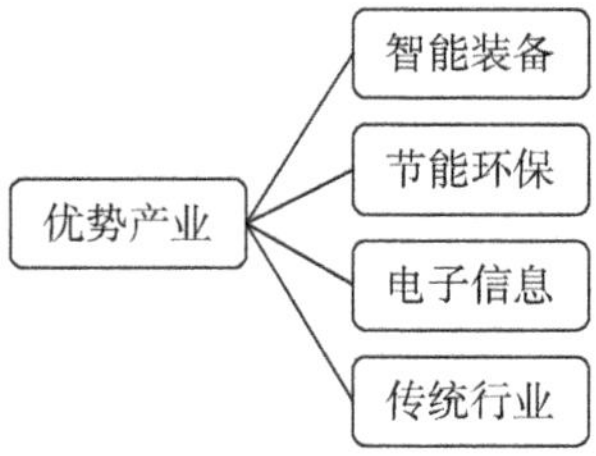

图 9-4 武进国家高新技术产业开发区优势产业

首先，武进高新区应充分利用先进装备业这一主导产业的技术和平台，发展相关智能制造业，如轨道交通、汽车整车和通用航空产业。目前，这三大产业已集聚了一批领头企业和配套企业。交通行业方面，高新区入驻了新誉集团、江苏纳博特斯克今创轨道设备有限公司等大型企业，形成了从研发、制造到商务、物流、整车大修的产业链；航空产业方面，从飞机组装、改造到航空培训、服务等上下游产业整合也初步完成。

其次，武进高新区在电子信息产业技术基础扎实，辐射带动能力强，应把握这一机会，前瞻性地重点培育物联网、云计算、智能电网等新兴技术，通过不断创新持续驱动产业发展。

最后，现代服务业是现代产业体系的重要组成部分，武进国家高新技术产业开发区应在现代服务业的发展上寻求新突破，进一步提高服务业在制造业为主导的

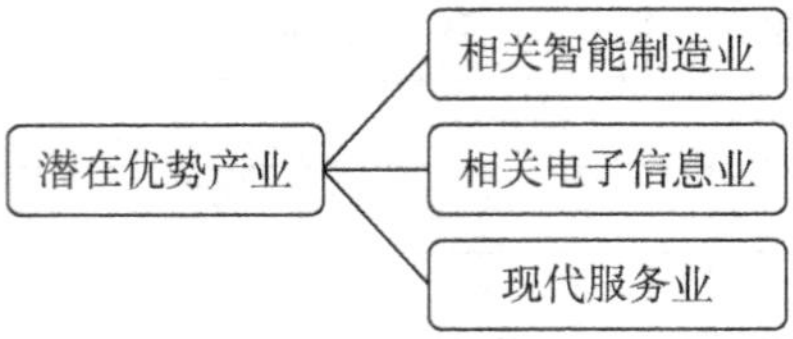

图 9-5　武进高新区潜在优势产业

经济中所占的比重，促进经济结构转型升级。一方面，为配合武进区生产性企业的发展，可着重发展配套性的服务业，如码头仓储、配送联运、商务贸易，等等。另一方面，高新区应大力发展现代文化产业，将科技创新与文化旅游深度结合，发展新型及衍生的文化形态，如动漫、新媒体、创意产业，等等。旅游业是常州有特色的经济增长点，春秋淹城等主题公园富有文化创意特色，应进一步完善旅游设施，提升旅游体验，为现代文化业的发展增添活力，促进科技与文化协同发展(图 9-5)。

9.5　苏州高新区

9.5.1　经济发展概况

创建于 1992 年的苏州高新技术产业开发区，通过引进高新技术企业、集聚专业人才、组建管理队伍，形成滚动发展的工业实体经济。

图 9-6　苏州高新技术产业开发区 GDP 趋势图

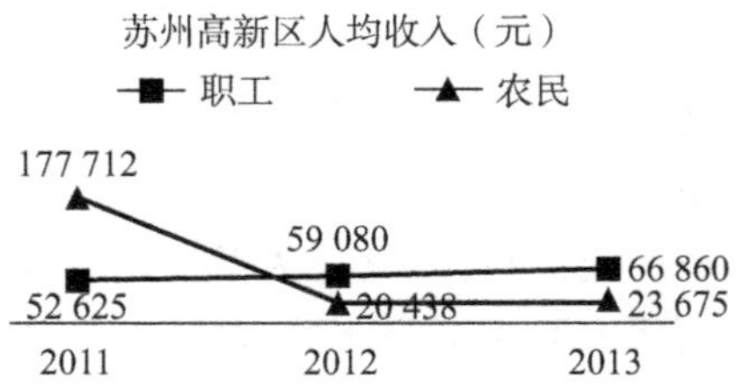

图 9-7　苏州高新技术产业开发区人均收入趋势图

图 9-8　苏州高新技术产业开发区工业产值趋势图

2012年，高新区GDP达到830.00亿元，同比增长10.2%；完成工业总产值2 575.00亿元，同比增长2.5%，其中新兴产业产值1 255.5亿元，占规模以上工业总产值比重达53.2%；大中型工业企业研发机构建有率超过90%，预计全社会研发经费支出占GDP比重达3.4%，居苏州第一。截至2014年12月，高新区已累计集聚了1.7万家私营企业、2 000多家外资企业和一批国有企业，累计引进和认定各类研发机构300多家，获批科技项目超过1 500项，产业集群效应逐步放大(图9－6至图9－8)。

苏州高新技术产业开发区是我国最早批准成立的国家级开发区之一，经济始终保持健康快速的发展势头，综合发展水平在全国高新区中名列前茅。苏州高新技术产业开发区始终坚持高新技术引进和自主创新并重的产业发展方针，电子信息、装备制造等传统产业持续提升，新能源、生物医药、轨道交通和服务外包等新兴产业迅猛发展，已成为苏州经济的重要增长极和全市自主创新的领先示范区。在新一轮发展中，苏州高新区将进一步创新优化发展环境，大力推进新兴产业和现代服务业发展，加快促进区域经济社会转型升级。

9.5.2　产业布局与规模

(一) 电子信息产业

电子信息产业作为苏州高新技术产业开发区的主导产业，目前已经形成了计算机及网络设备产品集群、平板显示产品集群、新型电子元器件产品集群、通信设备产品集群等六大产业集群。2012年，苏州高新技术产业开发区获批江苏省新型工业化产业示范基地(电子信息)，2013年，苏州高新技术产业开发区又成功获批国家级新型工业化产业示范基地(电子信息)(图9－9)。

图9－9　2011—2014年苏州高新技术产业开发区电子信息产业产值

电子信息产业的特征表现在以下五个方面：一是产业布局呈现集聚化。苏州高新技术产业开发区电子信息产业基地依托电子信息高端制造核心区与电子信息研发和高技术服务核心区，通过产业互动和资源共享，形成主体、配套、周边梯形发展，优势互补与分工协作并行。依托国家级苏州高新区综合保税区，充分发挥通关的便捷性，重点发展电子信息高端制造业以及检测维修、物流配送、供应链管理等电子信息制造服务业。二是产业发展高端化。苏州高新区在巩固现有产业的基础上，开拓高端细分产业，重点发展空间信息产业和移动互联网产业。其中，空间信息产业包括发展遥感、地理信息系统、导航定位等核心技术；移动互联网产业则依托中国移动研发中心，重点推动云计算、物联网等领域的科学研究。三是产业发展绿色化。面对目前资源与能源的过度消耗以及环境的过重压力，国家级苏州高新区综合保税区探索发展循环经济发展之路，以电子基础材料、电脑及外设的生产和加工基地为依托，努力建设世界领先的循环经济示范区。四是拥有完善的知识产权保护体系。依托国家知识产权局专利局专利审查协作江苏中心，推进园区电子信息产业大力实施知识产权培训、专业服务、数据利用、人才集聚等工作。

在产业布局方面，苏州将重点发展光电及集成电路产业、现代通信产业、计算机及网络产品制造业、软件产业四大产业，目前已经形成了计算机及网络设备产品集群、平板显示产品集群、新型电子元器件产品集群、通信设备产品集群等六大产业集群。2011 年以来，与电子信息产业相配套的研发基地和营运中心相继在苏州落户，软件业、IC 产业和光电业等产业开始集聚。

（二）医疗器械产业

苏州高新技术产业开发区医疗器械产业发展具有巨大的潜在市场，这源于两个方面的考虑。一方面，医疗器械产业面临巨大的市场需求，苏州紧紧抓住机遇，奠定了较好基础。具体而言，第一，随着我国人口老龄化和人们对健康保健服务的进一步重视及新医改的不断加深，我国医疗器械市场规模将保持快速增长的态势。第二，在医疗改革的背景下，医院最终将逐步形成以医疗服务性收入为主、药品收入为辅的收入格局。此时，改造医院软硬件实力成为减少对药品收入依赖程度的重要途径，由此产生的对医疗设备的需求将构成行业发展的持续动力。其次，随着我国现代科学技术和现代医学发展进程的加快，医疗仪器设备创新的客观条件在不断变化成熟，自主创新也出现在医疗仪器设备产业领域。背靠中科院苏州医工所，已有 138 家医疗器械在苏州高新技术产业开发区集聚，医疗器械产业保持了 20% 以上的年增长率。第三，苏州高新技术产业开发区重视医疗器械产业发展，在政策及硬件条件上对产业发展给予支持。近年来，随着《苏州市医药及生物技术产业提升发展计划》《苏州市医药及生物技术产业跨越发展工程》《苏州市战略性新兴产业重点领域技术指引》的相继实施，“国产医疗器械产品示范应用与评价工程”的率先启动，苏州高新技术产业开发区医疗产业发展拥有良好的政策环境。在硬件条件上，苏州高新区医疗器械产业园作为创新载体和平台，集企业群体、研究开发、孵化创新、会务培训、专业服务、融资扶持六大功能于一体，主要承接中科院苏州医工所的产业化项目、苏州国际生物医药中心毕业项目和其他国内外相关领域的重大科研成果产业化项目，同时对具有自主知识产权和市场竞争力的医疗器械研究项目给予支持。

另一方面，苏州高新区医疗器械产业虽已具备了一定的基础和规模，但产业还处在形成期，发展阶段比较落后。首先，由于历史原因，中国医疗器械起步较晚，技术水平远低于其他发达国家。同国内其他地区和城市的医疗器械产业一样,苏州高新技术产业开发区的医疗器械产业也是以仿制为主,自主创新能力弱、产品技术含量低。第二,现有医疗器械研发资金依然缺乏,加上风险投资机制和市场信息机制尚不健全等原因,使得产业研究缺乏创新动力。第三,苏州高新区医疗器械产业虽然企业数量众多但规模普遍较小,而且存在严重的低水平重复建设问题,造成恶性竞争,产业链不完善。最后,苏州医疗器械产业缺乏生产适用的、新型的、小型化、高精度和人性化的医疗器械产品的能力。

(三)服务外包产业

服务外包产业是现代服务业的重要组成部分,具有信息技术承载度高、附加值大、消耗低、污染少、人力资源密集、国际化水平高等特点。苏州服务外包发展起步于 2007 年。2009 年,苏州高新技术产业开发区连同市内其他七家开发区分别被认定为省级国际服务外包示范基地和示范区。作为服务外包业的重要组成部分,苏州国际服务外包产业在 2010 年的合同金额达到 22.7 亿美元,同比增长 62.3%,执行金额 16.2 亿美元,同比增长 48.6%;其中离岸合同金额 16.7 亿美元,执行金额 12.7 亿美元。截至 2010 年末,服务外包从业人员数超过 12 万人,企业数超过 1 150家(图 9-10)。

服务外包产业的特征是政策不断完善和优化;产业发展迅速、规模大;业务门类齐全,已形成软件开发、设计研发、金融后台服务、动漫创意、生物医药研发以及物流与供应链管理等六大服务外包支柱产业,实现了 ITO、BPO 和 KPO 领域的全覆盖;同时离岸市场拓展取得重大进展,国际交往日益频繁,目前苏州与 83 个国家与地区有服务外包业务往来,其中来自美国的合同数量最多,其次是日本和中国台湾。

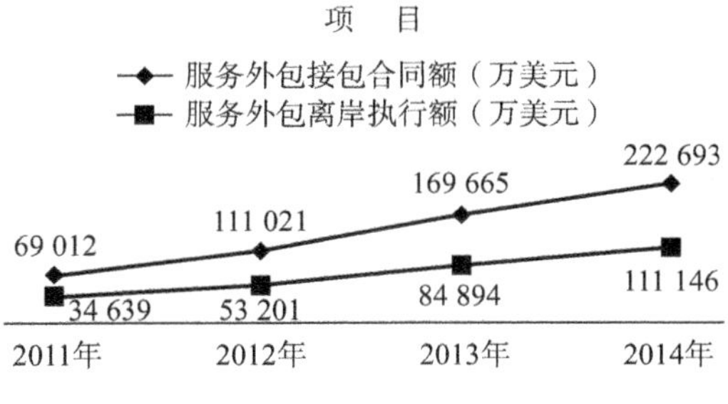

图 9-10 服务外包产业项目

苏州高新技术产业开发区发展服务外包产业优势在于:(1) 地缘与成本优势。苏州邻近上海,处于长三角这个新兴世界级城市群的地理位置中心点,综合成本相对较低,拥有优越地理位置与较低经营成本互嵌的优势。(2) 跨国公司集聚优势。苏州聚集了 2 万多家外商投资企业,有 138 家世界 500 强公司在苏州投资了 400

多个项目。制造业发展几十年所积淀的强大优势资源，成为苏州服务外包企业开拓海外市场的有效渠道和平台。(3) 产业基础优势。作为中国第二大工业城市和现代制造业基地，制造业的雄厚基础为苏州经济发展积累了巨大财富，伴随着产业结构调整，苏州大型制造企业的生产性服务外包需求将加快释放。(4) 基础设施优势。紧贴中国互联网四大国际端口之一的上海，网上交通在速度、质量和成本上具有比较优势。(5) 政策优势。2011 年出台的《关于促进服务外包跨越发展的若干政策》扶持服务外包企业做大做强。具体措施有对所得税进行减免，对离岸执行额达到规定数额的给予奖励，同时鼓励服务外包企业独立或合作建设研发机构、公共技术服务平台，加大研发投入力度，提升企业外包服务水平，增强企业自主创新能力和综合竞争力。鼓励引进大型服务外包企业。加强公共平台建设，支持本市服务外包示范园区公共服务平台、公共技术平台、公共培训平台、知识产权保护平台和公益性基础设施等建设。

苏州高新技术产业开发区发展服务外包产业的不足在于：(1) 服务外包人力资源可获得性不强。体现在区域内高校适用专业人才培养数量不足，人力资源基础结构不合理，人才流失率较高，且较快增加的成本造成对中高级人才吸引力下降。人才问题已成为制约苏州服务外包发展的最主要问题之一。(2) 服务外包企业能级不高。表现在企业规模偏小、整体水平不高、承接业务大部分处于低端。(3) 基础支撑及保障能力不足。(4) 苏州服务外包同时面临着主要离岸伙伴国市场不稳定，国内外竞争愈加激烈的外部挑战。

（四）其他服务产业

(1) 文化产业

文化产业在现代服务业中的比重和对区域经济发展的贡献额逐年提高，并在苏州全市处于领先地位。以工艺美术、文化旅游，以及以文化科技融合形成的数字印刷复制、文化创意、数字动漫等为重点的文化产业集群，是苏州高新区未来扶持发展的重点。

工艺美术方面的代表是刺绣产业的发展。2012 年，高新区苏绣产业达到 12 亿产值规模(图 9－11)。

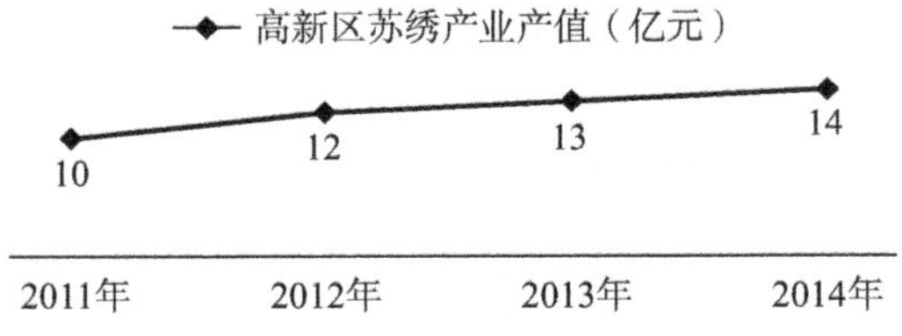

图 9－11　高新区苏绣产业产值

文化旅游方面，苏州高新区拥有深厚的文化底蕴可以开发。例如，大运河文化休闲旅游带;苏州乐园对“狮山十八景”中的洗心泉、石佛寺、狮岩眠松、状元读书台、志士招国魂等八景进行恢复建设;大阳山山水休闲旅游带中,宗教文化气息浓厚的兰风寺、文殊寺等。苏州高新技术产业开发区在2013年全年旅游景区接待游客量突破1 000万的基础上,2014年1～11月,接待游客量已达到1 234万人次,同比增长19.8%,表现出巨大的发展潜力。

科技文化融合发展上,文化创意企业异军突起。许多知名文化创意企业纷纷“扎根”苏州高新技术产业开发区发展,例如苏州创捷传媒展览公司作为国内领先的主题展馆创意营造服务商,先后承担了全国17个省市100多个政府重点项目的建设,申报各类高科技展示技术专利20余项。据统计,2012年文化产业增加值占全区GDP比重达6.5%。2014年苏州高新技术产业开发区文化产业总产值达480亿元,文化产业增加值66.5亿元,占GDP比重7%,高于全市平均水平。

(2) 金融服务业

苏州高新技术产业开发区大力发展区域创业投资事业,于2008年注资6亿元重组成立了承担创业投资政府引导资金职能的苏州高新创业投资集团公司,积极构建区域科技投融资平台,力促科技创新。2010年8月,苏州高新区被授予“全国创业投资示范基地”称号,这是全国首家也是唯一获此殊荣的单位。苏州历来重视区域新型金融服务业的创新与发展,创业投资、融资担保、小额贷款等一批具有地方特色的金融服务业态不断涌现。

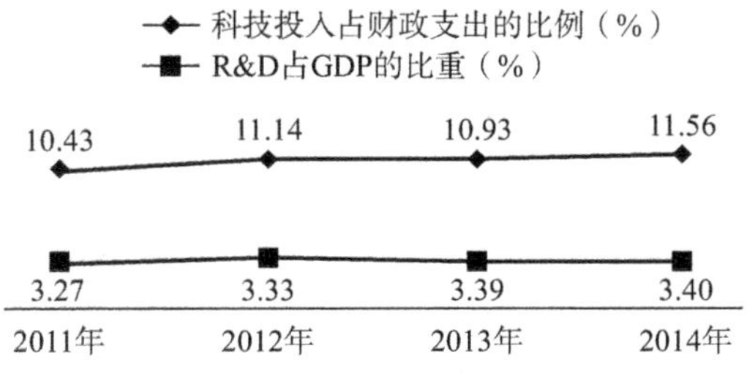

图9-12 科技投入占财政支出的比例趋势和R&D占GDP比重趋势

在产业政策上,苏州高新区相继出台了《关于鼓励企业上市的若干意见》《科技保险补贴企业保费的实施办法(试行)》等20多项科技金融政策,重点扶持科技型企业上市,融资、信用贷款试点,融资补贴风险补偿机制建立和创投机构发展。至2014年底,全区财政科技投入占财政支出的比例达到11.1%,位列全市第一;全社会R&D占GDP比重达到3.3%,创苏州高新技术产业开发区历史最高,连续五年保持全市第一,并成功获批“国家知识产权示范园区”、省首批科技金融服务中心(图9-12)。

未来,基于《苏州高新区关于加快推进金融高地建设的工作方案(试行)》,苏州高新区明确以“保险与科技结合”综合创新试点和全国股转系统路演分中心为机遇，推进保险支持科技创新，凸显科技金融特色，打造科技保险创新试验区，与昆山、苏州工业园区共同成为苏州市区域金融中心建设的支撑高地。其次，打造科技金融“生态圈”。随着科技金融的深度融合，企业成长全过程都将获得与资本市场的对接服务——初创型企业可与天使基金、政府引导基金对接，成长期企业可在“科贷通”、“统借统还”等一系列创新平台上获得资本支持，而成熟期企业可以获得政府与中介的专业扶持，在“新三板”等多层次资本市场登陆、上位。

(3) 国家知识产权服务业

2012年6月，苏州高新技术产业开发区获批全国首家国家知识产权服务业集聚区。2012年底，苏州高新技术产业开发区出台了《苏州高新区关于鼓励知识产权服务业集聚发展的若干意见(试行)》，以推动集聚区快速发展。截至目前，集聚区已入驻知识产权服务机构达20家，初步形成包括知识产权业务审查、代理服务、预警分析、数据利用、专利软件研发、法律援助、宣传培训在内的知识产权服务产业链，为区域电子信息产业的发展提供全方位的知识产权服务。

9.5.3 创新资源概况

(一) 创新物力财力资源

(1) 苏州高新技术产业开发区先后建立了苏州高新技术创业服务中心、国际企业孵化器、留学人员创业园、环保产业园、苏州高新创业园、软件园、新药创制中心、孵化企业发展基地、民营科技园等一批高水平的创新平台及产业化基地。与此同时，苏州高新技术产业开发区还着力建设了一批高水准的公共技术研发平台，建立了华东地区首家国家级生物医药孵化器实验平台、国内首家IT人才实训基地、中科院物理所苏州清洁能源中心、国家软件与集成电路公共服务平台江苏分中心等。苏南工业技术研究院加快建设软件、生物医药、环保技术、汽车零部件等四大技术开发中心。

(2) 苏州高新技术产业开发区从融资和政策优惠两方面支撑产业创新。一方面积极探索设立产业投资基金，通过政府引导、企业主导、市场运作，投资于园区内具有创新能力的高科技制造业项目、服务外包业务，以及拥有自主知识产权的高新技术项目，支持产业优化升级、科技成果转化和高新技术产业发展。另一方面，苏州高新技术产业开发区对符合条件的企业项目贷款给予贴息，支持符合条件的企业申报各项国债资金、中央预算内补助资金和国家风险投资支持项目，对列为省级以上专项的，由园区财政给予配套资助。同时进一步拓宽融资渠道，从而缓解中小企业融资难矛盾。

(二) 创新人力资源

创新人力资源首先从苏州高新技术产业开发区与高等院校、科研院所的人才合作培养开始，包括联合培养机构的建立和导师的推荐两个方面。例如分别与南京大学、苏州大学和国防科技大学联合建立培训中心、研究生产业化基地、软件硕士培训基地、生物医药产学研研究生联合培养基地等，同时苏州高新区推荐10多名海外留学人员作为大学研究生院的兼职教授，定向作为研究生院的博士生、硕士生导师。其次，在创新研究方面，建立研究机构，鼓励校企合作。苏州高新区已经与清华、南大、同济、中科院等50多个知名院校、科研院所建立了合作关系，如新药创制中心依托中国中医研究院、中国药科大学、第二军医大学、南京大学等院校的科研力量，建设"中药现代工艺工程中试平台"等公共实验平台，获得科技部火炬中心批准，成为国家级新药研发平台；同时，成立了全国首家软件实训基地，为全国几十所软件学院的学生开展实训教学，其中有40多家高新技术企业是与大院大所合作建立的，80%以上的"863"项目都是企业与院校合作的成果。

截至2013年，全区累计集聚各类科技领军人才308人，其中姑苏领军人才50人，国家"千人计划"28人，人才获批总数居苏州第二。

9.5.4　产业发展启示

（一）立足传统优势产业，明确产业定位

苏州高新技术产业开发区出台的"2＋3"产业振兴发展规划（2009—2014），确定了电子信息和装备制造两个主导产业调整振兴和新能源、生物医药、服务外包等3个新兴产业提升发展的目标。这一规划旨在引导苏州高新区形成信息化与工业化有机融合、先进制造业与现代服务业互动并进、结构布局合理、自主创新能力强、技术含量和附加值高、能源资源消耗低、污染排放少、经济效益好的现代产业体系。

（二）完善金融体系建设，促进金融与科技有机结合

金融服务业对于新兴产业的发展至关重要，没有大量资本的投入，缺乏外部金融的支持，企业的技术创新和生产组织变革难以实现。在新一轮发展中，苏州高新区积极探索科技与金融的融合对接，在更高层面上加快各类创新要素的整合联结，促进创新集聚的体系建设，破解创新瓶颈，提升区域核心竞争力。通过科技与金融的有机结合来促进科技开发、成果转换和产业化，为新兴产业发展提供资金保证。

9.6　无锡新区

9.6.1　经济发展概况

无锡国家高新技术产业开发区是1992年由国务院批准设立的。1995年在高新区基础上成立无锡新区。目前，无锡新区区域面积220平方千米，建成区面积137.9平方千米左右，下辖旺庄街道、硕放街道、江溪街道、梅村街道、鸿山街道和新安街道六个街道，规划了高新技术产业开发区、无锡（太湖）国际科技园、无锡空港产

业园、中国(无锡)工业博览园、中国吴文化博览园、国际教育生活社区六大功能分区。全区常住人口 53.68 万人,户籍人口 31.9 万人,外来人口 34.5 万人(图 9－13)。

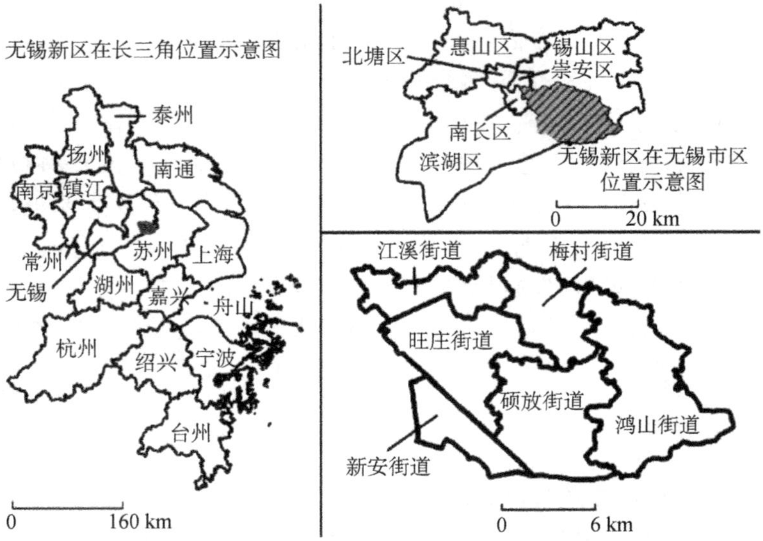

图 9－13　无锡新区地理位置示意图

经过 20 年的发展,无锡新区现已成为无锡市重要的经济增长极、对外开放窗口、科技创新基地和转型发展引擎。无锡新区以占全市不到 5%的土地,创造了全市 16%以上的地区生产总值和地方一般预算收入、22%以上的规模以上工业总产值、35%以上的高新技术产业产值、35%以上的到位外资和近一半的进出口总额。先后成为江苏省唯一国家火炬计划实施 20 周年先进开发区,江苏首家、全国首批中央海外高层次人才创新创业基地,国家生态工业示范园区,在全省率先成为部省市共建国家创新型科技园区,部省共建知识产权试点园区,已连续六年蝉联全省开发区科学发展综合评价第二位。

近几年,无锡新区不再是第二产业占绝对优势的高新区,以先进制造业发展培育壮大的服务业以高于第二产业的增速而发展迅速。经济得到了持续发展,"十一五"期末,无锡新区实现地区生产总值 930 亿元,比"十五"期末增长 145%,年均增长 19.7%;人均 GDP 达到 20 000 美元,是 2005 年的 1.6 倍;财政收入 181 亿元,其中地方财政一般预算收入 83 亿元,年均增长 25%。产业结构持续优化,服务业增加值占 GDP 比重年均提升 2 个百分点,达到 30%;高新技术产值超过 2 000 亿元,高新技术产业产值占规模以上产业比重达到 60%(省七分类),高于全省 30 个百分点,建立各类销售和研发总部近 50 家,建立各类区级以上工程研发中心、工程技术中心 220 余家。创新创业步伐加快,科技研发投入占 GDP 的比重达到 3.8%,高于全省 2 个百分点；“三创”载体建成面积 400 万平方米，已引进国家“千人计划”6 人、市“530”企业 410 家，国内外院士 38 人。“十一五”期末农村居民人均纯收入达到17 800元，年均增长 12%以上；国家生态工业示范园区和生态文明先驱园区建设强力推进，万元 GDP 能耗为全国平均水平的三分之一，是无锡全市平均水平的一半。2011 年，无锡新区 GDP 跨越千亿元台阶，实现地区生产总值 1 100 亿元，同比增长 13%。一般预算收入跨越百亿元台阶，实现一般预算收入 104.5 亿元，同比增长 25.6%。

9.6.2 产业布局与规模

无锡新区聚焦了光伏、集成电路、液晶软件及服务外包四大产业集群。无锡高新区已形成了电子信息、精密机械及机电一体化、生物医药和新材料等五大高新技术支柱产业和 80 个高新技术产品群。其中，五大支柱产业中电子信息和精密机械及机电一体化两大产业占支柱产业总量的 80%以上，高新技术产业贡献份额超过 69%。同时，出现了高新技术产业集群的现象，现已聚集 IBM、微软、NEC、富士通、NTT DATA、NIIT、万宝盛华、海辉、大展、浪潮、中软国际等国内外知名软件及服务外包企业近 500 家，其中经认定的软件企业 101 家，通过 CMM/CMMI 认证企业 13 家，经国家认定的 IC 设计企业 22 家，占全省约 50%；NIIT、IBM 等知名培训机构云集，年培训能力突破 5 000 人次规模，形成高品质企业、高层次人才聚集的良好局面。

在核心网络层方面，无锡高新区以龙头企业和骨干企业为核心和依托，不断进行产业链延伸，已初步形成光伏新能源、IC 产业、软件及服务外包、光机电产业、生物医药、物联网等高新技术产业集群，产业分工协作体系完善，形成了多条完整的高新技术产业链，集群化发展特性明显，集群效应显现。在支撑网络层方面，无锡高新区积极完善高新技术产业配套机构和设施，基础设施良好，交通便利，投资环境优越。高新区高起点、高标准建设孵化载体和创新载体，区内各类研发中心密集，相关产业配套日益完善，创新资源集聚加速。高新区内政府相关部门给予积极引导，在制度、资金、信息、人才、技术、服务及市场等各方面提供有力支持。此外，无锡高新区大力推进开放型经济建设，积极主动融入全球化经济，资源运作能力不断增强，与清华大学、中科院等国内顶级高校和科研院所建立了密切的合作关系，不仅招商引资，更重在招商引智，推动高新区提升技术创新能力。

2011 年，其主导产业跨越千亿元台阶，新区装备制造业总产值达到 1 200 亿元。高新技术产业产值突破 2 000 亿元台阶，达到 2 300 亿元，高新技术产业产值占规模以上产业增加值的比重达到 60%。农民收入跨越 2 万元台阶，农民人均纯收入达到 20 600 元，同比增长 15%。2015 年以来，面对国际国内严峻复杂的经济形势，新区认真贯彻落实市委、市政府的决策部署，以深入开展“项目推进年”和“作风与基层组织建设年"活动为抓手，团结一心、政企合作、共克时艰。1 至 6 月份，新区完成固定资产投资 294.40 亿元，同比增长 15.4%；完成到位注册外资 8.14 亿美元，同比增长 30.0%；完成服务业总收入 1 118 亿元，同比增长 20.1%，服务业占比达到 33.0%；完成社会消费品零售总额 97.8 亿元，同比增长 15.3%；完成规模以上工业总产值 1 442 亿元，财政一般预算收入 60.3 亿元，进出口总额 171 亿美元，基本实现"双过半"目标。

9.6.3 创新资源概况

无锡新区的支柱工业是电子信息产业和光机电产业等科技含量高的行业，这些行业又集中了大部分科技活动经费的投入，这势必带动体现高新区特点的、为工业企业服务的科技研发型服务业等新兴服务业长足发展。如软件与服务外包产业从无到有，高技术含量、高效益的软件设计业、现代物流业、金融与融资担保业、高端商务业、信息服务业、科技型中介业（如法律、会计、咨询策划、评估等）以及动漫创意产业、现代都市型生态休闲与吴文化旅游业等得到了较快发展。创新发展中的物联网高技术服务产业对区域经济社会发展的带动作用将起到巨大的裂变效应。

以发达的高新技术产业为基础，根据新区打造创新型国际化科技新城的功能定位，重点发展软件与服务外包产业、信息服务产业、动漫设计与文化创意产业，加快发展现代物流产业、总部型经济、旅游与现代商务服务业，提升发展现代化生产与生活性商贸批发零售业，最终实现无锡新区服务业现代化发展。无锡新区积极转型，将发展软件产业作为产业转型升级的战略选择。无锡新区已发展成为国内知名、国际有影响的国际先进制造业基地，形成了电子信息、精密机械及机电一体化等三大主导产业集群。特别是随着落实科学发展观、国家宏观调控的日渐深入，所面临的环境、土地、信贷约束和政策优惠以及人口社会结构优化，走制造业投资驱动型发展道路已经难以为继。发展以软件产业为代表的现代服务业是高新区优化产业结构、产业转型升级的战略选择。吸引和培养一流软件人才，激励高端人才及其团队创新创业，是培育发展软件产业的关键。为打造软件人才高地，加快集聚，促进自主创新和软件产业发展，要不断创新人才引进模式，创造性地贯彻市政府引进行业领军型海外留学归国创业人才的"530"计划，以团队引进、关键人才带动引进等方式吸纳海内外优秀软件人才和具有国际运作能力的高级经营管理、营销人才；建立政府引导，依托高校、企业与社会培训机构，与国际知名园区合作的多元化服务外包人才教育培训体系，通过主体间的良性互动建立结构合理、功能完善的软件人才教育培训体系，满足软件产业发展的各类人才需求，迅速提升软件产业层次和水平。

建设无锡（太湖）国际科技园。无锡（太湖）国际科技园是无锡高新区的重要组成部分，是无锡市建设创新型城市的关键载体和标志工程，是以科技、研发、创意为主体功能，以高新技术产业为支撑，以生态休闲、商务服务为配套的滨水型国际化科技新城。引进日、韩软件，卡漫游发包的龙头企业，以实现与无锡制造业吸引日资类似的“链式效应”。加强引入拥有自主知识产权的外包集成发包企业，重点突破欧美、印度外包产业附加值高的接发包企业，在加强引进的同时也注重培育本土拥有自主知识产权的信息技术外包企业，完善产业链，培育形成软件、动漫、IC 三大产业集群。对日本、欧美等全球重要的发包市场进行充分调研和有效策划，根据发包市场的不同特征制订不同的招商策略。同时打造 iPark 品牌，提升园区吸引力。无锡(国家)软件园 iPark 是无锡高新区产业机构转型升级、提升“二次创业”产业能级和竞争力的战略制高点，全力以将 iPark 打造成国内顶级软件社区为目标，推出 iPark 品牌和形象，形成具有公信力、美誉度和吸引力的“无形资产”，带动高层次人才和高质量企业的集聚。继续完善配套设施和园区文化建设，全方位营造创新、创业和创造环境，使园区成为一个以创新创业和以人为本的高技术中心，一个融工作、生活、休闲和社区为一体的功能综合体。

9.6.4 产业发展启示

产业集群竞争已经成为区域竞争的重要特征，基于对产业集群的研究探索并结合无锡软件产业实际，无锡高新区下一步将有意识、有创意地尝试发展建立手机设计(软件)、手机芯片(IC 设计)、动漫游戏和应用创意方案企业联盟(集群)，将无锡高新区的软件、动漫和 IC 设计通过创新集群的链条串起来，以园区美新半导体公司和凌空网络公司为核心动力源，主要针对手机设计和应用开发，进一步以“凌空网 感动芯”为核心技术平台打造中国特色的国产手机产业联盟，使之成为无锡高新区创新集群的桥头堡。

(一) 软件与服务外包产业

作为国际先进制造业基地的无锡新区具有人才、技术、管理集聚和扩散效应优势，依托“太湖国际科技园”的建设，顺应“信息软件产品服务化、软件服务外包规模化、软件设计国际化”趋势，发展软件与服务外包产业。其中，应重点发展 ITO 和 BPO，打造中国软件与服务外包产业基地城市核心区。

(二) 信息服务产业

信息服务业是以信息技术和互联网运用为核心的现代服务业，主要包括信息传输服务、信息技术服务、数据内容服务等产业。从全球来看，全球现代信息服务业产业规模已突破 36 000 亿美元，在信息产业中的比重超过 65%，预计未来 5 年产业增速将保持 15%左右，现代信息服务业已经成为统领世界经济集约增长的重要动力。目前，无锡新区网络基础设施先进、产业布局初成、新兴业态涌现、市场空间广阔，有较好的制造业基础和良好的商务和科研环境，具备了发展现代信息服务业的内在要求，也具有承接国内外信息服务业转移的良好基础和优势。无锡新区应进一步增强传感网信息服务、数据中心服务、网络信息服务、电子商务等领域的现代信息服务业竞争优势，推动基于三网融合、物联网和云计算的新兴现代信息服务业领先发展，培育一批具有竞争力、影响力的创新性、示范性现代信息服务业企业，打造现代信息服务产品和服务品牌，建设成为“感知中国”信息服务业示范区。

（三）动漫设计与文化创意产业

动漫设计与文化创意产业是现代新兴服务业代表。主要包括动漫影视制作、网络游戏开发、动漫核心技术研发、动漫衍生产品设计、漫画设计、动漫培训、出版发行等行业。依托于创新创意产业园(iPark)挂牌国家动画产业基地、国家动漫游戏产业振兴基地、江苏省文化创意产业园，将其打造成为新区文化创意产业专业园区，规范化、集约化培育、发展以动漫影视、网络游戏、互联网增值应用、动漫衍生产品开发为主的文化创意产业集群，将无锡新区打造成为长三角地区主要的动漫衍生产品开发、展示、交易集散地。

（四）现代物流产业

无锡新区基本形成以空港现代物流集聚区为核心，新港、北张现代物流园区互为补充、协调发展的长三角国际现代物流业集聚区。新区充分发挥苏南国际机场临空口岸优势，利用长三角区域内及各高新区先进制造业基地的临空型货物资源，依靠快速交通体系形成的对外辐射优势，加强与国际物流大公司合作，实现临空型先进制造业与现代空港物流业良性互动。无锡物流产业的发展应实施空港物流带动战略，重点发展空港现代物流、空港保税物流，初步形成苏南国际航空物流集散区；利用京杭大运河水运的低成本优势，发展以集装箱运输为主要方式的通关型水运物流集聚区；结合新区海关直通点建设，建成规模型的现代陆路口岸型综合性物流园区。

（五）研发、销售总部型经济

无锡新区依托于高技术产业优势，引导大中型企业向价值链“微笑曲线”两端延伸，发展高智化、高产出、高附加值、高效益的研发、销售服务，形成总部型经济。新区依托太科园“物联网品牌效应”以及建设“物联网 R&D 核心基地”的契机，发展主导产业领域里的研发及销售服务，如 IC、光伏等研发设计与销售服务，形成长三角区域性国际总部型经济集聚区。

（六）旅游与现代商务服务业

新区围绕泰伯庙、泰伯墓、泰伯渎、吴文化遗址博物馆等古吴文化优势，重点发展文化旅游、工业旅游、生态旅游三大旅游休闲产业，建成集吴文化博览、科技创意体验、都市农业休闲于一体的长三角地区知名的特色旅游休闲度假区。同时，新区加快建设创新型国际化科技新城和国际化城市生活社区，完善和提升新区城市功能要素，加快推进以高端商贸业为主的现代社区服务业体系建设，提升现代商务服务业发展。

（七）现代化商贸批发零售业

以信息技术改造提升传统的批发零售贸易业，重点建设发展现代化的中国无锡国际不锈钢交易基地、五洲国际工业品博览交易中心、东方国际汽车城、无锡国际钢贸中心、改造提升无锡招商城、新世界国际纺织服装交易中心、曹安商贸城等大型现代化的专业批发零售业。优化提升传统商贸批发零售业，建设成为无锡市现代化商贸业先行区。

9.7 常州新北区

9.7.1 经济发展概况

常州国家高新技术产业开发区是 1992 年 11 月经国务院批准最早成立的全国 52 个国家级高新区之一。近年来，常州高新区以科技创新驱动经济高速增长，已成为常州市新的经济增长极。自成立以来，常州国家高新技术产业开发区生产总值先后突破 100 亿元、200 亿元、300 亿元、400 亿元、500 亿元大关。2011 年，全区实现地区生产总值 623 亿元，比 1992 年增加了 560 倍；地方一般预算收入增长 729 倍，工业总产值增长 240 倍，到账外资增长 142 倍。特别是 2008 年以来，国内生产总值呈阶梯式增长，GDP 年平均增长速度高达 25%，跻身中国“国家高新技术产业开发区建设 20 年先进集体”和江苏省“先进开发区”之列。

2012 年，常州国家高新技术产业开发区在江苏省级以上开发区的综合排名逐渐进位，已跃升至全省开发区第三位；科技立项数位居全省之首；省级高新技术企业数量居于江苏县(市)、区第二位；对全市贡献份额逐年提高，以 1/10 的土地，贡献全市 1/6 的 GDP，1/5 的财政收入，1/3 的利用外资和自营出口。经 2015 年第三次区划调整后，地域面积扩大至 508.94 平方千米，目前下辖 7 镇 3 街道，常住人口 68.79 万人。常州国家高新技术产业开发区已成为经济繁荣、生活富裕、文明诚信、社会和谐、环境优美的现代化新城区。2011 年，新区实际利用外资首超 10 亿美元，仅次于苏州工业园和无锡高新区，稳步挺进全省前三；对全市的贡献份额提高到 31.1%。近年来，常州国家高新技术产业开发区对外贸易屡创新高。1995 年全区出口额仅为 2 127 万美元，2011 年全区出口突破 100 亿美元，达到 113 亿美元，是 1995 年的 531 倍。其中，常州出口加工区建设步伐加快，2011 年加工区保税物流共完成业务量 3.49 亿美元，目前正在积极申报保税物流园区，开展“区港联动”，筹建保税港区。常州国家高新技术产业开发区积极推进“走出去”战略，区内企业通过并购、合资、合作、独资等方式，在境外已投资 37 家企业，不断拓展在境外市场延伸发展的空间。2006 年至 2011 年，全区累计完成中方协议投资 1.4 亿美元。

2015年上半年,实现地区生产总值470亿元,同比增长11.5%;完成公共财政预算收入45.35亿元,同比增长5.06%;完成协议注册外资1.89亿美元,完成实际到账外资1.63亿美元;实现进出口总额53.3亿美元。2015年上半年完成固定资产投资376.1亿元,同比增长7.4%;其中工业投入224.5亿元,同比增长7.8%。2015年全区115个区重点项目累计完成投资155亿元,实现年度目标的53%,项目开工在建率达81%。47个市重点项目累计完成投资79亿元,实现年度目标的51%,其中太平洋节能变压器等17个新建项目已全面开工,新建项目开工率达74%。

9.7.2 产业布局与规模

2012年4月底,常州国家高新技术产业开发区累计批准外商投资企业1 327家,协议注册外资114亿美元,其中总投资1 000万美元以上项目234个;成功引进了美国特雷克斯、盖茨、亚什兰,法国圣戈班、V&M钢管,德国朗盛、莱尼,瑞士梅特勒托利多,荷兰阿克苏诺贝尔,日本小松、电装、新日铁,韩国现代,香港华润等一大批世界500强和知名跨国公司,已有29家世界500强企业进区投资35家企业。已有300亿级创意产业;800亿级光伏产业;300亿级生物医药产业;300亿级新能源车辆产业。

常州国家高新技术产业开发区以制造业为主的第二产业在经济结构中占比突出。据统计,2011年全区完成地区生产总值623.1亿元,从历年的变动情况看,三次产业结构比例从2008年的2.6∶67.8∶29.6调整为2011年的1.8∶65.9∶32.3,第三产业服务业发展增速缓慢,且内涵不足。常州国家高新技术产业开发区服务业的优势领域仍集中在商贸、物流、旅游、餐饮等生活型服务业,服务业利用外资主要集中在房地产行业,生产性服务业占比不高。对于金融服务业、物联网、科技研发、工业设计、信息服务等产业涉及很少,而这些产业正是"十二五"期间需要大力发展的现代服务业,是为高新技术企业发展提供服务的智力型产业,也是发展潜力巨大的产业。根据经济发展规律,发达经济体中第三产业应占据主导地位(占比在65%以上),而且第三产业在活跃地区经济、吸纳劳动力就业方面有着制造业无可比拟的优势,所以常州国家高新技术产业开发区产业结构调整任重道远。2015年,服务业加快发展,上半年实现服务业增加值192.54亿元,同比增长13.5%。工业产销稳定增长,2015年上半年完成工业总产值1 617亿元、工业产品销售收入1 580亿元、工业实现利税114亿元,分别同比增长10%、9.7%、15%。重点产业规模集聚,2015年上半年汽车及零部件、通用航空、生命健康、新材料等八大产业中规模以上工业完成总产值达951.2亿元,同比增长12.8%,占全区规模工业总产值比重达75.4%。

9.7.3 创新资源概况

20年来，常州国家高新技术产业开发区不断加快科技创新步伐，努力提高区域创新能力，形成了良好的基础设施条件及充裕的发展空间，建立了以专业孵化器和主题科技产业园为主体的科技创新创业载体体系，构筑起光伏、创意、生物医药、新能源车辆的新兴产业体系。2011年创意、光伏、生物医药、新能源车辆等四大新兴产业园区共实现营业收入421亿元。光伏产业园被认定为第一批国家级创新型产业集群试点。常州国家高新技术产业开发区高新技术企业总数为222家，位居江苏省县市区第二，占常州市35.9%。

自"十五"以来，常州国家高新技术产业开发区组织实施市级以上科技计划项目1 349个，争取上级经费89 801.8万元，2011年成功创建江苏省知识产权试点园区，完成专利申请3736件，同比增长23.52%，其中发明专利1 136件，同比增长99.65%。为强化研发机构对高新技术产业发展的支撑作用，常州国家高新技术产业开发区制定了《推进全区大中型工业企业(含高企)建研发机构工作方案》，全力推进研发机构建设。目前常州国家高新技术产业开发区累计拥有省级工程技术研究中心53个，占常州市34%，市级工程技术研究中心65个，占全市32.8%。2010年，园区R&D占GDP比重为2.31%。

常州国家高新技术产业开发区致力于建设四大创新园区。

光伏产业园壮大规模。以天合光能的晶体硅太阳能组件制造为核心，完善产业链配套，有选择地推进光伏产业链下游的系统集成、电站运行等服务业项目，并关注光伏产业发展新趋势，积极引进薄膜太阳能电池及新技术项目，力争再引进1～2家国内外知名光伏企业，壮大产业规模。到2013年，常州国家高新技术产业开发区光伏产业园将确保建成天合光能的3GW高效太阳能电池和光伏组件、光伏国家重点实验室等重大项目与载体8项，完成总投资208.5亿元，实现销售收入500亿元以上。

创意产业基地突出特色。以环球恐龙城为核心，重点培育产能达1 000分钟以上的动漫企业，建成以恐龙为主题的动漫产业联盟；以严肃游戏开发为主要内容，重点形成以暴雨、金刚、游龙、炮炮兵等企业为主体的合作联盟，加快推进游戏企业的产品研发和运营，带动手机游戏、网络游戏等的发展；以互联网信息服务为突破口，整合泛亚、四海商舟、化龙巷等核心企业形成合作联盟，带动互联网相关产业的拓展，培育银河动漫、赞奇、泛亚等10家超亿元的规模企业。到2013年，常州国家高新技术产业开发区创意产业基地基本建成东经120创意步行街、中科院常州科学与艺术融合技术研究中心等重大项目与载体7项，完成总投资118亿元，实现销售收入200亿元以上。

生物医药产业园加快集聚。加快生物医药产业园建设，加大生物技术药物及试剂、小分子药物、医疗器械及设备等成熟产业引进力度，实施生产拉动发展，把生物医药产业园建成国内一流生物医药研发生产基地。到 2013 年，常州国家高新技术产业开发区生物医药产业园基本建成紫龙药业、珠海亿邦制药、常州生物医药孵化器等重大项目与载体 11 项，完成总投资 107.2 亿元，实现销售收入 100 亿元以上。

新能源车辆产业园确立先发优势。重点加快新能源汽车整车领军企业、动力电池、关键零部件企业集聚，加快建成混动和纯电动公交客车、电动公用工程车辆、小型电动乘用车、电动摩托车、动力电池成组及相关产业链研发生产基地，把新能源车辆产业园建成具有核心竞争力的国内一流特色产业园。到 2013 年，常州国家高新技术产业开发区新能源车辆产业园基本建成东风汽车、星宇股份产业园、高博锂电池材料、帝盛房车等重大项目 5 项，完成总投资 55.9 亿元，实现销售收入 100 亿元以上。

9.7.4 产业发展启示

新形势下，常州国家高新技术产业开发区必须通过产品结构升级，优化传统产业生产力布局，在现有生产企业基础上，完善上下游企业产业链，发挥集群优势，进一步提升地区产业集聚度，加强企业竞争力。常州国家高新技术产业开发区的装备制造行业，在国家 4 万亿投资政策的影响下逐渐消退，国内市场又日趋饱和，因此像现代、小松这样一些企业应通过产品的更新换代，提高市场占有份额，通过改变营销模式，开拓国际市场，打开产品销路。化工行业应在国家产业振兴规划的引领下，建立可持续发展的生态型化工产业带，把一些规模小、高能耗、高污染的企业摒弃，通过传统产业结构的升级优化，从而带来经济增量。

从常州国家高新技术产业开发区现有的具有相对比较优势的产业来看，主要有电子信息、生物医药、光伏 3 大产业，其中光伏产业已建立了较为完整的产业集群，在全国乃至全球具有较强的竞争力。其中，典型企业有天合光能、协鑫光伏等。电子信息和生物医药两大产业，发展潜能巨大，但目前尚未形成完整的产业集群，行业规模偏小，年销售仍未突破百亿大关。电子信息和生物医药两大产业，政府应加大科技研发投入，扶持企业加强科技创新，通过加强区域间多层次、宽领域的产、学、研的合作，以产业高端化为目标，发展和培育旗舰型企业，发展壮大地区产业平台，鼓励企业加快上市步伐，形成常州国家高新技术产业开发区的“上市板块”，从而带动区域内配套企业的发展，形成各自领域的产业群和产业链。光伏行业从 2011 年下半年起，受欧债危机和美国“双反”的影响，受到很大冲击。地方政府应高度关注旗舰型企业面临的困境，做好现有旗舰型项目的持续性服务工作，加大政策扶持，并通过这一轮经济危机的优胜劣汰，逆势而上，进一步提高常州国家高新技术产业开发区光伏产业在全国及全球的比较优势。

加大对服务业的支持力度和对创新人才的引进。如金融、物流、物联网、服务外包等现代服务业的发展提高了经济运转效率，直接提升了地区平台的吸引力。常州国家高新技术产业开发区正在加快推进国家创新型科技园区建设，光伏、创意、生物医药和新能源车辆四大新兴产业发展急需大量人才，高新区将充分创造条件为产业高端人才引进提供完备的配套支持，以新兴产业人才引进带动相关企业的整体提升，推动高新区新兴产业的爆发式增长和科学发展。近年来，高新区通过大力引进、培育领军型创新创业人才，越来越多的人才项目“破茧而出”，茁壮成长，“星星之火”渐成“燎原之势”。

9.8　镇江润州区

9.8.1　经济发展概况

1990 年，镇江市设立了丁卯桥工业区并于 1992 年更名为镇江高新技术产业开发区，在 1993 年又成立了大港经济开发区，1998 年镇江市政府将丁卯桥工业区和大港经济开发区合并形成了如今的镇江高新技术产业开发区，为省级开发区。2010 年 5 月，镇江新区升级为国家级经济技术开发区。如今，镇江国家高新技术产业开发区又名镇江新区，地处镇江市南部，下辖丁岗、大路、姚桥三个镇以及大港、丁卯两个街道，辖区占地 218.9 平方公里。经过镇江市政府的大力扶持，镇江国家高新技术产业开发区已经成为带动镇江市经济发展的新引擎，为镇江的经济注入了一股新鲜的“血液”。高新技术产业是镇江国家高新技术产业开发区重点培育的主导产业，其中，镇江国家高新技术产业开发区在新材料、新能源产业方面取得了很好的成绩。新材料行业形成了省级新材料类新型工业化示范基地和全国首家、也是目前唯一的“海峡两岸新材料产业合作示范区”，成功吸引了各国知名企业的入驻。新能源行业也和国外进行了多项合作，其中中瑞产业园是瑞士在全球建立的第一个以绿色、生态、低碳为主题的双边合作园区。2014 年，新区的生产总值达到 517.08 亿元，同比增长 12.2%，比全市生产总值增速高 1.3%，占全市比重为 15.9%；规模工业产值达到 1 582.4 亿元，同比增长 16.6%；工业企业达到 559 个，同比增长了 8.97%；财政总收入达到 102.53 亿元，同比增长 15.1%。2013 年，新区的固定资产投资完成了 5 607 864 万元，同比增长 24.5%，其中，投入到新兴产业的固定资产为 2 724 742 万元，同比增长了 39.5%。

9.8.2　产业布局与规模

镇江国家高新技术产业开发区一直以来都致力于产业引导、政策扶持、产业集聚、转型升级、动态管理以及项目推进六个方面，以此来推动自身产业结构转型，优化产业发展格局，充分利用新区的优势产业来带动整个新区的发展。高新技术产业是镇江国家高新技术产业开发区主要的发展方向，2014年，镇江国家高新技术产业开发区实现高新技术产业产值912.7亿元，占规模以上工业产值的55%，比2013年提高了2.7个百分点。目前，新区的高新技术产业主要分为新材料产业、新能源产业，除了这些高新技术产业以外，服务业也是新区发展很重要的一部分。

（一）新材料产业

自2009年以来，镇江国家高新技术产业开发区在新材料产业上坚持高端定位，以塑造产业特色和竞争力为导向，加快产业转型升级，先后引进航科碳纤维、赛菲碳化硅纤维、航天海鹰特种材料、首钢复合材料柔性制造等一大批具有技术领先优势和核心竞争力的关键节点项目，初步形成了碳材料及高性能复合材料、高性能轻型合金材料、新型电子信息材料、表面活性剂及有机硅材料、新型打印耗材及光学材料等五大产业集群；成立了以中科院西安光机所复合材料技术中心、高性能陶瓷先驱体及其复合材料工程中心、航天三院先进复合材料成型工艺技术研发中心、超高分子量聚乙烯纤维工程技术研究中心、奇美新材料研究院、山特维克中国材料研发中心为代表的研发检测中心17家，引进了王浩静、暴宁钟、王训该、张豪、郑涛等高层次领军人才46人，入选国家“千人计划”4人、省“双创计划”12人、市“331计划”25人，拥有国家发明专利等自主知识产权152件；拥有海峡两岸镇江新材料产业合作示范区、国家火炬镇江高性能材料特色产业基地等国家级品牌和省新型工业化新材料示范区、省军民结合产业新材料及航空航天示范基地、省航空材料科技产业园、省航空材料和部件产业技术创新战略联盟示范基地等省级品牌。2014年实现销售650亿元，今年预计实现销售750亿元。

（二）新能源行业

在大力发展新材料产业的同时，镇江国家高新技术产业开发区新能源产业的发展势头也不容小觑。镇江国家高新技术产业开发区2009年规划建设了新能源产业园，现在已经集聚了中节能、耐丝、天奈、嘉钰、峰谷源等30余家专注于新能源及其配套产业的骨干企业，逐步形成了以太阳能电池及组件、光伏辅材为特色的光伏产业链和以储能材料、储能应用为特色的储能产业链。镇江国家高新技术产业开发区借此获得了全国首批新能源示范园区和第二批分布式光伏发电应用示范园区两个国家级品牌，成为全国为数不多的“新能源+分布式光伏”叠加示范区。此外，镇江国家高新技术产业开发区于2012年7月正式启动了中瑞镇江生态产业园，该产业园是中国和瑞士的战略合作项目，得到了镇江市政府的大力支持，并吸引了俄罗斯、加拿大等国家的考察团进行实地考察。2014年，新区入选国家首批新能源示范园区。除了吸引大量资金来支持新能源产业发展外，新区还与苏州科技学院签订了产学研合作协议，围绕苏州科技学院在电气智慧节能、电子与信息处理、电气装备自动化、软件与通信技术等方向的科技优势，双方达成三方面合作重点:一是搭建平台,与园区企业共建研究生工作站、重点实验室、工程技术研究中心等。二是科研支撑,双方共同进行研究开发和技术攻关,同时优先将相关技术成果在园区转化,并帮助组织申报国家级、省级和市级等各类项目和成果报奖工作。三是人才建设,优先为园区企业提供优秀的毕业生,配合企业定向培养学生。

(三)现代服务业

在第三产业飞速发展的今天,各地政府都开始关注服务业的发展,镇江国家高新技术产业开发区也不例外。2014年,镇江国家高新技术产业开发区服务业的固定资产投入为72.59亿元,同比增长了3.8%,服务业增加值占地区生产总值的32%,其中生产性服务业增加值占总增加值的42%。具体来看,镇江国家高新技术产业开发区的服务业包括以下两个方面:第一,以信息传输、软件和信息技术服务、租赁、现代物流等为代表的生产性服务业。镇江港是中国的主要港口之一,也是长江三角洲地区对外开放的重要贸易口岸,依托这个独特的地理位置以及新区的现代装备产业园以及国家级镇江综合保税区,镇江国家高新技术产业开发区的现代物流业也有所发展。从2011年开始,新区的港口集装箱的年运量一直高于35万标箱,港口货物的年吞吐量则维持在6 500万吨以上。第二,生活性服务业,2014年社会消费品零售总额达到了74.08亿元,同比增长了18.3%,批发零售总额达到了72.1亿元,同比增长了19.1%,住宿、餐饮营业额为1.98亿元。

9.8.3 创新资源概况

在科技成为经济发展主要动力的今天,镇江国家高新技术产业开发区围绕“稳中奋进、改革创新、提质增效”的总基调,着力推进新兴产业集聚、科技创新活跃、城市功能完善的科技创新先导区和现代服务业集聚区建设。自2010年以来,新区在资金投入、人才引进以及促进科技创新方面都作出了很大努力。2014年,新区投入的R&D经费达到了13.62亿元,占地区生产总值的2.64%,比2013年上升了0.01个百分点。在人才引进方面,新区坚持每年都通过国家“千人计划”、省“双创计划”以及市“331计划”引进人才,截至2014年,新区的人才引进人数及项目入选数连续三年领跑全市。在建设和发展科技创新基地方面,新区设立了8个省级以上科技孵化器、加速器,其中两个为国家级,为全市设立数目最多的地区,还率先推动大学科技园进行公司化运作并大力倡导企业和大学互相签订产学研合作协议,以此促进科研成果的市场化,真正实现科技创新带动产业发展。此外,新区还紧紧抓住和国外企业合作的契机,打造了中瑞国际技术转移中心、科技新城集成电路产业园等一批重大科技平台。在新区政府的大力支持下,镇江国家高新技术产业开发区的科技创新能力不断增强,高新企业数目不断增加,新增省民营科技企业数目以及市级以上研发机构数量也不断攀升。

9.8.4 产业发展启示

随着“一带一路”、长江经济带、上海自贸区、苏南国家自主创新示范区等一系列国家战略的深入实施，镇江国家高新技术产业开发区的发展面临着更大机遇、有着更大空间。目前，镇江国家高新技术产业开发区形成了以新材料产业和新能源产业为龙头，航空航天产业等新兴产业同时发展的产业格局。为了进一步促进新材料产业以及新能源产业的发展，镇江国家高新技术产业开发区打造了海峡两岸新材料产业基地和新能源产业园，其中海峡两岸新材料产业基地重点打造高性能复合材料研发及应用生产基地，主要引进基础精细化工、化工新材料、生物质能源等循环经济产业链项目，规划形成千亿级新材料产业集群，而新能源产业园内企业已初步形成以硅料、硅片、电池片、电池组件、电池生产设备、应用系统为组成环节的光伏产业链，重点发展太阳能电池及组件，太阳能电池制造设备、材料及辅助材料，太阳能光伏应用产品及工程等行业，以及储能设备、LED 及节能新材料。这两个产业园促使新材料产业和新能源产业产生了良好的产业集聚，从而有助于企业之间相互配合形成完整的产业链，大大增强了新材料和新能源产业的竞争力。在航空航天产业上，生物质能源积极招商引资，成功使席勒直升机通航产业基地、国内首家贝尔直升机维修基地花落新区，并与大路航空公司签约，设立总规模为 2.5 亿元的大路汇昇航空产业基金。该基金旨在投资航空产业相关领域内科技创新能力强、具有发展潜力的企业，将积极推进新区航空产业又好又快健康发展。

9.9 苏州工业园区

9.9.1 经济发展概况

苏州工业园区全称为中国—新加坡苏州工业园区，成立于 1994 年，行政区划面积 278 平方公里，其中，中新合作区 80 平方公里，下辖四个街道，为国家级经济技术开发区。苏州工业园区自成立以来，凭借自身的产业技术以及地理优势，带动了苏州市区经济的快速发展，为苏州经济的发展增添了新的活力。2013 年，苏州地区生产总值达到 13 015.70 亿元，同比上涨 9.6%，尤其是第二产业和第三产业，同比分别增长 7.5%和 12.7%。目前，园区积极抢抓全球产业布局调整机遇，大力开展择商选资，加快转变经济发展方式，提升发展质效。高端制造能级提升，累计吸引外资项目超 5 200 个，实际利用外资 267 亿美元，其中 91 家世界 500 强企业在区内投资了 150 个项目；全区投资上亿美元项目 139 个，其中 10 亿美元以上项目 7 个，已形成了以电子信息、机械制造两大产业为龙头的高新技术产业群。在这些高新技术产业的带动下，园区自身的经济状况得到了飞速提升，2014 年，园区实现地区生产总值 2 001.00 亿元，同比增长 8.3%，其中第二产业和第三产业分别同比增加 7.1%和 10.5%；规模以上企业的工业生产总值为 3 994.32 亿元，同比增长 0.3%，其中高新技术产业产值为 2 733.14 亿元，增幅为 7.5%；完成固定资产投资 700.60 亿元；公共财政预算收入为 2 302 623 万元，同比上涨了 11.3%。

9.9.2 产业布局与规模

苏州工业园区自成立以来，经过 20 年的发展，基本形成了自己的高新技术产业集群，在这些高新技术产业中，以电子信息、机械制造两大产业为主，生物医药、纳米技术应用、现代服务业等产业也在逐渐发展。

（一）电子信息产业

电子信息产业一直以来都是苏州工业园区的特色高新技术产业，现已形成了集成电路、液晶面板、计算机及外设、通信设备制造四大行业。计算机外设和通信设备制造方面吸引了大批的国内外有名的电子制造企业前来投资，包括三星、方正、超威、华为等，尤其是三星电子电脑有限公司以及三星电子有限公司，常年占据园区工业销售收入前三的位置。此外，集成电路方面形成了从 IC 设计、芯片制造到封装测试的完整产业链，光电显示产业也借此形成了由原材料到液晶面板再到最终产品的完整产业链。

（二）机械制造产业

机械制造产业是苏州工业园区的第二大产业，目前主要由交通运输设备制造、专用设备制造、通用设备制造三大类行业组成，涉及了近百种产品，其中汽车及零部件、航空零部件、医疗器械设备、电子专用设备及模具、电梯、电机、空调制冷等产品已经形成了以部分重点企业为核心的产业集群，从而吸引了世界 500 强企业美国百得、日本国株式会社日立制作所的投资。

（三）生物医药、纳米技术应用产业

苏州工业园区在不断发展传统特色高新技术产业的同时，为了实现产业的快速升级和转型，大力扶持生物医药、新能源、纳米技术应用产业的发展。生物纳米科技园是培育生物医药及纳米技术产业发展的主要创新基地。在生物医药方面，正在建设几大公共技术和服务平台，如拥有高精尖测试仪器设备的公共仪器平台、提供优良实验室规范(GLP)管理水准的动物试验平台、医药制剂和器械的良好作业规范(GMP)中试生产平台、试剂仪器的集中采购平台、产品注册报批的服务平台和培训服务平台等。纳米技术方面，中国科学院将在此设立纳米技术与纳米仿生研究所，专注于纳米材料、纳米生物技术与纳米医学、纳米仿生技术和纳米生物安全技术等方面的研究和开发，致力于发展成为拥有五百多位相关领域科研专家的国际一流的专业研究所。

（四）现代服务业

苏州工业园一直依据“一核四城”的发展战略来定位自己，坚持以高要求来规划园区，加快对金融商贸区、国际商务区、旅游度假区等重点板块的建设。目前，环金鸡湖区域正在成为苏州新的商业商务和文化中心，园区成为全国首个“国家商务旅游示范区”，阳澄湖半岛旅游度假区获批为“省级旅游度假区”。服务产业倍增发展，服务业增加值占GDP比重达40.8%；集聚金融和准金融机构574家，外资银行数量在全省排名第一；经认定的各级总部项目达70个。园区已成为全国服务贸易创新示范区、国家商务旅游示范区和省商贸金融集聚示范区，并成功获批开展国家现代服务业综合试点、跨境电子商务试点、贸易多元化试点。通过工业与互联网的良好融合，园区的信息化水平显著提升，实施了数字城管、智能公交、智慧环保、智慧医疗等重点信息化项目，政务信息化、社会信息化、公众信息化、企业信息化水平显著提升，入选全国首批智慧城市试点，成为全国首个数字城市建设示范区、全省首个“两化”融合示范区。此外，服务外包产业也是现代服务业的一大模块，2014年，园区新增服务外包内资项目392个，总数达到1 705个，同比增长87.6%；新增服务外包外资项目数51个，总数达到486个，同比上升24.4%。

9.9.3 创新资源概况

在科技创新上，苏州工业园区坚持聚焦科技自主创新以及大力构筑人才高地两大策略不动摇，把科技创新作为区域发展的核心战略，更加注重技术溢出、人才溢出，推进协同创新，着力建设以企业为主体、市场为导向、政产学研紧密结合的区域科技创新体系。实施自主品牌企业培育计划，不断提高区域科技进步贡献率、人均劳动生产率、每万人劳动力中研发人员数和高技能人员数，努力争创开放创新示范区。

（一）科技自主创新

以独墅湖科教创新区为主阵地，园区大力推进“科技跨越计划”和“科技领军人才创业工程”，加快建设创新型园区。R&D经费支出占GDP比重达3.4%(科技部火炬中心口径为5%)，累计建成各类科技载体380多万平方米、公共技术服务平台30多个、国家级创新基地20多个，国际科技园、创意产业园、中新生态科技城、苏州纳米城等创新集群基本形成。创新主体加速集聚，每年新增科技项目约500个，拥有各类研发机构356个、国家高新技术企业554家；中科院苏州纳米所、国家纳米技术国际创新园等国家级创新工程加快推进；苏州纳米科技协同创新中心入选全国首批“高等学校创新能力提升计划”；万人有效发明专利拥有量达57件，PCT国际专利申请136件；上市公司总数达13家，“新三板”挂牌企业18家。科技金融不断加强，国内首个“千人计划”创投中心暨东沙湖股权投资中心加快建设，管理资金规模超600亿元，国内规模最大的股权投资和创业投资母基金(国创母基金)运作顺利，一批科技支行、科技保险机构、小贷公司、科技金融超市、融资租赁公司落户，科技金融服务体系更加完善。

（二）大力构筑人才高地

在引进人才方面，新区不断创新人才工作机制，强化人才支撑。“招校引研”成效显著，独墅湖科教创新区引进美国加州伯克利大学、乔治·华盛顿大学、加拿大滑铁卢大学、澳大利亚莫纳什大学、新加坡国立大学等一批世界名校资源，25 所高等院校和职业院校入驻，在校学生规模超 7.5 万人，其中硕士研究生以上近 2 万人，成为全国唯一的“国家高等教育国际化示范区”。高端人才加速集聚，园区科技领军人才工程成功评选七届，共评选出 606 个领军项目；累计 97 人入选国家“千人计划”，119 人入选“江苏省高层次创业创新人才计划”，138 人入选“姑苏创新创业领军工程”，均居苏州首位。在园区就业的外籍人才近 6 000 名，累计引进外国专家1 000多名，4 000 名海外归国人才创办了 400 多家企业，大专以上人才总量列国家级开发区第一位，被评为国家级“海外高层次人才创新创业基地”。人才环境不断优化，设立了中小企业服务中心和培训管理中心，重点加强对创新创业型企业和人才的服务；专门设立 2 亿元的人才开发专项资金，以留学人员联谊会、博士联谊会等高层次人才组织建设为抓手，努力从创业扶持、薪酬待遇、住房优惠、社会保障、子女入学等多方面为人才创造一流的环境。

9.9.4 产业发展启示

苏州工业园区的优势产业在于电子信息产业以及机械制造产业，这两个大产业构成了园区高新技术产业产值的 70%以上。如今，园区的电子信息产业和机械制造产业已经形成了一定规模的产业集群，并拥有相对完整的产业链，产业发展所需的配套设施以及公共服务平台都已相对成熟，借由产业集群形成的规模经济，再加上多年以来国内外知名企业在园区投资造成的技术溢出，使得园区的科研创新水平高于周边地区，从而吸引了更多其他的大型企业入驻园区。除了适当地提升生产规模以外，园区在电子信息和机械制造产业方面更注重提升质量，推动现有产业的升级转变，并着眼于高端制造以及特色产业集群的建设，力争在国内打造出一定的知名度。

随着高新技术产业的不断发展，新兴技术产业不断涌现，为了增强自身的市场竞争力，园区还需要大力发展潜在优势产业，除现代服务业外，还应该以纳米技术为引领，重点发展生物医药以及云计算等新兴产业。为了促进纳米技术应用产业的发展，园区加紧建设和完善苏州纳米城、纳米孵化基地、纳米大学科技园、中科院育成中心等技术研发和产业化载体；推动省地联合设立“纳米产业技术研发联合资金”来支持产业关键共性技术的研发；筹建开放式的“纳米技术成果展示体验馆”，推动纳米技术成果的普及；加大纳米技术应用对接力度，促进纳米技术产品快速应用到各相关领域和规模企业。同时，在生物医药产业方面，园区设立生物医药产业专项资金，加大对自主品牌生物医药企业的支持力度、增强产业资源的引进力度、提升孵化培育的有效性。鼓励和支持建设凯联医疗器械孵化器、郎泰医疗孵化器、苏州医药创新港等民营专业孵化器。成立自主创新医疗器械联盟、医药产业联盟，加强企业间交流，促进行业内上下游合作。最后，针对云计算产业，园区政府深入实施"云彩计划"，加快推进云计算产业基地的建设，加大对云计算早期项目的投资力度，继续推动各类云彩创新孵化器在园区落地，大力开展云彩创新项目路演、云彩示范试点、云彩服务供应商认定等工作，着力营造"培育—加速—成长"一体化的创新创业生态圈；利用园区区位、产业、人才的特点和优势，发挥云计算产业联盟的纽带和资源对接作用，进一步促进云计算产业与物联网、智能制造等产业的跨界融合，加强重点领域、重点企业的跟踪和服务。

9.10 本章小结

本章通过分析除江宁区以外的 8 个行政区域的经济发展概况、产业布局与规模和创新资源概况，找出了各个地区未来重点发展的产业，具体内容如表 9-20 所示。从表 9-20 中的内容来看，8 个地区的电子信息产业均为优势产业，这表明电子信息产业在整个苏南国家自主创新示范区建设过程中将成为一个极为重要的产业，各个地区要在现有规模的基础上，加强区域之间在研发、生产和销售上的合作，以扩大优势，形成全国范围内的优质电子信息产业集群。对于存在潜在优势的产业，各个区域需要借助技术创新这个有利手段，着力将潜在优势转化为竞争优势，使潜在优势产业转化为优势产业，助推苏南国家自主创新示范区的建设。

表 9-20　8 大行政区域未来产业发展方向一览表

地　区	优势产业	潜在优势产业
昆山市	电子信息产业 模具产业	可再生能源产业 小核酸及生物医药产业 现代服务业
江阴市	特钢新材料产业 新一代电子信息产业	生物医药产业 高端服务业
常州武进区	智能装备产业 节能环保产业 电子信息产业	现代服务业
苏州高新区	电子信息产业 医疗器械产业	新能源产业 生物医药产业 服务外包产业
无锡新区	电子信息产业 精密机械及机电一体化	现代服务业

续表

地 区	优势产业	潜在优势产业
常州新北区	电子信息产业 生物医药产业 光伏产业	文化创意产业 新能源车辆产业
镇江润州区	新材料产业 新能源产业	航空航天产业 现代服务业
苏州工业园区	电子信息产业 机械制造产业	纳米技术及生物医药产业 现代服务业

参考文献

[1] 李嘉图. 政治经济学及赋税原理[M]. 北京：商务印书馆，1976.

[2] 亚当·斯密. 国民财富的性质和原因的研究[M]. 北京：商务印书馆，1972.

[3] Dixit, Avinash K and Joseph E Stiglitz. Monopolistic Competition and Optimum Product Diversity[J]. American Economic Review, 1977(67)：297 - 308.

[4] 伯尔蒂尔·俄林. 地区间贸易和国际贸易[M]. 北京：商务印书馆，1986.

[5] 韦伯. 工业区位论[M]. 北京：商务印书馆，1997.

[6] 胡斌，李旭芳. 复杂多变环境下企业生态系统的动态演化及运作研究[M]. 上海：同济大学出版社，2013.

[7] Li Y R. The technological roadmap of Cisco's business ecosystem[J]. Technovation, 2009, 29 (5)：379 - 386.

[8] 邓淑华. 昆山高新区：培育"五虎将"特色产业 打造"国字号"招牌载体[N]. 中国高新技术产业导报，2011 - 01 - 17.

[9] 霍鑫. 昆山高新区建设创新型模具产业集群[N]. 中国高新技术产业导报，2011 - 08 - 15.

[10] 霍鑫. 破解昆山高新区小核酸产业 DNA[N]. 中国高新技术产业导报，2011 - 05 - 16.

[11] 闫浩. 集聚科技创新资源 助推产业转型升级——赴苏州昆山市挂职锻炼体会[N]. 科技文化报，2013 - 01 - 20.

[12] 汤土云，杨昌辉，王雅军，等. 昆山市现代物流业发展分析[J]. 物流技术，2013 (5)：230 - 234.

[13] 宛辉，史鹤幸. 昆山之路——从头越[J]. 上海企业，2015(7)：8 - 15.

[14] 王雪梅，许雪亚，赵敏. 昆山以小博大以精制胜[J]. 农村工作通讯，2013(5)：36 - 38.

[15] 李俊佳. 苏州各区市人才政策比较研究——以相城区、工业园区和昆山市创新创业领军人才计划为例[J]. 苏州科技学院学报，2013(9)：20 - 24.

[16] 中共江苏省昆山市委党校课题组. 县域服务型政府建设的实践与创新——以江苏省昆山市服务型政府建设为例[J]. 中国浦东干部学院学报，2014(1)：124 - 128.

[17] 黄永春，郑江淮，张二震. 依托于 NVC 的新兴产业开放互补式技术突破路径——来自昆

山新兴产业与传统产业的比较分析[J]. 科学学研究，2014(4)：521 - 525.
[18] 孙惠娟，陈洪梅，熊思勇，等. 提升苏州医疗器械产业竞争力的几点思考[J]. 江苏科技信息，2014(14)：1 - 3.
[19] 葛国曙，侯建全. 基于利益相关者理论的苏州国产医疗器械产业创新研究[J]. 中国卫生事业管理，2014(10)：794 - 795.
[20] 翟高粤. “十二五”时期苏州服务外包产业的发展新趋势[J]. 甘肃科技纵横，2013(7)：4 - 5.
[21] 杨频. 苏州进一步发展国际服务外包产业的措施研究[J]. 企业研究，2011(18)：159 - 160.
[22] 沈一鸣. 苏州高新区谋划“2＋3”产业振兴发展[N]. 中国高新技术产业导报，2009 -09 - 12.
[23] 苏州高新区打造四大千亿级产业集群[J]. 硅谷，2013(5)：1.
[24] 张伟敏. 苏州高新区打造千亿级轨道交通产业集群[N]. 中国高新技术产业导报，2014 - 05 - 17.
[25] 孟海龙，周建越. 苏州高新区产业经济转型的创新实践[J]. 唯实，2014(12)：33 - 34.
[26] 黄自刚. 打造文化产业升级版[J]. 唯实，2015(3)：41 - 42.
[27] 潘鸿. 苏州高新区 VC 产业发展研究[N]. 中国高新技术产业导报，2011 - 03 - 22.
[28] 吴建华. 基于 SWOT 分析的无锡高新区软件产业发展选择[J]. 金融观察，2009(4)：35 - 36.
[29] 季菲菲，陈雯，袁丰，等. 高新区科技金融发展过程及其空间效应——以无锡新区为例[J]. 地理研究，2013(10)：1899 - 1911.
[30] 李嘉. 无锡高新区高新技术产业集群研究[D]. 上海：同济大学，2005.
[31] 徐清. 国家高新区服务业发展研究——以无锡新区为例苏州进一步发展国际服务外包产业的措施研究[D]. 无锡：江南大学，2012.
[32] 张琼瑜. 无锡高新区高新技术产业集群创新协同研究[J]. 科技信息，2013(5)：273.
[33] 黄宏平. 常州高新区：创新引领超越[N]. 中国高新技术产业导报，2012 - 07 - 02.
[34] 束惠萍. 产业结构转型中要着力发展新兴优势产业——以常州高新区为例[J]. 常州大学学报，2013(6)：37 - 40.
[35] 忠良，伟明. 常州高新区：二十年跨越铸辉煌[N].江苏经济报，2012 - 09 - 21.

第十章　江宁产业发展研究

本章拟研究江宁区在苏南国家自主创新示范区建设中的产业定位，从经济发展概况、产业发展概况和创新资源概况三个角度出发分析江宁区产业现状，并结合该区域"十三五"规划的相关内容，分析江宁支柱产业、战略性新兴产业和现代服务业共 9 个具体产业存在的优势，并提出后续发展建议。

10.1　江宁发展现状

10.1.1　经济发展概况

江宁区位于南京市中南部，是国家重要的科教中心和创新基地，是东部地区重要的交通物流枢纽和空港枢纽，经济总量不断增加。自 2010 年以来，江宁区生产总值逐年增长，2014 年，全区完成地区生产总值 1 405.6 亿元，同比增长10.9%，较 2010 年增长 127%。其中，第一产业增加值 53.2 亿元，同比增长 4.0%；第二产业增加值 778.8 亿元，同比增长 11.2%；第三产业增加值 573.6 亿元，同比增长 11.4%。财政运行情况良好，2014 年实现地方财政总收入 343.8 亿元，同比增长 11.6%，增幅位列"苏南十强"首位，并在 2010—2014 年间保持上升的态势。规模以上工业总产值 2 829 亿元，同比增长11.9%。全社会固定资产投资 900 亿元，其中工业投资 475 亿元，固定资产投资的逐年增加反映出全区经济发展质量和效益的不断提升，保持了稳中有进的健康发展状态(图 10 - 1)。

产业结构调整加快。2014 年江宁区三次产业结构比由 2010 年的 5.2∶62.8∶32.0 调整为 4.1∶55.1∶40.8，三次产业结构进一步优化，服务业占比首次突破 40%，呈现逐年增加的趋势。战略性新兴产业快速健康发展，2014 年实现产值 975 亿元，同比增长 20%，成为产业结构调整的核心助力。新增高新技术企业 40 家，高新技术产业产值占规模以上工业比重提高到 63.2%。现代服务业加快发展，软件、物流业务收入分别达 675 亿元、753 亿元，农副物流交易额突破 350 亿元；旅游业接待游客2 100万人次，实现收入 245 亿元。民营经济活力涌现，新增大树科技、宝色股份等上市企业 7 家，累计达 23 家，新增省级民营科技企业 169 家(图 10 - 2)。

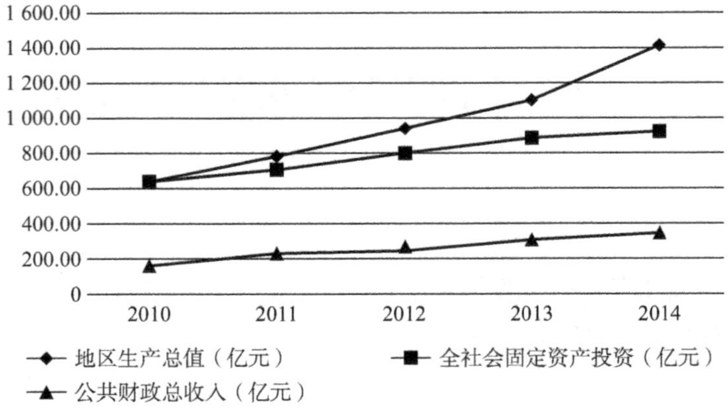

图 10－1　2010—2014 年江宁区生产总值、全社会固定资产投资及公共财政总收入

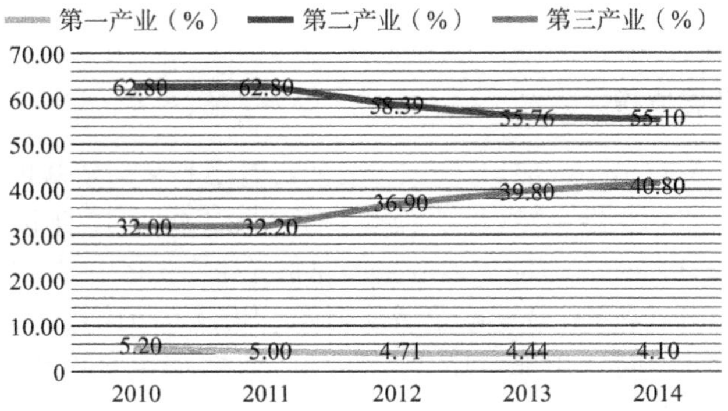

图 10－2　2010—2014 年江宁区三次产业结构比

现代产业持续壮大。汽车产业完成产值 1 200 亿元，上海大众等龙头企业产销两旺，长安马自达研发中心投入使用，福特研发中心增资扩容。电子信息产业完成产值 532 亿元，同比增长 20%，实现逆势回升。智能电网产业产值突破 800 亿元，获批国家智能电网创新型产业集群试点，光一科技、南瑞继保智电产业园等一批项目顺利投产。高端装备产业渐具规模，产值突破 300 亿元，舍弗勒、蒂森克虏伯等项目建成投产。生命科学产业加速集聚，新引进康宝莱、南医医疗等一批项目，艾博卫泰原创新药研发水平国际领先。未来网络可编程虚拟化路由器等 17 项核心技术实现就地转化和产业化，无线通信技术协同创新中心通过国家“2011 计划”评审，创成国家火炬通信与网络特色产业基地。建筑业加快提档升级，积极开拓海外市场，总产值突破 700 亿元。

10.1.2 产业发展概况

江宁区坚持先进制造业和现代服务业"双轮驱动",大力发展战略性新兴产业、做强做优汽车和电子信息等支柱产业,加快发展现代服务业,重点打造智能电网、未来网络、汽车、新能源、软件及文化创意等一批千亿级和航空、生命科学等一批五百亿级产业集群,着力构建结构优化、技术先进、附加值高、吸纳就业能力强的现代产业体系。

(一)产业体系

目前,江宁地区已经形成包括支柱产业、战略性新兴产业、高端服务业和现代农业在内的现代产业体系,在此基础上,全区成功打造了14大产业平台(表10-1)。

表10-1 江宁区现代产业体系表

产业类型	产业名称	产业内容
支柱产业	汽车制造产业	2014年,完成产值1 200亿元,涉及汽车研发、整车制造、整车改造、车身、发动机及相关零部件、汽车电器系统零部件和汽车物流等,涵盖了整个汽车产业链,集聚上海大众、福特、法雷奥等一批国内外知名车企,已成为江苏省汽车及零部件特色产业基地
	电子信息产业	2014年,完成产值532亿元,涉及25个行业小类,其中通信系统设备制造、光电子器件及其他电子器件制造、通信终端设备制造、工业自动控制系统装置制造、电子元件及组件制造、仪器仪表制造、电线电缆等8个行业年产值超10亿元,形成了爱立信、统宝、华宝、西门子、德朔实业等行业龙头企业
战略性新兴产业	智能电网产业	2014年,产值突破800亿元,增幅超过20%。全区已建成国网电科院基地、国电南自产业园、南瑞继保智能化电气装备产业园等一系列重大智能电网项目,形成国电南自、南瑞继保电气、科远股份、光一科技等龙头企业,涵盖电力系统的发电、输电、变电、配电、用电和调度等六大环节,形成集研发、生产、销售和服务为一体的完整产业链
	高端装备制造业	2014年,产值突破300亿元,形成了以中核华兴、徐工集团、三一重工、北方重工、柳工集团、航天晨光以及中船绿洲等为代表的产业龙头企业,重点生产核电装备、交通工程机械装备、大型化工装备、海洋工程装备、风电装备、航空航天装备及智能装备等
	未来网络产业	集聚了大量人才,包括12名院士领衔的54个创新创业团队、200多家创业企业、20多家联合研究中心、17个国际领先核心技术成果产业化、1个国家火炬通信与网络特色产业基地,已形成了最具特色的中国无线谷,重点发展面向未来网络与通信的芯片设计与生产、网络设备与计算存储设备的生产制造、云操作系统及基础软件的设计研究、服务平台和应用软件的产品研发等

续表

产业类型	产业名称	产 业 内 容
战略性新兴产业	生命科学产业	生命科学产业集中分布在江宁高新园，已形成“孵化器—加速带—产业园”有序衔接的三级产业功能分布区，重点发展基因工程、异种器官移植、干细胞、生物制药、天然药物研发生产、高端医疗器械等，已引进康宝莱、南医医疗、艾博卫泰等高科技含量项目
	新材料产业	全区新材料产业主要涉及非金属矿物制造业、专业设备制造、化学原料及化学品制造等 10 个行业 40 家企业，形成了大全新能源公司、中材科技、苏博特、联合荣大等一系列龙头企业
高端服务业	高端商贸业	目前，江宁区已形成一批集消费、体验、餐饮、娱乐为一体的大型购物中心、城市商业综合体以及其他高端商贸项目，例如万达广场、金鹰商业中心、同曦商业广场、汤山百联奥特莱斯广场等；成功打造一批市场覆盖面广、知名度较高的新兴业态的高端商贸
	现代物流业	2014 年，实现产值 753 亿元，全区已形成以禄口机场为依托的航空物流、以铁路南站为依托的高铁物流、以滨江码头为依托的港口物流、以农副产品配送中心为依托的农副产品物流及冷链保鲜物流、以先进制造业为依托的园区物流等物流产业体系
	文化创意产业	目前，全区已建成南京方山当代艺术创业园、南京 J6 软件创意园、爱涛工艺美术等一系列文化产业项目，重点发展数字化工业产品外观及技术设计、动漫与网络游戏创作工具、软件、环境平台及服务、原创动漫影视产品、多媒体教育影视产品等
	现代旅游业	2014 年，全区实现旅游收入 245 亿元，已形成汤山温泉养生游、牛首佛教文化游、都市乡村休闲游三大旅游品牌，积极引导休闲农业发展，建成 14 个江苏省四星级乡村旅游点和 3 个江苏省三星级乡村旅游点
	软件研发业	2013 年，全区完成软件业务收入 606 亿元，同比增长 17.7%，拥有双软认定企业 140 家，引进领军型科技软件类创业人才 111 人。江苏软件园已引进微软、惠普、远景能源等知名企业，以及君立华域、第九城市等具有增长潜力的软件企业 102 家
	金融服务业	2014 年，全区金融机构存款(本外币)余额 1 728.2 亿元，增长 15.7%，金融机构贷款(本外币)余额 951.3 亿元，同比增长 19.3%。重点发展风创投基金、证券融资、金融担保、小额贷款、村镇银行、金融后台服务等新兴金融，构建资本市场的“江宁”板块
现代农业	2014 年，实现农业产值 53.54 亿元，以现代、高效、生态为发展目标，大力发展设施农业、生态农业、休闲农业和都市农业，已成功打造台创园产业集聚核心区、汤山科技创新引领区、湖熟机制创新实验区和谷里生态融合示范区四大新兴农业基地	

（二）主导产业

以完整的现代产业体系为依托，在工业领域，江宁区已经形成“2＋2＋2”的主导产业格局。“2＋2＋2”是指智能电网产业、汽车制造产业、电子信息产业、通信与未来网络产业、生命科学产业和高端制造业。2015 年，江宁区统筹布局、完善规划，重新界定了“3+3+3”的产业体系，即智能电网、汽车、电子信息与新一代通信三大支柱产业，智能装备制造、生命科学、节能环保三大新兴产业，现代物流、软件研发、文化休旅三大现代服务业。

2014年完成规模以上产值2 553亿元，已成为江宁支柱产业，特别是一些行业龙头企业，逐步释放出综合集成、整合全球资源的能力，已成为江宁产业名片。2015年1～7月，江宁区六大主导产业累计完成工业总产值1 571.4亿元，占工业总产值比重达92.8%，拉动工业产值增长8.5%，六大主导产业的支撑作用十分明显。

(1) 汽车制造产业

江宁汽车制造产业涵盖汽车研发、整车制造、整车改造、车身、发动机及相关零部件、汽车电器系统零部件和汽车物流等完整产业链。2013年，全区汽车制造产业规模企业实现总产值1 113.5亿元，同比增长36.2%；销售收入787亿元，同比增长15.9%；利润总额155亿元，同比增长52.5%。其中，上海大众南京公司全年实现产值820亿元，占全行业总产值的74.64%（表10-2）。

表10-2 江宁汽车制造产业链

产业链	产业链内企业
整车制造	上海大众、长安马自达、跃进轻卡
整车改装	晨光森田、晨光车业园
车身	上海大众、长安福特马自达整车、跃进轻卡、晨光森田、晨光车业园
发动机及相关零部件	长安福特马自达、蒂森克虏伯、星乔汽车零部件、宝钢住商、塔塔
汽车电器系统零部件	法雷奥、苏斯帕减震系统、意航新技术
汽车研发、汽车物流	福特研发中心、长安马自达研发中心

(2) 电子信息产业

2013年，全区有电子信息类规模企业105家，全年实现产值448.3亿元，13个电子信息类重点投资项目计划投资26.4亿元，完成投资17亿元。从行业来看，全区涉及25个行业小类，其中光电子器件及其他电子器件制造、工业自动控制系统装置制造、电子元件及组件排名前三，分别实现产值94亿元、32.7亿元、26.8亿元。从区域来看，三大园区完成产值406.8亿元，占全区电子信息产业产值的90.7%，其中开发区完成产值371.4亿元，占82.8%。从企业来看，全区产值超亿元的企业有46家，完成产值426.5亿元，占电子信息产业的95%；产值超十亿元的企业6家，完成产值309亿元，占电子信息产业产值的69%（表10-3）。

表 10－3　江宁区电子信息产业集中度

产值规模/亿元	企业数量/家	企业产值/亿元	占比/%
>10	6	309	69%
1—10	40	118	26%
<1	59	21	5%

(3) 智能电网产业

目前，江宁区已形成涵盖电力系统的发电、输电、变电、配电、用电和调度等六大环节，形成集研发、生产、销售和服务为一体的完整产业链。2013 年，全区智能电网产业完成产值 652 亿元，同比增长 29.1%，其中规模以上企业 129 家，实现产值 390.7 亿元，同比增长 11.5%。智能电网产值分别占全市的 60%，全省的 24%，全国的 6.7%。全年专利申请量 752 件，其中发明专利 195 件，研发经费投入占销售收入的比重为 5%(表 10－4)。

表 10－4　江宁智能电网产业链

产业链	产业链内企业
发电环节	光伏发电、风力发电、核电(中核集团)、垃圾发电(江南环保产业园)
输变电环节	国网电科院、南瑞继保、国电南自、金智科技
智能配电环节	菲尼克斯电气、帕威尔电气、大全电气
智能用电环节	新联电子、金智科技、光一科技

(4) 高端装备制造业

目前，全区已形成包括生产核电装备、交通工程机械装备、大型化工装备、海洋工程装备、风电装备、航空航天装备及智能装备等的高端装备制造业。2013 年，全区规模以上高端装备制造业企业共 181 家，占全部高端装备制造业的 27.5%，实现产值 257 亿元，销售收入 242 亿元。三大园区高端装备产业全年完成销售 102.9 亿元，占全区高端装备产业全年销售的 42.5%(表 10－5)。

表 10－5　江宁高端装备制造业分类

产业类型	产业内企业
核电装备	中核动力、中核华兴、中核建
交通工程机械装备	徐工凯宫重工、全兴工装设备
大型化工装备	宝色股份、天华科技、宇创化石
智能电网及风电装备	国网电科院、南瑞继保、国电南自、金智科技、中电电气
航空航天装备	中航轻动、中航派克、中航汉胜、锐瀚航空
智能装备	南京宝岩自动化(3D 打印)、埃斯顿自动化

(5) 未来网络产业

目前,江宁区已经形成以"中国无线谷"为核心的未来网络产业集群,共引进中兴通讯、大唐电信、东方网信等 100 多家高科技企业。建立东大与华为、安捷伦,北邮与中科院计算所、中国联通等 20 多个校际、校企、国际间联合研究中心。产业内集聚了大量人才,截至 2014 年底,共有由 12 名院士领衔的 54 个创新创业团队、200 多家创业企业、20 多家联合研究中心、17 个国际领先核心技术成果产业化、1 个国家火炬通信与网络特色产业基地。

(6) 生命科学产业

目前,江宁区针对生命科学产业已成功打造一批专业技术支撑平台和一批综合公共服务创新创业平台。在专业技术支撑平台方面,与南京艾德凯腾生物医药有限责任公司共同打造包括生命科学 8 大共性技术平台和药物研发 5 大共性技术平台,为企业提供 50 类 300 余项专业、高效、持续、一站式技术支出和服务。在综合公共服务平台方面,已形成包括科技企业孵化综合服务平台、生物医药科技金融服务平台、技术产权交易服务平台、技术合同登记服务平台、火炬计划综合服务平台五大分平台。2013 年,江宁生命科学产业 6 家规模以上企业完成产值 32.1 亿元,同比增长 18.5%,占规模以上工业企业总产值的 1.5%。

10.1.3　创新资源概况

"十二五"开局之年,江宁提出实施创新驱动战略,并推出了包括创建海外高层次人才创新创业基地区、科技创新创业创意载体建设、深化产学研合作、科教创新园区环境机制建设、"双自"企业加速上市成长在内的"五大行动计划"。目前,区内聚集了一大批的创新资源,为江宁区建设成为苏南自主创新示范区奠定了扎实的基础。

(一) 人才资源

人才特区初具规模。2014 年,江宁区新引进国家"千人计划""万人计划"16 人,入选省"双创计划"19 人,入选数连续两年位居全省区县第一,累计引进和自主培育国家"千人计划"人才 85 人,省"双创计划"人才 96 人,南京"321 计划"人才 438 人,高层次人才集聚度居全省区县前列,省"双创"人才入选总数全省区县第一。创成欧美同学会留学报国江宁基地,成为全省唯一的国家级人才"三基地"区,即国家"千人计划"基地、"万人计划"基地和欧美同学会留学报国江宁基地。

高等院校云集。江宁区坚持"教育优先,人才为上"的理念,把高等教育作为区域发展的优质资源、优势资本加以引进和培植,着力构筑人才高地,加快江宁由人力资源大区向人才富集强区的转变,已发展成为具有全国影响的高等教育集聚区。2014 年,全区有 26 所驻区高等院校,其中江宁大学城高校 16 所,包括部属院校 5 所:东南大学、南京航空航天大学、河海大学、中国药科大学、金陵协和神学院(表 10 - 6)。

表 10 - 6　江宁区入驻高等院校情况表

学校名称	学校名称
东南大学	南京旅游职业学院
南京航空航天大学	正德职业技术学院
河海大学	南京航空航天大学金城学院
中国药科大学	南京交通职业技术学院
中国传媒大学南广学院	金肯职业技术学院
金陵协和神学院	南京人口管理干部学院
南京医科大学	南京交通技师学院
南京工程学院	江苏省南京工程高等职业学校
南京晓庄学院	南京机电职业技术学院
金陵科技学院	南京市医药中等专业学校
江苏经贸职业技术学院	钟山外国语专修学校
江苏海事职业技术学院	南京东方文理学院
中国人民解放军炮兵学院南京分院	南京中山文理专修学院

(二) 创新创业载体资源

“三创”载体加速推进。“三创”载体是指聚集科技创新创业创意企业、研发机构、公共技术、商务服务机构,集成技术、人才、资金等要素,联合官、产、学、研、介,开展技术研发、成果转化、企业(项目)孵化的聚集体。创新载体主要是指聚集为科技创新提供服务的公共服务平台、各类专业技术服务平台和科研机构、企业研发中心、工程技术中心等研发机构的载体;创业载体(孵化器)主要是指聚集科技型创业企业以及促进成果转化、孵化的载体;创意载体是指聚集以创意产业为支柱的现代科技服务业的载体。

江宁区以紫金(吉山)、紫金(方山)、紫金(江宁)3 个科技创业特别社区和东山国际企业研发区为核心,推进“三创”载体建设。2013 年,全区新增“三创”载体竣工面积 116 万平方米,引进孵化企业 311 家,培育毕业企业 33 家,其中,“三园一区”新增竣工面积 56 万平方米,引进孵化企业 165 家。截至 2013 年底,全区“三创”载体累计竣工面积 333 万平方米,建成市级以上科技企业孵化器 16 家,建成市级以上孵化面积 75 万平方米,引进孵化企业 647 家。其中,“三园一区”累计建成载体面积 92.5 万平方米,搭载专业技术支撑平台、科技金融服务平台和公共服务平台 18 个,入驻孵化企业 273 家,已初步形成从创业苗圃、孵化器到加速器的科技创业链条。

（三）创新园区资源

目前，江宁区集中打造建设了一批产业主题鲜明的创新产业园区，园区内聚集了与主题产业有关的各类企业和创新资源，能够充分发挥产业集群和创新集群的优势（表 10－7）。

表 10－7 江宁区创新产业园区汇总表

产业类别	产 业 介 绍
智能电网产业园	围绕智能电网建设，打造以智能电网自主技术研发、核心装备制造、关键产品检测为主的科研和产业基地，努力建设成为国内规模最大、系列最完整的智能电网装备产业园区
东吉谷智慧园	依托江宁产业优势，正成为开发区转型升级、二次创业的重要载体
东山科技创新园	着力培育发展科教研发服务业、新兴环保产业和休闲文化产业，建成集科技创新、研发设计、文化休闲为主的科技型、创新型综合产业发展集聚区
大学科教创新园	依托江宁大学城科教资源，重点建设方山南部科技社区，打造集生态湿地、休闲娱乐、文化创意为一体的科技型园区
中国无线谷	以南京通信技术国家实验室为核心，将无线谷建设成为高端通信产业生态群落，产、学、研创新示范区，打造成为南京无线通信产业的重要集聚区
风电装备产业园	以南京风电装备产业基地为载体，依托金风科技、南京高齿、长风科技、中材科技等一批重点龙头企业，加快风电总机、风电传动系统、发电机、控制系统及风电叶片材料等生产集聚区
航空动力产业园	以中航金城航空轻型动力项目为依托，建设航空动力控制中心、研发试制中心、系统保障中心，形成产业集聚效应，着力打造航空城
吉山软件园	以国家软件产业基地、国家火炬计划软件产业基地——江苏软件园的组成部分为载体，重点发展软件研发、信息技术服务、服务外包、生产性服务、总部办公室，建成南京软件产业的重要承载地
生物医药产业园	以南京江宁（大学）生物科技园为载体，依托生物科技公共实验中心（孵化器），引进一批前沿生物医药研发生产项目，形成集科研、孵化、中试、量产于一体的高端医药产业园
麒麟生态科技园	依托江宁大学城和仙林大学城两大高教资源，利用独特的生态优势和综合交通优势，发展科技型、生态型产业，以智能、低碳两大产业为主导产业
江苏软件园	构建了“城中园、徐庄孵化研发基地、吉山产业化基地”一园两基地的发展格局。构建通信、电力、金融等应用软件和嵌入式软件为主导的产品群
J6 软件创意园	以文化创意、软件研发类企业为主要业态，分为软件园、创意坊、科技孵化中心和商务配套四个分区，致力于打造南京首家以成长期的软件研发、文化创意类企业为主体的科技创意园区
中国节能环保产业（南京）产业园	中国节能环保产业（南京）服务基地、中国节能环保产业（华东）服务中心和江苏省节能环保型企业的总部

江宁区“十三五”产业发展规划（2015—2020）提出，要坚持创新驱动、转型升级、聚集发展和生态优先，抢抓国家“一带一路”和长江经济带建设战略机遇，按照发展“五型经济”的要求，以“3＋3＋3”为现代产业重点，增创产业发展新优势，提高经济发展质量和效益，成为江苏省战略性新兴产业集聚区和产业转型升级示范区。

按照江宁区“做强做大智能电网、汽车、电子信息与新一代通信三大支柱产业，着力布局智能制造、生命科学、航空海洋装备三大战略性新兴产业，重点发展现代物流、软件研发和信息服务、文化创意与休闲旅游三大现代服务业”的“十三五”时期产业发展规划，本书结合前文分析，总结江宁区“3＋3＋3”九大产业的现有优势，同时对各产业的未来发展提出建议。

10.2　江宁支柱产业

10.2.1　智能电网产业

（一）江宁智能电网产业现有优势

江宁智能电网产业在苏南国家自主创新示范区中一枝独秀，在继电保护、变电站自动化、电力系统管理信息系统（MIS）等诸多领域领跑全国，目前正逐步形成智能电网技术创新、标准质量、研发制造、人才培育、应用示范“五大中心”加速建设的新格局。江宁智能电网产业现有优势：一是地理位置优越，处于南京主城产业梯度转移重要地带，也是长三角重要交通枢纽，已形成公路、铁路、航空、港口、轻轨等现代交通体系，高等级公路密度居全国之首，禄口国际机场游客和货运吞吐量进入全国前十，高铁南站是华东地区最大的铁路交通枢纽，滨江港口加快建设江南地区生产性物流的重要集聚区，地铁 1 号线、3 号线、机场线先后建成；二是技术行业领先，区内南瑞继保、国电南自参与起草和制定了数百个国家标准和行业标准，高压超高压输变电控制、电厂电站综合自动化系统和保护系统、电厂煤质在线检测系统、节能型变压器、远程电力控制设备等产品和技术市场占有率较高，产业集聚了大批专业技术人员，全区智能电网企业研发站销售收入比重达 5%，产业整体自主创新能力处于全区所有产业前列；三是人力资源优势，南京人才济济，人文荟萃，在全国技术创新能力城市排名中名列前茅，是全国闻名的科教中心，万人大学生比重全国第一，江宁区内及周边高校与智能电网产业关联度较高的大专院校达 35 所，为智能电网产业发展提供了有力的人才支撑。

（二）江宁智能电网产业发展建议

突出“高端化、集聚化、特色化”的发展和布局思路，拓展上下游产业链，围绕智能电网产业的技术标准、质量检测、设备研发、规模加工、信息交流、物流交易、人才培养等，打造规模化、竞争强、结构优、配套全的智能电网产业集聚区。

一是增强企业创新能力，围绕调度环节特大型大电网安全稳定与控制、交直流广域协调控制、发电环节的大容量存储和用电环节的微电网接入、特高压输变电设备与控制技术等智能电网产业高端技术，着力建设一批省级以上企业技术研究中心和博士后科研工作站，构建以企业为主体的智能电网技术创新体系，通过原始创新、集成创新和引进消化吸收再创新，在智能电网产业的关键技术研发和高端产品开发上取得突破。

二是优化产业规模结构，实施智能电网产业倍增扩容工程和结构优化工程，引导已有企业重组、上市、并购，扩大企业规模，同时加快引进一批具有自主知识产权和知名品牌的行业领先企业，全面提高智能电网产业上市企业数量和规模以上企业数量，保持这一领域技术水平、产品市场占有率在全国的领先地位，建成中国智能电网"第一区"。

三是强化专业人才支撑，继续推动"千百十"人才引进工程计划的实施，引进高层次智能电网产业领军人才；瞄准智能电网发展趋势和产业发展需求，吸引有技术和管理才能的海外留学人员；进一步加深与区域内东南大学、南京航空航天大学、河海大学等与智能电网产业关联度较高的知名高校的合作，充分发挥高校人才集聚优势，有效借助高校高端科研团队力量，鼓励区内高校扩大智能电网领域专业的招生规模，积极吸引智能电网领域高学历、高层次专业人才在区内创业就业。

四是优化产业发展环境，通过项目开发、服务咨询、政策扶持等有效手段为智能电网产业投资者提供专业化扶持；完善区域内基础设施建设和配套设施建设，为智能电网产业投资团队、研发团队等提供全方位便捷服务；加快区域诚信体系建设，完善信用担保体系，拓宽融资贷款渠道，为智能电网产业领域中小型初创企业提供系统化扶持；积极搭建区域内外智能电网产业网络信息服务平台，为投资者和企业提供信息化服务。

专栏1　江宁智能电网产业基地发展计划

1. 国家新型工业化产业（智能电网装备）示范基地（江宁开发区）：重点发展高压、超高压、特高压输变电设备与控制技术、数字化电厂、数字化电站及其他电力二次设备制造业。全面形成智能电网发电、输电、变电、配电、用电和调度较为完整的产业链。

2. 智能电网高技术特色产业基地（江宁开发区）：以特高压电网为骨干，利用先进的通信、信息和控制等技术，构建以信息化、自动化、数字化、互动化为特征的智能电网装备产业园。

10.2.2 汽车产业

（一）江宁汽车产业现有优势

汽车产业是江宁工业产业的重心与核心，2014 年完成规模以上工业总产值 1 260亿元，占规模以上工业比重的 45%，整车产量占据江苏省半壁江山，汽车零部件及服务配套企业规模不断扩大，汽车制造产业链进一步完善。江宁汽车产业现有优势：一是形成规模效应，区内拥有上海大众、长安马自达、跃进轻卡等大型整车制造企业，并延伸出 54 家配套企业，全年整车产量达到 58 万辆，全年实现国地税收入 116 亿元；二是产业配套齐全，区内拥有车身企业 5 家，发动机及相关零部件企业 15 家，汽车电气系统零部件企业 10 家，传动系统零部件 6 家，汽车研发、销售、物流及其他服务配套企业 15 家，从零部件供应体系来看，系统集成或模块一级供应商 13 家，二、三级供应商 110 家，汽车制造产业配套齐全、产业链完善；三是研发实力强劲，区内马自达汽车在中国唯一的研发机构长安马自达研发中心正式投入使用，福特研发中心也进行了进一步的增资扩容，汽车制造产业研发实力得到显著提升。

（二）江宁汽车产业发展建议

瞄准整车制造、新能源汽车关键部件研发及制造、高效电动变速器及自动避撞等高科技汽车零部件研发及产业化等汽车产业高新技术发展方向，坚持引进与培育兼顾，保持规模扩大与创新增强并行，以政府引导、企业主体为运作形式，实现龙头项目与科技人才的快速聚集，全力打造发展前景好、技术水平高、产业链完整的国内知名汽车制造及零部件产业基地。

一是提升产业形象，加强产业宣传，通过举办汽车产业创新创业竞赛、业界高端会议论坛、汽车及零部件博览会等有效形式，提升江宁汽车产业的知名度和认可度。

二是强化招商引资，继续加强与国内外著名汽车制造企业合资合作，逐步向高档整车、新能源方向发展，同时做好区内配套设施建设，依托区内已形成的汽车产业链基础，借助大众、马自达等品牌影响力，吸引更多国内外知名汽车及零部件品牌企业和具有自主知识产权的高科技初创企业，进一步完善产业链，扩大产业规模，强化集聚发展效应。

三是加强公共服务平台建设，积极推进“政产学研”新型合作机制，促成重点企业、知名高校、科研院所和政府的定期活动，统一协调解决行业发展中的重大问题，重点突破驱动电机、电控系统、动力电池及电动空调、电动转向、电动制动等电动附件和充换电设备等关键零部件核心技术，联手打造区域品牌，联合争取国家级和省部级产业化项目和科研项目；完善汽车制造及零部件产业“三创”载体建设，加强以科技中介服务机构为重点的创新服务体系建设，加快区内汽车制造及零部件产业的自主知识产权的形成，鼓励企业、高校、科研院所合作共建工程技术中心、工程研究中心、博士后流动站和重点实验室等创新载体。

专栏 2 江宁汽车产业基地发展计划

1. 汽车及零部件特色产业基地（江宁开发区）：以上海大众、长安马自达、跃进轻卡、晨光森田特种车辆等整车生产，以及长福马发动机、法雷奥汽车自动传动系统、延锋江森座椅等零部件生产企业为龙头，形成 100 万辆整车、80 万台发动机生产能力。

2. 乘用车产业基地（江宁开发区）：以上海大众、长安马自达、跃进轻卡、晨光森田特种车辆等整车生产企业为龙头，形成 100 万辆整车生产能力。

10.2.3 电子信息与新一代通信产业

（一）江宁电子信息产业现有优势

江宁区电子信息与新一代通信产业以移动通信、新型平板显示、电子元器件以及 LED 照明等为主，以爱立信熊猫、华宝通讯、统宝光电、西门子数控、德朔实业为代表的龙头企业带动能力显著提升。江宁电子信息与新一代通信产业的现有优势：一是产业基础扎实，初步形成以移动通信、通讯设备、软件与系统集成、新型元器件等紧密结合的电子信息产业集群，坐拥"无线谷"和东南大学、南京航空航天大学、河海大学等高端智力支撑，同时吸引了爱立信、西门子、十四所、七二四所、中科院等国内外知名研发机构落户；二是载体建设专业，以"无线谷"为核心、以南京通信技术国家实验室和通信技术国家工程中心为技术支撑形成无线通讯产业园这一高端通信产业生态群落，以物联网软件、系统集成、下一代广播电视网（NGB）增值业务等为中心搭建滨江物联网创新园这一物联网大型终端应用平台，以研发、孵化、生产、服务四大功能打造秣陵街道电子信息科技创新园这一南京"电子名街"品牌；三是企业集群成长，初步形成一大批拥有先进技术和自主品牌的国内外知名电子信息企业的集聚，爱立信熊猫的无线基站技术水平国际领先，国内市场份额达 20%，华宝通讯生产的各类手机及其他相关配件国内市场份额达 17%，英华达机卡分离技术水平国内领先，国内市场占有率达 20%，伟创力是全球第二大 EMS 厂商。

（二）江宁电子信息和新一代通信产业发展建议

瞄准基于第三代移动通信和下一代互联网的关键设备及终端产品研发和产业化、LTE 及 4G 等移动通信后续技术研发及产业化、"物联网"及"三网融合"关键技术与产品等电子信息和新一代通信产业高新技术发展方向，以"中国无线谷"建设为核心，突出“高端化、集聚化、特色化”的发展和布局思路，通过平台建设吸引国内外知名企业集聚，形成一个产业规模大、技术水平高、核心竞争力强的电子信息产业中心。

一是注重规划引导，以“中国无线谷”为核心，加快“南京通信技术国家实验室”及“中国未来网络创新中心”建设，重视对电子信息产业三大园区载体专项规划的研究、编制和实施工作，强化对电子信息产业发展的具体指导，将技术先进、优势明显、带动和支撑作用强的重大项目及时纳入全区重点项目规划和年度实施计划，以考核力度加强、促进项目有效实施。

二是加大招商融资，以扩大产业发展规模为目标，一方面瞄准美、欧、日等电子信息产业发达国家高端龙头企业，进一步完善电子信息产业链，提升整体竞争力，另一方面通过引进国内外风险投资和其他社会资金，吸引国内外电子信息类创新创业团队落户，创造有利于电子信息类中小型初创企业成长的融资环境。

三是强化产学研合作，加大对重大研发机构、公共服务平台和工程技术研究中心建设的支持力度，鼓励企业充分利用社会科技资源，与电子信息领域知名高校、科研院所广泛开展多种形式的产学研联合，共建国家重点实验室、国家工程技术研究中心等研发机构，加快对重大瓶颈制约技术的公关，提升企业的自主创新能力和核心竞争力。

四是发展未来产业，重点掌握“未来网络”核心技术和体系架构、核心路由交换技术、新型路由交换技术等，积极发展以软件定义网络(SDN)为代表的网络通信设备及系统，带动新型智能终端、新一代基站、网络安全等设备的应用，推动核心信息通信设备体系化产品的大规模发展与推广。

专栏3　江宁电子信息和新一代通信产业基地发展计划

1. 南京通信与网络产业创新基地(江宁开发区)：依托南京通信技术国家实验室、中国(南京)未来网络产业创新中心等核心研发机构，充分发挥两部一省合作共建基地的体制机制创新和政策项目引导作用，加快推进新一代通信和未来网络产业前沿核心技术研发突破，实现技术转移、成果转化和产业化，把中国无线谷打造成国家级龙头、产业源头和科研领头的通信与网络创新基地和产业高地。

2. 通讯设备制造特色产业基地(江宁开发区)：以爱立信、英华达、伟创力等企业为龙头，重点发展下一代互联网设备及应用技术、重点行业嵌入式软件技术、新型电子专用设备、测量仪器及新型电子元器件材料技术、数控智能化产品等。

10.3 江宁战略性新兴产业

10.3.1 智能装备制造产业

(一) 江宁智能装备制造产业现有优势

江宁区智能装备制造产业以核电装备、交通工程机械装备、大型化工装备、海洋工程装备、智能电网及风电装备、航空航天装备、增材制造(3D 打印)、工业(智能)机器人等为主体,现有优势:一是产业规模快速增长,2014 年江宁高端装备制造产业完成规模以上工业产值 250 亿元,同比增长 13%,以江宁开发区(含高新区)、滨江开发区、南京空港枢纽经济区为核心的三大片区建设初见成效;二是产业体系覆盖全面,目前已形成以中核动力、中核华兴等为龙头的核电装备生产基地,以徐工凯宫重装、全兴工装设备等为龙头的交通工程机械装备生产基地,以宝色股份、天华科技等为龙头的大型化工装备生产基地,以国电南瑞、国电南自、南瑞继保等为龙头的智能电网及风电装备生产基地,以中航轻动、中航派克等为龙头的航空航天装备生产基地,以紫金(江宁)科技创业特别社区为依托的 3D 打印基地,以麒麟科创园为依托的工业(智能)机器人基地;三是产业发展定位明确,江宁智能制造产业发展思路清晰、目标明确,着力突破智能控制系统、伺服系统、高精密减速器、驱动器等关键共性技术,加快研发高档数控机床、增材制造等前沿技术和装备,重点发展工业机器人和专用服务机器人,关键瞄准传统工业转型升级和加快工业机器人集成创新。

(二) 江宁智能装备制造产业发展建议

围绕《中国制造 2025》中国版的"工业 4.0"规划,抓住中国大力推进由"制造大国"向"制造强国"转变的契机,抓住创新驱动发展的核心思路,抓住新一代信息技术与制造业深入融合的关键时机,发挥区域周边人才密集与科教优势,加大招商引资力度,积极引进国内外影响力较大、辐射力较强的智能装备制造龙头项目,以禄口机场、滨江码头、高铁南站为枢纽,打造辐射长三角的智能装备制造产业基地。

一是提高创新能力,创新是智能装备制造产业发展的核心驱动,要加大高端引领人才的引进力度,加快"三创"载体建设,支持和鼓励高校、科研院所、大型企业在区内建立创新研发机构,鼓励企业加大研发投入,提升产业发展技术水平。

二是强化招商引资,针对目前智能装备制造产业集聚情况,重点引进产业链空白领域的龙头项目和企业,以工业(智能)机器人、增材制造(3D 打印)等为专题,开展有针对性的专项招商。

三是完善支撑体系,创新工作机制,建立核电装备等产业发展重点行业联盟,沟通发展信息,研讨发展方向,把握发展趋势,扩大产业影响;加强信息服务,搭建高端装备制造业企业专项信息服务平台，为区内相关企业提供各类信息咨询专项服务，提高区内高端装备制造企业竞争力。

专栏4　江宁智能制造产业基地发展计划

1. 高端装备制造产业园(江宁高新园、滨江开发区)：重点发展风电装备、精密轴承、齿轮箱、海洋装备、核电装备、轨道交通装备、大型盾构机、大型施工机械、大型化工设备、高档数控机床、关键基础零部件、大型铸锻件等。

2. 新型工业化产业(装备制造业)示范基地(滨江开发区)：围绕高端装备制造业，重点发展海洋装备、核电装备、轨道交通装备等产业。

10.3.2　生命科学产业

(一) 江宁生命科学产业现有优势

生命科学产业蕴含巨大的经济社会效益，是最具广阔发展前景的新型产业，生命科学产业对江宁区抢占新一轮产业发展制高点具有极其重要的意义。江宁生命科学产业目前主要有生物制药、化学药剂、医用材料、医疗器材等企业，现有优势：一是研发资源丰富，南京的新药研发总体水平处于全国前三强，其中江宁拥有中国药科大学、南京医科大学、东南大学生物科学与医学工程学院等众多医药类、生命科学类重点高校，拥有国家级相关重点学科 7 个，省级以上相关重点学科 36 个，此外还拥有国家兽用生物制品工程技术研究中心、省药效研究与评价中心、省药物代谢动力学研究重点实验室等多个研发机构；二是集群效应显著，江宁区生命科学产业建有包括省级企业技术中心、市级企业技术中心、工程技术研究中心等在内的诸多企业研究平台，拥有一批集研发、制造于一体，具有核心竞争力的成长型科技企业和高新技术企业，引进了以迈瑞、鱼跃、麦格南迪卡等在内的一批医疗器械研发和制造企业，同时配有江苏医药产业集团物流中心，产业集群效应显著，发展潜力巨大；三是创新产品较多，江宁生命科学产业拥有多个国内首家上市产品、国家重点新产品和国家优质优价产品，生产的多个疫苗居国际领先水平，多种医疗器械达到国内领先、国际先进。

(二) 江宁生命科学产业发展建议

抢抓生命科学快速发展和国家拉动内需带来的发展机遇，遵循生命科学产业先导性的成长规律，以引进和创新为支撑，以特色发展为原则，以产业化、规模化、市场化为重点，加快培育具有自主知识产权及自主品牌的生命科学产品，重点发展抗肿瘤靶向新药、抗肿瘤天然产物及衍生物、抗肿瘤铂类药、抗肿瘤基因药物、“沙坦”类高血压药、“他汀”类高血脂药等心脑血管疾病药物，大力发展大型可移动数字成像医疗设备、超声诊疗仪、数字化光学与微波医疗仪，力争建成长三角地区知名的生命科学产业基地和科技成果转化高地。

一是促进产业集聚和产业结构优化，加大招商力度，引进一批成长前景好的项目和一批填补产业链空白的企业，构建政府、企业、科研院所、资本机构等之间流畅高效的创新合作交流平台，形成政府主导、企业核心、科研院所及资本机构支撑的发展模式，推动生命科学产业集聚发展、优化发展。

二是加快培育生命科学外包产业，加强与生命科学类相关院校及研发机构的合作，依托中国药科大学、南京医科大学等一批重点院校的研发优势，建立一批公共技术平台及研发机构，形成集科研、孵化、中试、量产为一体的产业格局，同时重点打造和培育一系列生命科学研发外包企业，形成一批规模以上研发外包企业，发展一批核心专利技术，合理利用资源加速生命科学类企业的生产周期。

三是提升人才吸引力度和速度，积极落实产学研合作计划，组建区内生命科学产业技术联盟，形成科研创新人才在成果产业化过程中的引进机制，同时加强国际合作，积极吸引国外先进技术、海外高层次创新创业人才落地转化，通过新办研发企业吸引生命科学大项目及领军人才投资创业。

专栏 5 江宁生命科学产业基地发展计划

南京生命科技创新园(江宁高新园)：围绕生命科学高端产业，重点发展基因工程、异种器官移植、干细胞、生物制药、天然药物研发生产、高端医疗器械等，形成集科研、孵化、中试、量产为一体的生命科学产业集聚区。

10.3.3 节能环保产业

(一) 江宁节能环保产业现有优势

江宁全区拥有中电环保、中圣高科、光大环保等从事节能环保产业相关规模以上企业超过 88 家，2015 年全年总产值约 260 亿元，同比增长 15%。区内节能环保龙头企业中电环保联合江苏省环境科学研究院、南京大学等 17 家单位共同创建的产业技术创新联盟，打造“南京环保服务业集聚区”已初具规模。以节能环保为主题的南京江南环保产业园已按照园街联动共建重点产业园区的要求进行规划编制、项目引进等工作，着力建成滨江开发区、江南环保产业园等产业转型升级的重要平台。此外，中国节能环保产业(南京)产业园项目也已于 2014 年正式签约落户秣陵，力争构建成为江苏省节能环保企业总部。江宁节能环保产业的现有优势：一是产业集聚势头强劲，南京市 40%的节能环保高新企业均集聚于江宁，涉及水污染治理、大气污染治理及固体废弃物处置等行业领域，多数企业牵头人均是南京节能环保产业“风向标”式的人物；二是科教人才优势明显，区内拥有东南大学、河海大学等专业特色与节能环保产业相匹配的高校，每年有万名相关专业毕业生，有助于构建“政产学研金才”汇聚的立体式节能环保产业培育体系，具有吸引节能环保技术、人才、资金快速聚集的先天优势；三是合作共赢氛围浓郁，区内东南大学、中电环保、江宁开发区等合作筹建环保创新创业园，南京环保创新中心、南京瑞洁特、远齐环保科技有限公司、威测环保等多家企业发起组建江宁开发区环保服务产业技术创新战略联盟，企业与高校、政府以及其他企业之间不断打破相关壁垒，合作攻关，通过“抱团”放大优质要素，迅速做大产业链。

（二）江宁节能环保产业发展建议

紧密围绕经济转型升级发展，重点把握节能环保产业知识密集、技术密集的特点，充分借助区内人才优势和资本优势，加大招商引资力度，着力加强节能环保中关键技术创新和产品创新，积极打造具有较高附加值的产业，形成与国内、省内其他地区同类产业的差异化发展，全力打造省内节能环保产业基地。

一是加强生命周期培育体系构建，围绕打造环保产业创新基地的目标，建成研发、中试、检测一站式服务保障流水线，研发环节重点依托区内高等院校、省级博士后工作站、节能环保领域研究所等，中试环节重点依托于江宁开发区南区污水处理厂建成的中试平台，检测环节重点依托涵盖水、空气、土壤等检测在内的江苏国创环保科技有限公司。

二是全力引进国内外知名节能环保领域企业，积极加强与中国节能环保集团公司等领军级企业的合作，把握节能环保产业的特点，充分发挥知名企业的龙头企业作用，辐射带动产业链上下相关产业的发展，推动节能环保产业高端人才和尖端技术在区内的快速集聚，提高区内节能环保产业集群的迅速形成。

三是着力推动创新升级与结构升级，完善以企业为主体的节能环保技术创新体系，加大产学研合作力度，加大技术开发投入，提高自主生产的节能环保设备性能和效率；针对目前区内节能环保企业规模普遍偏小的问题，进一步加大政府扶持力度，提高龙头企业带动作用，提升区内节能环保产业集中度，提高区内节能环保设备成套化、系列化、标准化水平，逐步培育国内、国际知名品牌产品。

四是重点完善节能环保产业的支撑体系，建立节能环保产业发展推进领导小组，形成节能环保产业的发展推进协调机制，在土地供应、行政审批、资金配置、政策扶持等方面给予重点支持；加大规划实施的组织协调力度，加强对重点项目的督导检查，确保相关规划确定的各项目标落到实处；加强节能环保产业信息服务平台和行业信息服务平台等的建设，建立节能环保产业发展行业联盟，形成信息畅通、互动高效的良好局面。

专栏 6　江宁节能环保产业基地发展计划

江南环保产业园：作为长三角静脉产业示范园与资源再生研究基地、南京废弃物资源回收处置利用基地，由固体废弃物分拣、回收利用、焚烧发电、垃圾填埋等功能衍生相关产业，形成生态环境优越、产业功能集聚的特色环保产业园。

10.4　江宁现代服务业

10.4.1　现代物流业

（一）江宁现代物流业现有优势

江宁区内现有物流企业 127 家，包括 52 家综合型物流企业、28 家仓储型物流企业、44 家运输型物流企业、3 家技术服务型物流企业，2014 年总交易额达 760 亿元，同比增长 26%，其中综合型物流企业的交易额占全部的 93%，对行业支撑力度较大。区内物流企业主要集聚在空港物流、园区物流、农副物流、滨江航运物流四大板块。全区现有 5 个在建的重大现代物流业项目，总投资约 41 亿元，新建重大项目的竣工投产为我区现代物流业注入新的发展动力。江宁现代物流业现有优势：一是产业规模快速增长，总交易额年增长达 26%，空港物流、园区物流、农副物流、滨江物流等四大物流板块的年增长也分别达到 30%、36%、14%和 32%，产业规模的快速增长也提高了区内现代物流业的吸纳就业能力；二是服务能力显著增强，区内现代物流业资产重组和资源整合步伐进一步加快，形成了一批所有制多元化、服务网络化和管理现代化的物流企业，传统运输业、仓储业加速向现代物流业转型，商贸物流、农副产品物流、汽车零部件物流、大型装备物流等领域专业化、社会化服务能力显著增强，服务水平不断提升，现代物流服务体系初步建立；三是技术装备得到改善，区内多数物流企业建立了先进的管理信息系统，物流信息平台建设快速推进，部分企业逐步探索将物联网、云计算等现代信息技术应用于物流产业，装卸搬运、分拣包装、加工配送等专用物流装备和智能标签、跟踪追溯、路径优化等技术得到迅速推广。

（二）江宁现代物流业发展建议

按照《国务院关于印发物流业发展中长期规划（2014—2020 年）的通知》有关精神，加快发展现代物流业，大力推进物流公共信息平台、货物配载中心及其他标准化设施建设与应用，确保全区现代物流业规模的较快增长、服务能力的显著提升、基础设施条件和政策环境的明显改善以及现代产业体系的初步形成。

一是着力提升物流企业规模化、集约化水平，鼓励区内物流企业通过参股控股、兼并重组、协作联盟等方式做大做强，形成一批技术水平先进、主营业务突出、核心竞争力强的大型现代物流企业集团，通过规模化经营提高物流服务的一体化、网络化水平，形成大小物流企业共同发展的良好态势；鼓励区内物流企业与制造企业深化战略合作，建立与新型工业化发展相适应的制造业物流服务体系，形成一批具有全球采购、全球配送能力的供应链服务商。

二是加大现代物流业基础设施投入，加大对仓储业、配送中心、物流中心、批发中心以及集装箱中转站、大型装备等物流设施的投入，资金不足时可以引进必要的外资，共同建设物流中心，引进先进的物流管理技术。

三是加大现代物流业新技术开发应用，联合区内东南大学、南京航空航天大学、河海大学等知名高校，积极推动货物跟踪定位、无线射频识别、可视化技术、移动信息服务、智能交通和位置服务等关键技术攻关，研发推广高性能货物搬运设备和快速分拣技术；在区内现代物流业企业推广物流信息编码、物流信息采集、物流载体跟踪、自动化控制、管理决策支持、信息交换与共享等领域的物流信息技术，引导区内现代物流企业积极利用北斗导航、物联网、云计算、大数据、移动互联等技术，实现全自动物流配送、智能配货，打造一批高科技、专业化的现代物流业企业。

四是规范区内现代物流业市场秩序，加强对区内物流市场的监督管理，完善物流企业和从业人员信用记录，增强企业诚信意识，建立跨地区、跨行业的联合惩戒机制，加大对失信行为的惩戒力度；鼓励区内现代物流业企业通过整合资源、加强协作等措施，提高物流市场集中度和集约化运作水平，减少低水平无序竞争。

专栏 7　江宁现代物流业基地发展计划

1. 空港枢纽经济区航空物流园现代服务业集聚区（省级）：以省级开发区和国家临空经济示范区为定位，重点发展航空物流、航空服务、高端服务等关联产业，拓展航空产业链条，增强产业的创新能力，提升产业发展能级。

2. 南京农副产品物流园现代服务业集聚区（省级）：按照“交易设施最现代、交易方式最先进、物流管理最高效的世界一流农副产品物流园区”的目标，以白云亭蔬菜、农贸中心果品、应天水产、润恒等企业为龙头，建成“中国长三角菜篮子中心”，全国乃至亚洲最具影响力的现代化农副产品物流基地。

10.4.2　软件研发和信息服务业

（一）江宁软件研发和信息服务业现有优势

江宁软件研发和信息服务业 2014 年全年完成收入 708 亿元，同比增长 15%，培育和引进了 3 家 50 亿元以上企业，13 家 10 亿元以上企业，区内 500 余家涉软企业共吸纳就业人员 11 万人，区内江苏软件园获得“首批中国智慧软件园试点园区”和“2014 年度中国软件和信息服务领军产业园区”称号。江宁软件研发和信息服务业现有优势：一是区内嵌入式软件市场广阔，智能电网、电子信息等区内产业的飞速发展形成了软件研发和信息服务业发展的巨大推动力，智能电网企业软件业务收入占比达 40%，电子信息企业软件业务收入占比达 20%；二是平台载体创新实力增强，中国无线谷（未来网络谷）依托“两部一省”产业创新基地优势，核心技术成果转化取得突破，移动医疗核心芯片、高频通信芯片等 20 个核心技术成果就地转化和产业化，江宁未来网络研究院 2014 年签单合约额达 7 000 万元，研发完成网络性能即时监测系统、内容分发网络（CDN）加速平台、视频内容智能识别系统、企业移动互联云平台等多个项目，并搭建了我国首个未来网络小规模试验设施，可编程、虚拟路由器等 17 个具有自主知识产权国际领先的核心技术成果实现就地产业化；三是高端专业性人才形成集聚，目前中国无线谷（未来网络谷）已集聚了 12 名院士领衔的 54 个创新创业团队，引进和培育了 200 多个高科技创业企业，建立了 20 多家校际、校企、国际的联合研究中心，其中无线通信技术协同创新中心通过国家“2011 计划”评审，创成国家火炬通信与网络特色产业基地，区内东南大学、南京航空航天大学、河海大学等知名高校为软件研发和信息服务业的发展提供了大量高素质人才；四是创新投入与成果显著，全区软件产业研发投入占销售收入比重高达 12%，以江苏软件园为依托，新引进 IBM、凤凰传媒、全国首个标准化互联网孵化基地等优质项目，南瑞继保、中兴软创、国电南自等区内企业在软件研发和信息服务领域形成了一批自主知识产权产品，掌握了大量核心技术，打响了知名创新型品牌。

（二）江宁软件研发和信息服务业发展建议

坚持新一代网络技术、移动互联网、物联网、云计算等产业融合发展，坚持载体建设与产业集聚并行发展，坚持人力资源与创业资本协同发展，积极引进高水平、高知名度的龙头企业，全力培育自主知识产权和自主品牌，增强区内未来网络产业自主创新能力，打造长三角区域最具活力的未来网络产业基地，推进区域经济向创新型、未来型经济转型升级。

一是加强组织领导，未来网络产业尚处于起步阶段，需要政府有力扶持和正确引导，应建立由区政府分管领导牵头，相关部门负责人分工协作的未来网络产业发展联席会议制度，重点研究解决产业和重点企业发展过程中存在的突出问题，积极破解产业发展的共性瓶颈问题，加强指导和督导力度，确保产业发展方向正确、发展目标达成。

二是重视产权保护，未来网络产业集群由一大批创新型企业构成，进一步完善保护知识产权的法规和规章、提供方便专业快捷的知识产权保护服务、加大打击各类侵权行为力度，是扶持面向未来的创新型企业发展的重要举措。应重点加强对拥有自主知识产权的未来网络企业的支持与保护，把在未来网络产业领域取得重大社会或经济效益的知识产权项目列入政府资金支持范围，加强对企业知识产权管理的业务指导，切实维护企业专有技术和商业秘密。

三是打造战略品牌，考虑到未来网络产业现在所处的发展阶段，应率先在全国打响江宁未来网络产业整体品牌，立足现有产业基础，以 SDN 等未来网络领域为突破口，帮助一批创新型企业拓宽市场、树立品牌，在区内培育一批未来网络领域知名企业品牌，着力打造具有全国影响力的未来网络产业基地。

专栏 8　江宁软件研发和信息服务业基地发展计划

1. 南京无线谷科技园现代服务业集聚区（省级）：重点发展通信研发、通信软件、集成电路与新型元器件、新一代无线通信设备、物联网、数字内容、服务外包、互联网服务等产业，推进新一代通信、网络前沿技术突破和高端产品研发，打造国内外知名的通信及未来网络研发和产业化中心。

2. 江苏软件园现代服务业集聚区（市级）：着力引进国内外著名软件企业、服务外包企业、大型企业研发机构、重点科研院所。重点发展智能电网、无线通信等研发类项目，打造集生态、宜居、活力为一体的国际软件社区。

3. 南京 J6 软件创意园现代服务业集聚区（市级）：以“投融资、企业信息交流、营销服务、创业辅导”四大公共服务平台为依托，打造众创空间，重点引进电子信息、光机电一体化、新能源、生物医药、现代农业等科技服务行业。

4. 紫金（江宁）科技创业园现代服务业集聚区（市级）：以无线通信与未来网络为主导产业，重点发展 3D 打印、5G 移动通信、集成电路设计、通信多媒体信息处理、移动互联、云计算、物联网、三网融合、网络安全等新一代通信与网络关键技术。

10.4.3　文化创意与休闲旅游业

（一）江宁文化创意与休闲旅游业现有优势

2014 年，江宁文化创意产业实现产业增加值 56 亿元，同比增长 23%；休闲旅游产业实现旅游收入 245 亿元，同比增长 22%。江宁充分利用文化资源优势，将文化创意产业与休闲旅游产业紧密融合，打造“一泉三山”观光型文化旅游为主的系列产品，促进区内文化经济发展。目前区内拥有国家等级景点（区）16 个，全国农业旅游示范点 5 个，全国工业旅游示范点 2 个，省级乡村旅游区（点）16 个。江宁文化创意与休闲旅游业现有优势有：一是产业集聚水平提升，区内集聚了 J6 软件创意园、方山艺术营、牛首山文化旅游区、汤山温泉旅游度假区、爱涛艺术中心等一批文化创意特色园区，同时在秣陵杏花村等一批乡村旅游区不断升级的基础上，新打造了谷里世凹桃源、横溪七仙大福村、汤山阜庄等一批旅游区（点），进一步提升了乡村旅游区（点）在区内的密度；二是品牌宣传颇具成效，区内定期举办“汤山温泉文化节”“春牛首旅游文化节”“田园文化暨横溪西瓜节”“魅力乡村游”等活动促进文化旅游发展，借助江宁文化创意产业宣传展示周活动为40多家文化创意企业提供宣传推广和合作平台；三是生态旅游逐步成熟，按照“五位一体”建设发展要求，江宁完成示范村、整治村建设，实现500平方千米魅力乡村规划全覆盖，积极发展乡村生态旅游经济，构筑一村一品的“美丽产业”，打造了“金花村”这一江宁生态旅游新名片，形成了黄龙岘“中国最美休闲乡村”和大塘金“中国美丽田园”等多个生态旅游新品牌。

（二）江宁文化创意与休闲旅游业发展建议

依托深厚的文化底蕴，加快推进文化创意与休闲旅游的深度融合，加快培育“文化＋”新兴业态，提高文化创意与休闲旅游产业的规模化、集约化、专业化水平，强化文化和生态旅游品牌的打造。

一是加强产业融合系统布局和顶层设计，按照国务院《关于推进文化创意和设计服务与相关产业融合发展的若干意见》的有关要求，着力推进文化创意和设计服务与旅游业的融合发展，降低产业融合壁垒，依靠政府力量，制定鼓励区内旅游业与文化创意产业融合的法律法规和产业政策，大产业融合政策扶持力度，建立健全产业融合发展的技术标准体系，自上而下进行产业布局，降低产业融合壁垒，以文化创意和知识产权为引领，注重市场主导和创新驱动，推动产业结构的“创意转向”，加强旅游业与文化创意产业的深度融合。

二是进一步优化文化创意与休闲旅游业空间布局，加快环绕吴文化休旅经济带功能开发、重大项目推进和服务体系建设，打造美丽乡村休旅游、汤山温泉养生度假游、牛首山佛教文化深度游、方山主题公园娱乐游等特色品牌，着力壮大生态休旅经济；做强方山当代艺术创意园等文创产业平台，打造示范性特色文化产业聚集高地。

三是高效督进重点项目建设，项目载体是文化创意与休闲旅游业发展的关键与依托，须高效、有序督进世茂集团南京世茂梦工场、南京协奥汽车有限公司汽车文化创意园、杭州友胜实业有限公司友胜文化创意产业基地项目、南京牛首山文化旅游发展有限公司牛首山文化旅游区、南京庆亚国际投资有限公司颐美温泉度假酒店等重点项目的建设，确保重点项目如期顺利实施。

四是推动产业结构转型升级，进一步加强旅游企业和文化创意企业协同创新力度，联合进行产品创意设计和商业模式创新，通过资本融合、并购、组建战略联盟等进行深度合作，打造文化创意旅游中小企业集群，培育具有江宁地方特色的文化创意旅游企业。

专栏9　江宁文化创意与休闲旅游业基地发展计划

汤山温泉旅游度假区现代服务业集聚区(市级):依托得天独厚的温泉资源,以创建国家级旅游度假区为目标,重点发展温泉旅游、休闲度假、商务会展、健康养生等现代服务业。

10.5　本章小结

由于本书在编写的过程中得到了江宁区政府及相关部门的大力支持,因此单独设立一章对江宁的产业发展方向进行研究。从前文的分析来看,江宁区在苏南国家自主创新示范区的建设过程中,应重点发展智能电网产业、汽车产业和电子信息与新一代通信产业这三大支柱产业,发展智能装备制造产业、生命科学产业和节能环保产业这三大战略性新兴产业,发展现代物流业、软件研发和信息服务业以及文化创意与休闲旅游业这三大现代服务业,着力形成“3＋3＋3”的现代产业格局。

后　　记

2014 年 10 月 20 日，国务院正式批复支持南京、苏州、无锡、常州、昆山、江阴、武进、镇江等 8 个高新技术产业开发区和苏州工业园区建设苏南国家自主创新示范区。苏南成为继北京中关村、武汉东湖、上海张江、深圳之后第五个国家自主创新示范区。

我们研究团队基于多年积累的关于创新创业和产业发展领域的研究功底以及身处苏南地区的责任感使命感，通过对照借鉴其他国家自主创新区的发展经验，意识到苏南国家自主创新示范区在发展中可能面临的理论与实践课题，于 2015 年 1 月，就开始启动了对示范区创新发展的专项研究，历时一年，形成了三十多万字的书稿《苏南国家自主创新示范区创新指数分析及其产业发展研究》。

立意是否高远决定着研究的深度和广度。在研究之初，我们首先要准确把握的就是设置自主创新示范区在顶层设计上的国家意志和建设创新型国家的国家战略部署，特别结合 2014 年习近平同志在江苏视察时，向江苏省上下发出“迈上新台阶、建设新江苏”的动员令精神，明确这是国家推进自主创新和高技术产业发展方面先行先试、探索经验、作出示范的重要布局和关键步骤，其根本在于通过进一步完善科技创新的体制机制，加快发展战略性新兴产业，推进创新驱动发展，加快转变经济发展方式等方面发挥重要的引领、辐射、带动作用，因此更重要的价值在于“可复制、可推广”的引领和示范，虽然是区域创新高地的创建，但更带有全局性的意义，因此研究的视野就不应仅仅局限于苏南国家自主创新示范区本身，而是从横向与其他示范区乃至国外类似先进经验的比较，纵向上把握历史、现状和未来的趋势，研究的重心也不仅仅是如何就事论事促进苏南示范区的发展，而是在解读国家赋予苏南地区最大的政策红利基础上着眼于创新驱动战略下如何在自身的发展中升华示范的内涵和引领的力量。

问题导向是研究的重要依据。国家自主创新示范区的设立是基于国家创新能力不足的现状，尽管目前已设立的示范区具有良好的创新基础，但是整体而言仍然需要正视存在的问题，在这一点上，苏南示范区也不例外，特别是我们看到苏南示范区遇到的诸多瓶颈，比如面临资源环境约束加剧、传统发展模式难以为继的挑战以及如何由投资驱动向创新驱动型增长转型的难题。本研究以理论、比较分析的方式把脉苏南国家自主创新区存在的问题，并有针对性地通过提升创新能力来促进产业发展，从而使研究更能为解决苏南自主创新示范区的发展瓶颈提供方案。

科学数据是决定研究可靠性的重要基础。我们在研究路径的设计和实施过程中，始终坚持着研究的科学性原则，以大数据分析作为话语体系的重要支点，通过实地调研和资料分析，借助体系化的创新指数工具，在总体上以及示范区各个组成部分上都进行了定性和定量相结合的科学分析，避免研究从理论到理论的无用功，确保研究的科学性和可视性，从而更加贴近研究的初衷，即为示范区的建设乃至国家创新能力提升提供科学的分析与论证。

书稿的形成，尤其是其中对示范区的发展定位与方向，以及涉及的诸多高新区的大量数据，得到了江苏省科技厅苏南办，尤其是得到了昆山科技镇长团、江阴科技镇长团、武进科技镇长团、苏州高新区科技镇长团、无锡高新区科技镇长团、常州高新区科技镇长团、镇江润州区科技镇长团、苏州工业园区科技镇长团的大力支持。区县的数据，在统计内容、统计口径方面存在较多差异，数据资料获取遇到的诸多问题，各区科技镇长团特别是余新泉先生、舒飞跃先生、路宏伟先生、罗逾兰女士、陈修文先生、季晶女士、程华先生、胡昀晖先生、申海波先生给予了充分的帮助，在此一并表示衷心的感谢！

书稿的形成，还得到了江宁科技局的软课题支持。笔者挂职江宁科技镇长团团长期间，适逢苏南国家自主创新示范区成立，经和科技局沟通，决定专题做关于江宁融入与引领苏南自主创新示范区的相关调研，在此基础上，形成了此书稿，这也是书稿最后一章专门谈江宁“3＋3＋3”产业定位与发展的主要原因。在此还要特别说明，南京国家高新技术产业开发区包括了浦口、新港、江宁三个园区，考虑到横向可比性，以及本书稿的主要目的在于“发展”而非“比较”，尤其是笔者在江宁区挂职，更关注江宁区的科技与产业发展。因此，书稿中除了南京高新区整体介绍外，都用江宁区为单位进行分析。

书稿的形成，是课题组团队协作的成果。全书的写作大纲由周勇、葛沪飞、潘勇涛、刘修岩、刘翔负责提炼；各章初稿完成人如下：绪论、第五章由凤启龙、陈抗撰写，第二、三、四章由潘勇涛、马强、朱璋、何蓓撰写，第六、七、八章由周勇、刘晶晶、梁修玉撰写，第九、十章由杨文燮、周勇、冯伟、秦蒙、孔培培撰写。数十次的统稿与改稿工作，由周勇、葛沪飞、潘勇涛、凤启龙负责，博士生杨文燮、硕士生贾苗苗和张冠楠也参与了统稿工作。书稿撰写过程中，还得到了诸多师生的支持与帮助，在此表示衷心感谢！

最后，能力所限，时间所限，三十多万字的书稿，还存在诸多不足，不当之处，希望得到读者的批评与指正！

周　勇　葛沪飞

2015 年 10 月